제3판

경찰행정학

이 영 남

도서출판 대영문화사

제3판 머리말

경찰행정학은 사회과학의 한 분과 학문으로서 사회 현상의 일부인 범죄와 일탈, 질서 등을 다루는 경찰행정관리상의 다양한 현상을 연구하는 학문이다. 여기서 경찰행정관리에서 나타나는 다양한 현상들은 조직구성원, 조직구조, 각종 정보와 기술, 경찰철학 등이 기본 요소이다. 따라서 경찰행정학을 연구한다는 것은 이러한 경찰행정 현상에 대한 이해를 통해 더 나은 공동체의 삶의 질을 향상시키려는 것이다.

경찰행정 부문과 관련되어 일어나는 많은 사회 현상은 국민 생활과 밀접한 관련을 맺고 있다. 많은 국가들이 경제, 사회, 문화 등 모든 부문에서 발전을 지향하고 있으며, 나아가 국민의 삶의 질을 향상시키고자 노력하고 있다. 이러한 노력은 국민의 사회적인 안정 없이는 이루어질 수 없는 요소이다. 즉, 경찰행정은 국가 발전의 기본 요소인 사회 안정을 실현하는 데 가장 기초적인 역할을 한다는 점에서 그 연구의 필요성이 크다고 하겠다.

현재 경찰입문시험과 승진시험의 과목에서 '경찰학'과 '경찰행정학'이 별도의 과목으로 채택되어 있다. 이것은 경찰공무원이 계급에 상관없이 경찰관리상 행정 업무를 상당 부분 담당하고 있는 현실임에도 불구하고 그동안은 법 관련 과목의 비중에 비해 상대적으로 행정관리학을 소홀히 한 점을 감안한 것이라 생각된다. 따라서 경찰공무원들이 경찰행정관리에 관한 지식과 기본적인 관리 마인드를 갖고 있는지의 여부는 경찰조직의 발전에 영향을 미친다는 점에서 바람직하다고 하겠다.

경찰관리에 대한 이러한 중요성에도 불구하고 『경찰행정론』이나 『경찰행정학』이라는 이름으로 이미 나와 있는 몇몇 저서는 사실상 『경찰학』과의 차별성이 거의 없는 관계로 이번에 출간되는 『경찰행정학』 제3판은 경찰행정관리의 기본적인 요소들을 중심으로 기존에 출판된 『경찰학』과의 차별을 기하는 데 주력했는데, 그 구성 내용은 다음과 같다.

이 책은 총 4편, 13장으로 구성되어 있다. 제1편 '경찰행정이란 무엇인가?'에서는 경찰행정의 기초 이론, 경찰행정학의 학문적 접근을 다루었다. 제2편 '경찰행정이 추구해야 할 가치와 윤리'에서는 경찰행정이 추구해야 할 가치와 경찰윤리를 다루었으며, 제3편 '경찰행정의 이론과 실제'에서는 경찰정책과 기획, 경찰조직관리, 경찰인사관리, 경찰재무관리, 경찰업무관리, 경찰책임과 통제를 다루었다. 제4편 '경찰행정의 혁신과 비전'에서는 경찰행정의 혁신, 경찰 거버넌스, 경찰행정의 비전을 다루었다.

오늘날 우리는 소용돌이 사회라고 일컬을 정도로 급변하는 사회 속에서 살고 있다. 경찰행정 분야도 예외일 수가 없다. 끊임없이 제기되는 경찰혁신의 필요성과 현재도 혁신의 와중에 있는 경찰조직이고 보면 변동 지향적인 경찰행정관리에 관한 지식은 더욱 필요하다고 하겠다.

따라서 이번 『경찰행정학』은 2008년 제1판, 2014년 제2판이 나온 이래 세 번째 개정판으로서 변화된 현재의 경찰조직을 이해하고자 하는 학생들에게는 물론이고 경찰 구성원들에게도 경찰조직을 둘러싼 사회 변동을 적극적으로 수용하고 외부 기관에 의한 경찰혁신이 아니라 경찰 구성원들이 스스로 끊임없는 혁신을 주도해 나가는 데 필요한 경찰행정관리의 기초 지식을 제공함으로써 한국 경찰의 발전에 조금이나마 보탬이 되었으면 하는 바람이다.

경찰행정학에 관한 기본적인 틀을 제시하고자 한 이 책은 저자의 30여 년에 걸쳐서 경찰행정학을 강의해 온 내용과 경험을 위주로 많은 노력을 기울였으나 시간이나 지면상의 제약 요인으로 첨가해야 할 부분이나 미진한 부분이 있는 것도 사실이다. 이러한 점에서 독자들의 아낌없는 비판과 조언을 기대하는 바이다. 끝으로 이 책이 출간되기까지 많은 도움을 준 대영문화사 임춘환 사장님께 진심으로 사의를 표한다.

2020년 1월

청송캠퍼스 미카엘관에서 이영남

차 례

PART 2 경찰행정이 추구해야 할 가치와 윤리

Chapter 03 경찰행정이 추구해야 할 가치

Chapter 04 경찰윤리

PART 3 경찰행정의 이론과 실제

Chapter 05 경찰정책과 기획

Chapter 06 경찰조직관리

Chapter 07 경찰인사관리

PART 1

경찰행정이란 무엇인가?

CHAPTER

01 경찰행정의 기초 이론

제1절 경찰행정의 의의

1. 경찰의 개념과 변천

1) 경찰의 개념

경찰 개념은 국가의 역사적·제도적 변천에 따라 달라져 왔기 때문에 한마디로 정의하기가 어렵다. 시대별·국가별로 다른 경찰 개념의 고찰 목적은 오늘의 경찰 제도와 비교 분석하고 더 나은 미래의 경찰 발전을 위해 필요한 시도라고 할 수 있다.

경찰 개념의 사전적 의미로는 국민의 생명·신체·재산의 보호와 범죄의 수사, 피의자의 체포, 공안을 유지하기 위한 행정이나 또는 그 기관을 말한다. 또한 경찰은 이러한 치안 서비스를 제공하는 제공자인 경찰관으로 이해되기도 한다.

이러한 경찰의 사전적 의미에서처럼 경찰 개념은 치안 서비스를 제공하는 조직이나 제공자, 또는 치안 서비스나 경찰작용 자체로 다양하게 표현되고 있다.

경찰을 경찰 서비스를 제공하는 조직이라고 본 개념은 "경찰이란 공공의 안녕과 질서를 유지하기 위한 조직체로서, 주권자인 시민을 위해 때로는 명령·강제 등 권력적 수단이나 수사 권한을 동원해서 법을 집행하고, 때로는 서비스를 통해 적극적으로 봉사하는 임무를 수행하는 조직이다"라고 정의하고 있다(경찰대학, 2004a; 이영남, 2005).

경찰을 경찰 서비스의 제공자로 본 개념으로 "경찰은 공공의 질서를 유지하고 위해(危害)와 범죄로부터 국민의 생명과 질서를 보호하며 국민에게 봉사와 도움을 제공하는 공공 서비스 또는 공공재의 제공자로 이해하는 분위기가 지배적이다"라고 정의하기도 한다(이황우, 2002: 9).

또한 경찰은 치안 서비스를 제공하는 경찰 임무 또는 기능으로 본 개념으로 대륙법계 경찰 개념과 영・미법계 경찰 개념으로 구분해 설명하고 있다. 즉, 대륙법계 경찰 개념은 독일의 제2차 세계대전 이후 나치 정권의 몰락과 함께 경찰의 탈(脫)나치화, 탈군사화, 비정치화, 민주화 및 지방분권화가 추진됨과 동시에 종래에 경찰이 수행하던 "소방・영업・건축・위생 등의 사무 — 이른바 협의의 행정경찰사무 — 를 다른 관청으로 이관"시키는 비경찰화(또는 탈경찰화) 작업을 단행, 경찰의 임무를 소위 보안경찰 분야에 한정시키게 되며, 그처럼 축소된 경찰 개념이 오늘에 이르고 있다.

또한 영・미법계 경찰 개념은 분권화와 자치치안(self policing)을 배경으로 경찰이 주권자인 일반 시민을 위해 실행하는 기능 또는 역할을 중심으로 형성되어 왔으며, 오늘날 법집행(law enforcement), 질서 유지(order maintenance) 및 공공 서비스를 중심으로 논의가 전개되고 있다(김상호・이영남 외, 2004: 6-7).

대개 경찰 개념을 역사적 변천에서 찾고 있는데, 경찰의 개념은 역사성을 띠고 있으며, 국가마다 고유한 전통과 사상이 반영된 것이어서 일률적으로 정의하는 데 어려움이 있으나 경찰 개념의 형성과 변천사를 연구함으로써 경찰의 탄생 과정과 역사상의 경찰 기능을 이해할 수 있고, 이를 통해 오늘날의 경찰의 존재 이유와 미래의 나아갈 방향을 설정하는 데 기여할 수 있다고 본다면 경찰의 개념을 경찰의 기능과 관련해 정의하는 것이 좀 더 합리적이라 하겠다.

(1) 전통적 경찰 개념과 현대적 경찰 개념

경찰 개념을 전통적 경찰 개념과 현대적 경찰 개념으로 구분해 살펴볼 수 있다. 전통적 경찰 개념은 대륙법계 경찰 개념에 기반을 둔 것으로서 경찰이란 사회 공공의 안녕과 질서를 위해 국민에게 명령・강제해 그 자연적 자유를 제한하는 일반통치권에 근거를 둔 권력적 작용이다.

현대적 경찰 개념은 영・미법계 경찰 개념에 기반을 둔 것으로서 경찰은 경찰의 활동과 역할이라는 측면에서 시민을 위해 법을 집행하고 서비스하는 기능 또는 역할을 수행하는 조직체로서 전통적 경찰 개념상 경찰이 시민과 대립되어 명령하고 강제하는 역할에서 시민과 협력 관계를 가지고 문제를 해결하는 사회적 구원자의 역할로 기본적인 질서 유지 기능과 함께 국민에게 각종 서비스를 제공하는 역할로 전환되는 개념이다.

현대적 경찰 개념은 시민의 다양한 치안행정에 대한 욕구의 증가로 그 개념적 범위가 확대되어 가고 있는 것이 추세이기는 하나 경찰의 권력적 속성을 완전히 배제할 수 없는 것이 현실이고 보면, 전통적 경찰 개념과 현대적 경찰 개념의 조화를 추구하는 통합적 경찰 개념으로 정의해야 할 것이다.

(2) 우리나라의 경찰 개념

국가경찰의 민주적인 관리 · 운영과 효율적인 임무 수행을 위해 국가경찰의 기본조직 및 직무 범위와 그 밖에 필요한 사항을 규정한 경찰법과 국민의 자유와 권리의 보호 및 사회 공공의 질서 유지를 위한 경찰관의 직무 수행에 필요한 사항을 '규정한 경찰관직무집행법'을 통해 경찰 개념을 찾아볼 수 있다. '경찰법' 제3조 국가경찰의 임무와 '경찰관직무집행법' 제2조 경찰관 직무범위에 의하면, ① 국민의 생명 · 신체 및 재산의 보호, ② 범죄의 예방 · 진압 및 수사, 범죄피해자 보호, ③ 경비 · 요인 경호 및 대간첩 · 대테러작전 수행, ④ 치안정보의 수집 · 작성 및 배포, ⑤ 교통의 단속과 위해(危害)의 방지, ⑥ 외국 정부기관 및 국제기구와의 국제협력, ⑦ 그 밖의 공공의 안녕과 질서의 유지라고 규정하고 있다.

이러한 규정에 근거해 본다면 우리나라에서의 경찰 개념은 소극적인 질서 유지 기능을 하는 조직상 행정경찰과 사법경찰을 분리하지 않는 영 · 미법계를 지향하고 있다고 할 수 있다. 그러나 실제 업무상으로는 행정경찰과 사법경찰을 구분하는 대륙법계를 따르고 있어 대륙법계 경찰 개념과 영 · 미법계 경찰 개념이 절충되어 있다. 이것은 우리나라 근대 경찰 개념의 형성기에 메이지유신(明治維新) 이후 일본 경찰의 영향을 받아 대륙법계 경찰 개념을 채택하게 되었고, 해방 이후는 미군정의 영향으로 영 · 미법계 경찰 개념이 혼합되어 나타난 현상이라고 볼 수 있다.

2) 경찰 개념의 변천

(1) 고대 및 중세의 경찰 개념

경찰은 도시국가를 뜻하는 polis에 그 어원을 둔 라틴어인 politeia, politia에서 유래된 말로 '도시관리' 혹은 '시민의 생존과 복지를 보살피는 일체의 관리활동'을 뜻하며, 궁극적으로는 모든 국가작용을 의미했으며, 로마 시대에는 군주정과 대비되는 공화정을 의미했다.

14세기 프랑스에서 la Police라는 말이 '국가의 질서 있는 상태'라는 의미로 성립되었으며, 16세기 초인 1530년 제정된 독일의 '제국경찰법'에 근거해 경찰을 의미하는 polizey는 교회행정을 제외한 일체의 모든 국가행정을 의미했다.[1]

(2) 경찰국가 시대의 경찰 개념

16세기 중엽부터 프러시아에서 발전된 관방학은 절대군주국가의 통치 및 행정사상으로서 국가를 관리하는 기술 및 이론으로 17세기까지 여러 사회과학이 미분화된 상태로 혼재되어 있었다. 18세기에 접어들면서 계몽주의를 배경으로 경찰국가의 체제 정비와 함께 고유의 관방학으로부터 경찰학(polizeiwissenschaft)이 하나의 독립된 학문으로 분화되었다.

경찰학의 토대를 마련한 유스티(J. H. G. Justi)는 국가 목적을 국가재산의 증대와 유지, 그리고 국가재산의 유효한 사용으로 구분하여 국가재산 유지의 전제가 되는 대내 · 외적인 안전의 문제는 정치학, 국가재산의 증대와 유지는 경찰학, 국가재산의 유효한 사용은 재정학으로 분리시켰다. 따라서 경찰학은 행정 제도에 의거해 국가 전체의 재산을 유지 · 증진시키고, 이를 통해 공동복지를 실현시키는 것을 연구하는 학문으로서 경찰학은 일종의 행정학으로 파악되었으며, 국가행정 형성 및 행정학의 완성에 지렛대 역할을 하였다(이종수 외, 2012: 97－98). 따라서 이 시대의 경찰의 개념은 국가 목적 또는 국가 이념을 실현하기 위한 합목적적인 국가활동 전체를 의미한다고 할 수 있다.

---

1) 1530년 아우구스부르크 제국회의(Augusburg Reichstag)에서 성립된 제국경찰법(Reichspolizeiordnung)을 비롯한 많은 법령에 의해 경찰 개념이 교회행정 권한을 제외한 세속적 사회 질서 유지에 관한 일체의 국가작용을 의미하였다(이황우, 2002: 4－9; 김상호 · 이영남 외, 2004: 4).

(3) 근대 법치국가 시대의 경찰 개념

프랑스혁명 이후 경찰국가 시대에 대한 반발로 계몽주의와 자연법사상을 토대로 한 자유주의적 법치국가가 등장하면서 시민적 법치국가를 구현하고, 행정에 확고한 법적 제한을 설정하려고 행정법학이 등장했으며, 민주사상에 의한 시민의 권리문제가 대두되면서 경찰학은 행정법학으로 대체되었다.

관방학과 공법학의 입장을 비판·수정해 행정의 독자적 체계를 수립한 슈타인(Lorenz von Stein)은 유스티의 관방학의 근본 개념이었던 경찰학을 헌정(憲政: 국가 의사의 형성 활동)과 행정(行政: 국가 의사의 실현 활동)의 두 개념으로 구분하고, 행정을 외무행정, 군무행정, 법무행정, 내무행정, 재무행정으로 구분했으며,[2] 경찰은 국가작용 전체를 의미하던 영역에서 분리되어 내무행정에 국한하게 되었다.

1789년 건국 이후 미국 행정은 제퍼슨 철학의 영향으로 국가 기능의 적극성을 부정하며 시민사회에 대한 국가의 간섭을 가능한 배제하고 개인의 자유와 평등을 최대한으로 보장하려는 자유주의 사상이 기본적인 원리로 작용하였다. 미국의 제3대 대통령인 제퍼슨(Thomas Jefferson)이 "최소의 행정이 최선의 정부"라고 한 말은 이러한 행정관을 잘 표현한 것이다. 따라서 이 시기의 행정은 외교, 국방, 치안에 국한하여 경찰 개념은 적극적인 복리 증진을 제외한 소극적인 질서 유지와 위험 방지를 위주로 한 치안행정으로 축소되었다.[3]

법적 근거로는 1794년 프로이센 일반주법(一般州法),[4] 1795년 프랑스의 경죄처벌법전(輕罪處罰法典),[5] 1882년 6월, 프로이센 고등행정법원의 크로이츠베르크 판결(Kreuzberg－Urteil)[6] 등을 예로 들 수 있다.

---

2) 행정의 5대 영역으로 외무행정은 여러 국가와의 관계를, 군무행정은 국가의 힘과 질서를, 법무행정은 현행법의 실현, 내무행정은 국민의 일반적 발전을 위한 여러 조건의 창출을, 재무행정은 국가경제 분야로 구분하였다(박연호, 1994: 67－68).

3) 이 시대 경찰의 적극적인 복리 증진 기능이란 시민을 위한 복리 증진 기능이 아니라 군주나 지배계층을 위한 복리 증진 기능이라는 점에서 경찰 개념의 축소는 역설적으로 진정한 주민을 위한 복지 기능이 증진되었다고 볼 수 있다.

4) 프로이센의 일반주법에서 경찰 책무는 "공공의 평화·안전·질서를 유지하고, 공중 또는 그 구성원인 개인에게 절박한 위해를 제거하기 위해 필요한 수단을 취하는 것"이라고 규정하였다.

5) 프랑스의 경죄처벌법전에서 경찰은 공공의 질서, 개인의 자유·재산·안전을 유지함을 그 임무로 한다고 규정하였다.

6) 베를린의 크로이츠베르크 판례는 베를린의 크로이츠베르크에 있는 전승기념비에 대한 전망과 그

(4) 제2차 세계대전 이후의 경찰 개념

제2차 세계대전 이후, 패전국인 독일 · 일본은 연합국의 점령 당국에 의해 대륙법계의 전통적인 강제력을 띤 경찰 개념에서 민주화 · 분권화된 영 · 미법계 경찰 개념이 이식되어 경찰권 행사를 제한 · 통제를 하는 동시에 비경찰화 작업이[7] 진행되면서 그 범위가 축소되어 왔다.

그러나 오늘날 경찰 개념은 주권자인 국민의 다양한 안전에 대한 욕구가 높아지고, 이에 대해 경찰은 적극적으로 지역사회 문제의 해결에 관여해야 하고, 증가하는 주민의 치안 수요에 대응하기 위하여 경찰의 비권력적 서비스가 확대되어 가고 있다.

따라서 오늘날 경찰 개념은 전통적인 경찰 개념인 "사회 공공의 안녕과 질서를 유지하기 위하여 국민에게 명령 · 강제하여 국민의 자연적 자유를 제한하는 일반통치권에 근거를 둔 권력작용"에서 질서 유지의 본래의 역할은 유지하면서, 국민과 대립되어 명령 · 강제하는 역할을 지양하고, 국민을 위해 봉사하고 협력하는 역할로서 법을 집행하고, 다양한 치안 서비스를 제공해야 하는 현대적 경찰 개념과 조화를 이루어 나가고 있다.

2. 경찰행정의 개념

1) 행정의 정의

역사적으로 볼 때 행정은 인류 문명의 발전과 더불어 존재해 왔고, 고대 중국과 이집트, 그리고 로마제국의 행정제도는 그 발전의 정도가 상당한 수준이었다. 특히 산업혁명 이후 경제적 · 사회적 문제들이 등장하면서 정부의 행정적 측면이 부각되기 시작해 오늘날에는 실업, 인플레이션, 교통난, 주택난, 범죄, 환경오염 등 인간 생활의 질을 위협하는 수많은 공공 문제의 해답을 찾고 사회적 변화에 대처하기 위해

로부터의 베를린 시 조망을 방해받지 않게 하기 위한 베를린 경시총감의 주변 건축 규제의 경찰명령이 프로이센 일반주법의 경찰 일반 조항의 범위를 벗어난 것으로 무효를 선언함으로써 경찰 임무가 적극적인 복리 증진 작용이 아닌 소극적인 질서 유지를 위한 위험 방지라고 내린 판결이다.

7) 제2차 세계대전 이전에 경찰의 업무에 속해 있던, 이른바 협의의 행정경찰 업무로서 영업 · 건축 · 보건 등의 업무를 제2차 세계대전 이후에 다른 행정관청으로 이관시키는 것을 '비경찰화' 또는 '탈경찰화'라 한다.

정부에 의존하는 정도가 커지고 있다.

일반적으로 행정은 광의의 행정과 협의의 행정으로 나눌 수 있다. 광의의 행정은 학교행정, 군대행정, 교회행정 등과 같은 공공단체, 사기업체, 민간단체, 군사단체 등 모든 단체활동에서 찾아볼 수 있으며, "고도의 합리성을 수반한 협동적 인간 노력의 한 형태"로 정의할 수 있다. 이때의 합리적 행동이란 주어진 공공 목표를 달성하기 위하여 기회비용을 최소화시키면서 그 목표와 관련된 적정 수단을 정확히 선택하는 계산된 행동을 지칭한다.

반면에 협의의 행정은 총체적인 정부 활동을 의미한다. 즉, 행정부의 구조 및 공무원의 활동을 포함하는 개념이다. 따라서 이러한 행정 개념은 시간적·공간적으로 인식을 달리하여 왔고, 그 개념, 성격, 범위 등도 시대에 따라 변천하여 왔다. 행정을 국가 목적을 실현하기 위한 사람과 물자의 관리로 보는 행정관리설, 행정을 정치와 구별하지 않고 정책결정과 집행을 중심으로 하는 통치 과정의 일부로 보는 정치기능설, 행정을 공동 목표를 달성하기 위한 합리적이고 집단적인 협동행동으로 보는 행정행태설, 행정을 사회를 바람직한 방향으로 변화시키고 발전을 유도하는 통치 기능으로 보는 발전기능설 등이 그러한 예이다.

최근의 행정 개념은 공공 문제의 해결과 관련된 활동에 초점을 맞추는 경향이 있다. 이것은 행정을 공공 욕구의 충족[8]과 문제 해결이라는 두 가지 측면을 복합한 개념으로 파악하는 것이다. 이러한 공공 문제의 해결은 각종 정책의 형성과 집행 및 구체화를 의미한다. 정부는 각종 공공 문제에 직면해 적극적 또는 반응적 문제 해결을 도모하는 데 이러한 활동이 곧 행정이다. 이러한 문제 해결의 주체는 정부이지만 때로는 공기업과 같은 준(準)정부기관[9]이 주체가 되기도 하고, 때로는 관료와 시민이 함께 참여하여 협동생산을 하기도 한다.

이러한 관점에서 행정의 개념에 대한 정의를 내린다면 "행정이란 행정부가 공공

---

8) 인간의 욕구에는 사적 욕구와 공공 욕구가 있는데 공공성을 띤 욕구가 공공 욕구다. 공공 욕구는 불특정 다수가 공동으로 느끼는 욕구이며, 이를 충족시킨다는 것은 공공 문제에 대해 능동적 또는 수동적으로 대응하는 것을 의미한다. 국방, 치안, 교육, 교통, 환경 보호 등은 공공 욕구의 대표적인 예이다.

9) 준정부기관은 제3섹터(the third sector), 준공공기관, 비영리조직, 준독립비정부조직, 환경영역조직 등으로 불리기도 한다(이영남 외, 2004: 121).

목적을 달성하기 위하여 행하는 제반 활동이나 내부적 관리"를 의미한다.

2) 경찰행정의 발전과 개념

오늘날 경찰행정은 법집행의 오랜 역사 속에서 발전해 왔는데 현대 경찰행정의 기원으로는 영국 로버트 필(Robert Peel) 경의 경찰개혁에서 찾을 수 있다.

현대적 경찰 개념이 영미법계 경찰 개념으로 의미한다고 보았을 때, 현대 경찰행정의 발전을 미국 경찰행정의 발전을 중심으로 살펴보는 것은 일반 행정의 발전을 미국 행정의 발전에서 찾는 것과 맥을 같이한다. 이러한 점에서 필의 개혁 내용과 시대별 미국의 경찰행정의 변천을 살펴보기로 한다(Cordner, Scarborough, & Sheehan, 2004: 3-8).

(1) 경찰행정의 발전

① 현대 경찰행정의 기원

현대적인 경찰행정의 기원은 로버트 필 경의 경찰개혁의 내용이 반영된 1829년 런던의 수도경찰법(the Metropolitan Police Act)에서 찾을 수 있다. 이 법은 1,000명의 경찰관을 공식적으로 채용하여 급여를 지급하고 정규직으로 근무케 하는 경찰조직을 탄생하게 하였고, 청장(commissioner)과 경찰관의 조직운영 원칙을 마련한 것이 핵심이다(Cordner, Scarborough, & Sheehan, 2004 : 3-5). 로버트 필의 기본적인 개혁의 내용을 보면 다음과 같다.

① 경찰은 군대조직처럼 조직되어야 한다.

② 신뢰할 수 있고 훈련된 품위 단정한 경찰이 필수 조건이다.

③ 경찰은 시보 자격으로 채용되어야 한다.

④ 경찰은 정부의 통제 하에 있어야 한다.

⑤ 경찰력은 시간과 지역적 특수성에 따라 배치해야 한다.

⑥ 경찰본부는 중앙에 위치해야 한다.

⑦ 경찰 기록 유지는 필수이다.

경찰행정에 대한 로버트 필의 전반적인 접근은 두 가지 원칙에 근거를 두고 있는데, 하나는 군대조직과 같은 경찰력이고, 다른 하나는 선발 자격과 엄격한 인사관리 기준의 원칙이다.

② 경찰행정의 정치적인 시대

경찰에 대한 정치적인 분위기와 시민들의 분노는 로버트 필의 개혁 원칙, 특별히 엄격한 인사정책을 유지하고자 하는 그의 시도 등에 불만으로 개혁정책을 시행하는데 장애가 되었다. 이러한 경찰행정에 대한 정치적 영향력의 증가는 경찰관의 질(質)의 저하를 가져왔고, 분권화된 자치 성격을 띤 경찰조직 구조를 낳게 하였다.

이 시대의 경찰조직 구조의 형태는 모든 경찰 기능에 대해 지배 정당의 계획과 이해관계에 따라 지지를 받고 임무 수행의 지위를 받는 경찰력에 대한 지방정치의 통제를 유지하게 하였다.

③ 경찰행정의 전문화 시대

20세기 초, 경찰행정에 대한 정치적 영향에 대한 비판이 나오기 시작하면서 경찰관들에게 지적 능력, 정직, 그리고 민첩성이 필요하다는 로버트 필의 개혁 원칙을 재차 확인하게 되었다. 볼머(August Vollmer), 스미스(Bruce Smith), 윌슨(O. W. Wilson) 등 미국의 경찰행정학자들은 좀 더 전문직업적인 경찰이 필요하다고 본 유명한 학자들로서 그들은 경찰의 전문화 모델을 창도해 나갔다.

이들 학자의 견해는 '위커스햄 위원회(Wickersham Commission: 1930년대)'[10]와 '대통령 범죄위원회(President's Crime Commission: 1960년대)'[11]의 지지를 받았고, 이들 위원회는 당시의 경찰력이 표준 이하라고 판단하고 경찰 인사의 개혁을 요구하였다.

10) 이 위원회의 개혁안은 "경찰은 각각의 개별화된 인격체로서, 특정한 환경과 직면한 상황에 따라 대우해야 한다. 개별화된 대우는 인종, 민족, 종교, 성(性), 사회적 계급, 혹은 다른 부적절한 기준에 의해 차별해서는 안 된다"는 것이다.

11) 대통령위원회의 개혁안은 "경찰은 합법적인 목적을 달성하기 위하여 정당화된 역량 있는 경찰력을 유지해야만 한다. 다만 이러한 경찰력의 사용은 항상 마지막 수단이 되어야 하고, 경찰은 협력을 얻어내기 위한 비폭력적 방법을 계발하기 위해 노력해야만 한다"는 것이다.

④ 지역사회 시대

집권화된 경찰력이 현대 사회의 요구들에 효과적으로 대응하지 못하고 있다는 점에서 경찰의 전문화 모델에 대한 많은 비판이 제기되어 왔다. 경찰의 전문화 모델에 가장 심각한 타격은 경찰정책의 비효율성에서 찾을 수 있다. 즉, 이 모델이 적용된 1960년대와 1970년대 동안, 범죄는 줄지 않았고 오히려 증가했다는 데에 문제가 있었다.

지역사회 모델은 분권화된 경찰구조, 지역사회와 좀 더 가까운 연결, 강화된 방범활동, 경찰 직무상 문제 해결적인 접근을 시도하고 있는데, 이러한 접근들은 오늘날의 치안 문제들을 해결하기 위한 좀 더 발전된 장치들이라고 하겠다. 지역사회 모델이 성공하기 위해서는 전문화 모델의 성공과 실패의 기초 위에 지역사회 경찰 모델을 세워 나가야 할 것이다.

(2) 경찰행정의 개념

경찰의 개념이 시간과 공간적으로 변화했듯이 경찰행정의 개념도 또한 경찰 개념의 변천과 맥을 함께하면서 변화되어 왔다. 다만 경찰의 개념이 경찰 기능을 중심으로 보았다면 경찰행정의 개념은 관리 중심의 접근을 한다는 점에서 그 차이가 있다고 하겠다.

경찰행정의 개념을 행정법학적인 경찰행정 개념과 행정학적 경찰행정 개념으로 크게 구분해 볼 수 있다(조철옥, 2003: 96-97).

① 행정법학적 경찰행정 개념

행정법학적 경찰행정 개념은 대륙법계 경찰활동의 내용을 중심으로 개념지을 수 있는데, 광의의 개념과 협의의 개념으로 구분해 볼 수 있다.

(가) 광의의 경찰행정

광의의 경찰행정은 경찰작용 그 자체가 하나의 독립행정 부문을 형성함으로써 직접 공공의 안녕과 질서를 유지하는 권력적 강제작용의 보안경찰(교통경찰, 방범경찰, 경비경찰 등)과는 다른 행정작용에 부수해 생길 수 있는 사회 공공의 안녕 질서에 대한 위해(危害)를 방지하고 현실적으로 발생한 위해를 제거하기 위하여 행해지는 경찰작용(위생경찰, 경제경찰, 건축경찰, 환경경찰 등)과 복리 증진을 도모하는 경제 규제를 위한 경찰작용까지를 포괄하는 의미로 볼 수 있다.

광의의 개념은 시민의 각종 형사법규 위반행위와 행정법규 위반행위에 의해 공공의 안녕 질서에 위해가 되는 모든 행위를 포함하고 있다는 측면에서 전형적인 경찰의 권력적 규제작용을 모두 경찰활동으로 규정하고 있다. 이는 전형적인 법학적 개념이며 경찰의 사회봉사적인 측면과 조직구성원의 협동행위 측면을 간과하고 있다고 하겠다.

(나) 협의의 경찰행정

협의의 경찰행정은 광의의 경찰행정 중 행정경찰, 즉 복리행정 부문에 속하거나 경찰 서비스 행정을 제외한 순수한 보안경찰에 해당하는 작용만을 의미한다. 즉, 직접적인 사회 공공의 안녕과 질서를 유지하기 위한 권력적 명령·강제작용을 의미한다.

협의의 개념은 경찰의 권력적 규제작용을 경찰활동으로 강조하면서도 범죄 제압활동만을 경찰활동으로 규정하고 있어 그 개념의 현대적 적절성이 결여되어 있으며, 조직 관리의 측면을 무시하고 있다는 것 또한 한계로 지적될 수 있다.

② 행정학적 경찰행정 개념

경찰행정은 조직과 인간, 그리고 환경과 제도 모두 중요한 개념적 구성 요소이다. 조직은 목적과 수단을 가지며 그것들은 조직구성원들에 의해 결정되고 추구된다.

조직은 목적을 설정하고 그 목적을 달성하기 위한 다양한 정책을 결정하고 집행하는 인간의 협동체이다. 경찰조직의 목적에는 본질적으로 범죄와 비범죄적인 각종 위해로부터 국민의 생명과 신체, 그리고 재산을 보호하고 다양한 요구에 부응하는 사회봉사 활동까지도 포함한다.

따라서 경찰행정은 이러한 경찰조직의 목적을 달성하기 위한 정책결정이나 각종 프로그램 개발, 그리고 구체적인 행동지침으로서의 표준운영절차(SOP)의 마련은 조직구성원들의 참여 아래 이루어지며 또한 그것들에 따른 구성원들의 구체적인 집행활동의 성과를 높이기 위해 다양한 유인이나 보상이 제도화된다.

이러한 점에서 경찰행정은 사회의 범죄와 다양한 비범죄적 위난(危難)으로부터 국민의 생명과 신체, 그리고 재산을 보호하는 권력적 규제활동과 비권력적 활동, 그리고 다양한 사회봉사 활동을 성공적으로 수행하기 위한 구성원들의 협동행위로서, 이를 위해 조직은 다양한 유인제도나 보상 체계, 그리고 조직관리 체계를 형성하고 유지하는 것으로 정의할 수 있다.

3. 경찰행정의 특성

경찰행정은 전문성, 합법성, 계층제적 구조, 실적주의로 인한 책임 한계의 명확성을 가지는 전형적인 관료조직의 관리로서 일반 행정관리의 성격을 가지고 있는 동시에 경찰의 임무가 사회 공공의 안녕과 질서를 유지하기 위하여 국민의 생명과 재산을 보호하고 범죄의 수사 및 범인의 체포 등 특수 임무를 수행하기 위한 조직의 관리 면에서의 일반 행정관리와는 다른 특수한 요소를 내포하고 있다.

1) 경찰행정의 일반행정관리적 성격

경찰조직은 국가관료조직의 일환으로 일반행정관리적 성격을 갖고 있는데, 경찰행정의 일반행정관리적 성격의 내용은 다음과 같다.

① 경찰조직은 대규모 조직 구성으로 인해 합리성의 지배를 받으며, 조직의 목표를 달성하기 위하여 조직구조(organization structure)가 과업, 규칙, 권한 관계의 공식적인 체계로서 발달되어 있다.

② 경찰조직이 경찰관으로 구성된 사회적 실체로서 조직구성원의 모집, 교육훈련, 승진, 사기 등과 같은 합리적인 인사관리를 필요로 한다.

③ 경찰의 조직관리, 인사관리, 장비관리, 물품관리, 무기관리 등에 필요한 재무관리를 필요로 한다.

④ 효율적인 경찰조직관리의 유지·발전과 조직 목표의 달성을 위하여 조직 체계, 관리기법의 지속적인 개혁을 추구한다.

⑤ 미래 지향적인 목표를 가지고 있다.

⑥ 경찰행정은 환경과 상호작용을 하면서 환경으로부터 지적·물적 자원을 받아들이기도 하고, 경찰조직이 생산한 산출물, 즉 제반 경찰 서비스를 내보내기도

하는 상호작용을 통해 조직을 존속하게 하고 유지하며 발전해 가는 유기체적 작용을 한다.

2) 경찰행정의 특수성

국가 통치 기능과 국민 보호 기능을 수행해야 하는 경찰조직 업무의 특성상, 즉 경찰의 임무가 사회 공공의 안녕과 질서를 유지하기 위하여 국민의 생명과 재산을 보호하고 범죄의 수사 및 범인의 체포 등 특수 임무를 띠고 있기 때문에 조직이나 행정관리 면에서도 위에서 열거한 일반행정조직의 성격과는 다른 특수한 요소를 내포하고 있다.

전통적으로 경찰조직의 직무는 "공공의 안녕 및 질서를 유지하고 아울러 그 구성원으로 하여금 개인에게 절박한 '위험'들을 방지하기 위하여 필요한 수단을 사용하는 것을 책임으로 한다"[12]고 보고 있다. 따라서 경찰 직무는 시민의 안전과 재산을 위협하는 범죄와 맞서야 하고 공익을 위한 질서 유지가 주요 업무이기 때문에 항상 위험에 노출되어 있으며, 사건·사고들은 언제나 예기치 않게 발생하고, 발생한 문제에 대해서는 시급히 해결해야 하기 때문에 경찰 직무는 위험성, 돌발성, 시급성의 특성을 포함한다(신현기·이영남, 2003b : 21).

이러한 경찰 직무의 특성으로 인한 경찰 업무의 수단으로서 명령과 강제 등 경찰권의 발동을 필요로 하며, 실력 행사를 할 경우를 위해서 무기를 휴대 및 사용할 수 있다.[13] 또한 경찰조직의 제1차적인 목적은 국민의 생명과 재산을 보호하는 데 주어져 있기 때문에 이러한 목적 수행은 국민의 이익과 직접적이고 가시적으로 연결되어 있을 뿐만 아니라 직접적인 요소의 비중에 따라서 경찰은 국민의 자유, 재산권 등을 제한하는 경우도 있다. 따라서 경찰 업무의 수단은 강제성, 권력성, 직접성의 특성을 가지고 있다.

이러한 경찰 직무를 효율적으로 수행하기 위하여 경찰조직은 기동성과 협동성을 충분히 발휘할 수 있도록 치밀한 장치가 필요하다. 따라서 경찰조직은 군의 작전계

12) 1794년 프로이센 일반국법(Allgemenines Landrecht) 제2부 제7장 제10조(법제처, 1964 : 8).
13) 무기휴대는 '경찰공무원법' 제20조, 무기사용은 '경찰관직무집행법' 제10조의4에서 규정하고 있다.

획과 같이 치밀한 조직성이 있어야 하며, 이러한 조직성을 갖추기 위하여 경찰은 간부와 부하로 이어지는 계급사회를 구성하며 동시에 제복을 착용하는 제복조직(uniform organization)을 이루고 있다.

제 2 절 경찰행정의 체제

경찰행정 체제의 운영을 설명하는 필수적인 두 개념은 조직과 관리다. 여기서 조직이란 구조를, 관리는 기능을 나타낸다. 이것은 생체 구조와 생리 현상이 서로 합쳐져 살아 있는 유기체를 구성하는 것과 같은 것으로 설명할 수 있다.

1. 경찰행정의 기능

경찰행정이란 무엇을 하는 것인가? 경찰공무원은 무엇을 하는 사람들인가? 이러한 물음은 경찰조직이 국민을 위하여 '하고 있는 일'과 밀접한 관련을 가지고 있다. 경찰행정 기능이란 경찰조직이 제도상 또는 사실상 담당 처리하는 경찰행정사무를 의미한다.

1) 경찰활동 성질에 의한 분류

경찰행정의 기능을 활동 성질별로 분류한다면 두 가지 차원에서 생각해 볼 수 있다. 하나는 기획 기능과 집행 기능이며, 다른 하나는 규제 기능, 조장 및 지원 기능의 분류이다.

(1) 기획 · 집행 기능

경찰행정 기능을 정책 과정의 측면에서 본다면 크게 기획 기능과 집행 기능으로 분류할 수 있다. 기획 기능은 경찰정책의 결정이나 계획 수립을 위한 기능을 말하며,

집행 기능은 이미 결정된 경찰정책이나 계획을 집행하기 위한 기능을 의미한다. 경찰행정의 기획과 집행 기능 중 경찰조직은 집행 기능이 주가 되고 있다.

집행 기능에는 행정관리 기능이 포함된다. 즉, 인사, 교육 · 훈련, 예산 집행, 법령자문, 감찰, 단순보조 업무, 기록 보존 · 유지 업무, 통신, 재산 · 장비관리, 시설관리 · 유지, 유치 및 구치, 확인 · 조회, 음주 실험 및 분석, 자료 및 물품 공급 등을 들 수 있다.

(2) 규제 · 조장 및 지원 기능

규제 기능이란 법령에 근거해서 국민들의 생활을 일률적으로 금지하거나 제한하는 기능이다. 경찰이란 사회 공공의 안녕과 질서를 유지하기 위해 국민에게 명령 · 강제하여 그 자연적 자유를 제한하는 일반통치권에 근거한 권력적 수단으로 규제 기능을 행사할 수 있다. 경찰의 권력적 수단으로서는 경찰하명(작위 · 부작위 · 급부 · 수인하명), 경찰허가, 경찰면제, 경찰강제가 있으며, 이 밖에도 경찰은 확인 · 공증 · 통지 및 수리 등의 준법률행위적 행정행위를 권력적 작용에 수반하여 행사할 수 있다.

조장(助長) 및 지원 기능이란 새로운 특정 분야의 치안사업이나 활동을 적극적으로 조장하거나 지원하는 기능이다. 특정 분야의 치안사업을 위해 관련 법령을 제정하거나 개정하고 재정적 지원을 하는 기능이다.

2) 경찰의 목적(임무)상 분류

대륙법 체계의 국가이건, 영미법 체계의 국가이건 현대 경찰의 기본 기능은 질서유지와 법의 집행, 그리고 봉사 기능이라는 3대 기능으로 요약되지만, 이 같은 기본 기능을 감당하게 하기 위한 경찰 임무는 국가에 따라 상이하다. 그뿐만 아니라 국가기능적 차원에서 법치행정의 원리에 따라 경찰 기능을 소극적 작용에 국한하려는 행정법학적 경찰 임무와 현대 행정국가나 복지국가적 국가관에 의한 행정학적 경찰 임무는 반드시 일치하지는 않는다.

실질적 의미의 경찰에서는 공공의 안녕과 질서 유지를 경찰의 목적으로 하고 있으나 형식적 의미의 경찰에서는 각국의 입법례에 따라 경찰의 임무가 상이하다.

(1) 실질적 의미의 경찰 기능

① 공공의 안녕과 질서 유지 기능

경찰은 직접적으로 사회 공공의 안녕과 질서를 유지하고 그에 대한 위해를 예방 또는 제거하는 것을 임무로 한다. 경찰은 이처럼 위험을 예방하거나 장해를 제거하고 사회 질서의 유지, 즉 현상 유지라는 소극 목적을 위한 작용을 함으로써 다른 행정작용과는 구별된다.

② 위험의 예방과 장해의 제거 기능

위험이란 현재의 상황을 방치해 두면 공공의 안녕과 질서에 대한 침해를 가져올 가능성이 있는 상태고, 장해란 이미 침해가 발생된 상태이다. 따라서 구체적인 위험이나 추상적인 위험의 경우[14] 경찰 개입의 정당성이 부여된다고 하겠다.

(2) 형식적 의미의 경찰 기능

형식적 의미의 경찰은 경찰관련법과 제도상의 의미를 말하는 것으로서, 우리나라는 보통경찰기관에 규정되어 있는 경찰의 임무를 달성하기 위한 모든 경찰의 활동이다. 경찰법 제3조에서 경찰의 임무를 ① 국민의 생명 · 신체 및 재산의 보호, ② 범죄의 예방 · 진압 및 수사, 범죄피해자 보호, ③ 경비 · 요인 경호 및 대간첩 · 대테러 작전 수행, ④ 치안정보의 수집 · 작성 및 배포, ⑤ 교통의 단속과 위해 방지, ⑥ 외국 정부기관 및 국제기구와의 국제협력, ⑦ 그 밖의 공공의 안녕과 질서의 유지라고 규정하고 있다. 또한 경찰관직무집행법 제2조 경찰 직무 범위 역시 동일하게 규정되어 있다.

실정법상 우리나라 경찰은 영 · 미법계의 영향을 받아 실질적 의미의 경찰 임무에 속하지 아니하는 범죄에 대한 수사를 그 임무로 규정하고 있다. 실질적 의미의 경찰권에서 수사권을 포함하는 것을 광의의 경찰권이라고 하고, 실질적 의미의 경찰권만을 협의의 경찰권이라고 분류하기도 한다(경찰대학, 2001).

또한 21세기의 복지행정에 대한 부응책으로 경찰은 전통적 · 실질적 경찰 개념에

---

14) 구체적인 위험은 구체적인 시간과 장소에 따라 가까운 장래에 손해 발생이 생길 수 있는 가능성이 충분한 상태를 말하고, 추상적 위험은 일반적 · 추상적으로 생각해 보건대 손해 발생이 생길 수 있는 가능성이 있다고 가설적으로 예상해 볼 수 있는 위험 상태를 말한다.

입각한 명령·강제에 국한되는 소극적 임무의 수행을 지양하고 위험을 사전에 예방해 주거나, 교통정리나 교통정보 제공, 방범지도·순찰 등의 범죄 예방 활동, 지리 안내, 정보경찰의 정보수집 활동 등과 같은 적극적인 비권력적 서비스도 그 임무로 규정하고 있다.

2. 경찰행정의 구조

1) 경찰행정 구조의 의의

경찰행정 구조란 통상적으로 ① 경찰조직 구성원의 공식적 관계와 직책의 패턴, ② 업무의 배분 및 조정 방식, ③ 경찰조직 내의 권력·지위, 그리고 계층 관계, ④ 조직구성원의 활동과 상호 관계에 관한 관리체제 등을 의미한다(신현기·이영남, 2003b: 82－83).

경찰행정의 구조는 기본적으로 ① 경찰조직을 생성하고 조직 목표를 달성하도록 하며, ② 조직구성원의 변이성(variations)에 의한 영향을 최소화 또는 적어도 규제하도록 하고, ③ 조직계층에 따른 권한이 행사되며, ④ 조직 목표를 달성하기 위한 의사결정이 이루어지게 하는 등의 기능으로 제반 조직활동이 합리적으로 수행될 수 있도록 하는 근간이 된다.

2) 우리나라 경찰행정 구조

우리나라 경찰행정의 구조는 헌법을 비롯해 정부조직법에 법적 기초를 두고 있으며, 경찰의 조직과 직무에 대해서는 경찰법과 경찰청과 그 소속기관 직제에서 규정하고 있고, 구체적 직무집행권과 임용, 교육, 훈련 등에 관해서는 경찰관직무집행법과 경찰공무원법 등 개별적인 법률에서 규정하고 있다.

한국 경찰 제도는 대륙법계 국가의 경찰 제도에 바탕을 두고 있으며, 경찰권을 중앙에 집중시키고 있는 국가경찰 제도를 유지하고 있다. 아울러 자치경찰 도입에 대한 지속적 논의가 진행되고 있으며, 2006년 7월 1일 제주에만 자치경찰이 설치되어 오늘에 이르고 있다.

또한 한국 경찰조직은 일본과 같은 행정관청형 공안위원회제도나 영·미와 같은 강력한 지방자치체 경찰을 갖고 있지는 않지만 경찰의 중립성 보장과 민주성, 공정성을 확보하고, 독임제의 집권적인 의사결정의 문제를 완화하기 위하여 행정안전부 산하에 경찰위원회를 두어 경찰행정에 관한 중요한 사항을 심의·의결하게 하고 있다(신현기·이영남, 2003b: 287).

이와 같이 경찰작용이 모두 국가집행기관에 의해 관장·시행되는 결과, 적극적인 복지행정 기능이 확대·강화되는 현대 국가에서 사회 공공의 안녕·질서의 유지라는 경찰 본래의 기능으로서보다는 여러 가지 규제적 기능으로서의 의미를 나타내는 경우가 적지 않다.

따라서 국가경찰 제도가 경찰행정의 전국적인 통일성 유지, 정보의 집적과 교환, 강력한 집행력, 전국적인 유기적 협력 등 많은 장점에도 불구하고, 지방의 특수한 치안 상황을 고려하지 못하고, 정치적 중립과 공권력 남용에 대한 주민 통제가 어렵다는 점에서 자치경찰제 도입에 대한 논의가 진행되고 있다.

경찰청의 하부조직은 국(局) 또는 부(部) 및 과(課)로 하며, 경찰청장·차장·국장 또는 부장 밑에 정책의 기획이나 계획의 입안 및 연구·조사를 통해 그를 직접 보좌하는 담당관을 둘 수 있다고 '경찰법' 제13조에 명시되어 있다.

이에 근거하여 '경찰청과 그 소속기관 직제'(대통령령 제30214호)와 '경찰청과 그 소속기관 직제 시행규칙'(행정안전부령 제144호)에 따르면, 중앙경찰조직은 2020년 1월 1일 기준, 경찰청장 아래 1차장 8국 9관 32과 18담당관으로 구성되어 있다. 하부조직은 생활안전국·수사국·교통국·외사국이 민생치안을, 경비국·정보국(정보심의관)·보안국이 사회 질서 유지를 담당하고, 대변인·기획조정관·경무인사기획관·감사관·정보화장비 정책관·과학수사관리관·치안상황관리관,[15] 여성안전기획관[16]이 행정 지원을 담당하고 있다.

---

15) '경찰청과 그 소속기관 직제' 제9조(치안상황관리관)은 2019년 2월 26일 개정에서 신설되었으며, ① 치안 상황의 접수·전파, 상황판단 및 초동보고 등에 관한 사항, ② 치안상황실 운영에 관한 사항, ③ 안전관리·재난상황 및 위기상황 관리기관과의 연계체계 구축·운영, ④ 112신고제도의 기획·운영 및 112종합상황실 운영을 총괄한다.

16) '경찰청과 그 소속기관 직제' 제11조(생활안전국)은 2019년 5월 7일 개정에서 국장 밑에 여성안전기획관을 신설하고, ① 여성 대상 범죄와 관련된 주요 정책의 총괄 수립·조정, ② 여성대상 범죄 유관기관과의 협력 업무, ③ 성폭력 및 가정폭력 범죄의 수사, 예방 및 피해자 보호에 관한

그림 1-1 중앙경찰 조직(2020년 1월 1일 현재)

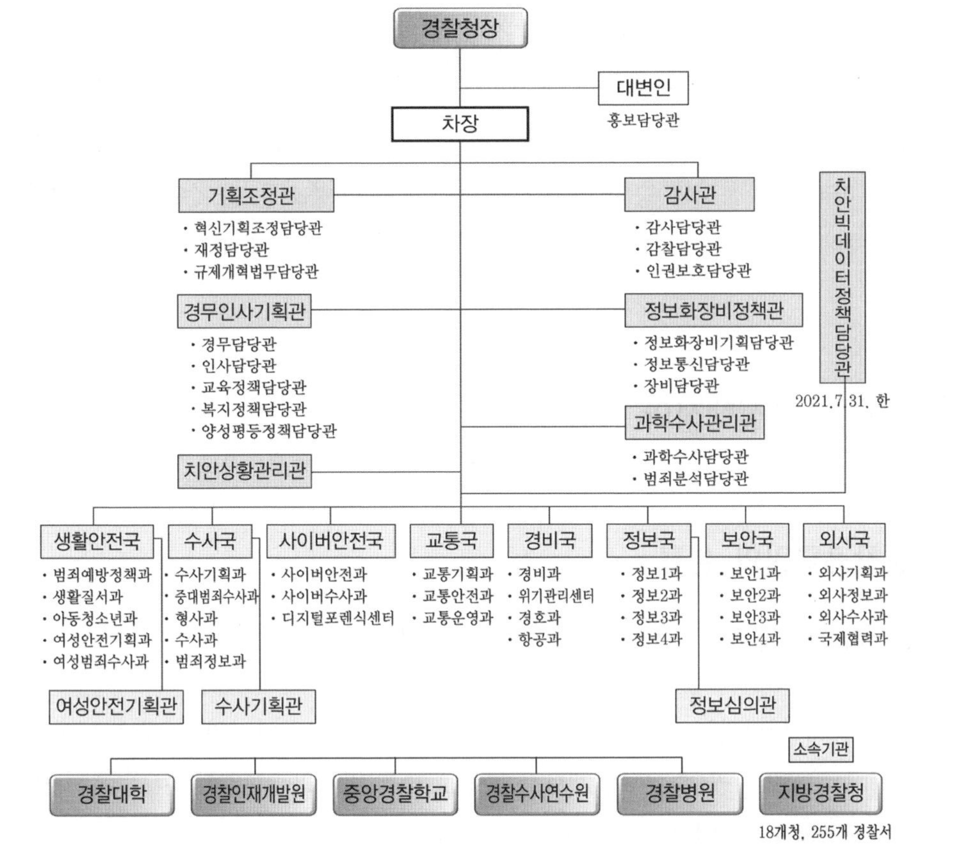

부속기관으로는 경찰대학 · 경찰인재개발원 · 중앙경찰학교 · 경찰수사연수원 등 4개의 교육기관과 책임운영기관인 경찰병원이 있다([그림 1-1] 참조).[17]

또한 치안사무를 지역적으로 분담 수행하기 위해 전국 특별시 · 광역시 · 도에 18개 지방경찰청을 두고 있으며, 2020년 1월 1일 현재 지방경찰청장의 소속 하에 255개 경찰서와 585개의 지구대와 1,436개 파출소를 두고 있다(사이버경찰청 홈페이지, 2020년 1월 1일 현재).

업무, ④ 스토킹 · 성매매 예방 및 피해자 보호에 관한 업무에 대해 국장을 보좌한다.

17) 사이버경찰청 홈페이지, 2020년 1월 1일 현재.

지방경찰조직으로 지방경찰청장 하에 서울특별시 · 경기도남부 · 제주특별자치도의 지방경찰청에 차장 각 1명을 둔다. 지방경찰청장은 차장(차장을 두지 않을 경우에는 지방경찰청장) 밑에 직할대를 둘 수 있다. 또한 지방경찰청장의 소관사무를 분장하기 위하여 지방경찰청장 소속 하에 255개 경찰서 범위 안에서 경찰서를 둔다. 또한 지방경찰청장은 경찰서장의 소관사무를 분장하기 위하여 행정안전부령이 정하는 바에 따라 경찰청장의 승인을 얻어 지구대 또는 파출소를 둘 수 있으며, 임시로 필요한 때에는 출장소를 둘 수 있다(경찰청과 그 소속기관 직제 제41조~제44조).

제 3 절 경찰행정의 담당자

1. 경찰공무원의 분류

1) 공무원의 분류

경찰행정의 담당자는 공무원이다. 각국의 공무원제도는 다양한 형태로 되어있으나 여기서는 우리나라의 공무원제도를 중심으로 입법부와 사법부 공무원을 제외한 행정부 공무원을 주 대상으로 살펴보고자 한다.

(1) 국가공무원과 지방공무원

공무원은 먼저 중앙정부에 소속하는 국가공무원과 지방정부에 소속하는 지방공무원으로 구분할 수 있다. 우리나라는 현재 양자에 대한 법체계를 달리해 국가공무원법과 지방공무원법이 따로 제정되어 있다. 국가공무원은 국가사무, 즉 중앙정부의 업무를 수행하고 그들에 대한 보수는 국비로 지급하는 것이 원칙이다. 지방공무원은 지방자치단체에 의해 임명되거나 선거에 의해 지방자치단체에 취임하는 공무원으로서 그들의 보수는 지방비에서 지급되는 것이 원칙이다. 그러나 이러한 원칙에 대해서는 많은 예외가 존재한다(이종수 외, 2012: 47).

2018년 12월 31일 기준 행정부에 소속된 공무원의 총수는 국가공무원 648,643명(60.3%), 지방공무원 399,571명(37.2%)을 합해 1,048,214명이다. 이는 전체 공무원 1,074,030명 중 97.5%를 차지하고 있다(행정안전부, 2019.8: 그림 6).

(2) 경력직 공무원과 특수경력직 공무원

국가공무원은 다시 경력직 공무원과 특수경력직 공무원으로 구분한다. 경력직 공무원은 실적과 자격에 의해 임용되고 그 신분이 보장되며 평생토록 공무원으로 근무할 것이 예정되는 공무원이다. 특수경력직 공무원은 경력직 공무원을 제외한 나머지

표 1-1 공무원의 분류 및 계급 체계

<table>
<tr><th colspan="4">구 분</th><th>계급(직급) 구분</th></tr>
<tr><td rowspan="12">경력직</td><td rowspan="3">일반직</td><td colspan="2">행정일반</td><td>1~9급(관리관 · 부이사관 · 서기관 · 사무관 · 주사 · 주사보 · 서기 · 서기보)</td></tr>
<tr><td colspan="2">연구직</td><td>연구관 · 연구사</td></tr>
<tr><td colspan="2">지도직</td><td>지도관 · 지도사</td></tr>
<tr><td rowspan="8">특정직</td><td colspan="2">법관</td><td>대법원장 · 대법관 · 판사</td></tr>
<tr><td colspan="2">검사</td><td>검찰총장 · 고등검사장 · 검사장 · 검찰관</td></tr>
<tr><td rowspan="4">외무직</td><td>외교직</td><td>특1급 · 특2급 · 1~5급</td></tr>
<tr><td>특임공관장</td><td>특1급 상당 · 특2급 상당</td></tr>
<tr><td>외무행정직</td><td>1~9급</td></tr>
<tr><td>외신직</td><td>1~9급</td></tr>
<tr><td colspan="2">경찰공무원</td><td>치안총감 · 치안정감 · 치안감 · 경무관 · 총경 · 경정 · 경감 · 경위 · 경사 · 경장 · 순경</td></tr>
<tr><td colspan="2">소방공무원</td><td>소방총감 · 소방정감 · 소방감 · 소방준감 · 소방정 · 소방령 · 소방경 · 소방위 · 소방장 · 소방교 · 소방사</td></tr>
<tr><td colspan="3">기능직</td><td>1~10등급</td></tr>
<tr><td rowspan="4">특수경력직</td><td colspan="3">정무직</td><td>1) 선거에 의해 취임하는 공무원
2) 국무총리, 감사원장, 각 부처의 장 · 차관, 국정원 원장 및 차장 등
3) 주로 정치적으로 판단이나 정책결정을 담당하는 고급공무원</td></tr>
<tr><td colspan="3">별정직</td><td>국회 전문위원, 감사원 사무차장, 국가안전기획부의 기획조정실장, 비서관 등과 같이 주로 정치적으로 임명되는 공무원</td></tr>
<tr><td colspan="3">전문직</td><td>국가와 채용 계약에 의해 일정한 기간 동안 연구 또는 기술 업무에 종사하는 전문가들</td></tr>
<tr><td colspan="3">고용직</td><td>정부 내에서 단순한 노무에 종사하는 사람들</td></tr>
</table>

공무원을 지칭한다.

공무원은 담당 직무의 책임도와 난이도를 반영해 계급(직급) 체계를 형성하고 있다. 경력직 공무원 중 일반직 공무원은 9계급 체계를 유지하고(연구직 · 지도직 · 의료직 제외), 기능직 공무원은 10등급, 경찰을 비롯한 특정직 공무원은 각 개별 법률에 의해 별도 계급(직급) 체계를 유지하고 있다. 그리고 정무직 · 별정직 · 고용직 · 전문직 등의 특수경력직 공무원은 계급 구분이 없다(<표 1-1> 참조).

2) 경찰행정의 담당자로서 경찰공무원

(1) 경찰공무원의 분류와 계급 체계

경찰공무원은 공무원 분류 체계상 경력직 공무원 가운데 특정직 공무원으로 분류된다. 계급은 치안총감 · 치안정감 · 치안감 · 경무관 · 총경 · 경정 · 경감 · 경위 · 경사 · 경장 · 순경의 11계급 체계를 유지하고 있다.

(2) 경과 및 특기

경찰공무원은 직무의 종류에 따라 총경 이하의 경찰공무원을 일반경과 · 수사경과 · 보안경과 · 특수경과로 구분할 수 있다. 특수경과에는 항공경과 · 정보통신경과가 있다(경찰공무원법 제3조, 경찰공무원임용령 제3조).

신규채용된 경찰공무원에게는 일반경과를 부여한다. 다만, 수사, 보안, 항공, 정보통신분야로 채용된 경찰공무원에게는 임용예정 직위의 업무와 관련된 경과를 부여한다(경찰공무원임용령 시행규칙 제22조).

(3) 경찰공무원의 계급정년과 근속승진

경찰공무원의 연령 정년은 60세이며, 계급정년제를 병행해서 적용하고 있다. 계급정년은 치안감 4년, 경무관 6년, 총경 11년, 경정 14년이다(경찰공무원법 제24조).

수사 · 정보 · 외사 · 보안 등 특수 부문에 근무하는 경찰공무원으로서 대통령령이 정하는 바에 의해 지정을 받은 자는 총경 및 경정의 경우에 3년의 범위 안에서 대통령령이 정하는 바에 의해 계급정년을 연장할 수 있다. 또한 경찰청장은 전시 · 사변

기타 이에 준하는 비상사태 하에서는 2년의 범위 안에서 계급정년을 연장할 수 있다.[18]

경찰공무원의 근속승진은 순경 4년, 경장 5년, 경사 6년 6개월, 경위 10년 이상 근속자를 대상으로 하며, 해당 계급에서 1계급 근속승진 임용할 수 있다(경찰공무원법 제11조의2).

2. 경찰공무원의 정원

1) 경찰공무원의 정원 증가 추이

경찰공무원의 정원은 국가의 정치 및 경제 상황과 치안환경의 변화에 따라 영향을 받으며 증감이 될 수 있다. 지난 10여 년 동안 경찰공무원 정원은 대체로 점진적으로 증가하고 있다(<표 1-2> 참조).

표 1-2 경찰 인력의 변화 추이

연 도	2010	2011	2012	2013	2014	2015	2016	2017
경찰 인력	128,869	128,687	132,148	135,113	139,139	142,899	144,514	146,504
경찰관	101,108	101,239	102,386	105,357	109,364	113,077	114,658	116,584

출처: 경찰청(2018: 397). ※경찰 인력 = 경찰공무원 + 일반직 공무원 + 의무경찰.

경찰 인력은 2017년 말 기준으로 총 146,504명이며, 경찰관 116,584명(79.5%), 일반직 등 4,009명(2.7%), 의경 25,911명(17.8%)으로 구성되어 있다(경찰청, 2018: 397).

2017년 말 기준으로 경찰 1인당 담당 인구는 429명으로, 2013년 이후 지속적인 증원에도 불구하고 아직까지 주요 선진국에 비해 경찰 인력은 부족한 수준이다(경찰청, 2018: 398).

18) 이 경우 경무관 이상의 경찰공무원에 대해서는 행정안전부 장관과 국무총리를 거쳐 대통령의 승인을 얻어야 하고, 총경 · 경정의 경찰공무원에 대해서는 국무총리를 거쳐 대통령의 승인을 얻어야 한다(경찰공무원법 제24조).

표 1-3 외국경찰 1인당 담당인구 현황

독 일	프랑스	미 국	영 국	한 국
258	279	299	284	429

출처: 경찰청(2018: 398).

2) 경찰 계급별 인력 구성

경찰은 국가공무원 중 특정직 공무원으로 분류되며 치안총감, 치안정감, 치안감, 경무관, 총경, 경정, 경감, 경위, 경사, 경장, 순경 등 모두 11계급 체계로 이루어져 있다. 그러나 경위 이하 경찰관이 전체 인력의 약 90.3%를, 경정 이하는 99.5% 차지하는 전형적인 첨탑형 구조로 승진 적체 등 문제점이 심화되고 있어 적정한 계급구조의 개선이 요구된다고 하겠다([그림 1-2] 참조).

그림 1-2 경찰 계급별 인력 구성(2017년 12월)

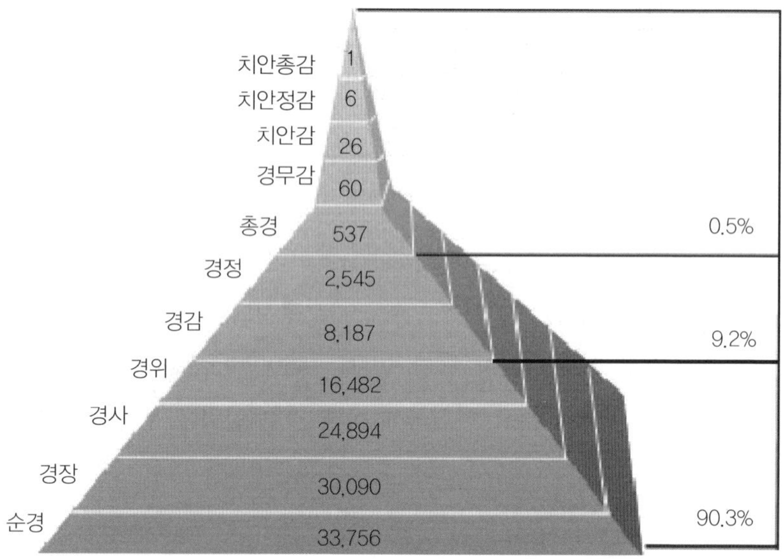

출처: 경찰청(2018: 399).

3) 경찰공무원 정원의 적정 수준

경찰공무원 정원의 적정 수준이 어느 정도가 되어야 하는가에 대해서는 경찰기구 및 기능, 경찰 예산과 함께 경찰조직의 적정 규모와 관련하여 경찰행정의 주요 논점이 된다. 일반적으로 경찰공무원의 수는 새로운 경찰행정 수요가 증대함에 따라 증가하기 마련이다.

일반적으로 공무원은 매년 증가하고 있다. 그러나 좀 더 질 높은 행정 서비스를 제공하기 위해 공무원의 수가 늘었다면 바람직한 일이겠으나 공무원의 자신의 이익이나 공무원 증가로 인한 파생적 업무로 인해 증가할 수 있다. 파킨슨(Cyril Northcote Parkinson)의 법칙, 니스카넨(William Niskanen)의 예산극대화 모형[19] 등이 그러한 현상을 설명하는 좋은 이론적 예이다.

파킨슨의 법칙

공무원의 수는 해야 할 업무의 경중이나 그 유무에 관계없이 일정 비율로 증가한다는 법칙을 의미한다. 파킨슨은 이렇게 공무원 수가 증가하는 이유로 두 가지를 들고 있다. 즉, '부하 배증의 법칙'(제1공리)과 '업무 배증의 법칙'(제2공리)이 그것이다.

1) 부하 배증의 법칙(제1공리)

제1공리 '부하 배증의 법칙'은 A라는 공무원이 과중한 업무에 허덕이게 될 때 그는 자기의 동료 B를 보충받아 그 업무를 반분하기를 원치 않고 그를 보조해 줄 부하 C를 보충받기를 원한다는 것이다.

2) 업무 배증의 법칙(제2공리)

제2공리 '업무 배증의 법칙'은 상술한 바와 같이 부하가 배증되면 과거에 A 혼자서 일하던 때와는 달리 지시, 보고, 승인, 감독 등의 파생적 업무가 창조되어 본질적 업무의 증가 없이 업무량의 배증 현상이 나타난다.

그리고 이상과 같이 제2공리에 의해 배증된 업무량 때문에 다시 제1공리인 부하 배증 현상이 나타나고, 이는 다시 업무 배증 현상이 창조되는 순환 과정을 거침으로써 본질적 업무량과는 관계없이 정부 규모가 커져 간다는 것이다.

19) 니스카넨은 관료들의 행태를 보면, 관료들은 승진, 이득, 명성 등의 자기 이익을 극대화하기 위해 예산을 극대화하는 행태를 한다고 분석한다. 그 결과 정부 산출물은 적정 생산 수준보다 2배의 과잉 생산이 이루어진다고 본다.

CHAPTER

02 경찰행정학의 학문적 접근

제 1 절 경찰행정학의 학문적 성격

1. 사회과학으로서 경찰행정학

경찰행정학은 사회과학의 한 분과 학문이며, 그 성격은 응용사회과학이다. 학문에 대한 개념 정의는 '연구 대상이 무엇이며', '어떤 연구 방법을 사용하는가'라는 두 가지 측면에서 이루어지는데, 사회과학은 '사회 현상'이라는 연구 대상과 '과학적 연구 방법'을 사용해 연구하는 학문으로 정의할 수 있다.[1)]

경찰행정학은 사회 현상 중에서도 특수행정학 분야로서[2)] 경찰행정 현상을 연구 대상으로 한다. 경찰행정 현상은 인간이 최초로 공동체를 이룬 이래 지금까지 어떤 형태로든 존재하여 왔다. 최초의 경찰행정학은 국가관리학으로서 1727년 프러시아의 빌헬름 1세(Willhelm I)가 관료를 양성하기 위해 대학의 학위 과정에서 설강한 관방학(官房學)이 경찰학으로 발전되면서 경찰행정학의 기원을 관방학에서 찾는다.

일반적으로 현대 행정학의 기원을 윌슨(Woodrow Wilson)이 1887년 발표한 논문

---

1) 경찰행정학의 학문적 성격은 이종수 외(2012: 118-130)를 원용하였음.

2) 박연호는 행정학의 체계를 일반행정학과 특수행정학으로 구분하고, 일반행정학은 행정일반이론, 정책과정론, 관리행정론, 행정책임론으로 구성되며, 전문 분야별 특수행정학은 주권적 행정(국방, 외무, 공안), 경제행정(재정, 경제, 물가, 상공, 농수산 등), 사회복지행정(교육, 문화, 보건, 의료, 노동 등), 환경행정, 지방·도시행정, 여가행정으로 구분하였다(박연호, 1994: 114-115).

인「행정의 연구」에서 찾는다. 따라서 일반행정학이 하나의 분과 학문으로서 성립이 비교적 짧은 학문적 역사를 가지고 있고, 응용사회과학이라는 점 때문에 학문의 독자성 확립에 대한 논란으로 정체성의 위기(identity crisis)를 맞고 있는 것도 사실이다.

이러한 점에서 경찰행정학 또한 하나의 응용사회과학이라는 학문의 성격상 행정학 체계의 일부분인 특수행정학으로 일반행정학이 갖는 한계를 함께 가지고 있다고 하겠다.

다만, 여러 측면에서 경찰행정은 독립된 분과 학문으로서의 성격을 지니고 있다. 그 이유로서, ① 현대 경찰의 시작이 영국의 로버트 필(Robert Peel) 경의 경찰개혁에서 찾고 있는 점, ② 미국의 경찰행정 발전이 경찰행정의 정치적인 시대를 거쳐 분권화 된 경찰조직 구조를 낳았다는 점, ③ 20세기 초 경찰관들에게 지적 능력, 정직, 그리고 민첩성이 필요하다는 로버트 필의 개혁 원칙을 재인식하고 경찰행정 전문화 시대를 추구한 점, ④ 오늘날은 분권화된 경찰구조, 지역사회와 좀 더 가까운 연결, 강화된 방범활동, 경찰 직무상 문제 해결적인 접근을 하는 지역사회 모델로 발전하고 있다는 점 등이 독립된 분과 학문으로 정립되어 가고 있음을 보여준다.

따라서 경찰행정학은 행정학, 사회학, 범죄학, 법학, 정치학, 경영학 등으로부터 수용한 이론과, 그리고 독자적으로 발전시킨 이론과 함께 종합 학문으로서의 성격을 가지는 특수행정학으로서 경찰행정 현상이라는 주제를 계속적으로 연구함으로써 경찰행정학 나름의 지식 체계를 구축해 가고 있다.

2. 경찰행정학의 기술성과 과학성

행정학의 성격을 논할 때 행정학이 기술이냐 과학이냐의 논쟁은 오랫동안 계속되어 왔다. 이러한 논쟁은 비단 행정학에만 국한되어 온 것은 아니며 사회과학 전반에 걸쳐 제기되어 왔다.

경찰행정학 역시 기술성과 과학성의 문제를 동시에 가지고 있기 때문에 경찰행정학을 완벽한 기술성으로도, 완벽한 과학성으로도 설명하지 못하며, 다만 어느 측면에 더욱 중점을 두느냐에 따라 학문의 과학성과 기술성이 논해질 수 있다.

기술이란 자연과학 분야에서나 사회과학 분야에서 문제 해결에 초점을 둔 개념으로 현실 문제의 해결을 통한 인간 복지의 증진에 유용한 실용적인 지식을 말한다.[3)]경찰행정학이 순수 과학성을 지나치게 강조하면 결국 현실 적합성이나 실천적 타당성을 잃게 된다고 보고 있으며, 현실 문제를 해결할 수 없는 적실성이 결여될 수 있다.

과학성은 사회나 자연 현상의 인과적 설명에 초점을 두고 있는 객관적 지식으로서 경찰행정학의 과학성 문제는 경찰행정 현상과 관련해 어느 정도 견고한 이론적 체계를 구축할 수 있고, 동시에 이를 통해 경찰행정 현상을 어느 정도 설명하고 예측할 수 있느냐에 관한 것으로 설명될 수 있다.

과학으로서의 경찰행정학 연구는 경찰행정 현상의 여러 가지 변수 간의 관계를 논리적, 실증적, 체계적으로 구성하는 경험적 이론화의 작업에 근거한다. 경찰행정학의 과학성 문제는 행태주의 연구 경향에 의해 주요하게 제기되어 왔는데, 대표적인 학자로는 사이먼(Herbert A. Simon)과 랜다우(Martin Landau)가 있다. 사이먼은 논리실증주의에 바탕을 둔 경험적 접근 방법을 주장했고, 랜다우는 실증주의 연구보다는 과학적인 연구를 강조했다(Landau, 1972: 204－205).

3. 경찰행정학의 전문직업적 성격

현대적 의미의 경찰행정은 전문 경찰관료의 필요성과 관련이 있다. 경찰행정의 최초의 체계적인 연구도 국가행정에 대한 잠재적인 전문 능력을 갖춘 관리를 양성하기 위하여 이루어졌기 때문에 경찰행정학의 전문직업적 성격은 경찰행정학이 태동될 때부터 고유한 것이라고 볼 수 있다.

경찰행정학은 그동안 나름대로 발전해 왔지만 학문으로서는 연륜이 짧다고 하겠다. 행정학이 정부관료제를 중심으로 한 행정 현상을 연구하고, 정치학·경제학·사회학 등 여러 학문의 지식을 기초로 해서 행정학이라는 하나의 학문 체계를 구축하고 있으며, 전문직업인인 행정가를 양성하는 것을 중요한 목표의 하나로 삼고 있다.

---

3) 왈도(Dwight Waldo)는 기술성을 행정의 활동 자체를 처방하고 치료하는 행위라고 보았으며, 사이먼(Herbert A. Simon)은 기술성을 정해진 목표를 어떻게 하면 효율적으로 성취하는가의 방법이라고 정의하고 있으며, 백완기는 기술성은 어떻게 중심으로 실용성, 실천성, 처방성, 명령성을 내포하고 있다고 보았다(Simon, Smithburg, & Thompson, 1973; 백완기, 1978: 75; 이종수 외, 2012: 124－126).

이러한 일반행정학의 경우를 경찰행정학에 원용해 보면 경찰행정학은 경찰조직을 중심으로 경찰행정 현상을 연구하는 학문으로서 행정학, 법학, 범죄학, 정치학, 사회학 등을 포함한 인접 학문과의 관련을 맺으면서 그 학문적 체계를 완성하고 전문직업인으로서 경찰관료를 양성하는 것이 중요한 목표가 되겠다.

그러나 경찰행정가는 의사나 법률가에 비해 전문직업적인 성격이 다소 떨어지는 것은 사실이나 오늘날 사회가 복잡해지고, 치안환경 또한 날로 심각해지고 있는 현실에서, 경찰행정 현상이나 치안정책 문제도 그만큼 복잡해지고 있어 경찰행정가들에게 점차 많은 전문성이 요구되고 있다. 이에 따라 발전 지향적인 경찰행정가를 양성하는 것은 경찰행정학의 중요한 목표가 되고 있으며, 따라서 경찰행정학의 전문직업적 교육의 성격은 점차 그 중요도를 더하고 있다.

제 2 절 경찰행정학의 접근 방법

1. 접근 방법의 의의

학문 연구에서 무엇을 어떻게 연구할 것인가와 관련하여 제시되는 다양한 견해나 관점들을 접근 방법이라 하며, 접근 방법은 그 학문 분야의 연구활동을 안내해 주는 일종의 일반적인 전략이나 지향(orientation)이라고 볼 수 있다(Isaak, 1981: 191). 또한 접근 방법은 그 분야의 학문 연구에 유용한 가설을 설정하는 데 좋은 아이디어를 제공해 준다.

하나의 분과 학문으로서의 경찰행정학은 다양한 접근 방법을 통해 연구가 이루어지고 있다. 이러한 다양한 접근 방법은 행정학이나 혹은 인접 사회과학의 학문적 연구 정향이나, 혹은 학파(school of thought)의 생성 및 발전과 궤를 같이한다. 그러나 분명한 것은 이러한 다양한 접근 방법들이 오늘날의 행정학이나 정치학 분야에서도 계속 사용되고 있으며, 동시에 이러한 접근 방법들이 상호 배타적인 것이 아니라 상호 보완적으로 사용될 수 있다는 점이며, 따라서 경찰행정 현상을 연구하는 하나의 연구에서 여러 가지 접근 방법이 동시에 사용될 수 있다고 하겠다.

오늘날 경찰행정학에서 사용하는 접근 방법들은 실로 다양한데, 이것은 경찰행정학이 응용 사회과학으로서 정치학이나 사회학, 또는 범죄학이나 법학 등 인접 사회과학 분야에서 사용되고 있는 다양한 접근 방법이 필요에 따라 사용되고 있기 때문이다. 이러한 다양성은 또한 과학적인 연구 방법에 따른 다양한 접근 방법과 그에 대한 대안적인 연구 방법으로 제시되는 다양한 접근 방법을 사용하기 때문이기도 하다.[4)]

2. 경찰행정의 접근 방법

1) 역사적 접근 방법

역사적 접근 방법(historical approach)은 각종 정치 · 행정제도의 진정한 성격과 그 제도가 형성되어 온 특수한 방법을 인식하는 수단을 제공해 준다. 역사적 접근 방법은 어떤 사건 · 기관 · 제도 · 정책 등의 기원과 발전 과정을 파악 · 설명하는 데 많이 사용되며, 이런 연구에서는 이른바 발생론적인 설명(genetic explanation) 방식을 주로 사용하게 된다(Isaak, 1981; 강신택, 1995; 이종수 외, 2012: 132).

역사적 접근 방법을 통한 경찰행정 연구는 경찰행정과 관련된 사건들을 구체적으로 설명 가능하게 하며, 일종의 사례연구라 할 수 있다. 따라서 경찰 역사를 좀 더 잘 이해하게 되면 현재의 경찰행정상 나타나는 문제를 더욱 효과적으로 해결할 수 있을 것이다.

2) 법률적 · 제도적 접근 방법

법률적 · 제도적 접근 방법(legalistic－institutional approach)은 초기 정치학 분야에서 다른 차원에서 발전해 왔으나 오늘날 경찰행정학 분야에서 이 두 접근 방법을 함께 지칭해서 법률적 · 제도적 접근 방법이라 부르고 있다. 제도론적 접근 방법은

4) 행태주의 접근 방법, 개인적 · 심리적 접근 방법, 체제론적 접근 방법 등은 과학적 연구 방법을 전제로 한 것이다. 현상학적 접근 방법, 해석학적 접근 방법, 비판이론, 역사적 접근 방법 등은 과학적 연구 방법에 대한 비판과 함께 제시되는 대안적인 접근 방법이다.

역사적 접근 방법과 법률적 접근 방법에 대한 반발로 생겨난 것으로 단순히 정치의 역사나 법률이 아니라 정치 실제에 대한 연구에 관심을 갖게 되었다. 이러한 정치적 실제는 정치적 제도를 말한다. 그들은 입법부, 행정부, 그리고 사법부에 대한 연구에 많은 관심을 갖게 되었으며, 정치 제도에 대한 설명보다는 오히려 자세한 기술(記述, description)에 관심을 갖고 있었다.

이 접근 방법들은 경찰행정학 연구의 초기 접근 방법들 중의 하나이며 오늘날에도 널리 사용된다. 경찰행정 과정의 합법성과 법률에 기반을 둔 제도를 강조하는데, 이러한 기준에서 경찰행정의 접근을 예를 들면, 경찰조직의 직제별 권한, 역할, 그리고 기능 등을 자세하게 기술하는 것이다.

3) 관리 기능적 접근 방법

관리 기능적 접근 방법(management function approach)은 경찰행정의 효율성과 생산성을 강조하고, 관리의 효율성과 성과는 합리적인 조직구조의 개편과 기획, 예산 및 인사관리와 같은 관리 기능에 달려 있다는 견해이다. 전통적인 행정학 연구는 모두 행정의 효율성과 생산성을 강조하고 있으며, 행정의 관리 기능적인 측면에 연구의 초점을 맞추고 있는 관리 기능적 접근 방법에 기반을 두고 있다.

4) 행태론적 접근 방법

행태론적 접근 방법(behavioral approach)은 경찰공무원의 행태 연구에 초점을 맞추고 있다. 행태론자들은 제도나 법률이 행정의 주요한 측면이긴 하지만 이들이 행정의 실체는 아니라고 주장한다. 따라서 경찰행정학의 주요 관심사가 되어야 하는 것은 경찰 제도 내의 경찰공무원의 행위나 활동이어야 한다고 본다.

5) 생태론적 접근 방법

생태론적 접근 방법(ecological approach)은 행정 현상을 자연적·사회적·문화적 환경과 관련시켜 이해하려고 한다. 서구의 제도들이 후진국에서 잘 작동되지 않는 이유는 사회 · 문화적 환경이 다르기 때문이라고 보고 있다. 따라서 생태론적 접근 방법은 행정 체제의 개방성을 강조하며, 분석의 수준이 행위자 개인보다는 집합적 행위나 제도에 주어지고 있어 거시적 분석의 성격을 띠고 있다.

6) 체제론적 접근 방법

체제론적 접근 방법(system approach)은 자연 현상이나 사회 현상을 전체의 한 부분으로 본다. 체제는 유기체로서 환경과 구별되는 경계가 있으며, 자기 고유의 속성을 유지하려는 성향을 갖고 있으며, 모든 체제가 상호작용하는 여러 구성 요소로 이루어져 있다고 본다. 그리고 체제의 변화나 성장은 기존의 균형 상태에서 일어나지 않고 구성 요소 중의 어느 하나에 변화가 생기거나 새로운 이질적 요소가 투입될 때 일어난다고 한다.

어떠한 체제이든 생존을 위해 기본적인 기능을 수행한다. 즉, 체제는 환경 속에 있으면서 환경의 변화에 적응해야 하는 적응 기능, 유형 · 무형의 가치를 창출하는 목표 달성 기능, 체제의 목표 달성을 위해 하위 체제의 활동을 조정하는 통합 기능, 체제가 갖고 있는 가치 체계를 보존하고 제도화된 체제를 유지하는 유형유지 기능이다.

3. 현대 경찰행정의 패러다임

1) 공공선택론적 접근 방법

공공선택론적 접근 방법(public choice approach)의 대표적인 학자로는 오스트롬 부부(Vincent Ostrom & Elinor Ostrom)와 뮬러(Dennis C. Mueller)가 있다(Ostrom & Ostrom, 1989: 203-217; Mueller, 1989: 1).

오스트롬이 주장한 공공선택모형은 정책결정자가 자기의 상황에 따라 가장 큰 이익을 가져다 줄 이익의 극대화전략을 취한다고 보아 정책결정 행위에 정치경제학 이론을 적용시켰고, 뮬러는 공공선택론을 "비시장적 의사결정의 경제학적 연구 혹은 정치학에 경제학을 응용하는 연구"라고 정의하고 있다. 즉, 공공선택론은 경제학적인 분석 도구를 국가이론, 투표규칙, 투표자 행태, 정당정치, 관료 행태, 이익집단 등의 연구에 적용하고 있다. 이와같이 "정치 현상이나 행정 현상에 대한 연구에 경제학을 응용하는 것"이라고 정의한다.

공공선택론은 관료가 자기의 이익보다는 공익을 우선시한다는 전통적인 행정관을 비판하면서 공공재의 생산과 소비에 경제학적인 관점이나 시장경제 원리를 도입하려는 것이다. 따라서 정부를 공공재(public goods and services)의 생산자라고 규정하며, 시민들은 공공재의 소비자라고 규정한다. 이러한 관점에서 시민의 편익을 극대화할 수 있는 서비스의 공급과 생산은 공공 부문의 시장경제화를 통해 가능하다는 것이다.

따라서 공공선택론자들에 주장에 의하면, 공공치안 서비스를 제공할 때에 시민 개개인의 선호와 선택을 존중하고, 경쟁을 통해 서비스를 생산하고 공급하게 함으로써 경찰행정의 대응성을 높일 수 있다는 것이다.

2) 현상학적 접근 방법

현상학적 접근 방법(phenomenological approach)은 인본주의, 상징적 상호작용론 등으로 표현되기도 하는데, 사회 현상의 본질, 인간 인식의 특성, 이론의 성격 등 사회과학 연구의 좀 더 본질적인 문제를 둘러싸고 실증주의와 행태주의가 내세우는 과학적인 연구 방법에 대해 반기를 들고 있다.

현상학적 접근 방법은 인간 상호간의 감정이입 작용을 의미하는 간주관성(inter-subjectivity)을 중시하며, 연구 방법은 관찰 가능한 외면적 행태만을 연구 대상으로 삼았던 행태론과는 달리 가치판단 기능을 중시하기 때문에 이론의 엄밀한 경험적 과학성보다는 사회처방성을 강조한다. 또한 기술문명과 물질주의, 관료제화 등에 의해 초래되는 인간 소외의 본질을 파헤치려는 것에 초점을 두고 인간 중심의 인본주의를 추구한다.

실증주의나 계량주의의 방법을 비판하며 표출된 행위와 의도된 행위는 다를 수 있으므로 외면적 행태만 연구하는 것은 무의미하다고 보았다. 또한 객관화된 경험적 사실만이 과학의 대상이 아니며, 철학도 생산적인 것이며, 철학·도덕 등도 엄격한 경험과학으로 재정립될 수 있다는 주장이다.

경찰행정학에서의 이러한 현상학적인 접근은 경찰 직무 집행 과정에서 엄격한 윤리 의식이 요구되어야 한다는 점에서, 또한 경찰 직무의 성격상 순간적인 가치판단에 상당 부분 의지해야 한다는 점에서 중요한 학문적 접근 방법이라고 하겠다.

3) 신제도적 접근 방법

사회과학의 역사를 되돌아보면 신제도론은 행태주의에 대한 비판과 반성에서 출발한다. 한편 행태주의는 과거의 제도적 접근 방법에 대한 비판을 토대로 제시된 접근 방법이었다.

제도란 사회과학 분야에서 크게 세 가지 의미로 사용되고 있다. 첫째, 제도는 어떤 사회에서 구체적인 조직을 의미하며, 둘째, 제도는 어떤 사회 내에서 설정된 인간 '관계'를 의미하고, 가족 제도를 그 대표적인 예로 들 수 있다. 셋째, 제도는 개인들 상호간의 구체적인 관계에 질서를 부여하기 위해 사용하는 규칙들을 의미하고, 제도적 접근 방법에서 사용하는 제도의 개념은 바로 이를 지칭한다(Ostrom, 1992: 19).

신제도론자들은 생산 활동에 참여하는 인간은 주어진 상황 하에서 자신의 후생이나 이익을 극대화시키는 합리적인 행위자라고 가정하고 있다. 따라서 경찰활동의 결과는 그 경찰활동에 참여하는 사람들의 교호작용의 유형에 따라 달라지는데, 이러한 교호작용의 유형은 행위자의 선호, 정보 처리 능력, 개인의 선택 기준 등 행위 상황(action situation)에 있는 행위자의 특성과 행위 상황에 의해 결정된다는 것이다.

신제도론적 접근 방법을 통한 행정학 분야의 연구는 다양하게 이루어지고 있지만, 특히 공유자원을 공동으로 이용하는 개인들이 직면하게 되는 유인(誘因)의 문제를 다루는 데 적합하다. 공유자원은 우리의 주위에 흩어져 있는데 가장 흔히 인용되는 예는 어장, 관개시설, 목초지, 산림 등이다. 그 밖에도 다리, 주차장, 도로, 정부 예산, 컴퓨터 체계 등도 공유자원의 성격을 띠고 있다. 공동으로 사용되면서 혼잡성이 생기거나 용량이 줄어들거나, 혹은 훼손될 수 있는 것은 공유자원으로 볼 수 있다. 이러한 자원들을 어떻게 관리 운영하면 가장 좋은 결과를 가져올 수 있는가를 연구하는 데 신제도론적 접근 방법이 유용하게 사용될 수 있다.[5)]

---

5) 공유자원이란 잠재적 수혜자로 하여금 그 자원의 이용을 하지 못하도록 배제하기 어렵고, 개인의

신제도주의

신제도주의는 제도를 연구의 대상으로 삼는다는 점에서 세 가지 유형으로 구분하는데 합리적 선택의 제도주의, 사회학적 신제도주의, 역사적 신제도주의가 그것이다. 이들은 서로 전제하는 이론적 기반이 다르며 제도에 관한 정의도 다소 다르다.

1) 합리적 선택의 신제도주의

다원주의가 지배한다고 여겨졌던 미국 의회에 안정적 균형점이 존재한다는 사실을 규명하는 데서 출발하였다. 결국 의사진행 규칙, 위원회 제도 때문에 거래비용을 낮추고, 상호 협조 이익을 증가시키기 위해 안정적 균형점이 존재한다는 결론을 내리게 되었다. 개인들이 주어진 여건 하에 서로 합심하여 자신의 이익을 최대화시키는 최적 행동을 계산한다는 연역적·산술적 접근이다. 공공선택이론의 관점에서 출발하며, 대리인이론, 거래비용경제학 등이 포함된다.

2) 사회학적 신제도주의

제도는 문화, 구조와 같은 거시적인 변수에 의존하고 있다. 따라서 개인의 행위는 제도에 의해 지배되는 동시에 문화와 같은 거시적인 변수에 의해 개인의 이익이 결정되기도 한다.

3) 역사적 신제도주의

개인의 행위는 제도적 맥락 속에서 형성되고 제약된다. 개인의 선호와 그에 따른 의사결정은 제도의 산물로 간주한다. 행위를 형성하고 제약하는 거시적 맥락으로서 제도의 중요성을 강조함과 동시에 나라마다 제도가 다르게 형성되는 역사적 맥락을 중시한다.

구제도론에서 제도의 개념은 법으로 규정된 유형적 정부기관인 반면, 신제도론에서는 정부 제도와 민간 부문의 제도들의 역동적 관계를 포함하는 정치적 네트워크의 개념으로 무형적인 것까지를 포함한다.

이러한 점에서 신제도론적인 접근 방법은 경찰행정을 지역사회와 연계한 지역사회경찰제로 전환하고 있는 현대 경찰행정의 추세에 비추어 새로운 연구의 패러다임으로 간주할 수 있다고 하겠다.

4) 신공공관리 접근 방법

20세기의 전반에 걸쳐 민주적 제도의 사회적 책임성을 강조하면서 한 시대를 풍미한 관료주의 패러다임은 1970년대 후반부터 본격적으로 대두되기 시작한 반정부,

---

이용이 다른 사람에게 이용할 수 있는 자원의 양을 감소시키는 자원을 의미한다(Ostrom, 1992: 1; Ostrom, Gardner, & Walker, 1994; 이종수 외, 2012: 169－171).

반관료주의, 조세 저항의 움직임 속에서 새로운 패러다임이 서서히 배태되기 시작하였다.

즉, 경제 성장과 안정을 추구하는 케인즈주의적 복지국가는 오일 쇼크로 대변할 수 있는 자원난 시대에 직면하면서 경기 침체와 재정적자를 가속화하는 정부실패를 잉태했으며, 거대정부를 대체할 작고 능률적인 정부의 모형을 모색하게 되었다.

그러한 새로운 시대적 조류의 상징적 존재로서 등장한 것이 미국의 기업가적 정부모형(entrepreneurial governmental model)과 영연방 국가들의 신관리주의(new managerialism)다. 이들은 신자유주의에 기반을 둔 보수적 성향의 정부 및 학자들에 의해 주도되고 있는데, 경쟁적 자유시장 체제에 그 원형적 근간을 두면서 대중주의적 접근 방식을 통해 행정의 효율성과 대응성을 확보하려고 한다. 이러한 시대적 조류를 일괄해 OECD에서는 신공공관리(new public management: NPM)라고 정의하고 있다(OECD, 1995; 김석준 외, 2000: 121－128).

신공공관리는 세계화 추세에 대비하여 국가경쟁력에 대한 정부 책임을 강조하고, 작은 정부론은 사회복지정책을 후퇴시키고 있다.

신공공관리의 특징과 이념

1) 정부 기능의 감축 및 공공 부문의 시장화

- 민간화, 계약에 의한 민간위탁 등에 의한 규모의 축소(down sizing)
- 아웃소싱(out－sourcing): 외부조직이나 인력을 활용해 공공 서비스를 공급하는 것(계약에 의한 민간위탁)
- 정부와 민간의 공동생산 체제(co－producer) 확대
- 개인도 공동생산자로서 인식

2) 기업형 정부 구현

- 벤치마킹 시스템에 의해 외부의 우수 경영 기법 도입
  ※ 벤치마킹(bench－marking): 최고의 성과를 낸 다른 조직의 관행과 경험을 구체화(도입)하는 것
- 총체적 품질관리(TQM) 등에 의한 고객 지향적 행정관리
  ※ 총체적 품질관리(Total Quality Management: TQM): 고객 만족을 위한 서비스를 위하여 조직의 절차 및 태도를 지속적으로 개선하는 장기적인 전략적 품질관리 철학
- 행정조직을 비롯해 인사·재정의 신축성·탄력성 추구

– 경력직 공무원을 축소하고 유능한 인재를 계약제에 의해 임용
– 절차 · 과정보다 결과 · 성과에 중점
– 고위관리자의 개인적 책임 · 역할 강조
– 성과급의 도입과 근무성정평정제도의 대폭적 강화
– 리엔지니어링(re–engineering)에 의한 절차재설계, 리스트럭처링(restructuring)에 의한 구조재설계, 리오리엔테이션(re–orientation)에 의한 경영목표 재설정
  ※ 리스트럭처링(re–structuring): 넓게는 유무형의 사회간접자본을 재구축, 좁게는 정부조직과 기능의 재조직화(re–organization)
  ※ 리엔지니어링(re–engineering): 조직 업무의 전반적인 절차를 축소 · 재정비하려는 절차의 재설계 · 재공정
  ※ 리오리엔테이션(re–orientation): 새로운 관리목표(철학이나 방향)의 재설정(예: 규제보다는 자유)
– 시장성 검정(market test): 경쟁 절차를 거쳐 정부 기능의 수행 주체를 원점에서부터 결정하는 절차

3) 책임운영기관(Agency 등)

집행적 성격의 업무를 수행하는 '성과와 책임 중심의 독립된 사업부서조직'

4) 시민헌장제도(Citizen's Charter)

행정 서비스의 표준 품질을 선언하고 잘못된 서비스의 시정 및 보상 등을 구체적으로 정해 이를 시민의 권리로 공표하고, 이의 실현을 국민에게 약속하는 것

PART 2

경찰행정이 추구해야 할 가치와 윤리

CHAPTER

03 경찰행정이 추구해야 할 가치

제 1 절 경찰행정의 철학과 가치

1. 경찰행정의 철학

행정철학의 개념은 학자들 간에 아직까지 보편적인 정의에 대한 합의가 이루어지지 않고 있으나 다음 학자들의 행정철학에 대한 개념 정의 속에서 공통적으로 발견할 수 있는 것은 "행정이 추구해야 할 바람직한 가치에 관한 학문"으로 행정철학을 정의하고 있다는 점이다.

따라서 '행정'과 '철학'의 복합 개념으로서의 행정철학의 개념을 정의한다면 행정의 궁극 목적 및 행정 과정 전반을 지배하는 바람직한 가치를 연구하는 분야로서, 가치의 본질과 인식 가능성 및 가치판단의 기준 등을 연구 대상으로 하는 학문이라고 할 수 있다.

이러한 행정철학의 개념을 준거로 경찰행정 철학을 정의해 보면, 경찰행정이 추구하는 바람직한 가치에 대하여 연구하는 학문으로서 경찰행정의 궁극적 목적과 경찰행정 과정 전반을 지배하는 바람직한 가치가 무엇인가를 연구하는 분야로서 경찰행정 사상을 의미한다고 하겠다.

행정철학의 다양한 정의

1) 디목(M. E. Dimock)

행정철학을 더 나은 업적(performance)을 달성하는 데 목적을 두고 있는 일련의 신념과 실천 체계로 보고 있다. 그에 따르면, 행정은 기관의 목표 및 세부 목표, 사회적 가치 및 개인의 성장에 관한 사항을 취급하며, 그 밖에 부수적으로 조직화 및 여러 가지 사상(事象, thing)을 운영하는 도구적 장치를 다룬다고 한다.

2) 로빈스(S. T. Robbins)

행정철학을 행정에서 무엇이 중요하고 의미 있는 것인가를 평가하고 해석하는 것이라고 정의한다.

3) 호지킨슨(C. Hodgkinson)

행정을 행동철학(philosophy in action)으로 정의하고 철학은 어떤 정의 체계(正義體系)나 하나의 세계관 또는 특별한 인식론이나 심리학을 의미하는 것이 아닌 정확한 사고의 과정과 가치부여(valuing)의 과정, 즉 합리성, 논리, 그리고 가치를 의미한다고 한다. 그가 말하는 행동철학이란 가치를 사실과 가치관이 혼합되어 있는 세계로 변환시키는 것을 의미한다.

2. 경찰행정 가치

1) 경찰행정학의 학문적 지향

경험적 지향의 행동과학은 있는 그대로의 현상의 세계를 대상으로 인과관계를 규명하려 하며, 사실(fact)에 대한 지식을 추구한다. 이에 비해 규범적 지향의 행정철학은 바람직하다고 믿는 기준에 따라 이상적인 질서를 추구하며, 가치(value)에 대한 지식을 추구한다.

행정학에서의 가치연구는 신행정론(new public administration)의 등장과 더불어 본격적으로 관심이 대두되었는데 신행정론은 가치중립성(value free) 원칙을 주창하는 행태론적 학문 자세를 비판하였다.

2) 가치와 사실

논리실증주의에 입각한 행태론에서는 가치와 사실의 이원론의 입장에서 가치와 사실이 분석적인 측면에서 명확히 구분되어야만 하는 두 개의 상이한 명제라고 보고 있다. 따라서 과학적 · 경험적 연구를 위해서는 가치판단이 배제되고, 사실만이 연구의 대상이 되어야 한다고 주장한다. 반면에 1970년대 이후 많은 관심을 끌고 있는 후기행태주의 및 신행정론에서는 가치도 학문적 연구 대상이 될 수 있다고 주장한다.

사실은 주관의 평가 의식이 개입되지 않은, 존재(存在, Sein)와 관련된 현상으로서 진(眞)과 위(僞, true and false) 등의 객관적 용어와 관련된다. 반대로 가치는 주관의 평가 의식이 함축된, 당위(當爲, Sollen)와 관련된 현상으로서 선(善)과 악(惡, good and bad), 옳음과 그름(right and wrong)의 판단과 관련된다. 가치는 선호, 욕구, 소망, 쾌락, 도덕적 의무 등을 포괄하는 포괄적인 가치 개념과 판단 기준으로서 가치(value－as－criterion)를 의미하는 제한적 의미인 협의의 의미로 정의되기도 한다.

3) 가치 개념의 구성 요소

가치 개념 구성 요소로서는 좋음(the good: 善)과 옳음(the right: 義)을 들 수 있다. '좋음'은 바라는(desired) 것으로서 마음에 드는 것 또는 선호(選好, preference)를 의미한다. '좋음'은 곧바로 '나 또는 우리에게 이롭다'는 이해관계로 연결될 수 있다.

'옳음'은 바람직한(desirable) 것으로서 의무적인 것의 초자아(超自我, superego)와 관련된다. '좋음'을 전체적 가치 또는 이익을 지향하는 '옳음'과 연결시켜 주는 요소는 '공동체 생활의 유지'라는 기본 가치이다.

경찰행정의 본질적 가치로서 국민의 안전에 대한 '좋음'의 가치를 수호 · 유지 및 향상시키고, 옳고 · 그름에 대한 정확하고 빠른 판단을 요한다는 점에서 경찰행정은 그 본연의 업무에서 가치지향성을 가지고 있다고 하겠다.

제 2 절 경찰행정이 추구하는 가치

1. 행정가치의 접근 방법과 분류

1) 행정가치의 접근 방법

행정가치는 가치판단 기준을 연구하는 규범윤리학(normative ethics)적 관점, 행정 이념의 구체적 내용을 연구하는 행정 이념 관점, 공익(public interest)의 구체적 내용이 무엇인가를 논구(論究)하는 공익 관점, 사회 정의의 본질을 논구하는 사회 정의(社會正義)의 관점, 자유와 평등의 두 가지 이념을 통해 논의를 전개하는 관점인 자유·평등의 관점으로 대별할 수 있다.

그러나 이들 관점은 별개의 관점들이 아니고 상호 중복되는 내용들을 서로 다른 관점에서 기술하고 있다고 하겠다.

2) 경찰행정가치의 분류

경찰행정이 추구하는 가치는 경찰행정 활동에서 직면하게 되는 의사결정 과정에서 합리적인 가치판단 기준으로 작용한다. 가치는 그 도구성[1])을 기준으로 본질적 가치(intrinsic value)와 수단적 가치(instrumental value)로 대별할 수 있다.

본질적 가치는 경찰행정을 통해 이룩하고자 하는 궁극적 가치로서 정의, 공익, 복지, 형평, 자유, 평등 등을 의미하며, 수단적 가치는 경찰행정이 추구하는 본질적 가치를 달성하기 위한 수단이 되는 가치로서 실제적인 경찰활동 과정에서 구체적 지침이 되는 규범적 기준으로서 민주성, 능률성, 효과성, 합법성, 합리성 등을 들 수 있다.

---

1) 도구성이란 어떤 욕구의 결과, 즉 목적을 실현하는 것을 가능하게 하는 가치를 의미한다.

2. 경찰행정의 본질적 가치

1) 정 의

정의(正義, justice)는 역사가 오래된 가치 개념으로 여러 학자들에 의해 다양하게 정의되어 왔다. 정의의 어원을 이루고 있는 'just'가 '올바른'이라는 의미 이외에 '공정한'이라는 의미를 지니고 있다는 점에서 정의는 그 속에 '공정(公正)'이라는 서술적 의미를 담고 있다.

불공정(unjust)이 불평등을 의미한다면 공정(just)은 평등(equal)을 의미하는 것으

롤스(J. Rawls)의 정의론

1) 원초적 상태(original position) 설정

합의 가능한 이념적 가설적 상황

2) 특 징

- 동등한 결정권 보유
- 자원의 적절한 부족 상태(moderate scarcity)
- 무지의 장막(veil of ignorance) 가정
- 상호 무관심적 합리성(사회의 어떤 조건이 유리한지 모르는)
- 최소 극대화 법칙의 선택(maxi－mini rule): 최악의 상황 중에서도 최선의 선택
- 원초 상태 하에서 합의되는 일련의 법칙이 곧 사회 정의의 원칙
- 가치의 불평등한 배분은 최소 수혜자에게 유리한 경우에만 정당

3) 정의의 제1원리(기본적 자유의 평등 원리)

- 다른 사람의 유사한 자유와 상충되지 않는 한도 내에서 최대한의 기본적 자유에의 평등한 권리 인정

4) 정의의 제2원리(차등 조정의 원리): 불평등의 분배 원칙

- 차등의 원리: 불우한 사람들의 편익을 최대화할 것
- 기회 균등의 원리: 불평등은 기회 균등 조건 하에서만 가능
- 제1원리 및 기회 균등의 원리가 우선

5) 롤스에 대한 비판

- 중도적 입장을 비판: 우파는 그의 정의관이 자유의 제한을 결과한다는 점에서 좌파는 '완전한 평등'을 추구해야 한다는 점에서 비판

로서 롤스(John Rawls)도 정의를 공평(fairness)으로 풀이하면서 배분의 정의가 무엇보다도 평등의 원칙에 입각해야 한다고 주장한다.

롤스는 원초적 상태 하에서 합의되는 일련의 법칙이 곧 사회 정의의 원칙으로서 계약 당사자들의 사회 협동체를 규제하게 된다고 한다. 그는 사회의 모든 가치, 즉 자유와 기회, 소득과 부(富), 인간적 존엄성 등은 평등하게 배분되어야 하며, 이와 같은 가치의 일부나 전부의 불평등한 배분은 그것이 사회의 최소 수혜자에게 유리한 경우에만 정당하다고 본다.

2) 공 익

공익(公益, public interest)은 경찰행정이 추구해야 할 본질적 가치로서 공동체 구성원들이 공동으로 갖는 이익을 의미하며, 경찰행위의 주요한 규범적 기준이 된다. 그러나 '공익'의 개념은 논자에 따라 의미가 다양하게 규정되며, 일부 학자는 공익 개념이 모호할 뿐만 아니라 무의미하다고까지 주장한다.

공익 개념은 공익을 보는 접근 시각에 따라 달리 규정된다. 대표적인 견해가 실체설과 과정설의 분류 방법이다. 실체설에서의 공익은 사익을 초월한 실체적·규범적·도덕적 개념으로 파악하며, 구체적인 내용은 논자에 따라 자연법, 정의, 형평, 복지, 인간 존중 등 다양하다. 대표적인 학자로는 플라톤(Platon), 아리스토텔레스(Aristoteles), 루소(Jean Jacques Rousseau), 헤겔(Georg W. F. Hegel), 마르크스(Karl Marx) 등이 있다.

과정설에서의 공익은 사익의 총합이나 사익 간의 타협 또는 집단 상호작용의 산물로 보며, 대표적인 학자로는 홉스(Thomas Hobbes), 흄(David Hume), 벤담(Jeremy Bentham), 베르그송(Henri L. Bergson)을 들 수 있다.

공익에 관한 논의의 초점은 누가, 어떠한 과정을 거쳐, 어떤 기준에 입각해 공익성의 여부를 결정하느냐에 있다. 현실적으로는 경찰관료가 공익의 해석자이면서 실행자다. 사회적 맥락에서 공익은 사회구성원의 투표 등의 정치 과정을 통해 결정되는데, 결국 공익은 특정 정책의 비용과 편익을 누구에게 어떻게 귀착시킬 것인가 하는, 즉 사회적 가치의 배분 원칙과 관련된 가치 개념이라고 할 수 있다.

3) 사회적 형평성

형평성(equity)의 개념은 일반적으로 공정성(fairness) 혹은 사회 정의(social justice)의 개념과 거의 같은 의미로 쓰인다. 사회적 형평성은 동등한 것을 동등한 자에게 처방하고 동등하지 않은 것을 동등하지 않은 자에게 처방하는 것을 의미한다.

이러한 사회적 형평의 개념 속에는 '정당한 불평등'의 개념이 내포되어 있다. 따라서 사회적 형평 개념으로서의 분배적 정의의 핵심 문제는 어떠한 불평등이 정의라는 기준에서 용인될 수 있는 불평등인가를 밝혀내는 것이다.

사회적 형평성은 일련의 가치 선호를 내포하는 개념으로 공공 서비스의 평등성(equality in government service), 의사결정과 사업 수행 시에 행정관의 책임성 및 시민의 요구에 대한 대응성의 확보를 의미한다.

그런데 사회적 가치의 분배 및 재분배는 정부의 정책을 통해 이루어진다. 공공정책은 정치권력을 배경으로 해서 사회적 가치 또는 이익을 강제로 배분하는 성질을 갖는다. 그런데 공공정책은 편익과 비용을 모든 구성원들에게 평등하게 배분하는 것이 아니라 일정한 기준에 따라 불평등하게 배분하는 성질, 즉 부분이익 선택성(policy selectivity)을 갖고 있기 때문에 구성원의 사회·경제적 지위에 큰 영향을 미친다. 사회를 구성하고 살아가는 인간 사회에서 분배 문제는 정치적·경제적 갈등의 가장 근본적인 원인을 이룬다.

4) 자유와 평등

(1) 자 유

자유의 개념은 일반적으로 제약과 간섭이 없는 상태(absence of restraints)를 일컫는다. 자유의 개념은 철학적·윤리적·정치학적·사회학적 개념을 모두 내포하고 있으며, 추상적인 정의를 내린다면 가치가 있다고 인정되는 행동에 대해 장애가 결여된 상태라고 할 수 있다.

자유의 유형에는 외부 제재로부터 자유를 말하는 소극적 자유(negative freedom)와 어떤 목적을 선택해 그것을 실천하는 행동의 자유가 자기가 원하는 창조적인 일을 해낼 수 있는 능력을 말하는 적극적 자유(positive freedom)로 구분하기도 하고, 정치적 자유와 경제적 자유로 구분하기도 한다.

자유는 자기 지향적이며 자기중심적인 개념이다. 그러나 이러한 자유에는 사회성(sociability)이라는 한계가 있다. 개인의 자유는 타인의 자유와 상충되지 않는 범위 내에서 행사되며 보장될 수 있는 것이다. 즉, 타인의 자유를 존중해야 하며, 책임과 의무에 의해 제약될 수 있다. 따라서 민주사회에서의 자유란 사회의 법질서와 안전을 유지하는 범위 내에서의 상대적 자유를 의미한다고 하겠다.

(2) 평 등

평등은 일반적으로 똑같은 원칙에 따르거나, 같은 처지에 있는 사람을 똑같이 대접하는 것을 의미한다. 정치 및 행정과 관련해 평등이라는 개념은 어떤 개인이나 집단이 다른 개인이나 집단과 비교해 권력과 부(富), 그리고 명예나 기회 등 이른바 사회적 가치의 배분에서 얼마나 평등한 대우를 받고 있느냐 하는 문제와 연결된다.

평등의 유형에는 우선적으로 인간의 존엄성, 인간의 가치 등에 인식을 두는 절대적 평등과 각자의 잠재적·후천적 능력과 기여도 및 필요의 상이성에 바탕을 두는 상대적 평등으로 구분할 수 있다.

사회적 가치를 취득할 수 있는 기회나 자격, 권리 등을 동등하게 부여하는 형식적 평등(기회의 평등)과 형식적 평등이 주어진 개인들 사이에서 결과적으로 나타나는 부당한 불평등을 시정하려는 원리를 적용하는 결과적 평등으로 구분할 수 있다.

또한 법적 평등, 정치적 평등, 사회·경제적 평등으로 구분하기도 하는데, 법적 평등은 법 적용상의 평등, 법 자체의 평등, 법의 평등한 보호를 받을 수 있는 실질적 여건 확보를 의미하고, 정치적 평등은 신분이나 인종, 성별, 납세액 등의 차이에 구애되지 않고 정치 과정에 참여할 수 있는 참정권의 평등과 정치적 영향력의 평등으로 나뉜다. 또한 사회·경제적 평등은 사회·경제적으로 상승할 수 있는 기회가 평등하게 주어질 것을 요구하는 기회의 형식적 평등과 사회·경제적 상승 기회의 실질적 평등(빈곤 가정 출신의 장학금 지급)과 사회·경제적 격차 그 자체의 시정(누진세 등) 등으로 구분할 수 있다.

3. 경찰행정의 수단적 가치

경찰행정의 수단적 또는 비본질적 가치는 궁극적 경찰행정 목표로서의 본질적 가치를 실현하는 것을 가능하게 하는 가치들을 의미한다. 이러한 가치들을 경찰행정의 이념이라고 하는데, 경찰행정이 지향하고자 하는 방향·이상·가치 및 정신을 의미한다.

경찰행정에서 이념이 필요한 이유는 경찰행정가들에게 추구해야 할 최고 가치 및 지도 원칙을 제시해 주고, 경찰행정 활동의 결과 분석을 위한 기준을 제시해 주며, 특정 사회·특정 시대의 지배적인 가치관을 제시해 줄 수 있기 때문이다.

행정의 이념들은 시대와 장소에 따라 변해 왔는데, 역사적으로 행정 이념의 패러다임의 변화는 합법성→능률성→민주성→효과성·생산성→사회적 형평으로 진행되어 왔으며, 각 이념 간의 엄격한 우선순위로 구별하는 것은 곤란하다.

경찰행정에서 보편적으로 제시되고 있는 수단적 가치로는 합법성·능률성·민주성·효과성·생산성·합리성 등의 개념을 들 수 있다. 그 밖에도 경찰행정이 정치적인 영향을 받기 쉽다는 점에서 중립성을 포함시켜 설명하는 학자들도 있다.

1) 합법성

경찰행정의 행위가 법규에 따라 이루어져야 한다는 합법성(legitimacy)의 이념은 시민권의 신장과 자유권의 옹호에 관심의 초점을 두었던 입법국가 시대에 대두된 행정 이념이다.

법률의 규정이 급격한 사회 변화를 수용하지 못하고 있는 현대 경찰행정에서는 이러한 합법성의 이념이 지나치게 강조될 경우, 경찰행정 본래의 목표가 왜곡될 수 있다는 점을 지적하지 않을 수 없다. 또한 직업공무원제의 확립으로 신분보장의 폭이 넓어진 경찰공무원들이 소극적으로 법령의 형식적인 준수에 안주하거나, 재량권이 확대된 경찰공무원들이 법령을 개인적 이해관계에 따라 자의적으로 해석, 적용하는 것도 경계해야 할 것이다.

2) 능률성

행정관리적 가치의 중심 개념으로 그 중요성이 인식되고 있는 능률성(efficiency)은 일반적으로 '투입 대 산출의 비율'로 최소의 비용과 노력으로 최대의 효과를 얻고자 하는 것을 말한다.

능률성의 유형으로 기계적 능률(mechanical efficiency)과 사회적 능률(social efficiency)로 구분할 수 있다. 기계적 능률은 과학적 관리론이 행정학에 도입되면서 중요시된 능률관으로 기계적 · 물리적 · 계량적 측면에서만 파악한 개념이다. 사회적 능률은 1930년대 중반 이후의 인간관계론의 등장과 더불어 강조된 개념으로 행정의 사회 목적 실현, 다원적인 이익들 간의 통합 조정 및 행정조직 내부에서의 구성원의 인간적 가치의 실현 등을 내용으로 하는 능률관이다. 따라서 사회적 능률은 민주성의 개념으로 이해되기도 한다. 능률성을 이론적으로 뒷받침하는 기준으로는 파레토 최적 상태(Pareto optimality)를 들 수 있다.

파레토 최적 상태(Pareto optimality)

1) 전제: 집단 전체의 후생은 집단 내의 모든 개인의 후생이 증대되거나 어느 누구의 후생도 감소됨이 없이 최소한 한 사람의 후생이 증대될 때 증대된다는 전제
2) 다른 사람의 후생을 감소시키지 않고는 누구의 후생도 증대시키는 것이 불가능하도록 자원이 배분된 상태, 분배의 형평성을 보장 못함

3) 민주성

민주성(democracy)은 1930년대의 인간관계론, 정치 · 행정일원론에서 중시된 이념으로 "대외적으로 국민을 위하고, 국민에 대해 책임을 지며, 대내적으로 공무원의 인간적 가치를 존중하는 행정"을 지향하는 것이다. 이러한 개념에서 보면 민주성은 행정조직의 대외적인 측면과 대내적인 측면에서의 지향을 동시에 가지고 있다고 하겠다.

대외적인 경찰행정의 민주성은 행정이 국민 의사를 존중해 국민의 요구를 수렴하고 이를 경찰행정에 반영시킴으로써 대응성 있는 행정을 실현하고, 국민에게 책임을

지는 책임행정을 구현하며, 일부 특수 계층이 아닌 전체 국민을 위한 치안행정을 실현하는 것을 의미한다.

대내적인 경찰행정의 민주성은 경찰조직 내부에서의 민주화 의미로 논의하는 것이다. 경찰조직 내의 민주화를 위해서는 인간관을 과학적 관리론적인 인간관리를 행할 것이 아니라, 인간의 비합리적 · 감정적 · 사회심리적 요인을 인정한다. 권위주의적인 상의하달적 의사전달이 아니고 계급과 권한에 개의치 않는 충분하고 자유로운 의사전달이 행해지며, 경찰행정의 분권화를 이룩하고, 자발적 의사결정의 기회가 증대되고 능력 발전의 기회가 부여되며, 자아실현의 욕구가 충족되도록 조직의 관리가 이루어질 것을 요구한다. 즉, Y이론적 인간관에 입각한 인간관리 방식을 요청하는 것이다. 따라서 경찰행정의 대내 · 외적 민주성을 확보하기 위한 방안은 다음과 같다.

경찰행정의 대내 · 외적 민주성 확보 방안

1) 대외적인 민주성 확보 방안

- 행정윤리의 확립
- 행정기구의 민주화
- 실질적 행정구제제도의 완비
- 사전적 행정절차의 확대
- 행정공개의 원칙의 구현
- 행정책임의 확보
- 관료제의 대표성 증진
- 행정 참여에 의한 활성화
- 지방자치제도의 활성화
- 사회지표의 제도화

2) 대내적 민주성 확립 방안

- 행정조직의 분권화
- 하의상달, 참여의 촉진
- Y이론적 리더십
- 직무 확장, 직무 확충
- 비공식조직, 자생집단의 중시
- 교육훈련, 제안제도, 승진, 전직, 전보 등을 통한 공무원의 능력 발전

4) 효과성

효과성(effectiveness)은 '목표의 달성도'를 나타내는 개념이다. 효과성 개념은 1960년대 이후 발전행정적 사고가 지배적이 되면서 행정이 발전 목표를 사전적 · 계획적 · 의도적으로 계획해 이러한 목표를 달성하려는 데 최대 관심을 두면서 중요시된

개념이다. 능률성이 산출에 대한 비용의 관계라는 조직 내의 조건으로 이해되는 데 비해, 효과성은 조직과 그 효과가 나타나는 환경과의 관계를 나타낸다.

효과성의 증진 방안으로는 ① 작업 능률의 증진, ② 상하 간의 갈등 제거, ③ 구성원의 발전적 · 쇄신적 태도의 확립, ④ 환경 변동 대응 능력의 향상과 안정성의 조화, ⑤ 목표에 의한 관리(MBO)의 도입 등을 들 수 있다.

5) 생산성(효율성)

생산성(productivity)은 투입에 대한 산출의 비율을 높이는 동시에 목표의 최종 달성도를 극대화시키려는 것을 의미한다. 능률성과 효과성을 합한 것으로 '효율성(efficiency)'이라고도 한다. 원래 사기업에서 강조된 개념이나 최근 공행정 분야에서도 중시하게 되었고, 특히 신행정론에서 중시된 이념이다.

생산성의 증진 방안으로는 ① 업무 처리 절차의 개선, ② 행정기술의 개선, ③ 동기부여, ④ 의사결정 능력의 향상, ⑤ 조직 운영 방법의 개선을 들 수 있다.

6) 합리성

합리성(rationality)이란 목적을 달성할 수 있는 여러 수단 중에서 특정 목적을 최대한으로 실현할 수 있는 최선의 수단 또는 대안을 선택하는 것으로 '목적 · 수단의 연쇄 관계(means－ends chain)'와 관련된다.

합리성의 개념을 한마디로 정의하기는 곤란하며, 매우 다의적이고 다차원적인 개념을 포함하고 있어 학자마다, 시대마다 합리성을 보는 견해는 다양하다.

합리성의 제약 요인으로는 ① 지식 · 정보의 불완전성, ② 인지의 차이, ③ 주관 · 감정의 작용, ④ 습관 또는 기억의 작용, ⑤ 문화적 요인, ⑥ 예측의 곤란성을 들 수 있다.

7) 중립성

경찰행정에서 중립성(neutrality)이란 경찰행정의 비정치성, 즉 정치로부터의 중립성을 설명하는 개념이나 범위를 넓혀 정치적 개념뿐만 아니라 행정의 비개인성 또는 불편부당성도 함께 포괄시킬 수 있다(오석홍, 2005: 167). 즉, 경찰행정은 특정 정당이나 정치 세력에 봉사해서는 안 되고 국민 전체에 봉사해야 된다는 것이다.

합리성의 차원과 분류

1) 합리성의 차원

가. 실천적(기술적) 차원 ⇨ 목표나 현실을 주어진 것으로 보고 목표 달성에 가장 능률적 방법을 찾는 것

나. 형식적(공식적) 차원 ⇨ 인간의 행위가 표준화되고 보편적으로 적용되는 법규가 인간 생활을 지배할 때에 나타나는 것으로 '관료제'가 대표적

다. 가치적 차원 ⇨ 전통 또는 그 사회의 지배적인 가치 기준에 입각해 현실을 판단하는 것

라. 인지 과정상의 차원 ⇨ 결과의 극대화보다 결과가 이루어지는 과정에 관심을 기울이는 것으로 사이먼(H. A. Simon)의 '절차적 합리성'이 여기에 해당

마. 이론적 차원 ⇨ 여러 행위에 대한 구체적 설명보다 유형화와 상호 인과 관계의 발견에 더 관심을 가지며, 추상화를 통한 현실 설명에 역점

2) 합리성의 분류

가. 베버(M. Weber)

① 실천적 합리성, ② 실질적 합리성, ③ 형식적 합리성, ④ 이론적 합리성

나. 사이먼(H. A. Simon)

① 실질적 합리성(효용의 극대화를 가져오는 가장 효율적인 행위를 말하는 경제학적 개념)

② 절차적 합리성(인과 과정상의 합리성과 동일)

다. 만하임(K. Mannheim)

① 실질적 합리성(지적 사고작용을 통해 특정 상황에서의 여러 사건이나 구성 요소 간의 인과관계를 밝히는 것)

② 기능적 합리성(이미 정해진 목표의 성취에 순기능적 행위를 할 때에 나타나는 합리성)

라. 디싱(P. Diesing)

① 경제적 합리성(비용·편익을 비교해 목표를 선택 또는 평가하는 것)

② 기술적 합리성(목표 달성에 적합한 수단을 찾는 것)

③ 사회적 합리성(사회 체제의 구성 요소 간에 조화 있게 통합성을 확보하는 것)

④ 법적 합리성(인간 상호간에 권리·의무 관계가 성립해 갈등을 해결할 필요가 있을 때 나타나는 것)

⑤ 정치적 합리성(더 나은 정책결정을 할 수 있는 체제가 마련되어 있을 때 나타나는 것)

우리나라 경찰법 제4조에서 "경찰은 그 직무를 수행함에 있어서 헌법이 보장하는 국민의 자유와 권리를 존중하고 국민 전체에 대한 봉사자로서 공정 중립을 지켜야 하며 부여된 권한을 남용해서는 아니 된다"고 명시함으로써 직무에 관련해 정치적 중립뿐만 아니라 어떠한 차별적인 권한 행사도 해서는 안 된다는 경찰행정이 지향해야 할 행동규범을 분명하게 밝히고 있다.

경찰의 중립성은 경찰행정의 계속성·합리성·안정성을 유지해 능률적인 경찰행정을 수행할 수 있게 해 준다. 우리나라의 경찰행정에서도 1991년 경찰청 발족과 함께 경찰위원회가 설치되어 경찰의 중립을 위한 기틀을 마련하고 있다.

8) 대응성

경찰행정의 대응성(responsiveness)은 시민의 필요와 요청에 적시성 있게 반응을 보이는 능력에 관한 개념이다. 경찰 업무가 위험성, 돌발성, 시급성을 내포하는 특성으로 인해 높은 대응성은 질 높은 치안 서비스를 제공하기 위한 필수적인 요소라 할 것이다. 또한 치안 수요에 부합되는 정책대응을 적시성 있게 하는 것도 이 대응성으로 설명할 수 있다.

CHAPTER

04 경찰윤리

제 1 절 경찰윤리의 의의

1. 경찰윤리의 개념 및 특징

경찰행정이 추구하고자 하는 바람직한 가치는 결국 경찰조직 속에서 의사결정을 하고, 이를 수행하는 경찰공무원들에 의해 실현된다. 따라서 경찰윤리란 경찰공무원이 경찰 업무를 수행할 때 국민 전체에 대한 봉사자로서 경찰조직이 추구하는 공공목적을 달성하기 위해 준수해야 할 행동규범(code of conduct)을 의미한다. 따라서 경찰윤리는 다음과 같은 특징을 가진다.

첫째, 경찰공무원은 국민 전체에 대한 봉사자로서 각종 위험으로부터 국민의 안전을 확보하는 데 노력해야 한다. 공권력에 기초한 경찰공무원의 역할 수행은 사회구성원들에게 직접적인 영향을 미치기 때문에 공무원의 높은 윤리 의식이 요구된다.

둘째, 경찰윤리는 경찰 업무와 관련된 윤리를 의미한다. 따라서 경찰윤리는 경찰공무원의 신분을 가진 사람이 그의 공적인 경찰 업무와 관련해 지켜야 할 가치 기준을 의미한다. 즉, 국민의 신뢰, 국민의 생명과 재산의 안전, 공정한 치안 서비스, 업무 처리의 객관성, 조직 내·외의 협력 문제 등을 들 수 있다.

셋째, 경찰윤리의 개념은 이를 좁게 해석해 경찰공무원의 부정부패와 관련된 소극적인 면으로 이해되기도 한다. 그러나 경찰윤리의 개념 속에는 소극적 의미 이외에,

적극적으로 경찰행정이 추구하고자 하는 바람직한 가치를 실현해야 한다는 요청까지를 내포하고 있다. 따라서 경찰윤리는 가치 함축적인 규범적 개념이다.

넷째, 경찰윤리의 개념 속에는 경찰공무원이 마땅히 지켜야 할 경찰공무원의 직업윤리는 물론 경찰공무원이 입안해 집행하는 경찰정책의 내용이 윤리적이어야 한다는 의미도 내포되어 있다.

따라서 경찰공무원이 지켜야 할 행동규범 속에는 헌법을 비롯해서 국가공무원법, 공직자윤리법, 경찰헌장 및 경찰공무원 집단의 자율적 행동지침을 준수해야 하는 것뿐만 아니라, 경찰 업무 수행과 관련해 전문적 지식의 함양을 통해 치안정책의 질적 향상이 되도록 결정하는 것까지 포함된다. 다시 말해, 경찰공무원이 경찰윤리를 제대로 실현하기 위해서는 법령 등의 법적 의무의 준수뿐만 아니라 업무 수행과 관련된 전문지식의 확보라는 기능적 의무도 동시에 준수해야 한다.

2. 경찰윤리의 중요성

모든 공직자에게 일정 수준의 공직윤리가 동일하게 요구되고 있지만, 특별히 경찰공무원에게는 경찰공무원이 수행하는 업무의 특수성에 따라 좀 더 엄격한 윤리가 요구된다. 경찰의 임무가 사회 공공의 안녕과 질서를 유지하기 위해 국민의 생명과 재산을 보호하고 범죄의 수사 및 범인의 체포 등 특수 임무를 띠고 있기 때문에 그 직무는 위험성, 돌발성, 시급성의 특성을 포함한다.

이러한 경찰 직무의 특성으로 인한 경찰 업무의 수단으로서 명령과 강제 등 경찰권의 발동을 필요로 하며, 실력 행사를 할 경우에 무기를 휴대 및 사용할 수 있다. 또한 경찰조직의 제1차적인 목적은 국민의 생명과 재산을 보호하는 데 주어져 있기 때문에 이러한 목적 수행은 국민의 이익과 직접적이고 가시적으로 연결되어 있을 뿐만 아니라 직접적인 요소의 비중에 따라서 경찰은 국민의 자유, 재산권 등을 제한하는 경우도 있다. 이러한 이유로 인하여 경찰 업무의 수단은 강제성, 권력성, 직접성의 특성을 가지고 있다고 하겠다.

경찰윤리가 일반 공무원보다 더 엄격하게 요구되는 이유로는 위에서 설명한 경찰 직무의 특성에 기인된 것으로 다음과 같다.

첫째, 경찰 직무의 위험성, 돌발성, 시급성은 곧 경찰공무원으로 하여금 발생 가능한 사건・사고에 대비한 철저한 지식과 행동 요령을 숙지하고 있어야 한다는 점이다.

둘째, 경찰 업무 수단의 강제성과 권력성과 직접성으로 인해 국민에게 권위적이고 고압적인 자세로 비추어질 수 있는 개연성이 매우 높다는 점을 들 수 있다.

셋째, 경찰공무원의 재량권 행사는 법령의 탄력적 적용이라는 면에서는 필요하나 경찰공무원의 재량행위가 공정한 법집행을 하지 못하고, 사적인 인간관계나 부정적인 거래로 나타날 수 있는 개연성이 높다는 점을 들 수 있다.

넷째, 경찰의 업무가 본연의 치안 업무 외에 조장행정 업무까지 할 수 있기 때문에 이들 업무로 인해 부정부패에 연루될 개연성이 높다는 점을 들 수 있다.

다섯째, 경찰 업무는 많은 경우 정치적인 문제와 연결되어 있고, 지역사회의 문제들과 연결되어 있다. 이러한 가운데 정치적 중립을 비롯한 각종 이익단체나 기업들로부터 중립성을 확보하기가 곤란한 경우도 발생할 수 있는 개연성이 높다는 점을 들 수 있다.

3. 경찰윤리의 내용

경찰공무원에게 요구되는 경찰윤리의 내용은 그 사회가 처한 시대적 상황에 따라 달라진다. 경찰윤리는 부정부패를 방지하고 직권 남용과 무사안일을 타파하자는 소극적 측면에서 접근할 수 있는가 하면, 공익성과 봉사성을 강조하는 적극적 측면에서 접근할 수도 있다.

1) 일반 공무원 윤리규정의 적용

우선적으로 경찰공무원은 일반적인 공무원 전체에게 요구되는 행정윤리와 관련된 법에 적용을 받는다. 즉, 국가공무원법의 공무원복무규정이나 공직자윤리법, 그리고 취임선서와 복무선서 및 공무원의 윤리헌장과 신조에서 찾아볼 수 있다.

국가공무원법과 공직자윤리법은 부정과 비리를 방지하기 위한 소극적 윤리를 강조하고 있으며, 취임선서와 복무선서 및 공무원의 윤리헌장과 신조에서는 봉사와 충성, 그리고 창의와 책임을 강조하는 적극적 윤리가 천명되고 있다.

국가공무원법의 공무원복무규정에서는 ① 성실 의무, ② 복종 의무, ③ 직장 이탈 금지, ④ 친절, 공정 의무, ⑤ 비밀 엄수 의무, ⑥ 청렴 의무, ⑦ 영예 등의 수령 규제,[1] ⑧ 품위 유지 의무, ⑨ 영리 업무 및 겸직 금지, ⑩ 정치운동 금지, ⑪ 집단행위 금지 등의 행정윤리를 엄격히 규정하고 있다.

공직자윤리법에서는 부정부패를 방지하기 위해 ① 고위 공직자의 재산 등록, ② 외국인의 선물 신고, ③ 퇴직 공무원의 취업 제한 등의 규정을 담고 있는데, 공직자윤리법 제3조(등록 의무자) 제1항 제9호에 총경 이상의 경찰공무원이 의무등록자로 명기되어 있다.

한편 1980년 12월 제정된 공무원 윤리헌장은 충성과 봉사, 그리고 창의를 강조하는 행동규범을 천명하고 있으며, 공무원의 신조로서 다음과 같은 다섯 가지 행동지침을 제시하고 있다. ① 국가에는 헌신과 충성을, ② 국민에겐 정직과 봉사를, ③ 직무에는 창의와 책임을, ④ 직장에선 경애와 신의를, ⑤ 생활에는 청렴과 질서를 규정하고 있다.

2) 경찰윤리규정 적용

1966년 경찰윤리규범의 효시라고 할 수 있는 '경찰윤리헌장'이 제정되었다. 제정 목적은 규범성, 연대성, 성실성, 근면성, 공정성, 청렴성, 합리성과 사명감이라는 경찰관의 도의심을 높이고 경찰의 기강을 바로잡는 것이었다. 또한 경찰인 개개인의 청렴한 생활과 인간관계의 원활화, 지식의 함양, 직장과 가정에서의 생활 태도 개선 등 공사(公私) 생활의 건전화를 도모하자는 것이었다.

1980년 경찰의 실천윤리강령을 제정한 '새 경찰신조'는 다음과 같다.

1. 우리는 새 시대의 사명을 완수한다.
1. 우리는 깨끗하고 친절하게 봉사한다.
1. 우리는 공정과 소신으로 일한다.
1. 우리는 스스로의 능력을 계발한다.

---

1) 국가공무원법 제62조(외국 정부의 영예 등을 받을 경우), 공무원이 외국 정부로부터 영예 또는 증여를 받을 경우에는 대통령의 허가를 얻어야 한다는 규정을 말한다.

제5공화국 때에는 선진 조국 창조를 위한 경찰의 자세로서 주인정신, 명예심, 도덕심, 협동정신, 사명감, 준법정신, 애국심, 반공정신, 통일 의지 등 9대 덕목을 선정, 경찰의 실천 규범으로 삼기도 했다.

1991년 8월 1일에는 경찰청 출범에 맞추어 '경찰헌장'이 제정, 선포되었다. 경찰헌장은 전문과 본문으로 구성되어 있으며, 전문에서는 경찰의 전통, 경찰의 본분, 경찰의 각오를 밝히고 있고, 본문은 5개 항에 걸쳐 각각 친절한 경찰, 의로운 경찰, 공정한 경찰, 근면한 경찰, 깨끗한 경찰을 목표로 제시하고 있다. 경찰헌장의 내용은 다음과 같다.

경찰헌장

우리는 조국 광복과 함께 태어나 나라와 겨레를 위하여 충성을 다하며 오늘의 자유민주사회를 지켜온 대한민국 경찰이다. 우리는 개인의 자유와 권리를 보호하며 사회의 안녕과 질서를 유지하여 모든 국민이 편안하고 행복한 삶을 누릴 수 있도록 해야 할 영예로운 책임을 지고 있다. 이에 우리는 맡은 바 임무를 충실히 수행할 것을 굳게 다짐하며 우리가 나아갈 길을 밝혀 스스로 마음에 새기고자 한다.

1. 우리는 모든 사람의 인격을 존중하고 누구에게나 따뜻하게 봉사하는 친절한 경찰이다.
1. 우리는 정의의 이름으로 진실을 추구하며 어떠한 불의나 불법과 타협하지 않는 의로운 경찰이다.
1. 우리는 국민의 신뢰를 바탕으로 오직 양심에 따라 법을 집행하는 공정한 경찰이다.
1. 우리는 건전한 상식 위에 전문지식을 갈고 닦아 맡은 일을 성실하게 수행하는 근면한 경찰이다.
1. 우리는 화합과 단결 속에 항상 규율을 지키며 검소하게 생활하는 깨끗한 경찰이다.

1998년 공직사회 개혁의 일환으로 시달된 대통령 훈령 '행정서비스 헌장 제정지침'에 따라 경찰서비스헌장이 제정되었다. 이 헌장에서 경찰은 시민에게 제공되는 서비스 기준과 내용, 제공 방법 및 절차, 잘못된 서비스에 대한 시정 및 보상 조치 등을 구체적으로 정하였다. 경찰서비스헌장의 내용은 다음과 같다.

경찰서비스헌장

우리는 국민의 생명과 재산을 보호하고 법과 질서를 수호하는 국민의 경찰로서 모든 국민이 안전하고 평온한 삶을 누릴 수 있도록 다음과 같이 실천하겠습니다.

1. 범죄와 사고를 철저히 예방하고 법을 어긴 행위는 단호하고 엄정하게 처리하겠습니다.
1. 국민이 필요로 하면 어디든지 바로 달려가 도와 드리겠습니다.
1. 모든 민원은 친절하고 신속 · 공정하게 처리하겠습니다.
1. 국민의 안전과 편의를 제일 먼저 생각하며 성실히 직무를 수행하겠습니다.
1. 인권을 존중하고 권한을 남용하는 일이 없도록 하겠습니다.
1. 잘못된 업무 처리는 즉시 확인하겠습니다.

2003년에는 '경찰청 공무원의 청렴 유지 등을 위한 행동강령규칙'이 경찰청 훈령 제396호로 제정되었으며, 2019년 5월 '경찰청 공무원 행동강령'(경찰청 훈령 제927호)이 9차로 일부개정되었다. 이는 '부패 방지 및 국민권익위원회 설치와 운영에 관한 법률' 제8조의 공무원 행동강령 규정에 따라 경찰청 소속 공무원들의 부패를 예방하고 깨끗하고 건전한 공직 풍토의 조성을 위해 준수해야 할 행동 기준을 규정하고 있다.

'경찰청 공무원 행동강령'은 제1장 총칙(제1조~제3조), 제2장 공정한 직무수행(제4조~제9조), 제3장 부당이득의 수수 금지(제10조~제14조), 제4장 건전한 공직풍토의 조성(제15조~제17조), 제5장 위반 시의 조치(제18조~제21조), 제6장 보칙(제22조~제24조)으로 구성되며 주요 내용은 다음과 같다.

'경찰청 공무원 행동강령'의 주요 내용

제4조 공정한 직무수행을 해치는 지시에 대한 처리: 공무원은 상급자가 자기 또는 타인의 부당한 이익을 위하여 공정한 직무수행을 현저하게 해치는 지시를 하였을 때에는 그 사유를 그 상급자에게 소명하고 지시에 따르지 아니하거나 행동강령책임관과 상담할 수 있다.

제4조의2 부당한 수사지휘에 대한 이의제기: 공무원은 범죄수사규칙 제15조에 따른 경찰관서 내 수사 지휘에 대한 이의제기와 관련하여 행동강령책임관에게 상담을 요청할 수 있다.

제5조 사적 이해관계의 신고 등: ① 공무원은 1호 자신이 직무관련자인 경우, 2호 공무원의 4촌 이내의 친족이 직무관련자인 경우 등을 비롯한 10개호에 해당하는 경우에는 소속 기관의 장에게 신고하여야 한다.

제5조의2 수사·단속 업무의 공정성 강화: ① 공무원은 수사·단속의 대상이 되는 업소 중 경찰청장이 지정하는 유형의 업소 관계자와 부적절한 사적 접촉을 하여서는 아니 되며, 공적 또는 사적으로 접촉한 경우 경찰청장이 정하는 방법에 따라 신고하여야 한다. ② 공무원은 수사 중인 사건의 관계자와 부적절한 사적 접촉을 해서는 아니 되며, 소속 경찰관서 내에서만 접촉하여야 한다.

제7조 예산의 목적 외 사용금지: 공무원은 여비, 업무추진비 등 공무 활동을 위한 예산을 목적 외의 용도로 사용하여 소속 기관에 재산상 손해를 입혀서는 아니 된다.

그 외에 주요 내용으로 제8조 정치인 등의 부당한 요구에 대한 처리, 제9조 인사청탁 등의 금지, 제10조 이권 개입 등의 금지, 제11조 알선·청탁 등의 금지, 제12조 직무관련 정보를 이용한 거래 등의 제한, 제13조 공용물 등의 사적사용·수익의 금지, 제14조 금품 등을 받는 행위의 제한, 제15조 외부강의 등의 사례금 수수 제한, 제16조 직무관련자 거래신고, 제16조의2 직무관련자에게 협찬 요구금지, 제17조 경조사의 통지제한 등이 있다.

제 2 절 경찰권의 오용과 부패

1. 경찰권 오용의 양태

경찰공무원은 국민 전체에 대한 봉사자로서 경찰 업무를 수행할 때 법률에 규정된 일정한 범위 내에서 그 권한을 행사해야 하며, 경찰윤리규범에 따라 행동해야 한다. 그러나 오늘날 경찰조직이 방대해지고, 그만큼 업무도 전문화되어 복잡해지고 있으며, 경찰공무원들에게 부여된 재량의 범위가 넓어지고 있어 경찰공무원들이 비윤리적 일탈행위를 저지를 가능성이 그만큼 커지게 되었다.

경찰윤리를 벗어나는 이러한 경찰권 오용의 유형을 다음과 같이 들 수 있다.

1) 부정행위

각종 단속 업무 중에 뇌물성 금품을 수수하거나 허위로 문서를 작성한다든지 또는 공금을 횡령하고 계약의 대가로 지불금의 일부를 가로채는 등의 부정행위를 저지를 수 있다.

2) 비윤리적 행위

경찰공무원들은 비록 특혜의 대가로 금전을 수수하지는 않는다 하더라도 친구, 친지 또는 특정 정파에 호의를 베풀거나 자신의 경제적 이익을 위해 어떤 결정을 내리는 비윤리적 행위를 할 수 있다.

3) 재량권의 남용과 오용

재량권의 남용과 오용으로 법규의 부적절한 적용 시 정당화하는 방향으로 해석하기도 한다. 경우에 따라서는 예산이나 현실적 어려움 등의 구실을 내세워 법규정대로 시행하기를 거부하기도 하며, 집행을 끝없이 미루는가 하면, 말로는 약속을 하면서도 결코 시행하지 않는 경우도 있다.

4) 입법 의도의 편향된 해석

법규를 위반하지 않는 합법적인 테두리 안에서 특정 단체 및 개인의 이익을 옹호하기 위해 입법의도의 편향된 해석을 하는 경우이다. 특정 단체란 정치단체나 이익단체일 수도 있으며, 특정 기업이 될 수도 있다.

5) 불공정한 인사

신규채용이나 승진임용 등 내부임용 과정에서 불공정한 인사를 자행하기도 한다. 업무 수행 능력과 무관한 다른 이유로 해임되거나 징계받는 경찰공무원들이 있을 수 있으며, 경우에 따라서는 자신의 의견을 용기 있게 말하는 정직성 때문에 징계받기도 한다.

6) 무 능

의도가 아무리 좋다 하더라도 부여된 업무를 적절히 수행하지 못한다면, 경찰공무원은 그 책임을 다하지 못한 것이 된다. 다소의 실책은 불가피하더라도 부주의에 의해 수억 원의 예산이 낭비되거나, 국민의 각종 안전, 즉 생명, 신체, 재산 등에 큰 위해(危害)를 입혔다면 결코 선의의 예상치 못한 결과로만 치부할 수 없을 것이다.

7) 실책의 은폐

경찰공무원은 누구나 업무 수행 도중 실수를 할 수 있다. 그러나 발생한 실책(失策)을 은폐하려는 기도는 경찰권 오용의 한 양태로 지적할 수 있다.

8) 무사안일

경찰공무원들 중 부여된 재량권을 적절히 행사하지 않고 적극적인 조치를 취하기를 꺼리는 무사안일에 빠질 수 있다. 상황이 명백히 어떤 조치를 요구함에도 불구하고 사후 책임을 두려워해 아무런 조치도 취하지 않음으로써 안일을 추구할 수 있다. 책임이라는 개념이 흔히 부정적인 용어로 사용되기에 무사안일은 중요한 의미를 지닌다. 경찰공무원들에게 요구되는 것은 최대한의 봉사이지 최소한의 봉사가 아니다.

2. 경찰관료의 부패

1) 경찰관료 부패의 정의

행정권 오용의 대표적인 형태라고 할 수 있는 관료 부패는 다양하게 정의되고 있다. 그것은 관료 부패가 정태적인 것이 아니라 매우 동태적이며, 특정한 사회나 국가의 사회문화적 여러 특성을 반영하고 있기 때문이다.

관료 부패에 대한 대표적인 정의는 문화 횡단적 비교 방법을 이용한 하이덴하이머(Arnold J. Heidenheimer)의 정의이다(Heidenheimer, 1989: 4－6). 그는 관료 부패를 공직 중심적 정의로서 공직에서의 일탈로, 시장 중심적 정의로서 시장에서의 일종의 경제행위로, 공익 중심적 정의로서 공익으로부터의 일탈 등 세 가지 범주로 관료 부패를 정의하였다. 그리고 노벨 경제학상을 수상한 경제학자 뮈르달(Karl Gunnar M. Myrdal)은 관료 부패를 "공직과 관련 있는 영향력이나 권력을 부당하게 사용하는 행태"라고 정의하였다(Myrdal, 1971: 200－210).

이와 같은 다양한 정의를 종합하여 경찰관료의 부패를 포괄적으로 정의하면 "경찰관료 자신의 직무와 직 · 간접적으로 관련된 권력을 부당하게 행사해 사익을 추구하거나 혹은 공익을 침해한 행위"라고 할 수 있다.

관료 부패와 유사한 용어로서 부정(misconduct)은 공공 지위에 있는 사람들에 대한 기대의 결여를 의미하며, nonfeasance는 의무 불이행, malfeasance는 불법, misfeasance는 직권 남용을 의미한다(이종수 외, 2012: 175).

2) 경찰관료 부패의 구성 요소

경찰관료의 부패가 발생하기 위해서는 기초적인 정치 · 경제 · 사회 · 문화적인 조건 하에 몇 가지 기본적인 구성 요소가 있어야 한다. 개념상 부패행위의 중심을 차지하는 경찰관료가 당연히 있어야 하며, 이러한 경찰관료와 직 · 간접적으로 거래 관계에 있는 시민, 경찰관료가 부패 관계에 개입함으로써 얻게 되는 이익과, 시민이 부패거래를 통해 얻게 되는 이익이 존재해야 한다. 이러한 요소들의 다양한 작용에 의해 다양한 형태의 경찰관료의 부패가 나타난다. 여기서의 경찰관료에는 관료제가 포함되며, 시민에게도 개인만이 아니라 조직이나 집단도 부패의 구성 요소로서 포함된다.

3) 경찰관료 부패의 유형

관료 부패는 형법상의 조항 등 다양한 기준에 의해 그 유형이 분류될 수 있다. 여기서는 관료와 시민의 관계, 그리고 관료의 부패 개입의 목적이라는 두 기준에 따라서 분류한 유형을 보기로 한다.

(1) 직무유기형 관료 부패

시민이 개입되지 않는 관료 단독의 부패로서, 직접적이며 명백한 물질적 이익을 추구하지 않는 형태의 부패를 의미한다. 복지부동형 관료 행태도 광의로는 직무유기형 부패라고 할 수 있다.

(2) 후원형 관료 부패

관료가 정실이나 학연 등을 토대로 불법적으로 후원을 하는 형태이다. 직무유기형 부패와 마찬가지로 명시적인 물질적 이익을 추구하지는 않는 형태이다.

(3) 사기형 관료 부패

관료가 공금을 유용하거나 횡령하는 부패를 의미한다. 대개 관료 단독으로 이루어지며, 이러한 유형에 대해서는 부패라는 용어보다는 오히려 범죄라는 용어가 일반적으로 적용된다.

(4) 거래형 관료 부패

가장 전형적인 관료 부패이다. 관료와 시민이 뇌물을 매개로 이권이나 특혜 등을 불법적으로 받는 경우를 말한다. 관료와 시민 간에 직접적인 거래가 있으며, 물질적인 수단이 부패의 매개체로써 이용된다.

제 3 절 경찰윤리의 저해 요인과 확보 방안

1. 경찰윤리의 저해 요인

오늘날 경찰행정이 양적으로 팽창하고 질적으로 전문화됨에 따라 국민생활에 미치는 영향이 더욱 커지게 되고, 이에 따라 구체적인 경찰 업무를 담당하는 경찰공무원들의 경찰윤리는 더욱 중요한 의미를 지니게 되었다. 급속한 경제 발전으로 사회는 역동적으로 변화하고 국제적으로 국가의 경제적 위상이 높아졌으나 거기에 걸맞은 성숙한 시민사회의 척도 중의 하나인 공직윤리는 아직 낮은 수준에 머물러 있다고 하겠다. 특별히 공직기관 중 경찰기관이 부정부패가 상대적으로 심하다는 국민적 인식이 높다는 것[2]은 사실 여부를 떠나 경찰윤리 확보가 중요한 과제가 아닐 수 없다.

건전한 경찰윤리의 확보를 가로막는 경찰윤리의 저해 요인을 보면, 인적 요소와 관련된 요인, 제도적 장치와 관련된 요인, 환경적 요인의 세 가지로 나누어 살펴볼 수 있다.

1) 인적 요소와 관련된 요인

윤리 실현의 주체는 경찰공무원이다. 경찰윤리가 제대로 확보되기 위해서는 무엇보다도 경찰행정을 담당하는 경찰공무원들의 높은 윤리 의식이 전제되어야 한다. 경찰윤리를 저해하는 가장 근본적인 요인은 경찰공무원들의 권위주의적인 가치관과 전근대적인 행태, 무지 등에서 찾아볼 수 있다.

또한 경찰윤리와 관련된 제도적 장치의 합리적 운영 능력도 인적 요인으로 볼 수 있다. 아무리 좋은 제도가 마련되어 있다 하더라도 그 제도를 제대로 적용하고 운용하지 못한다면 진정한 경찰윤리 확보는 가져올 수 없을 것이다.

2) 제도적 장치와 관련된 요인

경찰공무원들의 부정부패를 방지하고 책임성을 확보하기 위해서는 이를 위한 제반 제도적 장치가 확보되어야 할 것이다. 내부통제 장치의 미비, 불합리한 인사관리, 보수 수준의 부적절성, 형식적인 윤리교육 제도 등이 경찰윤리의 확보를 어렵게 하는 요인들이다.

---

2) 중앙행정기관(I그룹)의 2017년 청렴도 수준 조사에서 경찰청의 종합청렴도는 7.66을 기록해 7.37~7.69점 그룹인 3등급을 기록하고 있다. 이는 2016년보다 1등급 높아졌으며, 내부청렴도는 8.01을 기록해 7.79~8.21점 그룹인 2등급을 기록하며 전년도 대비 개선된 것으로 나타났다(국민권익위원회, 2017.12: 36).

3) 환경적 요인

경찰공무원을 둘러싼 환경적 요인이 경찰윤리의 확보를 어렵게 한다. 윤리 의식이 아무리 높고 제반 제도적 장치가 잘 마련되어 있더라도, 경찰조직을 둘러싼 환경적 여건이 개선되지 않으면 바람직한 경찰윤리가 뿌리내릴 수 없다. 낮은 정치 발전 수준으로 인한 외부통제의 미흡, 정치적·사회적 불안으로 인한 공무원의 신분 불안, 그리고 사회적 환경을 이루는 구성원들의 전근대적 가치관 등도 경찰윤리를 저해하는 요인이 된다.

2. 경찰윤리의 확보 방안

경찰윤리를 확보하기 위해 앞에서 제시한 세 가지 측면에서 본 저해 요인에 기초해 확보 방안을 제시하면 다음과 같다.

1) 경찰윤리관의 확립

경찰윤리를 확보하기 위해서는 경찰공무원들의 윤리 의식이 제고되어야 할 것이다. 즉, 경찰공무원의 윤리 의식을 제고하기 위해서는 우선적으로 우수한 경찰 업무를 맡을 수 있는 전문지식과 인품을 가진 능력 있는 경찰공무원을 먼저 선발해야 하며, 선발된 경찰공무원들에게 전문지식은 물론이요 경찰윤리관이 확립될 수 있도록 윤리교육이 실질적으로 이루어져야 한다.

또 하나는 신규채용된 경찰공무원과 재직 기간이 긴 경찰공무원들의 윤리 확보의 저해 요인이 다를 수 있다는 점을 감안한 직원 재교육이 이루어져야 한다. 즉, 신규채용된 경찰공무원들은 전문지식의 부족 현상으로 일어나는 경우가 많으며, 경찰 부정부패는 경찰 업무에 익숙해진 경찰공무원들에 의해 발생하는 경우가 많다.

따라서 아무리 훌륭한 신임 경찰공무원을 모집하고 교육시킨다고 하더라도 경찰조직 문화 자체가 윤리 확보에 어렵게 조성되어 있다면 아무 소용이 없을 것이다. 곧 경찰 조직구성원의 조직적 차원에서 윤리 확보를 위한 경찰문화가 정립되어야 할 것이다.

2) 제도적 장치의 구비

(1) 제도적 장치 운용 강화

현재 우리나라 공무원의 행정윤리 확보를 위해 공무원이 지켜야 할 의무를 법적 장치를 통해 여러 곳에서 규정하고 있고, 경찰공무원의 윤리규정도 마련되어 있다는 점을 앞 절에서 살펴보았다. 이러한 법적 장치들이 존재함에도 불구하고 윤리규범이 잘 지켜지지 않는 것은 이러한 규정들이 선언적 의미 이상의 현실적 규제력을 갖고 있지 못하기 때문이다. 따라서 구조화된 부정부패를 일소하기 위해서는 강력한 규제력을 갖도록 각종 법이나 규정을 정비하고, 이 규정의 적용을 엄격히 운용해야 할 것이다.

(2) 근무 여건 개선

경찰윤리를 확립하기 위해서는 경찰공무원이 이를 실현할 수 있는 근무 여건을 마련해 주는 것이 필요하다. 이는 곧 직업공무원제도 확립의 필요성을 역설하는 것이다. 직업공무원제도가 확립되어 공무원들의 보수가 현실화되고 합리적인 인사가 이루어질 경우, 경찰공무원들은 부정부패를 통한 물질적 욕구 충족에 집착하지 않고 본래의 긍정적 직무 수행에 충실해질 것이다.

3) 환경적 요인의 개선

경찰윤리가 확보되기 위해서는 경찰 서비스의 대상자인 일반 국민의 의식이 제고되어야 한다. 부당한 대우나 부적절한 요구를 받은 국민은 경찰공무원에 대해 적정한 절차에 따른 합리적인 요구를 할 수 있도록 가치관의 변화가 이루어져야 한다. 따라서 국민에 의한 외부통제가 활성화되면 경찰기관에 의한 내부통제의 한계점을 보완할 수 있고, 이러한 국민의 의식은 경찰윤리 확립에 중요한 요소가 된다.

또한 경찰행정에 지역 주민의 참여를 활성화시켜 지역과 연대한 지역사회 경찰제도를 확립해 나가는 것도 개선 요인이 될 수 있다.

PART 3

경찰행정의 이론과 실제

CHAPTER

05 경찰정책과 기획

제 1 절 경찰정책의 의의

1. 경찰정책의 개념

정책이란 공공 문제를 해결하거나 목표 달성을 위해 정부에 의해 결정된 행동방침이다. 정책의 개념을 근거로 한 경찰정책의 개념은 치안과 관련된 문제를 해결하거나 경찰행정 목표의 달성을 위해 경찰기관에 의해 결정된 행동방침이라고 할 수 있다. 이러한 개념에 근거한 경찰정책의 성격으로 다음 몇 가지를 들 수 있다.

첫째, 경찰정책 결정과 그 정책의 집행 주체는 '경찰기관'이다.

둘째, 경찰정책은 '권위 있는 결정'의 산물이다. 이 권위는 주권자들에 의해 여러 형태로 부여된다. 경찰 예산이나 각종 경찰 관련 법에 의한 것으로 명시적·묵시적 승인에 의해 부여된다. 이것이 민주국가에서 정부에 권위를 부여하는 방식이다. 이런 권위는 합법적 강제력을 수반하는데, 경찰정책의 결정이나 방침에 따르지 않을 때는 벌금, 제재, 감금, 규제, 제한 조치를 받게 된다.

셋째, '행동방침'이다. 이것을 우리는 정책 내용이라고 하는데 현실적으로는 정책, 사업, 사업계획, 경찰조직의 방침, 정책지침과 같이 여러 가지로 표현된다.

넷째, 경찰정책은 '치안 문제 해결이나 경찰행정 목표 달성'과 관련이 있다. 경찰조직 존재의 근본 이유는 다양한 유형의 치안 문제를 해결하며, 이러한 해결 노력이 치안정책, 곧 경찰정책인 것이다. 그리고 이러한 문제의 해결 노력은 도달하고자 하는 지향점이 있는데 이것이 경찰정책 목표다. 따라서 경찰정책은 치안 문제의 해결을 통해 경찰정책 목표를 성취하고자 하는 행동방침이라고 할 수 있다.

다섯째, 경찰정책은 '미래지향성'을 띤다. 경찰정책은 앞으로 시행할 경찰조직의 행동방침으로서 범죄의 예방전략, 과학적 수사전략, 교통안전을 위한 전략 등 다양한 경찰의 발전 지향적이고 미래 지향적인 성격을 가지고 있다.

2. 경찰정책의 환경

경찰정책은 정책 체제의 산물이므로 정치 체제가 갖고 있는 다양한 특성에 의해 영향을 받지 않을 수 없다. 또한 정치 체제를 둘러싸고 있는 외부 사회환경도 정책에 영향을 미친다. 또한 경찰정책은 정치 체제의 특성뿐만 아니라, 경제 상태·사회 상태·문화 수준·자연환경 등과 같은 외부 환경의 영향 속에서 도출되는 것이다. 경제적으로 어려웠던 IMF 당시에는 IMF형 생계형 범죄가 발생하고 치안 대책도 그에 따라 수립된 예를 들 수 있다.

경찰정책이 법률 형태를 띠며, 이러한 경찰정책은 정치 체제의 담당자, 분위기와 규범, 정치 체제의 구조 등과 같은 것에 영향을 받는다.

첫째, 정치 체제의 구성원이 가지고 있는 능력과 성향이 경찰정책에 영향을 미친다. 즉, 정책담당자들이 가지고 있는 치안 문제에 대한 전문성의 유무는 바람직한 정책대안을 마련하는 데 중요한 역할을 하며, 정치적인 능력은 정책의결 과정에서의 갈등을 극복하기 위하여 상당히 영향력을 갖는다. 또한 정책담당자들이 가지고 있는 성향, 즉 가치관·태도·의식 등도 정책에 영향을 미친다.

둘째, 정치 이념과 정치문화는 정치 체제 내에 일종의 규범과 분위기를 조성함으로써 경찰정책에 영향을 미친다. 정치 이념은 정치 체제가 우선적으로 달성해야 할 가치에 대한 일관된 사고방식으로서의 경찰정책 목표의 설정 등에 영향을 미치며, 정치문화도 정치 체제의 정책 수행 행태에 영향을 미침으로써 경찰정책을 좌우하는 요소가 된다.

3. 경찰정책 과정의 참여자

누가 정책 과정에 얼마만큼, 어떻게 영향을 미치는가를 아는 것은 경찰정책 과정의 내용을 이해하는 데 가장 중요한 요소 중의 하나이다. 정책 과정의 참여자는 논자에 따라 다양하게 분류되어 왔으나 대체로 공식적 참여자와 비공식적 참여자로 구분하고 있다.

공식적 참여자는 정부의 경찰 관련 기관 · 국회의원이 해당된다. 정부의 경찰 관련 기관으로는 우선적으로 대통령을 들 수 있으며, 행정안전부 장관, 경찰청장을 비롯한 경찰기관을 들 수 있다. 또한 지방자치단체에서 일어나는 치안에 관한 문제로서, 주요 공식적 참여자로는 지방자치단체장과 지방의원, 지방경찰청장을 비롯한 경찰일선기관 등을 들 수 있다.

비공식적 참여자(non-governmental policy-maker)는 경찰조직 밖에 있으면서 정책 과정에 직 · 간접적으로 참여하는 단체와 사람을 말한다. 대표적인 비공식적 참여자로는 이익집단, 언론기관, 전문가 및 학자, 일반 국민, 정당 등을 들 수 있다.

제 2 절 경찰정책의 형성과 결정

1. 경찰정책 형성의 의의

정책형성은 정책을 만들어 내는 과정이다. 따라서 경찰정책 형성은 경찰정책을 만들어 내는 과정 전체를 말한다. 학자들 중에는 결정을 형성과 분리해서 다음 단계로 보는 이도 있으나 정책형성의 제일 마지막 단계를 정책결정으로 보는 것에 별 무리가 없을 것이다. 경찰정책은 대체로 다음의 몇 단계 과정을 거친다.

첫째, 치안 문제와 국민 욕구의 파악 단계이다. 치안 문제와 국민들이 바라는 욕구가 무엇인가를 파악함으로써 정책형성 작업은 시작된다. 이때 정책의제 설정, 정책문제의 인식과 정의 등의 작업이 이루어진다.

둘째, 경찰 목표 설정 단계이다. 경찰의 모든 활동에는 그 지향점, 즉 경찰 목표가 있다. 각종 치안의 문제를 해결하는 경우도 그렇고, 국민들이 원하는 안전에 대한 가치를 실현하기 위한 경우도 그렇다. 경찰 목표를 설정함으로써 활동에 일관성을 유지할 수 있고, 경찰공무원들의 노력을 하나로 결집할 수도 있다.

셋째, 경찰정책 대안의 수립 및 분석 단계이다. 목표를 달성하기 위한 정책대안을 찾아내서 이들 각각의 장·단점, 제약 요인, 실현 가능성을 따져보는 것이다. 이때는 과학적 수치 분석뿐만 아니라 가치갈등 분석도 포함한다.

넷째, 경찰정책의 결정 단계로서 대안들 중 최적안을 선택하는 단계이다. 대안들에 대한 분석 결과를 놓고 결정권을 가진 사람이 최종 결정을 함으로써 정책형성 과정이 끝난다. 이때는 결정 기준을 정해 놓고 상황을 적절히 고려해 결정한다.

2. 경찰정책 의제의 설정

1) 의 의

정책의제란 정책담당자가 공식적으로 다루기로 결정한 정책 문제이다. 따라서 경찰정책 의제의 설정은 사회 문제가 심각해지고 공중의 관심사가 되어 해결의 필요성을 느끼게 하는 현상이다. 예를 들면, 학교 폭력이 조직 폭력을 닮아가는 현상이 발생하고 학교 폭력의 피해와 그 심각성으로 문제성이 점점 커져 경찰이나 정부가 어떤 식으로든 문제 해결을 해야 하는 정책적 해결 필요성의 문제로 전환되는 것을 말한다.

문제에 관련된 사람들의 숫자가 클수록 그것은 공중성(公衆性)을 띠게 되고 공공의 문제가 된다. 일반적인 '정책적 해결 필요성의 문제'는 어떤 경로를 통해서든지 정책 과정으로 투입되어야만 정책의제가 된다. 이 투입을 둘러싸고 각종 형태의 정쟁(政爭), 암투, 세력다툼이 일어난다. 이 과정에서 승리하는 문제들만이 정책의제로 채택되고, 그 뒤에 정책 과정을 거치게 된다.

2) 경찰정책 의제 설정에 영향을 미치는 요인

(1) 문제의 성격

치안 문제가 사회 전체의 안전이나 여론에 얼마나 큰 영향을 미치는 것이냐의 여부다. 안전을 심각히 저해하게 될 문제들은 경찰정책 의제화 가능성이 대단히 높다. 또한 영향을 받는 집단이 크고 영향력의 질, 즉 내용이 매우 중요한 것일수록 우선순위가 높아 의제화 가능성이 크다. 반면에 중요도가 떨어지는 것일수록 차일피일 의제화가 미루어지게 된다.

또한 문제의 성격상 경찰정책 체제나 담당자의 입장에서 충분히 이해 가능하고 해결책을 찾아낼 수 있다고 판단할 때 의제화가 쉽다. 문제 자체가 복잡해서 수단 선택은 물론 이해조차도 어렵다면 의제화는 어려워질 것이다.

문제의 심각성이 관련 집단들에 의해 예민하게 쟁점화된 것일수록 의제화의 가능성이 크다. 이는 갈등 해결이란 측면에서 중요성이 부각되는 것이다. 학교 폭력이 교육의 현장의 안전을 해치는 것으로 전 국민의 우려 사항이 되고 있는 점 등을 예로 들 수 있다.

(2) 경찰정책 담당 체제의 특성

경찰정책 의제들은 대개 경찰정책 담당 체제의 영향을 많이 받는다고 볼 수 있다. 즉, 경찰정책 담당의 체제의 특성으로 첫째, 경찰조직의 의제설정권자의 가치와 특성을 들 수 있다. 의제설정권자가 어떤 성향과 어떤 가치와 욕구를 가지고 있느냐에 따라 의제화 과정이 영향을 받는다. 그가 적극적이고 능동적이며 주장이 강할수록 자신의 뜻과 맞는 것만을 정책의제로 채택하려 할 것이다. 반면에 다소 수동적이거나 여러 사람의 의견을 즐겨 듣거나 결단력이 부족하다면 외부 집단이나 부하 직원들의 뜻이 많이 가미된 의제화가 이루어질 것이다.

둘째, 상부기관의 영향력으로 상부기관의 지시와 통제가 잦고 엄할수록 그 영향을 많이 받게 된다. 지시가 포괄적인 경우보다 구체적일 때 영향이 클 것이다. 예를 들면, 지난 참여정부의 자치경찰제가 대통령 공약 사항이고 정부의 경찰혁신 방침의 일환으로 준비했다는 점을 예로 들 수 있다.

셋째, 하위 조직원의 참여도로서 민주적인 조직일수록 하의상달이 잘 될 수 있는데, 이렇게 되면 하위 조직원의 뜻이 의제 설정에 많이 반영될 수 있다.

(3) 치안 문제 인지자의 역량

첫째, 인지집단의 크기와 응집력으로 문제를 인식하는 집단의 규모가 클수록 의제화 가능성이 높다. 그렇지만 단순히 수적으로 많기만 해서는 곤란하고 조직으로 응집되어 있어야만 영향이 클 수 있다.

둘째, 인지집단의 사회적 위치로서 보편적인 정책의제는 문제를 인식하는 집단이 가진 재원, 역량 있는 사람, 연줄, 이용 가능 수단이 많을수록 의제화 가능성이 높으나 치안 문제는 영향력을 받는 계층이 학생들이냐, 부녀자냐, 노령층이냐 등 사회 문제로 확산될 수 있는 위치냐에 따라 경찰정책 의제화 가능성에 영향을 미친다.

(4) 경제 · 사회 상황

문제 발생 당시의 경제 상황이 어떠냐에 따라 의제화 가능성이 달라질 수 있다. 문제의 해결은 언제나 재원의 조달 가능성이 있을 때만이 이루어질 수 있기 때문이다. 또한 사회 문화적 제반 요소인 사회적인 분위기 또한 정책의제화에 많은 영향을 미칠 수 있다.

3. 합리적 경찰정책의 결정

1) 경찰정책 결정의 의의

일단 경찰정책 의제로 선정된 문제는 그 해결을 위한 경찰정책의 대안을 마련하기 위한 정책결정 단계로 들어가게 된다. 바람직한 정책대안을 선택하기 위해 합리적 · 분석적 정책결정 방법을 사용하게 되는데, 이러한 과정은 정책 과정에 필요한 지식의 핵심이 된다.

합리적인 결정이란 관련된 거의 모든 요소를 고려해 정책결정이 이치에 맞게 이루어져야 함을 말하는 것이다. 불합리한 결정은 그 불합리한 만큼 결정이 잘못되어 있는 것이다. 정책결정이 불합리하게 이루어질 때는[1] 많은 병폐와 문제가 나타날 수 있다.

합리적이라는 말은 주어진 상황에서 얻을 수 있는 모든 정보를 최대한 활용해 최선의 결정에 이르고자 하는 노력을 말한다. 이때 어떤 현상에 관한 지식이 완벽하지 못해 불확실한 부분이 있을 수 있는데, 이런 때도 합리적인 관점에서는 이 불확실성을 줄이기 위한 노력을 하면서 최선의 결정으로 가려고 한다. 예를 들면, 민감도 분석(sensitivity analysis)이나 모의실험(simulation), 다단계 결정(multistage decision) 들을 이용한 결정이 그런 노력에 속한다.

그림 5-1 합리적 경찰정책 결정의 절차

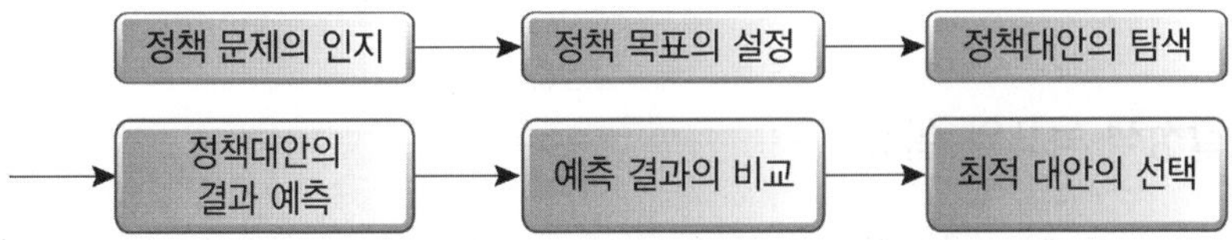

합리적 결정을 위해서는 [그림 5-1]에서 보듯이 문제의 인지와 정의, 이를 바탕으로 한 정책 목표의 설정, 정책 목표를 달성하기 위한 정책대안의 탐색, 정책대안의 결과 예측, 예측된 결과에 대한 비교, 평가, 최적 대안 선택 등의 활동이 진행되어야 한다.

2) 경찰정책 문제의 인지와 정의

경찰정책 과정은 치안 문제 인식에서 비롯된다. '문제'라는 것은 어떤 사항에 대해 관련 있는 사람들로 하여금 해결의 필요성을 느끼게 하는 것이다. 그러한 문제 중에서 많은 사람과 관련되어 있는 것이 공공 문제로서, 그러한 문제들 중 경찰에 의해

---

1) 정책결정이 불합리하게 이루어진다는 것은 ① 국민의 경찰에 대한 가치, 치안 욕구의 잘못 파악, ② 경찰 문제 파악의 부적절, ③ 경찰정책안의 부적절, ④ 정책의 예측 잘못, ⑤ 비교평가의 잘못 등을 들 수 있다.

정책적으로 해결해야 한다고 여겨지는 것들이 경찰정책 문제이다.

경찰정책의 속성은 공공성을 띠어야 하며, 문제의 해석은 경찰기관의 주관적이고 인공적 성격을 띠며, 복잡다양하며, 상호 의존성을 띠고 있다. 또한 경찰정책의 문제는 역사적 산물인 경우가 많으며, 동태적 성격을 갖는다.

경찰정책의 인지는 정확한 문제의 정의가 필요한데 정책 문제의 정의란 문제의 정확한 내용이 무엇인가를 밝히는 것이다. 이와 같이 정책 문제의 정의는 ① 정확한 상황 파악, ② 적절한 용어를 선택하는 것으로 문제의 개념화(problem conceptualization), ③ 맥락의 연결이다.

문제 정의가 정책 관련자들 사이에 일치할 수 없게 이루어진다면 그 뒤의 해결 과정은 논란이 많아질 것이다. 또한 잘못된 문제 정의는 엉뚱한 해결책을 낳게 만들 수도 있다는 점에서 대단히 중요하다.

3) 경찰정책 목표의 설정

경찰정책의 목표는 경찰정책을 통해 달성하고자 하는 바람직한 상태를 의미한다. 경찰정책 목표는 정책의 존재 이유가 되며, 합리적인 정책결정을 위해서는 우선으로 정책 목표를 분명히 할 필요가 있다. 또한 정책 목표는 경찰조직이 도달하고자 추구하는 미래의 바람직한 상태를 의미하므로 미래 지향적인 성격을 가지고 있으며, 무엇이 바람직한 상태인가를 판단하는 가치판단에 의존하기 때문에 주관적이며 타당성이나 규범성을 가지고 있다.

경찰정책 목표의 본질적 기능은 정책 목표의 실현을 통해 사회적으로 치안상의 바람직한 상태를 만드는 것이라고 할 수 있다. 경찰정책의 목표는 이러한 본질적인 기능 외에 다양한 경찰정책 수단 중에서 최선의 것을 선택하는 기준으로 이용되며, 정책집행 과정에서 무수히 나타나는 일련의 결정들의 지침으로서의 역할을 하며, 정책집행 후에 그 정책의 성과를 평가하는 정책평가의 기준이 된다.

4) 경찰정책 대안의 탐색

경찰정책 목표를 설정한 다음에는 최선의 정책 수단을 선택하면 분석적 · 합리적 경찰정책 결정은 마무리된다. 따라서 정책 목표의 설정 후에는 이를 잘 달성할 것으로 예상되는 정책 수단을 개발하고 탐색하는 작업이 필요한데 이를 정책대안의 탐색이라고 부른다.

정책대안이란 정책 목표와 정책 수단을 포함하는 개념이다. 즉, 정책 목표를 설정하고 이를 달성하기 위한 정책 수단을 탐색할 때 여러 가지 측면에서 고려한 다양한 정책 수단을 제시할 수 있다. 이렇게 제시된 다양한 정책 수단을 정책대안이라고 한다.

정책 수단의 종류와 실현 수준이 다름에 따라서 달성되는 정책 목표의 측면과 그 달성 수준도 다르게 되는 바, 이러한 서로 다른 정책 목표와 정책 수단의 배합으로서 이를 어떻게 배합하는가에 따라 무수히 많은 정책대안이 도출될 수 있다.

정책대안의 원천으로서는 첫째, 과거의 정책 사례는 현실적으로 가장 중요한 원천이 된다. 둘째, 외국이나 다른 지방경찰기관의 경험도 중요한 정책대안의 원천이 된다. 셋째, 우리가 이미 알고 있는 경찰 관련 지식을 비롯한 다양한 지식 · 이론 · 기술 등을 바탕으로 모형을 설정하고, 이를 통해 정책대안을 도출하는 방법도 있다. 정책목표는 정책 수단의 실현을 통해 달성되는 것이므로 정책 목표와 정책 수단은 인과관계를 가져야 한다. 넷째, 과거에 시행해 본 경험도 없고 외국에서도 시행하지 않고 있으며, 그 분야에 대한 이론이나 지식도 체계화된 것이 없는 경우에는 경찰정책의 주관자에 의한 주관적 또는 직관적인 방법을 사용하는 수밖에 없다.

5) 경찰정책 예측

경찰정책에는 현존하는 문제의 해결 노력뿐만 아니라 앞으로 닥쳐올 미래를 이해하고 그것을 능동적으로 통제하고자 하는 노력이 포함되어 있다. 따라서 치안 상황이나 경찰 문제에 대한 예측이 얼마나 정확히 이루어지느냐에 따라 경찰정책의 내용과 질이 영향을 받는다.

정책 과정에서 예측이 차지하는 위치는 [그림 5-2]와 같다(이종수 외, 2012: 254-255). 경찰정책에서 예측은 과거로부터 축적된 경찰 역사와 관련된 지식과 현재 상태에 관한 분석을 토대로 장차 무슨 일이 일어날 것인가를 파악하는 활동으로, 그 중

그림 5-2 정책 과정에서 예측의 위치

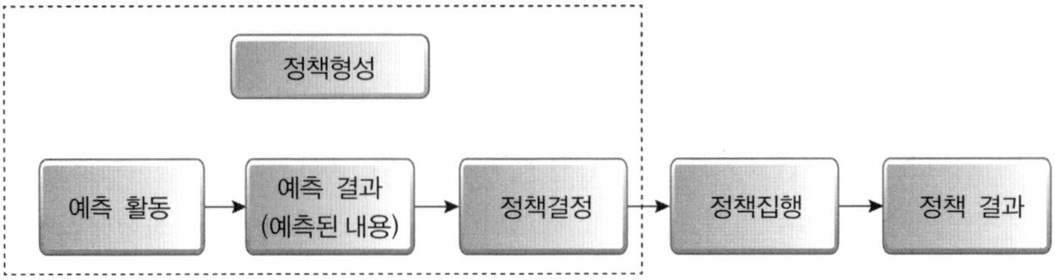

에서 정책형성과 관련해서 이루어지는 예측을 정책 내용과 그 결과, 정책 체제 및 그 환경의 미래 상태를 합리적으로 파악하는 것을 말한다.

6) 경찰정책의 결정

경찰정책의 결정 단계는 앞에서 살펴본 예측의 결과를 비교 평가하고 최적 대안을 선택하는 과정이다. 이것은 합리적 정책결정의 마지막 단계로서 최선의 대안을 선택하거나 우선순위를 정하는 것으로 정책결정이 완료된다.

이때 사용되는 대안 선택 기준을 정책대안의 비교 기준 또는 평가 기준이라고 부른다. 여기에서는 정책대안의 비교평가 기준을 소망성 평가 기준과 실현가능성 평가 기준으로 구분하여 설명하고자 한다. 다음에서 설명되는 정책대안의 비교 기준들은 후술하는 정책평가의 기준으로도 사용된다.

(1) 소망성

정책대안의 바람직스러움(desirability)을 평가하는 데 사용되는 기준은 사람에 따라서, 그리고 강조하는 바가 무엇이냐에 따라서 다양할 수 있다. 또한 이러한 다양한 기준들은 대개가 명확히 구분되는 것은 아니며 상호관련성이 있다. 대체로 평가에서 ① 노력(effort), ② 능률성(efficiency), ③ 효과성(effectiveness), ④ 적절성(adequacy), ⑤ 형평성(equity), ⑥ 대응성(responsiveness), ⑦ 체제 유지(system maintenance) 등이 중요한 기준으로 제시된다.

(2) 실현가능성

정책대안의 실현가능성(feasibility)은 그것이 정책으로 채택되고 그 내용이 충실히 집행될 가능성을 의미한다. 실현가능성으로 다음 여섯 가지를 제시할 수 있다(MacRae & Wilde, 1979; 정정길, 1989).

① 기술적 실현가능성(technical feasibility)

② 재정적 실현가능성(financial feasibility)

③ 행정적 실현가능성(administrative feasibility)

④ 법적 · 윤리적 실현가능성: 법적 실현가능성(legal feasibility)

⑤ 정치적 실현가능성(political feasibility)

(3) 최선의 정책대안 선택

중요한 정책대안들이 탐색, 검토되고 이들이 집행되었을 경우에 나타날 것으로 예상되는 결과들이 예측되고, 이들을 비교 평가할 수 있는 기준까지 검토되고 나면 최선의 정책대안의 선택은 먼저 정책대안들의 실현가능성을 검토해 실현 불가능한 대안들을 제외시키고, 그 다음 단계로 실현가능한 대안 중에서 가장 바람직한 대안을 선택하는 것이다.

7) 합리적 정책결정의 한계

정책결정은 본래 고도의 합리성을 지녀야 하나 현실적으로 여러 가지 제약으로 불합리성을 지니고 있다. 즉, 정책결정의 합리성을 제약하는 요인으로는 인간적 요인, 조직 내적 요인, 환경적 요인을 들 수 있다.

첫째, 인간적 요인으로 정책결정자 개인이 지닌 인간적 한계가 합리적인 정책결정의 제약 요인으로 작용할 수 있다. 즉, 정책결정자들의 퍼스낼리티, 가치관, 전문성 등이 그 요소가 되겠다.

둘째, 조직 내적 요인으로 많은 정책은 조직을 통해 결정되고, 정책결정자는 스스로 정책결정을 하기도 하고, 조직구성원으로서 다른 정책결정자와의 교호작용을 통해 참여하기도 한다. 합리적 정책결정이 제약을 받게 되는 조직 내적 요인은 다음과 같다.

① 조직이 과도하게 집권화되어 있는 경우

② 정책 담당기구가 조직 내에 설치되어 있지 않은 경우

③ 정보의 부족

④ 인적 · 물적 자원의 부족

⑤ 충분한 시간의 부족

⑥ 선례의 제약 등

셋째, 환경적 요인은 합리적 정책결정을 저해하는 조직 외적 요인을 말하며, 합리적인 정책결정이 제약을 받게 되는 환경적 요인으로 ① 의회, 정당, 이익집단, 여론 등 외부의 통제와 압력, ② 정책결정 기능을 둘러싼 정치, 경제, 사회, 문화적 요인을 들 수 있다.

정책결정의 이론모형

- 정책결정에는 의사결정적 성격이 내포
- 따라서 의사결정 모형은 정책결정모형으로 원용됨

1) 합리적 모형(Rationality Model)

- 정책결정 시 합리적 대안의 탐색 · 선택에 의해 목표 달성을 추구하는 규범적 · 이상적 이론모형을 뜻한다.
- 인간 행위의 합리성을 전제로 하고 폐쇄 기능, 객관적 인식 요인 등을 가정한 당위성의 실현을 목표
- 한계: 인간의 지식과 능력의 한계성, 정보나 자료 등 인식 요인의 제약 및 편중성, 인간의 편견적 오류성 등으로 인해 완전한 합리성을 전제할 수 없음
  * OR이나 기능분석 등의 관리과학의 발전이 이 모형이 갖고 있는 단점과 한계성을 줄여나가고 있음
  * 인공두뇌공학에서 이러한 가능성을 발견

2) 만족모형(Satisfying Model)

- 합리모형의 현실적 제약점을 극복하기 위해 제시된 것
- 현실의 의사결정자가 한정된 능력만을 가지고 있다는 것을 기본적 전제
- 주장한 학자: 사이먼(H. A. Simon)과 마치(J. G. March)
  * 1958년, 저서 『조직(*Organization*)』

* 행태론적 배경

- 정책결정자가 내릴 수 있는 훌륭한 결정이 만족스러운 정도
- 최적의 대안이라기보다 그 상황 하에서 만족시켜 주는 정도 추구
- 따라서 이 모형은 절대적이 아닌 한정된 합리성을 지니고 있다.

3) 점증모형(Incremental Model)

- 현실적 · 경험적 접근 방법 모형으로 실재(Sein)의 철학적 입장의 모형
  * 과거와 현재의 사실을 긍정
  * 현상에 대한 변경을 조금씩 시도해 보는 정책결정모형
- 현재의 실상을 기준해서 조금 나은 한계가치 내지 점증가치를 대안으로 모색
- 주장한 대표적인 학자
  * 린드블롬(C. E. Lindblom)과 윌다브스키(A. Wildavsky)
- 내 용

① 정책결정 과정은 현실적으로 먼저 가치(목표)를 세움
  * 그러나 가치의 선택과 대안의 선택(가치를 실현시킬 수 있는 수단)은 사실상 동시적으로 이루어짐
  * 가치의 선택은 사회적 이해관계에 최소한의 영향을 주도록 대다수가 동의할 수 있는 한계가치에서 이루어짐

② 인간은 그의 지적 능력이나 정보의 제한 때문에 복잡한 문제를 간소화
  * 우선 한계적 가치의 대안들만 선택
  * 합의도가 높은 대안으로 감소시켜 분석
  * 과거의 경험에 비추어 새로운 정책(대안)의 결과를 예측 · 비교
  * 그 결과로 선택의 우선순위를 책정

③ 정책 선택은 시간의 간격을 짧게 두고 계속적으로 조금씩 변화시키는 것에 의해 이루어짐
  * 실무자는 실행된 정책의 결과를 평가
  * 다음에 적용할 정책의 결과를 예측
  * 실행된 그 정책을 다시 평가
  * 당초에 예측한 것과 상이한 결과가 생겼을 때에는 신속히 대처

- 다원적 · 평등주의적 사회의 자유민주 정치 기능을 전제로 하며 그것의 타당성을 주장하는 이론모형

4) 혼합주사모형(Mixed Scanning Model)

- 당위와 실재를 혼합한 접근 방법을 취한 모형
- 합리적 결정모형과 점증모형의 장점을 혼합한 것
  * 합리적 모형: 미래를 지향한 기본 방향의 설정
  * 점증적 모형: 특정 문제나 세부적인 문제(기본 방향의 테두리 안에서)
- 가치 지향적이면서도 높은 합의도를 유지
- 에치오니(A. Etzioni)가 대표적으로 주장

5) 최적모형(Optimal Model)

- 만족모형이나 점증모형과 같은 보수적 모형에 대한 비판으로서 나타난 모형
- 드로(Y. Dror)가 주장
  * 정책결정은 합리적인 고려만으로 이루어지는 것은 아님
  * 그 결정 과정에서 직관, 판단력, 창의력과 같은 초합리적인 요소가 개입
- 이 모형은 인간의 합리성을 전제로 한 관리과학, 행동과학의 장점을 취하고,
- 여기에 인간의 비합리적이고 초합리적인 힘을 인정해 그것을 정책결정에 적용시키는 것

6) 엘리트모형(Elite Model)

- 공공정책을 정치 엘리트가 가지고 있는 선호와 가치라고 보는 이론
- 정책이 일반 대중의 요구에 부응한 산물이라는 것은 현실과는 거리가 멀고,
- 정책이란 언제나 하향적인 것

7) 집단모형(Group Model)

- 공공정책의 결정은 집단 간의 상호작용 내지 균형에 따라서 이루어진다는 이론
- 집단은 직접·간접으로 정책결정에 영향을 미쳐서 정책결정자는 계속적으로 집단의 압력에 직면
- 행정기관이 이렇게 압력집단의 영향을 받게 됨으로써 행정인은 공익에 부합되는 정책과 집단의 이익이 되는 정책을 구별하기 어렵게 됨

8) 체제모형(Systems Model)

- 정책을 체제의 산출로서 인식하는 이론
- 정책결정 기능의 중요한 변수·구조에 관심을 가지고 투입, 전환, 산출, 환류 등 정보이론의 개념에 의존하면서 결정 과정이 순환적이라고 봄

9) 제도모형(Institutional Model)

- 정책결정을 정부기관의 활동으로서 파악
- 정책은 정부의 제도에 의해 권위적으로 결정·집행되고 강제된다는 이론

10) 쓰레기통모형(Garbage Can Model)

- 좀 더 복잡하고 혼란한 상황 속에서 조직이 어떤 결정 행태를 나타내는가를 밝혀주는 모형
- 이 모형은 마치 갖가지의 쓰레기가 우연히 한 쓰레기통 속에 모여지듯이 개별적인 네 가지 구성 요소, 즉 문제의 흐름, 해결책의 흐름, 선택 기회의 흐름, 참여자의 흐름이 서로 다른 시간의 통 안으로 들어와서 우연히 동시에 한곳에서 모두 모여질 때 비로소 결정이 이루어진다는 이론

제 3 절 경찰정책 집행의 의의

1. 경찰정책 집행의 의의

1) 경찰정책 집행의 의의

정책은 집행이라는 과정을 통해 원래 정책이 목표했던 문제를 해결하는 데 정책집행이란 선행된 정책결정에서 설정된 목표의 달성을 지향하는 개인 혹은 집단의 제반 활동이라고 할 수 있으며, 또한 선행한 정책결정에서 위임되는 과정으로 파악한다.

결정된 경찰정책 속에 포함되어 있는 수많은 정책 수단과 계획들은 집행 작업을 거쳐 현실로 나타나야만 원하는 경찰 목표를 달성할 수 있고 정책 문제를 해결할 수 있다.

경찰정책의 집행은 오랜 시간, 여러 장소, 복합적인 상황 속에서 발생하는 일련의 경찰행정적 활동으로 이루어진다. 물론 행정적 요인 외에도 정치적 요인이 작용하는 경우도 있으나 이 경우는 정치적인 이념에 의한 경찰조직의 개편 등에 영향을 미치나 치안 문제는 집행 주체의 정치적 이념에서 중립을 지켜야 하는 것이 바람직하기 때문에 일반 정책집행과는 다른 점이라고 할 수 있다.

2) 경찰정책 집행의 특성

경찰정책 집행의 특성으로는 첫째, 경찰정책을 실현할 수 있는 구체적인 방안들에 대한 계속적·구체적 결정이 뒤따른다는 점이다. 새로운 용어에 대한 해석이 필요하고, 경찰정책의 공식적 의도나 잠재된 의도를 파악해야 하며, 집행 단계에서 직면하게 되는 불확실성을 해결하고 문제점을 극복하기 위한 판단 작업이 계속되어야 한다.

또한 정책의 집행은 정도의 차이는 있으나 항상 새로운 치안정책을 결정하거나 수정하는 측면을 내포하고 있다.

둘째, 경찰정책 집행은 경찰정책이 있도록 만든 치안 문제를 해결해 그 정책의 목표 달성 상태로 가는 것이다.

셋째, 경찰정책은 정책 대상 집단, 즉 시민들에게 실질적 영향을 미치게 된다는 점이다. 경찰정책의 실질적 영향이란 대상 집단에 부여되는 비용 부담과 혜택, 행태 변화들을 모두 포함해서 말하는 것이다.

만들어진 정책을 단순히 발표만 해도 대상 집단에 적지 않은 영향을 끼치는 수가 있다. 이를 공표 효과라 한다. 예를 들면, '범죄와 전쟁 선포', '조직범죄 소탕작전' 등과 같은 치안정책들은 시민들에게는 심리적 안정감을, 범죄집단에게는 긴장을 주는 효과를 말한다. 그러나 집행력이 뒷받침되지 못한다면 공표 효과는 한계가 있다. 따라서 문제 해결도, 목표 달성도, 대상 집단의 가치 추구도 모두 집행을 통해 얻게 된다.

2. 경찰정책의 집행 과정

정책담당자들은 기본 정책이 만들어지고 난 후에 그 후속 조치로서 끊임없이 시행정책을 만들면서 한편으로는 집행을 담당한다. 따라서 집행을 어떤 결정의 연속이라고도 한다.

경찰정책은 경찰공무원들의 손을 거쳐 문제 상황에 대한 정책 조치가 취해져야만 정책 의도가 구현될 수 있는데 집행에서는 다음의 과정을 거친다.

첫째, 경찰정책의 결정 내용을 공식화한다. 공식화하기 위해 법과 시행령을 마련해 관보(官報)나 언론매체를 통해 국민과 경찰기관에 공표하거나 법 형태를 띠지 않는 것은 훈령이나 경찰 공문서로 만들어 경찰기관에 배포한다.

둘째, 집행을 담당할 경찰기관을 정한다. 기존 경찰기관으로서 정책을 수행하기 어려울 때는 별도의 경찰 하부조직을 창설하고 충원된 경찰공무원을 배치할 수 있다. 물론 예산의 배정은 필수적이다.

셋째, 경찰정책의 집행기관에서는 업무 시행세칙을 마련하고 업무 개시일을 정해 국민에게 알린다. 또 경찰공무원들의 근무 규율을 정하고 이에 따라 업무를 시행한다.

넷째, 특히 결재권자가 관심을 크게 가지고 있는 경찰정책의 경우엔 경찰청장의 특별 지시 사항, 업무지침, 세부 시행세칙들로 정해져 경찰의 하부 집행기관에 시달된다. 하부기관에서는 이를 책상머리나 사무실 중앙 벽에 크게 적어놓고 항상 유념하면서 정책집행에 임한다.

다섯째, 대개 정책은 법이나 시행령, 시행세칙들이 굵직굵직하게 대강만 정해놓은 경우가 대부분이다. 그래서 구체적인 해석은 집행담당자들에게 맡겨져 있다. 이들이 어떻게 해석하느냐에 따라 정책의 집행이 영향을 받는다. 똑같은 현상을 두고 어떤 때는 호의적으로 해석하고, 어떤 때는 비호의적으로 해석한다. 이 해석과 관련해서 집행담당자들은 그만큼의 판단력과 결정력을 행사한다.

여섯째, 정책집행은 경찰 가치의 구체화 과정이다. 즉, 집행 과정을 거쳐야만 경찰 가치의 실현이 이루어질 수 있다. 경찰조직 상층부의 결정권자로부터 일선 경찰공무원에게 정책 내용이 전달되면서 목표 가치가 구체화되고 실현된다.

3. 경찰정책 집행의 참여자

경찰정책의 집행의 주된 집행자는 경찰기관이다. 그 밖에 경찰정책의 집행에 영향을 미치는 기관으로는 의회, 사법부, 이익집단 등의 기관도 경찰정책의 집행에 영향을 미칠 수 있다.

의회의 경찰정책 집행에 공식적인 영향력 행사 방법으로는 경찰정책에 관한 입법권, 경찰예산동의권 및 심의권, 경찰청장의 인사청문회,[2] 정책질의권, 국정감사권, 기타 각종 경찰 관련 건의 등을 들 수 있으며, 비공식적 영향력 행사 방법으로는 의원이 로비스트로서 경찰기관에 압력을 가하는 것 등을 들 수 있다.

사법부가 경찰정책 집행에 직접 정책집행을 담당하는 예로는 검사로 하여금 형법, 형사소송법 등에 근거해 범죄 수사와 관련된 업무를 할 때 경찰의 수사정책의 집행에 직접적으로 영향을 미친다. 또한 경찰기관의 자의적 법집행으로부터 야기되는 각종 시민의 권익 침해에 대해 시정 조치를 직・간접으로 취함으로써 권리 침해를 당한 국민의 불만을 해소시키고 차후의 자의적 집행을 제한하는 정책집행의 간접적 주체로서의 역할을 수행한다.

이익집단들은 관심을 갖고 있는 정책에 대해 집행에 찬성을 하든 저지를 하든 계속해서 관심을 가진다. 여성계가 경찰행정 과정에서 발생 가능한 여성 인권 문제나,

2) 경찰청장은 경찰위원회의 동의를 얻어 행정안전부 장관의 제청으로 국무총리를 거쳐 대통령이 임명한다. 이 경우 국회의 인사 청문을 거쳐야 한다(경찰법 제11조 제2항).

차별받는 여성 공무담임권에 대한 계속적인 요구를 하는 것을 예로 들 수 있다.[3)]

4. 경찰정책 집행에 영향을 미치는 요인

경찰정책은 집행 활동을 하는 동안 수많은 요인이 작용하게 되는 지극히 복잡한 과정이다.

1) 경찰정책의 기준과 목표

경찰정책이 무엇을 달성하려고 하며, 정책의 결정 및 집행에서의 행위 기준을 명백하게 해주고 있느냐가 집행에 영향을 미치게 된다. 명확한 정책적 기준과 목표는 경찰정책 집행기관 간의 의사전달과 경찰정책의 추진 활동에 영향을 미치게 되는데, 이는 집행 기준과 목표에 부합된 추진 활동을 확보하기 위하여 그 정책과 관련된 각종의 새로운 권력 관계가 형성되기 때문이다.

2) 자 원

경찰정책의 집행은 동원 가능한 자원에 큰 영향을 받는다. 여기서 말하는 자원이란 인적·물적, 시간, 정보, 기술 등의 자원을 총칭한다. 대개의 경우 경찰정책을 집행하는 데 필요한 자원은 부족하게 마련이고, 주어진 여건 하에서 기존 자원을 효율적으로 동원할 수밖에 없기 때문에 어느 정도의 자원이 확보되어 있느냐에 따라 정책의 본질적인 목표를 달성할 수 있느냐가 달려 있다고 하겠다.

3) 집행기관 상호간의 의사전달과 추진 활동

경찰정책의 기준과 목표가 경찰정책 집행자에게 명확하고 일관성 있게 전달되고, 집행 과정에 관여하는 경찰기관 간에 상호 정확한 의사전달이 이루어지도록 해

3) 이익집단이 경찰정책 집행에 관여하게 되는 근본적 이유는 의회의 입법 내용이 포괄성으로 인해 의회가 경찰기관에 정책집행 시에 재량권을 부여하고 있고, 압력단체들은 경찰기관의 재량권 행사가 자신들에게 유리하게 나타나도록 노력을 기울이기 때문이다.

야 한다.

4) 경찰정책의 집행기관의 성격

경찰집행기관이 가지고 있는 일반적인 능력이 집행에 영향을 미친다. 즉, 그 정책을 담당하는 경찰기관의 ① 규모, ② 경찰공무원의 자질, ③ 계층제적 통제의 정도, ④ 경찰기관의 조직적 활성도, ⑤ 개방적인 의사전달의 정도, ⑥ 정책결정 기능과의 공식 · 비공식 연계의 정도 등을 들 수 있다.

5) 정치 · 경제 · 사회적 여건

경찰정책을 집행하는 경찰기관이 정치 · 경제 · 사회적 여건에 어느 정도 영향을 받느냐가 정책집행에 영향을 미친다. ① 경찰기관의 능력과 의욕, ② 경찰기관의 활성화 정도, ③ 집행기관이 누리는 정치적 · 여론적 지지의 정도 등을 들 수 있다.

이러한 정치 · 경제 · 사회적 여건은 경찰정책 집행자의 성향에도 직접적 영향을 미치며, 아울러 정책집행의 성과에도 영향을 미치게 된다.

6) 정책집행자의 성향

경찰정책 집행자가 가지고 있는 지식, 능력, 가치관, 경찰정책 목표의 실현을 위한 적극적 태도와 가치관 등은 경찰정책 집행에 큰 영향을 미친다. 일반적인 정책집행자의 유형은 다음과 같다.

정책집행자의 유형

1) 고전적 기술관료형

- 고전적 기술관료형이란?
  - * 정책결정자는 명확한 목표를 설정하고,
  - * 정책집행자는 수동적 입장에서 그 설정된 목표를 그대로 받아들일 뿐이며,
  - * 정책결정자는 그 목표를 달성하기 위해 특정 집행자에게 기술적 권한을 위임할 뿐이다라고 보는 유형

• 집행 과정에 대한 정책결정자의 통제라는 관점에서는 가정 엄격한 유형
  * 정책집행자에게 얼마간의 기술적 재량권이 주어져 있기는 하지만 그 재량권은 극히 제약되어 있음
• 이 유형에서 집행에 차질이 생긴다면
  * 집행자가 정책을 반대하기 때문이 아니라
  * 오히려 정책 수행에 필요한 집행자들의 기술적 능력이 부족하기 때문에 발생하는 것으로 본다.

2) 지시적 권한위임형

• 지시적 권한위임형이란?
  * 정책결정자가 정책집행자에게 정책 목표를 달성하는 데 필요한 규칙을 포함한 각종 행정적 조치를 취할 수 있는 일반적인 권한을 위임
  * 정책집행자는 더 많은 정치적 재량을 행사하게 된다.
• 정책집행과 관련한 차질 가능성의 경우
  * 정책집행자가 직무 수행에 필요한 전문성과 지식을 보유하고 있지 못한 경우
  * 정책 목표 달성에 필요한 수단에 관해 어떤 수단이 활용되어야 할 것인가에 관해 집행집단들 사이에 교섭이 실패한 경우
  * 이 유형은 정책집행자에게 항상 명백한 목표와 정확한 지시를 전제로 하나, 만약에 지시가 모호할 때에 그 목표 달성 수단을 놓고 집행자들 간에 분쟁이 일어날 가능성이 높다.

3) 협상형

• 앞의 두 유형은 정책결정자와 집행자 간에 정책 목표가 바람직하다는 데 대해 합의가 이루어지고 있으나, 이 협상형은 정책 목표에 대해서나 또는 정책 목표의 달성을 위해 사용되는 수단에 관하여 반드시 합의가 이루어지지는 않는다.
• 이 유형에서는 집행자가 정책결정자와 동일한 목표를 추구하는 것은 아니므로 그들은 정책결정자에 대하여 집행하지 않거나 복종하지 않겠다고 위협함으로써 상당한 영향력을 행사할 수 있다.
• 그만큼 정책집행의 실패 가능성도 커진다.
  * 집행 수단상의 기술적 결함이 나타날 때
  * 교섭의 실패로 인한 집행상의 지연, 대립, 불집행의 반응을 보일 때
  * 정책집행자가 정책결정자와 일치된 정책 목표를 가지고 있지 않아 정책 목표를 자신에게 유리하게 왜곡시키고 목표를 달성키 위해 자원을 끌어들이는 경우이다.

4) 재량적 실험가형

• 재량적 실험가형이란?
  * 정책결정자가 구체적인 정책을 수립할 능력이 없어서 집행자에게 광범위한 재량권을 위임하는 유형
• 정책결정자로부터 정책집행자에게 상당한 권한이 위임되는 것을 내포
  * 이러한 대폭적인 권한위임은 환경의 불확실성 때문

* 국민의 정치적 압력에 대해 정책결정자가 민감한 반응을 보인다는 것을 나타내 보이고자 하기 때문
* 정책결정자가 그 해결을 위해 모험까지도 불사할 정도로 중대한 사회적 관심이 쏠리는 문제라고 느껴서 그것을 구체적으로 해결하기 위한 기술적 대안을 마련해야 한다고 느낄 경우

• 실패할 위험이 있는 경우
  * 정책집행자의 전문성과 지식의 결여
  * 정책의 모호성으로 인한 혼란
  * 정책집행자의 속임수와 유용, 책임의 분산에 따른 정책결정자와 집행자의 책임 회피 등

• 불확실성이 높은 분야에는 가장 쇄신적인 정책집행 방법이 될 수 있음

5) 관료적 기업가형

• 집행자가 정책결정자의 권한을 장악하고 정책 과정을 통제하는 유형
• 정책결정자로부터 집행자에게 권한이 이양되는 원인
  * 집행자가 정책형성에 필요한 정보를 산출하고 통제할 수 있는 능력을 보유하고 있는 경우에 정책 과정을 지배할 수 있다.
  * 행정관료제에 내재하는 안정성과 지속성으로 인해 집행자는 정책결정자보다 오래 자리를 지킬 수 있다.
  * 정책집행자가 지닌 기업가적 내지는 정치적 기술은 정책형성 과정을 지배할 수 있다.

제 4 절 경찰정책의 평가

1. 경찰정책 평가의 의의

일반적으로 평가란 "어떤 대상의 정도, 조건, 양, 중요성, 질 가치 등을 검토하거나 판단하는 것으로서 그 과정과 결과를 포함한다"고 정의된다. 이러한 평가의 개념에서 본 경찰정책 평가는 경찰정책의 내용, 집행 및 그 영향 등을 추정하거나 조정 또는 평정(評定)하는 것을 말한다.

정책평가의 다양한 정의들

- 앤더슨(J. E. Anderson): 정책평가란 실제의 현실 생활 조건에 대한 정책의 영향을 측정해 보고자 하는 시도(Anderson, 1984)
- 홀리(J. Wholey): 정책평가란 국가사업계획의 전반적인 효과성의 정도를 사정하는 것(Wholey, 1979)
  ※ 동일한 목표를 달성하는 여러 사업계획의 상대적 효과성을 사정하는 것이라고 정의
- 다이(T. R. Dye): 정책평가란 정책의 결과에 대해 아는 것(Dye, 1978)

경찰정책 과정은 순환적 성격을 띠고 있어 경찰정책에 관한 결정은 사업계획을 통해 구체화되고 달성된 결과를 평가한 정보에 따라 환류되면서 다음의 사업계획이나 경찰정책 수립에 반영된다.

경찰정책평가의 중요성과 필요성이 높아지는 이유는 다음과 같다.

① 정책이 애초에 의도했던 대로 집행되지 않을 수 있고,

② 경찰정책 과정의 전 단계에 걸쳐 여러 사람이 참여하게 됨에 따라 정책 과정의 양상이 매우 복잡해졌기 때문이고,

③ 경찰활동의 경제성과 효과성에 대한 강조 때문이며,

④ 경찰활동의 관리적 책임성이 확보되어야 한다는 요구가 강력해지고 있기 때문이라고 할 수 있다.

따라서 경찰정책 평가의 목적은 다음 세 가지를 들 수 있다.

첫째, 지식의 관점에서 경찰정책의 평가는 경찰이 가지고 있는 문제들과 이 문제들을 처리하기 위한 경찰 전략에 관한 새로운 지식을 얻는 데 필요한 증거 자료를 얻기 위해 실시한다.

둘째, 관리의 관점에서, 경찰정책 평가는 경찰정책이나 치안 프로그램의 효과성과 능률성을 평가하고, 대안의 선택과 개선, 운영상의 능률성을 증진시키기 위한 지원 시스템으로서 서비스하기 위해 실시한다.

셋째, 책임성의 관점에서 경찰정책 평가는 정책결정자나 프로그램의 관리자들로 하여금 효과성과 운영상의 질이라는 두 가지 측면에서 그들의 관할 하에 있는 프로그램들의 가치에 대한 책임을 지도록 함으로써 국민의 세금으로 이루어진 정부자원

을 치안 분야에서 최선의 방법으로 활용하기 위해서이다. 구체적인 목표는 다음과 같다.

① 경찰정책의 목표가 얼마나 잘 충족되었는가를 알려준다.
② 정책의 성공과 실패의 원인을 구체적으로 제시해 준다.
③ 프로그램의 성공을 위한 원칙을 발견할 수 있다.
④ 효과성을 증진시키기 위해 여러 기법을 사용하는 실험 과정으로 유도해 준다.
⑤ 대안적인 기법들의 상대적인 성공을 위한 근거에서 더 향상된 연구를 위한 기초를 마련해 준다.
⑥ 경찰정책의 목표 달성을 위하여 사용된 수단을 재규정해 주고 심지어 하위 목표들도 재규정해 준다.

2. 경찰정책 평가의 유형

정책평가의 유형은 어떠한 분류 기준 내지 카테고리에 입각해 분류하느냐에 따라 여러 가지 형태로 나타날 수 있다. 정책평가의 대상과 방법을 기준으로 하여 정책평가를 다음과 같이 유형화할 수 있다.

1) 대상에 따른 분류

정책평가는 그 대상을 중심으로 과정에 대한 평가와 결과에 대한 평가(임팩트 분류)로 분류할 수 있다.

(1) 과정에 대한 평가

특정의 경찰정책이나 사업계획이 어느 정도까지 제시된 지침에 따라 집행되고 있느냐에 주된 관심을 두는 평가로서 정책 과정에 대한 기본적 가정은 특정 정책 내용과 영향이 집행 도중에 근본적으로 수정·보완되거나 심지어는 폐지될 수도 있다는 점이다.

(2) 결과에 대한 평가(임팩트 평가)

특정의 경찰정책이 어느 정도나 의도된 방향으로의 변화를 야기시켰는가에 주된 관심을 두는 평가로서 정책 목표에 대한 조작적 정의, 성과측정 기준의 세밀화, 그리고 목표에의 진척 정도에 대한 측정 등이 중요한 평가활동의 내용이 된다.

(3) 총체적 평가

이상적인 경찰정책 평가는 과정과 결과를 모두 평가하는 것으로서 적절한 여러 기법이나 아이디어를 동원해 특정 치안사업계획이나 업무 처리가 과연 계획된 대로 수행되었느냐를 평가하는 것이다.

총체적인 평가는 그 계획이 초래한 변화와 수정이 과연 의도한 결과와 일치하느냐를 측정하고 사정(査定)하는 평가를 의미하며, 이러한 총체적 평가가 가능하기만 하다면 그것은 정책에 관심을 가진 일반 대중이나 정책결정자에게 가장 좋은 평가 유형이 될 것이다.

2) 방법에 따른 분류

정책평가는 그 방법에 따라 기술적 방법, 인과적 방법, 처방적 방법에 의한 평가 유형으로 구분해 볼 수 있다.

(1) 기술적 방법을 사용하는 평가

기술적 방법을 사용하는 경찰정책 평가는 기본적으로 사실의 열거라는 성격을 지니고 있다. 평가 대상에 대해 묘사하거나 또는 이들을 상호 비교하고, 특정의 경찰정책이나 사업계획이 그 혜택을 받을 자격이 있는 모든 대상자에게 제대로 전달되었는지의 여부를 발견하는 데 주된 관심이 주어진다. 경찰정책이 제대로 권한을 부여받은 자에 의해 결정, 집행되었는지에 대해서도 관심을 가진다.

(2) 인과적 방법에 입각한 평가

인과적 방법을 사용하는 경찰정책 평가는 기본적으로 경찰정책이나 사업계획의 효과성 측정을 목적으로 한 평가다. 특정한 결과가 수많은 경찰정책이나 사업계획들 중 어떤 것에 의해 야기되었는지를 평가하는 것이다. 특정의 경찰정책이나 사업계획이 수많은 결과 중 어느 특정 결과의 원인이 되는지를 탐색하는 평가이다.

(3) 처방적 방법에 입각한 평가

처방적 방법을 사용하는 평가는 기술적 방법을 사용한 평가와 인과적 방법을 사용한 평가의 결과로서 얻은 지식과 정보를 토대로 거기에 미래 예측과 가치판단을 추가해 향후의 특정 경찰정책의 방향 및 내용 변화에 주된 관심을 두는 평가이다.

3. 경찰정책 평가의 과정

정책평가는 그 유형이나 결과의 활용 목적, 사용되는 평가의 방법 등에 따라 그 평가의 절차가 각기 달라질 수 있다. ① 새로운 경찰혁신 프로그램들의 계획을 위한 평가냐, ② 이미 결정되어 집행 중에 있는 프로그램의 평가냐, ③ 정책 임팩트 평가에 관한 것 중 어느 것이냐에 따라 다르다.

여기서는 정책 임팩트의 평가 절차를 중심으로 해서 하나하나의 과정을 살펴보기로 하되 나크미아스(D. Nachimias)의 견해에 따라 설명하기로 한다.

1) 정책 목표 식별

정책 목표의 실현 과정으로서 전 정책 과정에 걸쳐 각종 정책 활동의 준거가 되기 때문에 정책 목표의 식별을 통해 각 정책 활동이 왜 그렇게 나타나게 되었는가를 파악할 수 있는 근거를 마련할 수 있게 될 뿐만 아니라, 효과성 평가의 기준을 마련하게 된다.

경찰정책 목표의 내용을 파악할 때 중요시되는 사항으로는 다음의 것들을 지적할 수 있다.

① 정책 대상 집단이 누구인가?

② 언제 실현되기를 희망하는가?

③ 단일목표인가, 복수목표인가?

④ 목표가 기초하고 있는 가치가 무엇이며, 그것이 과연 타당한 것인가?

2) 평가 기준의 설정

평가 기준은 경찰정책에 의해 야기된 변화가 유의미한 것을 판단하는 준거가 된다. 여기에는 통계적 유의미성과 정책적 유의미성의 두 가지 개념적 기준이 있다.

통계적 유의미성이란 주로 통계적으로 어떤 변화가 유의미한 변화인지의 여부를 판단하는 기준이며, 정책적 유의미성은 통계적 검증을 위해 설정한 기준에 따라 판단하는 것이 아니라 실제의 정책에 내포되어 있는 기준이나 그 정책에 대한 사회적 평가의 기준을 말한다. 그 기준이란 효과성, 능률성, 적정성, 대응성, 적절성 등을 말한다.

통계적 유의미성과 정책적 유의미성의 판단 기준이 서로 다르기 때문에 현실적으로 어떤 정책에 의해 이루어진 변화가 통계적 유의미성은 높으나 정책적 유의미성은 낮은 경우가 있고, 그 반대의 경우도 있을 수 있다.

3) 정책 임팩트 모형의 작성

정책 임팩트 모형은 치안 프로그램과 그 경찰정책 목표 사이의 기대되는 관계에 대한 기술의 형태를 취하는 바, 그것은 프로그램의 기획 단계에서 설정했던 목표와 현존하는 행태나 조건 간의 간극을 없앨 수 있는 전략들을 설정한 것이다. 경찰정책의 평가자는 특정의 경찰정책이 그 목표를 어느 정도까지 달성하였는가를 실증적으로 분석하기 위한 것이다.

임팩트 모형이 없다면 설사 하나의 프로그램이 서비스의 제공이나 목표 달성에는 성공적이었다 하더라도 어떻게, 그리고 왜 그 프로그램이 제대로 작용하게 되었는지, 또는 좀 더 광범위한 규모로 그 효과를 가져오게 되었는지 하는 것에 대해서 이해할 기초가 없게 된다.

4) 연구설계

평가자는 필요한 자료를 수집하고 측정하고 분석하고 해석하는 일련의 과정에 대한 체계적인 계획을 수립해야 한다. 평가자들에게 이용 가능한 시간, 자원의 제약, 경찰정책과 관련된 주요 관여자들에 대한 접근가능성 등을 참작해 연구설계를 발전시켜 나가야 하겠으나 무엇보다도 중요한 것은 각 유형의 연구설계가 현재 계획 중에 있는 평가연구에 적용 가능한지의 여부를 검토하는 일이다.

임팩트평가의 접근 방법인 실험설계에 의한 방법으로 ① 준실험적 설계에 의한 방법, ② 비실험적 설계에 의한 방법이 있는데, 어떠한 접근 방법을 택하느냐에 따라 이후에 진행되는 자료의 수집, 분석 결과의 해석 등에 크게 영향을 미치므로 신중을 기해서 결정해야 한다.

5) 측 정

정책 목표를 비롯한 각종 변수들을 측정 가능한 대상으로 전환시키는 작업이 다음으로 이루어져야 한다.

6) 자료 수집

정책평가를 위한 유일한 자료원과 방법은 존재하지 않는다. 어떤 종류의 자료를 어디에서 어떻게 수집할 것이냐 하는 문제는 평가되는 경찰정책의 성격, 정책 임팩트에 포함될 변수의 종류, 그리고 연구의 설계 등을 고려해야 한다.

정책평가자들은 채택하는 자료의 종류나 자료의 수집 방법 등과 관련된 이점과 아울러 그들의 문제점에 대해서도 충분히 알고 있어야 한다.

7) 자료분석 및 해석

수집된 자료를 어떤 방법을 통해 분석을 할 것인가 하는 것은 평가 문제의 성격, 연구설계, 이용 가능한 자료 등을 종합적으로 고려해서 결정해야 한다.

이러한 종합적인 고려 없이 무턱대고 아무 분석기법이나 사용한다면 설령 그 기법이 매우 훌륭한 기법이라고 하더라도 분석 결과는 아무런 의미가 없게 되어 시간과 노력, 예산만 낭비하는 셈이 된다.

정책평가에서 주로 이용되는 자료의 분석 방법에는 정규분포나 t분포를 이용한 검증 방법, 분산분석법, 회귀분석법, 인과분석법 등이 사용된다.

4. 경찰정책 평가의 방법

정책평가의 방법에는 여러 가지가 있겠으나 여기서는 인과적 추론과 평가의 타당성, 과정평가 방법의 일부인 모니터링과 효과평가 방법으로서의 평가를 위한 연구설계 방법인 진실험적 방법, 준실험적 방법이 지닌 전반적인 특징을 살펴보기로 한다.

1) 인과적 추론과 평가의 타당성 및 신뢰도

(1) 인과적 추론

정책평가에서는 인과(因果, causality)에 대한 관념이 중요하다. 정책은 정책결정자가 의도한 목적을 달성하고 대상 집단의 행태를 변화시키기 위한 수단이 된다. 일반적으로 인과 관계는 어떤 한 가지 사상(事象, 원인)이 다른 한 가지 사상(事象, 결과)을 일으키는 관례를 의미한다. 그러나 오늘날 과학의 입장에서 원인적 결정 조건이 한 가지, 즉 일원적이 아니고 다원적이라는 점을 강조한다.

범죄통제를 예를 들어 보면, 범죄통제 정책의 주요 목적은 범죄를 저지하는 것이다. 지금 어떤 사람이 범죄를 저지르지 않았다면 그것이 정부의 정책으로 인한 것이라고 말할 수 있는가? 이에 대한 답변은 일차적으로 그 사람이 범죄를 저지르려고 했는지 안 했는지에 달려 있다고 본다. 그리고 만일 그 사람이 범죄를 저지르려고 했는데 저지되었다면 그러한 저지가 구속이나 처벌의 가능성 때문인가 아니면 다른 요인들, 즉 동료집단의 영향이나 기회의 결여 때문인지 명확하지 않다.

위와 같은 점들을 고려해 볼 때, 강력한 범죄통제 정책의 실시와 동시에 범죄행위의 감소 현상이 일어났다고 해서 연구자가 두 사상(事象) 간에 반드시 인과 관계가 있다고 결론내리기는 어렵다. 따라서 정책평가는 정책 목표와 수단 사이의 인과 관계를 하나의 가설로서 설정하고 이를 검증하려는 과학적 조사의 일부라고 하겠다.

(2) 평가의 타당성

정책평가자는 정책 효과에 대한 타당성이 높은 정보를 얻어내고자 한다. 타당성이란 측정이나 절차가 그것이 목표로 내세운 것을 제대로 달성했느냐 하는 정도를 나타내는 말이다. 마찬가지로 정책평가의 타당성은 정책평가가 정책의 효과를 얼마나 진실에 가깝게 추정(approximation)해 내고 있느냐 하는 정도를 나타내는 개념이라 할 수 있다. 정책평가에서의 타당성의 문제는 다음과 같이 네 가지로 구분할 수 있다(Cook & Campbell, 1979: 이종수 외, 2012: 258−259).

① 구성적 타당성(construct validity): 처리, 결과, 모집단 및 상황들에 대한 이론적 구성 요소들이 성공적으로 조작화된 정도를 의미한다.

② 통계적 결론의 타당성(statistical conclusion validity): 만일 정책의 결과가 존재하고 이것이 제대로 조작되었다고 할 때 이에 대한 효과를 찾아낼 만큼 충분히 정밀하고 강력하게 연구설계가 이루어진 정도를 의미한다.

③ 내적 타당성(internal validity): 조작화된 결과에 대해 찾아낸 효과가 다른 경쟁적인 원인들에 의해서라기보다는 조작화된 처리에 기인된 것이라고 볼 수 있는 정도를 의미한다.

④ 외적 타당성(external validity): 조작화된 구성 요소들 가운데에서 우리가 관찰한 효과들이 당초의 연구가설에 구체화된 그것들 이외의 다른 이론적 구성 요소(theoretical constructs)들에까지도 일반화될 수 있는 정도를 의미한다.

(3) 평가의 신뢰도

신뢰도는 측정 도구가 어떤 현상을 되풀이해서 측정했을 때 얼마나 일관성 있게 측정할 수 있느냐 하는 정도로 파악된다. 그러므로 신뢰도는 동일한 측정 도구를 반복해서 사용했을 때 동일한 결과를 얻을 확률을 나타내는 것이다. 이러한 신뢰도에 대한 기준은 평가의 신빙성(dependability), 안정성(stability)의 측면을 나타내는 것이다.

신뢰도를 측정하는 방법으로는 재검사법(test－retest method), 평행양식법(parallel forms technique), 반분법(split－half method) 등이 널리 이용된다.

2) 과정평가 방법으로서 모니터링

가장 대표적인 과정평가들 가운데 하나로서 모니터링은 하나의 사업이나 또는 몇 개 사업의 운용과 관련된 사건들에 대한 구체적인 정보의 수집과 관리에의 활용으로 정의할 수 있다.

모니터링은 그것이 어디에 더 중점을 두고 있느냐 하는데 따라 프로그램 모니터링, 성과 모니터링 및 균형성 분석으로 나누어 볼 수 있다.

프로그램 모니터링은 프로그램에 소요된 투입과 프로그램 활동들을 측정하고 그것에 대한 측정 결과를 사전에 설계되었거나 기대되었던 것과 비교해서 이들 프로그램이 처음 계획했던 대로 정확하고 충실하게 집행되었는지를 알아보는 데 주목적이 있다.

성과 모니터링은 프로그램에 대한 투입, 활동 및 결과를 예측하고, 그 프로그램의 성과들을 사전에 설정했거나 기대했던 성과들과 비교하고, 만일 애초에 기대한 결과와 상이한 결과가 나왔을 경우에는 그 원인을 찾아내어 이를 시정함으로써 의도한 성과를 가져오도록 하자는 데 그 목적이 있다.

균형성 분석은 동일한 프로그램 내에서 단위사업들 간의 전형적인 추진 여부, 프로그램과 관련된 다른 사업들의 적시 추진 여부, 그리고 그 내용의 적합성을 평가하는 것이며, 서로 다른 기관에서 유관 프로그램을 집행하는 경우에는 각각의 프로그램을 구성하고 있는 단위사업들의 집행상 균형성 여부를 평가하는 것이다. 이러한 균형성 평가들을 통해 문제점이 발견되면 이를 조기에 조정하자는 데 균형성 분석의 목적이 있다.

3) 진실험적 방법과 준실험적 방법

정책평가의 기본 방법으로서 사회실험으로서 진실험적 방법과 준실험적 방법이 지닌 전반적인 특징을 살펴보기로 한다.

(1) 진실험적 방법

진실험적 방법은 문자 그대로 순수 실험실 연구에서처럼 측정 정책의 영향을 받은 실험집단의 변화와 그렇지 않은 통제집단의 변화를 상호 비교함으로써 특정의 정책이 과연 그러한 변화의 원인인가를 밝히려는 평가 방법이다.

순효과를 파악하기 위하여 실험집단과 통제집단의 조건이 동일해야 하는데, 제1의 조건은 구성원을 무작위적으로 배정해야 하는 것과 현실의 정책을 평가할 때, 통제집단과 실험집단의 구별을 명백히 하는 것은 곤란하다.

무작위에 의한 장기간의 실험은 통제집단의 대상자들이 실험집단의 대상자들의 태도를 모방하는 모방 효과가 나타나게 되고, 이에 의해 정책 효과의 측정 결과에 오차를 가져오게 될 가능성이 있다. 또한 무작위적 실험은 일반적으로 비용이 많이 들고, 또 시간이 오래 걸린다는 단점도 가지고 있다.

(2) 준실험적 방법

준실험적 방법은 진실험적 방법에서 요구되는 통제집단을 도입하기 어렵거나, 통제집단을 도입한다 할지라도 동질적인 실험집단과 통제집단을 구성하기 어려운 경우에 사용되는 방법이다.

공공정책에 관련된 많은 요인 또는 현상(예: 정치, 윤리, 재정 등)들은 대단히 복잡해서 무작위나 실험설계의 적용에 한계가 있다는 것을 전제해 경찰정책도 준실험적 방법이 사용된다.

물론 이 방법에서는 무작위 배정에 의한 방법을 사용하지는 않지만 가능한 한 유사한 실험집단과 통제집단을 구성하려고 노력한다.

4) 비실험적 방법

비실험적 방법은 진실험적 방법 및 준실험적 방법의 경우와 같이 비교집단이 구성되지 않은 인과추론 방법이라고 할 수 있다. 사실상 대다수의 정책효과에 대한 평가에서는 비실험적 방법이 많이 활용되고 있다(이종수 외, 2012: 261).

제 5 절 경찰기획

1. 경찰기획의 의의

1) 경찰기획의 의의

기획과 정책은 상호 연결되어 있다. 기획론자들은 정책을 기획의 하위 개념으로 보고, 정책론자들은 기획을 하위 개념으로 보는 경향이 있다. 정책론자들은 정책을 실천에 옮기기 위하여 어떤 행동노선을 설계하는 것을 기획으로 이해하고 있다.

기획(planning)은 다의적인 개념이지만 기획이 어떤 대상에 대해 그 대상의 변화를 목적으로 한 행동을 취하는 것을 의미하며, 그 대상에 대해 가져올 변화의 목적을 확인하고 그 목적을 성취하는 데에 가장 적합한 행동을 설계하는 것으로 이해할 수 있다.

이러한 점에서 경찰기획을 넓은 의미로 정의한다면 경찰기획은 어떠한 행동이 취해지지 않는다면 바람직한 경찰조직의 미래가 도래하지 않을 수 있으며, 그 행동이 취해진다면 경찰조직에 바람직한 결과가 도래될 개연성이 증가된다고 믿어지는 상황 속에서 그 행동이 취해지기 전에 상호 연관된 결정들의 집합을 형성하고 평가하는 일련의 과정이라고 할 수 있다.

좁은 의미의 경찰기획이란 경찰 미래의 관리나 경영을 가능한 한 정확하게 예측하고 능률적 · 경제적으로 통제하기 위한 경찰관리자의 기능이라고 할 수 있다.

2) 경찰기획의 성질

드로(Y. Dror)의 개념 정의(Dror, 1971: 106－108; 김신복, 1999: 106－108)에서 경찰기획의 성질을 보면 첫째, 경찰기획은 경찰 장래의 행동을 위한 한 묶음(a set)의 의사결정의 한 과정이다.

둘째, 경찰기획은 준비 과정으로서 경찰계획(plan)을 작성하는 과정이며 그것을 승인하고 집행하는 것은 별도의 기능이다.

셋째, 경찰기획은 계획의 시행을 통해 현실을 개선하고 경찰 문제를 해결하는 행동 지향적인 활동이다.

넷째, 경찰기획은 한 묶음의 복합적인 의사결정을 대상으로 하는데, 이 의사결정은 기획 과정에서 체계적으로 연결된다.

다섯째, 경찰기획은 조직화된 선견 장치이므로 치안 수요의 양적·질적인 측면에서의 예측과 판단 등 고도의 지식과 기술적 전문성을 필요로 하는 미래지향성을 내포하고 있다.

여섯째, 경찰기획은 경찰조직의 목표를 성취하기 위한 활동이다.

일곱째, 경찰기획은 효율적인 수단을 강구하는 과정이다. 여기서 경찰 수단은 경찰 목표와 연쇄적인 관계가 기획 과정의 기초가 된다.

3) 경찰기획의 기본 철학

경찰기획의 기본 철학으로 가장 우선적으로 꼽을 수 있는 것은 미래지향성을 들 수 있다. 경찰환경은 급변하고 있으며, 경찰조직의 형태, 경찰조직의 관리 행태, 관리행정 기술의 발달 및 경찰장비의 현대화 등으로 경찰기획에서 경찰행정 발전 방향의 설정과 추진의 미래지향성이 어느 때보다 중요하다고 하겠다.

둘째, 합리성으로서 경찰기획에서 합리성은 주어진 현재의 경찰 여건 하에서 소망되는 특정 목적을 구현코자 할 때 이미 수행하고 있는 경찰 목적에 필요한 작업이나 활동에는 될수록 손해를 덜 주는 범위 내에서 특정한 경찰 목적 구현의 효과를 극대화시킬 수 있는 수단·방법·행동 방안을 선택하는 것이며, 목적과 수단의 연쇄성, 그리고 가치와 사실의 관련성에서 파악한다.

셋째, 통제성으로 경찰기획은 자유방임적인 것이 아니라 경찰 목적의 추구를 위해 기대되는 일정한 방향으로 유도하고 경주시키는 노력이며, 경찰기획은 결국 미래를 합리적 계산 체계에 의해 통제하며 실현시키는 수단이 된다.

경찰기획

1) 기획 관련 용어

- 기획: 계획하는 과정
  - 기획의 과정을 거쳐서 생겨나는 생산물이 계획
  - 그것이 담겨진 문서를 계획서 또는 '○○계획'이라 부른다.
  - plan: 계획
  - planning: 기획
- '계획'이라는 용어에 영어에서는 정의가 다른 프로그램(program), 프로젝트(project) 및 스케줄(schedule)의 뜻이 혼용되고 있다.
  - 프로그램: 사업계획
  - 프로젝트: 단위사업계획
  - 스케줄: 예정표 또는 일정계획
  - 계획과 기획의 하위 체계에 속하는 개념
  - 계획의 수준, 규모 및 성질에 따라서 그 수준, 규모, 성질이 달라짐

(예) 사회개발계획(plan)의 하위인 사회개발사업계획은 program이고, 주택사업은 단위사업인 project가 되지만, 주택사업계획은 program으로 잡으면 그 하위의 내용인 국민주택건설사업 · 간선시설사업 · 주택은행출자사업 등은 각각 단위사업(project)이 된다.

2) 정책(의사)결정과의 혼동

- 엄격한 공사 구분에 따른 분류
  - 정책은 공공정책, 계획은 공공계획을 전제
  - 의사결정은 사행정(私行政)으로 한정
- 엄격한 공사 구분에 따른 문제
  - 현대 사회에서 공공의 범위가 넓어져 공익과 사익의 차이가 접근해 가고 있는 상황에서 공공기관이건 사기업이건 그 조직에는 정책 개발이 있으며, 그 정책형성을 위한 과정에는 여러 계층에서 많은 사안의 의사결정이 이루어짐
- 기획 과정에는 수많은 정책이 포함된다.
- 기획은 정책이 모인 상위 개념이고 정책은 의사결정의 결과이다.
- 공공기관에 의한 의사결정만을 정책으로 보는 것과는 견해를 달리한다.

3) 기획의 일반적 정의

① 협의의 이원론적 정의

- 기획을 관리 기능의 한 단계로 보는 견해
  - 정책이라는 가치 설정 기능에서 분리된 순수한 집행 기능의 범주 내에서의 기획 기능
  - 고전적 행정이론에서 관리 또는 경영은 POSDCoRB라는 과정으로 설명되었는데, 그 첫째의 글자는 Planning의 P를 딴 것
- 학자: 밀레(J. Millett), 쿤츠(H. Koontz), 오도넬(C. O'Donnell), 스톤(D. C. Stone)

–기획이란 미래의 관리나 경영을 가능한 한 정확하게 예측하고 능률적 · 경제적으로 통제하기 위한 관리자의 기능이다.

② 광의의 일원론적 정의

–기획을 사회 변화 및 국가 발전의 도구로서 보는 견해

• 가치 창조적인 정책개발 과정을 포함한다.

–학 자

• 메리엄(Charles Merriam)(U. S. National Resource Planning Board 1934~1944): 기획이란 국가정책을 결정할 때 사회적 예지를 활용하려는 조직적인 노력
• 워터스턴(Albert Waterston, 1969): 1960년대 사회주의 국가나 혼합경제 기능의 국가를 막론하고 국가발전 목표를 효율적으로 달성하기 위한 수단으로서 기획의 중요성을 인정
• 오즈베칸(Hasan Ozbekan, 1968): 기획이란 대상을 좀 더 바람직한 상태로 변화시키기 위해 하는 행위
• 달(Robert A. Dahl)과 린드블롬(C. E. Lindblom): 기획은 정치 · 경제 · 복지의 넓은 가치 체계에서의 합리적 계산과 통제의 기능
• 드로(Yehezkel Dror, 1963): 기획이란 더 나은 수단으로 목표를 달성하기 위하여 장래의 행동에 관한 일단의 결정을 준비하는 과정이다. 그는 기획연구를 정책과학의 한 분야로 간주하고 기획의 가장 핵심 요소는 의사결정이라고 봄

4) 경찰기획의 유형

기획(planning)의 유형에는 여러 가지가 존재하며 학자마다 각기 다르게 분류하고 있다. 여기서는 시카고대학교의 디목(Marshall E. Dimock)이 분류한 기획의 유형을 중심으로 살펴보고자 한다(김상호 · 이영남 외, 2004: 65–67).

디목은 기획을 기능별로 노동기획, 후생기획, 경찰기획, 통신기획 등으로 구분한 바 있다. 그리고 지역별로는 중앙기획, 지방기획, 광역기획, 도시기획 등으로 분류하였다. 또한 통치 기능에 따라 치안기획, 국방기획, 조세기획으로 분류하기도 하였다.

(1) 기획의 대상 기간별 유형

기획은 기간을 기준으로 단기, 중기, 장기기획으로 나뉜다(신현기 · 이영남, 2003b: 65–67).

표 5-1 기획의 종류별 구분

구 분	종 류
기능별	경찰기획, 노동기획, 후생기획, 통신기획
지역별	중앙기획, 지방기획, 광역기획, 도시기획
통치 기능별	치안기획, 국방기획, 조세기획

① 단기기획

통상적으로 단기기획(short-term planning)은 3년 이하의 기획을 의미하는데, 기획과 현실과의 차이가 비교적 적은 관계로 실현성이 높다는 장점이 있다. 그러나 구조적인 변동이나 획기적인 발전을 기대하기는 어렵다는 단점도 지니고 있다(김신복, 1999: 65).

② 중기기획

중기기획(medium-term planning)은 일반적으로 3~7년을 대상으로 하는 기획인데 주로 5개년 기획이 일반화되어 행해지고 있다. 경찰기획에서도 중기기획이 가장 효율성을 기할 수 있다고 하겠다. 경찰의 경우는 급변하는 사회적 구조로 인해 장기기획은 변동의 빈번함이 예상되어 실현성이 약해질 수도 있기 때문이다.

③ 장기기획

장기기획(long-term planning)은 주로 10~20년을 기준으로 하는데, 오히려 기획이라기보다는 미래를 전망(perspective)해 보는 성격이 강하다고 볼 수 있다. 이런 문제 때문에 장기기획은 주로 단기와 중기기획으로 나누어 집행되는 것이 통례이다.

(2) 기획의 대상 분야별 유형

갤로웨이(G. B. Galloway)는 기획을 대상 분야별로 자원기획, 경제기획, 사회기획, 지역기획, 방위기획 등으로 구분한 바 있다(Galloway, 1941: 87-93).

① 경제기획

주로 개발도상국이나 선진국을 막론하고 흔히 활용하는 기획으로 경제개발 5개년 계획이 바로 여기에 해당하는 좋은 예이다. 박정희 대통령이 1960년대 초에 실시했던 우리나라의 경제개발 5개년계획이 좋은 예라고 할 수 있다.

② 사회기획

경제 개발이 급격히 진행됨으로써 급격하게 생겨난 부작용과 역기능이 다수 나타나게 된다. 예를 들어, 빈부의 격차, 계층 간의 갈등, 환경오염, 비인간화, 가치관의 갈등 등이 그것이다. 이러한 문제를 해결하기 위하여 세우게 되는 것이 사회기획이다. 사회보장, 치안, 주택, 보건, 인력, 교육, 환경, 여가 등이 바로 사회기획에서 다루어야 할 핵심 대상이다.

③ 목적기획

목적기획이란 도로, 공원, 주거환경, 공공시설, 항만, 공항, 그리고 토지 이용의 극대화, 국토의 균형 개발, 지하자원과 수자원의 개발 등을 대상으로 하는 기획을 의미한다(김신복, 1999: 71).

④ 방위기획

평화 상태에서도 어느 국가를 막론하고 방위기획은 지속적으로 진행되고 있다. 방위기획에서는 군사훈련, 경계, 무기 개발, 예비군과 민방위훈련, 외부 가상침략 방위 비상계획 등이 포함된다.

2. 경찰기획 수립의 원칙과 과정

1) 경찰기획 수립의 원칙

① 목적성의 원칙: 경찰기획은 명확하고도 구체적 목적의 제시가 있어야 한다.

② 타당성의 원칙: 경찰 목적에 비추어 타당하고 실현가능성이 있어야 한다.

③ 효율성의 원칙: 경찰 예산의 배분의 경제성과 최대의 효과성과 능률성을 얻을 수 있어야 한다.

④ 민주성의 원칙: 경찰기획 과정에서 주민 참여와 내부 참여의 활성화로 의견 반영이 확보되도록 민주적 절차가 있어야 한다.

⑤ 통합성의 원칙: 경찰기획의 상하위계획과 부문 간의 계획 사이에 논리적 일관

성과 연계성이 확보되어야 한다.

⑥ 계속성의 원칙: 계획의 수립 · 집행 · 평가 · 통제 기능이 연결되어 계속 수정 · 보완되는 환류 과정을 이루어야 한다.

⑦ 신축성의 원칙: 동태적 경찰행정의 상황 변화에 신축적으로 대응할 수 있어야 한다.

⑧ 안정성의 원칙: 자주 수정하지 않는 계획이 되어야 한다.

⑨ 기타: 단순성 · 표준화 · 미래 예측 등의 원칙이 있다.

2) 경찰기획 과정

기획 과정을 광의와 협의의 과정으로 구분할 수 있는데, 광의의 기획 과정은 기획의 수립 과정, 집행 과정, 평가 및 환류라는 동태적 · 계속적 과정으로서 사실상 일반적 행정 과정과 일치하는 것을 이른다.

계획 수립 과정은 가치를 정립하고 합리적 수단을 인지하는 단계이며, 계획 집행은 계획 내용을 실현화시키는 단계이고, 평가와 환류는 정책의 사전적 · 사후적 평가를 포함하며 필요한 시정과 보완 조치를 하도록 하는 단계이다.

그러나 보편적인 기획 과정이라고 하면 협의의 기획 과정인 계획 수립 과정만을 지칭하는 것으로서 쿤츠(H. Koontz)와 오도넬(C. O'Donnell)의 구분을 중심으로 설명하고자 한다. 이 과정은 우리 정부에서 쓰고 있는 『행정편람』의 행정연구 서식과 거의 일치되기 때문이기도 하다.

(1) 목표의 설정

경찰 목표는 현재 당면하고 있는 문제점을 해결하는 것으로서 현실 상황을 개선하는 것이 되어야 하고, 의도된 미래상을 실현시키기 위한 발전의 목적을 지니고 설정되어야 한다.

경찰 목표가 실효를 거두기 위한 구비 요건은 다음과 같다.

① 실제 목표와 공식목표 사이에 괴리가 없어야 한다. 공식목표는 흔히 정치적 · 대외적인 관계를 감안해 실제 추구하고자 하는 목표와는 괴리된 경우가 많다.

② 목표는 추구하고자 하는 미래 상태에 비추어 타당성이 있어야 한다.

③ 상위목표와 하위목표의 수단의 연계 관계의 일관성이 있어야 한다.

④ 목표는 실제적(추상이 아닌)이며 구체적 계량성을 갖는 것이 바람직하다.

⑤ 목표는 실현가능성이 있는 것이라야 한다. 지나친 이상의 추구나 허구적인 것은 기획 과정 자체에서 낭비를 초래할 수 있기 때문이다.

(2) 문제와 관련된 사실 파악

'문제'란 설정된 목표를 뜻하는 것으로 그 목표가 문제 해결이건, 제도의 개선이건 또는 미래의 바람이건 간에 설정된 목표와 직 · 간접으로 관련된 모든 현황을 사실로서 파악하는 단계이다.

사실 파악 단계의 의미로서 정보 · 자료의 수집, 정보 · 자료의 정리(분석 · 평가 · 해석), 다음 단계를 위한 탐색 과정, 현재를 토대로 하는 미래로의 연장을 정하는 단계이다.

(3) 가정(기획 전제)의 설정

'예기되는 요소(변수)'들을 사전에 전망하는 단계로서 방범기획인 경우, 치안 수요의 경우 범죄 발생 건수와 검거율, 치안환경, 즉 경제 상황 및 인구 변화, 사회적인 분위기 등을 감안해 신뢰의 한계를 설정하며 계획 수립의 지주가 된다.

추정은 미래 상황을 대상으로 하며, 대표적인 방법은 다음과 같다.

① 일반적 법칙이나 논리적 사유에 의한 연역적 예측을 한다.

② 델파이(Delphi) 기법: 환류적 설문조사의 반복을 통한 전문가의 의견을 수렴하는 기법으로 일반적 델파이 기법은 일반 전문가의 참여로 철저한 익명성이 보장되고 의견의 평균치(중위값)를 중시한다. 정책 델파이는 정책 전문가와 관계자, 선택적 익명성을 따르며, 대립된 견해를 유도한다.

③ 회귀분석법: 인과분석모형이라고도 하며, 시계열분석자료를 이용해 변수와의 상관 관계(방정식)를 도출해 예측 및 추정을 하는 방법으로 단순회귀분석(하나의 독립변수와 종속변수: $Y=ax+b$)과 다중회귀분석(둘 이상의 독립변수와 종속변수) 방법이 있다.

④ 시계열분석모형: 경향분석이라고도 하며, 시간의 변동에 따른 변수의 변화 경향을 토대로 미래를 투사해 예측하는 경향분석 기법이다. 추세 변동, 계절 변동, 순환 변동, 불규칙 변동 등을 분석하는 데 범죄의 요일별 · 계절별 순환 변동을 예견하는 데 사용될 수 있다.

⑤ 선형계획: 한정된 자원을 최적 결합으로 생산량을 극대화하기 위한 알고리즘(산술적 算法), 최적화 모형이다. 변수 간의 관계를 선형함수로 표시해 최적해(最適解)를 도출해 내는 수학적 모형이다.

⑥ 시뮬레이션(simulation): 모의분석모형이라고도 하며, 복잡한 사회 현상과 유사한 단순한 모의모형을 만들어 실험을 하는 기법이다. 경찰기획에서는 대테러 사건이나 인질사건, 대형사건에 대한 가상사건의 모델을 만들어 유사시에 대비 훈련을 하는 데 사용될 수 있다.

⑦ 브레인스토밍(brainstorming): 자유분방한 의견 교환 기법으로 집단토의 기법을 사용하며, 상대의 의견에 대해 비판을 금지하고 제시된 대안 중에 불가능한 대안을 제거해 나가면서 대안을 제시하는 방법이다.

⑧ 그 밖에 연구기관 등에 의한 조사 · 연구 등이 있다.

(4) 대안의 탐색과 평가

대안의 탐색과 평가 단계는 목표를 성취할 수 있는 방안의 탐색, 각 방안의 분석, 각 방안의 상호 비교 및 각 방안의 평가로 구성된다. 여기서는 의사결정에 관한 이론이 적용된다.

① 탐색 과정은 일차적으로 몇 가지의 대안을 등장시키고, 그 대안이 목표를 만족시킬 수 없는 것으로 판별되면 2차적으로 다른 대안들을 등장시키는 순차적 방법, 규범적 · 이상적 방법인 모든 대안을 전부 나열해 동시에 평가할 것이 요구된다. 반복적인 것으로 정형화된 의사결정은 대안의 탐색이 필요치 않으며 표준운영절차(Standard Operating Storming: SOP)라고도 한다.

② 탐색의 방법은 자신의 경험이나 다른 사람이나 조직이 행한 선례로서 참조할 수 있는 쉬운 방법을 선택하며, 창의적 · 개척적인 탐색으로서 무작위적 토론 또는 델파이 기법 등이 있다.

③ 여러 대안이 도출된 다음에는 각 대안들의 장·단점을 비용·효과분석, 비용·편익분석 기법 등에 의해 분석한다.

④ 목표 성취를 위한 지배적 요소를 비교 기준으로 선택한다.

⑤ 각 지배적 요소에 비추어 여러 대안의 분석 결과를 위의 지배적 요소에 대응시켜 서로 비교한다.

⑥ 대안을 모든 지배적 요소에 따른 비교 결과에 따라 평가한다.

⑦ 비교평가에서는 한계적 가치분석에 의존하는 경우가 유리하다.

⑧ 각 대안의 평가에서는 그 대안이 갖는 속성적 제한 사항을 식별해 둔다.

(5) 최종안의 선택

① 논리적인 분석·평가 결과는 결심 권한자의 가치평가 범주 속에서 해석되는데, 결심 권한자는 개인으로서의 선호가 있고, 그 나름의 가치규범이 있고, 그것에 의해 가치평가를 하게 되기 때문이다.

② 미래 상황의 불확실성이 충분히 고려되어야 하며, 확률·신뢰할 수 없는 자료의 색출·불완전한 자료의 보완 등으로 확실성을 높인다.

③ 선택된 한 묶음의 기획안들은 기획 전제의 타당성과 실현가능성 및 제한 요소에 관해 다시 검토되어야 한다.

3. 경찰기획 수립의 한계

기획을 저해하는 개발도상국의 일반적인 행정적 요인을 보면 대체로 ① 인사행정의 불합리성, ② 번잡한 행정절차, ③ 지나친 재정통제와 뒤떨어진 회계 제도, ④ 각 부처 간의 조정의 결여, ⑤ 기구의 문제점 등을 든다.

경찰기획도 그 수립에서 일반 행정적인 한계를 포함해 다음과 같은 애로 사항들을 가지고 있다.

1) 미래 예측의 불확실성

사회의 변화 전망을 정확히 예측한다는 것은 실제로 극히 어려운 과제이다. 특히 범죄와 관련된 요인, 또한 사회 질서와 관련된 요인들이 경제 요인, 사회 요인, 가정 요인들과 복잡하게 서로 관련되어 있기 때문에 정확하게 예측한다는 것은 대단히 어렵다.

최근에 많은 예측 기법이 개발되어 종래보다 많은 변수를 고려할 수 있게 되었지만 역시 한계가 있다.

2) 경찰문화상의 한계

경찰기획 담당자가 아무리 훌륭한 기획을 가지고 있다 하더라도 조직 내외의 기획에 대한 인식 부족으로 지지를 얻지 못한다면 그 실효성을 보장하기 어렵다고 하겠다.

또한 경찰기획에 대한 중요성을 인지하지 못해 기획전문가를 양성하지 못함으로써 기획가의 능력이 부족하다면 그 또한 장애 요인으로 작용할 수 있다.

경찰계획이 체계적으로 통합되고 실현가능성이 높은 계획을 수립하자면 각 전문분야의 지식은 물론 기획의 과정 및 기법에 관한 소양을 갖춘 기획가를 필요로 한다. 현실은 기획의 중요성에 대한 인식이 낮아 기획가를 양성 · 훈련하는 시스템이 없고 교육을 받은 사람이 기획 업무를 기피하는 현상도 나타나고 있다(경찰대학, 2004b: 기획편 참조).

조직문화가 포괄적 · 구체적 · 집권적일수록 개인의 판단과 창의를 위한 자유재량의 여지는 좁아지게 마련이다. 이러한 점에서 경찰조직은 집권적인 조직의 전형으로서 개인의 창의성이 충분히 발휘하지 못하는 경직된 문화가 저해 요인으로 작용할 수 있다.

3) 기술 및 자료의 부족

경찰행정의 장래에 관한 예측과 합리적인 정책결정을 위해서는 축적된 자료 및 기술에 관한 정보가 뒷받침되어야 한다. 현실적인 면에서 보면 체계적으로 수립 · 정리된 자료 및 기술에 관한 정보가 부족하다. 특별히 경찰 업무에 관한 정보는 체계적으로 정리된 것이 거의 없는 것이 현실이며, 자료가 있다고 하더라도 신뢰성이 낮은 경우가 많다.

정보는 체계적으로 수집되고 공유되어야 하는데 경찰기획에 이용된 자료들은 개인 서류철에서 찾아오거나 비밀로 분류되어 공개되지 않기 때문에 전문가가 볼 수 없고, 이로 인해 경찰 전문가와 일반인의 경찰정책에 대한 이해가 부족한 경우가 대부분이다.

4) 정치적 인식 및 행정적 지원의 미흡

경찰에 중요한 발전계획을 하려면 최고관리층과 외부의 정치적 지원을 필요로 한다. 실제로는 정치·행정적인 지원이 부족해 초기의 의욕은 있으나 용두사미가 되는 기획이 많이 나타난다. 따라서 최고관리층은 경찰 발전에 목표를 설정했으면 이에 대한 기획활동 지원을 아끼지 말아야 할 것이다.

5) 예산 및 관리 제도의 비효율성

경찰계획의 집행·평가·통제를 담당하는 관리 면에서 기술 및 경영관리 인력의 부족, 절차의 복잡, 부서 간의 갈등 등으로 기획이 제대로 실현되지 못하는 경우가 많다.

경찰공무원의 자질 면에서 법률적 지식이 주로 요구되고 있고, 행정관리적인 능력이나 지식은 상대적인 면에서 부차적으로 요구되는 지식으로 보는 현실에서 이러한 문제의 개선은 어렵다고 볼 수 있다. 따라서 경찰행정에 관한 지식의 함양을 위해 일반 경찰공무원에게 요구되는 법률 지식만큼 행정관리적인 지식을 가질 수 있도록 해야 할 것이다.

6) 시간과 비용의 제약

기획에는 많은 비용이 소요되고 시간상으로도 제약이 따르게 된다. 경찰기획은 범죄로 인한 대형사건과 사고가 예고 없이 일어나는 경우가 대부분이고, 이러한 현상에 따라 갑작스럽게 기획이 이루어지는 예가 많기 때문에 시간과 비용이 언제나 제약 요인으로 작용한다.

그러나 무조건 경찰기획을 위한 시간과 예산이 충분해야 한다는 것은 아니다. 기획에 소요된 비용과 시간이 기획에 따른 이익보다 커서는 안 되기 때문에 비용·편익분석을 통한 기획의 수립이 필요하다고 하겠다.

CHAPTER

06 경찰조직관리

제 1 절 경찰조직의 의의

1. 경찰조직의 기초 이론

1) 경찰조직의 개념

일반적으로 조직(organization)은 일정한 환경 속에서 특정 목표를 추구하기 위하여 일정한 구조를 가진 사회적 실체(social entity)로서 인간의 모든 사회 목적을 달성하기 위한 수단으로서의 성격을 띠고 있으나 그 개념에 내포되어 있는 고도의 추상성으로 말미암아 정확한 개념을 한마디로 밝히기란 쉽지 않은 일이다.

조직은 인간의 집합체로서 일정한 목표를 추구하기 위하여 의식적으로 구성한 사회적 체제이다. 이러한 조직은 대규모의 복잡한 조직이며 어느 정도 공식화된 분화와 통합의 구조 및 과정, 그리고 규범을 내포하는 것이고, 상당히 지속적인 성격을 가지는 것이다. 조직은 경계를 가지고 있으며, 경계 밖의 환경과 교호작용을 한다.

이러한 의미에서 볼 때, 경찰조직은 경찰의 집합체로서 경찰조직 특유의 목적을 추구하기 위하여 의식적으로 구성된 사회적 단위라고 할 수 있다. 경찰조직은 공식화된 분화와 통합의 구조 및 과정, 그리고 규범을 내포하는 조직체로서 환경과 교호작용을 하는 일반적인 조직의 성격도 포함하고 있으며, 질서 유지를 위한 명령과 강제를 할 수 있는 권력적 특수한 성격을 갖고 있기도 하다(김상호 · 이영남 외, 2004: 76－78).

2) 경찰조직의 유형

조직학자들은 다양하게 수많은 종류의 조직들에 대해 어떤 기준을 가지고 유형화할 것인가 하는 문제를 끊임없이 고민해 왔다. 우리가 조직의 유형을 분류하는 목적은 조직 현상의 핵심을 이루는 변수들의 본질을 밝히고 체계적인 비교연구를 통하여 과학적 조직이론을 찾고자 하는 데 있다. 따라서 이러한 조직 유형의 분류상 경찰조직은 어떤 유형으로 분류되는가를 살펴보는 것은 경찰조직의 성격을 파악하는 데 많은 도움이 될 것이다.

조직 유형의 분류 기준을 에치오니(A. Etzioni)는 복종 관계를 핵심적 변수로 파악하면서 개인에 대한 관여(involvement)를 중심으로 조직 유형을 강제적 · 강압적 조직, 공리적 조직, 규범적 조직으로 구분하고, 경찰조직을 권력적 · 강압적 조직(coercive organizations)으로 분류해 일탈자(deviants)를 통제하거나 일탈의 예방활동을 하는 질서 유지적 조직으로 규정하였다(Etzioni, 1961: 27-44; 이창원 외, 1997: 38-44; 김상호 · 이영남 외, 2004: 79-80).

또한 파슨스(T. Parsons)는 조직을 사회적 기능에 따라 적응 기능, 목표 달성 기능, 통합 기능, 체제 유지 기능으로 구분하고(Parsons, 1960: 44-46), 경찰조직을 통합 기능으로 분류하였다. 통합 기능(integration)은 체계 내부의 협동적이고 잘 조화된 사회적 관계를 보장하는 것을 의미하며, 이는 사회 내 구성원들의 관계를 통제하고 사회적 규범을 창조하며 유지하는 조직으로서 법을 취급하는 일련의 정부조직, 사법기관, 경찰조직이 여기에 해당된다.

블라우(P. M. Blau)와 스콧(R. W. Scott)은 조직에 대한 연관 관계를 중심으로 호혜적 단체, 사업조직, 서비스조직, 공익조직으로 구분하고(Blau & Scott, 1962: 42-57),[1] 경찰조직은 공익조직(commonweal organization)으로 분류하였다. 공익조직은 일반 대중이 주요 수익자이며 공익조직의 예는 경찰서 외에 일반행정기관, 군대, 소방서 등이 이에 속한다.

그 밖에도 공식조직과 비공식조직에 의한 분류, 조직 참여도에 의한 분류, 조직구

1) 그는 조직에 대한 연관 관계를 중심으로 사람을 ① 조직구성원 · 하급 참여자, ② 조직의 소유자 · 관리자, ③ 고객 · 접촉하는 공중, ④ 대중 등 네 그룹으로 구분해 수익자를 기준으로 분류하였다.

조의 특성을 기준으로 한 분류 등 그 이론모형들이 다양하며, 어떤 기준도 결코 포괄적인 것은 아니다. 다만, 이러한 조직 유형의 분류 중 경찰조직과 관련해 본다면 강제적 · 강압적 조직, 통합 기능, 공익조직은 결국 경찰조직의 속성을 나타낸다고 할 수 있겠다.

3) 경찰조직의 목표와 효과성

(1) 경찰조직의 목표

경찰조직 목표는 경찰조직이 실현하고자 하는 바람직한 미래의 상태를 의미할 수 있는데, 여기에는 범죄로부터 생명과 재산의 안전을 바라는 사회적 요구의 충족이 그 본래의 목표가 된다. 이러한 경찰조직의 본래의 목표는 경찰조직이 공식적으로 존재하는 이유가 되는 목표이며, 경찰활동은 모두 이 목표를 근간으로 해서 행해진다.

따라서 경찰조직이 추구하는 목표는 궁극적으로 국민을 각종 위법으로부터 그 권리와 자유를 보호하고 범죄로부터 안전한 생활을 보장하기 위하여 치안을 유지하고 지역 주민들을 위한 각종 경찰 서비스를 제공하는 것이다. 그러나 이러한 경찰조직의 궁극적인 목표는 현실적 · 구체적으로 경찰조직이 실현시킬 목표에는 시간적 · 공간적 · 사회적 제약성이 따르게 된다.

(2) 경찰조직의 효과성

오늘날 경찰조직은 범죄로부터 국민의 생명, 재산의 보호를 비롯해 주민들에게 다양한 치안 서비스를 제공해야 하는 치안 서비스 생산자로서 역할을 하고 있다. 이러한 점에서 경찰조직의 효과성은 하위 조직 업무의 다양성으로 인해 효과성의 측정이 용이하지 않다는 단점에도 불구하고 그 중요성이 부각되고 있다.

조직의 효과성(effectiveness)이란 조직의 성공도와 목표달성도를 의미하며,[2] 조직

---

2) 효과성은 조직의 목표달성도를 의미하고, 능률성은 목표 달성을 위한 자원의 투입에 대한 산출의 비(比)다. 일반적으로 효과성과 능률성은 서로 연관성을 가지고 있으며, 능률성이 높아질수록 효과성도 높아지지만 모든 경우에 그렇지는 않다. 조직의 목표달성도는 높지만 조직이 자원 활용에 능률성을 확보하지 못할 수도 있다. 그 밖에 생산성(productivity)이나 직무 성과(job performance), 그리고 이윤(profit) 등의 개념도 조직의 효과성과 병용해 많이 사용되고 있으나 이들은 조직의 효과성 바로 그 자체는 아니고 조직의 효과성을 측정하기 위한 기준들 중에 하나가 된다.

의 건전도를 가리키는 하나의 지표라고 할 수 있다. 조직 목표의 선택에는 전략적 이해관계, 집단의 입장, 평가자의 자기 이익, 그리고 조직의 수명주기 단계가 반영된다.[3] 조직의 효과성은 조직의 유형적 목표 및 하위 목표와 관련될 경우에는 그 측정이 용이하지만 무형적 목표나 조직의 전체 목표에 적용시키고자 하는 경우에 난점이 적지 않다.

이러한 점에서 경찰조직의 효과성 개념도 경찰조직의 하위조직 목표가 범죄 예방, 범죄 수사, 경비, 교통, 지도, 단속, 구급 등으로 다양하면서 서로 상이해 단일하지 않고, 모든 목표가 다 계량화할 수 있는 유형의 것도 아니며, 경찰조직 자체 발전도 조직효과성과 관련이 있기 때문에 경찰조직의 효과성을 한마디로 정의하기는 어렵다.

따라서 일반조직의 조직효과성의 개념을 준용하여 본다면 경찰조직의 효과성은 경찰조직의 목표달성도라 정의할 수 있는데, 경찰 목표에는 전형적인 경찰 업무의 목표뿐만 아니라 경찰조직 자체의 체제 유지 발전, 성장, 응집력 등의 조직 발전을 포괄하는 것이다.

2. 경찰조직의 영향 요인

1) 경찰조직 영향 요인의 의의

오늘날 조직은 그 구성이 복잡해 합리성의 지배를 받는다. 조직에서의 합리성은 공식화, 분업, 부성조직(部省組織), 권한의 위계질서, 조직 운영의 안정화 등을 의미한다. 조직구조는 과업, 규칙, 권한 관계의 공식적인 체계로 볼 수 있는데, 조직의 목표를 달성하기 위하여 조직은 분화와 통합 과정을 반복하면서 조직구조(organization structure)가 발달하게 된다.

또한 조직은 인간으로 구성된 사회적 실체이다. 즉, 조직은 구성원의 공동 노력으로 특정 목표를 달성하려는 인간의 집합체 또는 협동체라 할 수 있다. 따라서 조직은

한편 조직 성과라는 용어가 조직의 효과성과 유사한 개념으로 쓰이기도 한다.

3) 사실 조직의 효과성은 단순하게 정의될 수 없는 문제이며, 목표 달성의 필요 조건, 자원, 수단 등과 관련된 여러 요소가 종합된 개념이라고 학자들은 주장하고 있다(Robbins, 1983: 21–23; Kimbery, 1979: 438; Georgopoulos & Tannenbaum, 1957: 534–540).

구성원의 협동행위를 통해 목표를 실현하고자 하며 개인은 조직을 통해 욕구를 충족시키게 된다.

조직은 사회적 단위로서 환경과 상호작용을 하면서 시간적 · 동태적으로 움직여 가는 지속적 활동이다. 조직은 조직환경과 구별되는 경계를 가지고 있으며, 경계 밖의 환경으로부터 자원을 받아들이기도 하며, 조직이 생산한 산출물을 내보내기도 하는 상호작용을 통해 존속하고 유지되며 발전해 가는 유기체인 것이다. 이러한 이유로 인해 조직에는 생명 주기(life cycle)가 있다고 말하는 것이다.

따라서 경찰조직은 조직의 합리성, 민주성, 합법성, 능률성, 정치적 중립 등과 상호 밀접한 관련을 가지고 있는 조직영향 변수로서 조직구조, 인간, 환경을 들 수 있다.

2) 경찰조직 구조

경찰조직 구조란 통상적으로 ① 경찰조직 구성원의 공식적 관계와 직책의 패턴, ② 업무의 배분 및 조정 방식, ③ 경찰조직 내의 권력 · 지위, 그리고 계층 관계, ④ 조직구성원의 활동과 상호 관계에 관한 관리 체제 등을 의미한다(신현기 · 이영남, 2003b: 82-83).

경찰조직 구조는 기본적으로 ① 경찰조직을 생성하고 조직 목표를 달성하도록 하며, ② 조직구성원의 변이성(variations)에 의한 영향을 최소화 또는 적어도 규제하도록 하며, ③ 조직계층에 따른 권한이 행사되고, ④ 조직 목표를 달성하기 위한 의사결정이 이루어지게 하는 등의 기능으로 제반 조직활동이 합리적으로 수행될 수 있도록 하는 데 근간이 된다.

3) 경찰조직과 개인

(1) 조직인의 본질

조직은 개인으로 구성된다. 즉, 개인들이 모여 조직을 이룬다. 그러나 이러한 개인들은 성격 · 태도 · 욕구 · 동기가 서로 다르고 사고방식이 다를 뿐만 아니라 자신이 주어져 있는 환경을 지각하거나 환경에 반응하는 방식도 역시 다르다. 개인들이 가지고 있는 이러한 다른 개성들은 그 능력과 함께 조직 발전에 크게 영향을 미친다고 할 수 있다. 따라서 개인이 조직에서 어떻게 행동하는가를 이해하는 것은 경찰조직과의 개인 관계를 규명하는 데 매우 중요한 의미를 가진다.

개인의 행동 형성에 영향을 미치고 개인차를 가져오게 하는 요인으로 ① 개인 능력, ② 심리적 요인, ③ 환경적 요인을 들 수 있다.[4] 개인차는 심리적 특성에서 더욱 명확히 나타난다. 개인 능력과 심리적 요인은 개인적 요인으로서 환경적 요인과 더불어 행동에 직접적 영향을 미치며 개인적 · 환경적 요인의 상호작용은 행동에 간접적 영향을 미친다.

(2) 경찰조직과 개인의 관계

경찰조직은 경찰조직 구성원의 공동 노력으로 경찰 목표를 달성하려는 경찰인의 집합체 또는 협동 체제라 할 수 있다. 따라서 경찰조직은 구성원의 협동행위를 통해 경찰조직 목표를 실현하고자 하며, 경찰조직의 구성원은 경찰조직을 통해 자신의 목표를 실현하고자 한다. 경찰조직의 구성원은 경찰조직의 목표 달성에 큰 영향을 미치게 되는 가치관 · 태도와 지식 · 기술 등을 가지고 조직에 참여한다.

한편 경찰조직은 개인에게 지위 · 역할유인 · 보상을 제공하게 된다. 경찰조직과 개인의 관계에 대해 일반조직이론에서 개인에 관해 연구된 인간관, 심리적 요인, 인간 욕구 · 동기 · 인간 성격 유형 등의 다양한 이론을 원용할 수 있다.

조직의 목표와 개인의 욕구가 일치 · 조화 · 융합될 수 있고 조직의 합리성과 인간의 행복이 가능한 한 서로 병립되고 조화될 수 있는 조직이 가장 바람직하지만 현실적으로는 갈등과 대립을 극복하고 어떻게 통합 · 융합을 실현하느냐가 현대 조직이론의 중요한 과제라고 할 수 있는데, 아지리스(C. Argyris)의 악순환 모형과 에치오니(A. Etzioni)의 조직에 대한 개인의 심리적 관여이론 등은 조직과 개인과의 관계에 대한 접근 이론의 예로 들 수 있다(신현기 · 이영남, 2003b: 336−342).

---

4) 개인 능력으로는 신체적 능력 · 지적 능력을 들 수 있고, 심리적 요인으로는 성격 · 지각 · 태도 · 학습 · 동기부여 등을 들 수 있으며, 환경적 요인으로 조직의 맥락에서 관리체제 · 조직목표 · 보상제도 · 직무성격 · 조직분위기 등과 일반환경의 맥락에서 문화 · 경제 · 사회 · 가족 등을 들 수 있다.

(3) 경찰조직과 개인관리 전략

경찰조직의 목표 달성에 기여할 수 있는 개인의 행동이 무엇인가의 문제는 인간의 본질을 어떻게 보느냐에 관한 인간관의 문제에 귀착된다. 경찰조직에서 인간관리 전략은 실제적으로 경찰조직 목표를 달성하는 데 매우 중요하다. 즉, 경찰공무원으로 재직하는 개인은 동일한 경찰조직 문화 속에 비슷한 행동 패턴을 보이는 것처럼 보이지만 실제적으로는 능력, 인간관, 심리적 요인, 인간 욕구・동기・성격 유형 등이 매우 다르다. 따라서 경찰조직 내 개인에 대한 심도 있는 연구를 위해 교육과 방법을 개발하고 이러한 연구 결과를 업무 배정이나 경과 배치(警科配置)에 이용한다면 경찰조직 구성원의 높은 업무만족도 및 업무 성과를 가져올 것이다.

관리자는 인간에 대한 기본적 가정이나 철학에 따라 관리전략을 세우게 되는데, 경찰조직에서의 개인 관리전략도 일반조직 인간관리 전략 이론을 원용할 수 있다. 여러 학자의 인간관리 전략 중 맥그리거(D. McGregor)의 XY이론, 오우치(W. G. Ouchi)의 Z이론, 아지리스의 미성숙・성숙이론은 인간관리에 기본적인 방향을 제시하고 있다.

(4) 경찰공무원과 동기부여

동기부여(motivation)란 조직구성원이 개인 욕구의 충족 능력을 가지면서 조직 목표의 달성을 위해 높은 수준의 자발적 노력을 기울이는 것을 의미한다. 즉, 노력・조직 목표・욕구를 핵심 요인으로 하는 동기부여는 조직 목표를 지향하고 조직 목표와 모순되지 않는 높은 수준의 질과 강도를 가진 노력을 기울이며 욕구를 충족시키는 과정이다. 개인이 경험하는 결핍을 의미하는 욕구는 긴장을 유발하게 되며, 개인은 긴장의 해소에 노력해 욕구 충족에 주력하게 된다.

따라서 경찰 동기부여는 ① 개인의 관점에서는 개인의 생산적인 생활을 좌우하고, ② 경찰조직의 관점에서는 경찰조직의 존속과 생산성의 관건이 되며, ③ 사회의 관점에서는 인적 자원의 효과적 이용으로 인한 경찰 서비스의 질과 직결된다는 점에서 중요성을 가진다.

동기부여의 주요 이론으로서 머슬로(A. H. Maslow)의 욕구5단계설, 허즈버그(F. Herzberg)의 욕구충족 2요인이론, 브룸(V. Vroom)의 기대이론 등이 있다.

4) 경찰조직과 환경

현대 사회의 특징들 중에서 가장 널리 손꼽히는 것은 바로 복잡성(complexity)이다. 현대 사회의 정치, 행정, 경제, 문화, 사회는 무수히 많은 인간들 간의 상호 관계 속에서 매우 다양하고 복잡하게 전개된다. 미래의 조직도 고정성과 확실성보다는 격동과 불확실성의 환경에 처하게 될 것으로 예측되며, 개인의 의사결정과 판단 시에 전통보다는 실제적인 규범과 가치로부터 단서를 제공받는 시대가 곧 오게 될 것이다(Bennis, 1987: 150).

이러한 시대적 상황 변화에 따라 조직관리에서도 패러다임의 변화가 요구되고 있다. 관리의 전략은 과거의 공급자와 제공자 중심에서 수요자 중심으로, 그리고 생산력 중심에서 고객만족 중심으로, 양 중심에서 질 중심으로, 기능조직 중심에서 절차조직 중심으로, 보호·통제의 시대에서 무한경쟁 시대 등으로 급속하게 변화하고 있으며, 이에 부합되는 새로운 조직관리 이념과 실천 전략을 수립하는 것이 시대적으로 매우 중요한 개혁 과제 중 하나로 등장하게 되었다. 특히 관리 이념이 조직 중심에서 인간 중심으로 변화하는 과정에서 최근 들어 인본주의가 행정, 경영, 정책(환경친화, 신노사 관계) 등에 광범위하게 영향을 미치고 있다.

이러한 행정의 내·외적인 환경의 변화는 경찰조직에도 상당한 영향을 미친다. 물론 경찰조직에서도 치안환경의 변화에 전략적으로 대응하고(이영남, 1994: 136-137), 질서 유지의 규제자로서보다는 능동적인 치안 서비스의 제공자로 다원화된 사회에서 효과적인 치안 유지를 가능케 하는 고객 차원에서의 주민 요구 사항을 만족시켜야 한다는 적극적 경찰행정에 대해 지적된 바도 있다(김현성·남기범, 1996; 김현성, 1998: 32-34).

경찰조직은 환경의 변화에 능동적으로 대처하고 환경 변화가 가져오는 치안 수요에 신속한 대응성을 발휘할 때만이 경찰조직의 발전을 기약할 수 있다는 점에서 격변하는 치안환경은 철저한 치안행정의 개혁을 요구한다.

경찰조직에 영향을 주는 치안환경은 실제적으로는 대단히 광범위하고도 다양하다. 경찰조직은 사회·경제·정치·행정적인 환경에 영향을 받으며, 또한 글로벌 시대에 국제환경에도 지대한 영향을 받고 있다.

3. 경찰조직의 구성 원리

1) 조직구조의 변수

조직구조의 변수, 즉 영향 요인이란 조직구조를 형성하고 있는 핵심적인 차원, 다시 말해서 조직화의 기본적인 변수들이 무엇인가를 따지는 것으로 복잡성(complexity), 공식화(formalization), 집권화(centralization), 통합(integration)이 가장 기본이 되는 요소로 인정받고 있다. 복잡성은 조직의 분화 정도에, 공식화는 직무의 표준화 정도에, 그리고 집권화는 의사결정 권한 정도에, 그리고 통합은 분산된 조직활동의 조정 및 통합에 초점을 맞추어 이론을 전개하고 있다.

이러한 조직구조의 변수에 따라 경찰조직의 구성 원리를 살펴보면 다음과 같다.

2) 복잡성

복잡성은 조직의 분화 정도(degree of differentiation)에 따른다는 점에서 그 특성이 있다. 분화란 조직이 하위 단위로 세분화되는 과정이나 상태를 가리키는 말로, 여기에서는 조직활동의 분화와 함께 전문화와 부분화 등이 발생한다는 것을 전제로 한다. 분화에는 단위 부서 사이의 횡적 분리 정도 등을 알아보는 수평적 분화(horizontal differentiation), 조직의 계층과 정도를 알아보는 수직적 분화(vertical differentiation), 그리고 조직의 시설 및 구성원의 지역적 분산 정도를 알아보는 공간적(장소적) 분산(spatial dispersion)이 있다. 수평적 분화와 수직적 분화, 그리고 공간적 분산이라고 하는 이 세 가지 요소 가운데 어느 한 가지 요소만 증가해도 조직의 복잡성은 매우 높아진다.

(1) 수평적 분화

수평적 분화는 단위 부서 내의 구성원이 무엇을 지향하고, 그들이 수행하는 과업의 성질이 어떠하며, 구성원들이 받는 교육과 훈련의 특성이 어떠한가를 기준으로 그 정도를 따져서 조직 단위 사이의 분화 정도를 파악하는 것을 가리킨다.

① 전문화 · 분업화

수평적 분화에서 직무전문화에 대한 기본적인 견해는 조직 내에서 직무가 전문화되면 될수록 그 조직은 그만큼 더 복잡성을 띠게 된다는 것이다. 그 이유는 전문화가 증대될수록 더욱 정교하고 비용이 많이 드는 조정 및 통제 방법이 요청되기 때문이다. 그럼에도 불구하고 대부분의 조직이 전문화를 추구하고 있는데, 그 이유는 전문화의 바탕을 이루고 있는 분업(division of labor)의 효과, 즉 분업에 따른 효율성(efficiency)이 크기 때문이다.[5)]

경찰조직에서의 전문화는 ① 조직의 목표 달성을 위한 능률성 수단이며, ② 조직의 구성원은 성격 · 관심 · 능력 · 기술의 차이가 분명 존재하기 때문에 전문화에 의한 개인의 특성에 맞는 업무 배분으로 수사, 방범, 교통, 외사 등 다양한 분야에 전문가를 양성할 수 있으며, ③ 한 개인이 방대한 경찰조직의 모든 분야의 업무를 습득할 수 있는 지식과 기술에는 한계가 있으므로 특정 분야에 관한 전문화가 필요하고, ④ 업무를 세분하면 할수록 업무를 습득하는 데 걸리는 시간을 단축시킬 수 있다.

경찰조직의 전문화 문제점으로 ① 정형화된 업무를 반복시켜 일에 대한 흥미를 잃게 하며, ② 고도로 전문화된 대규모 조직의 비정의성(非情誼性)으로 구성원은 소외감을 느끼게 되고 참여 의식을 갖기 어려우며, ③ 전문화의 정도가 높아질수록 조정과 통합이 어려워지고, ④ 전문화에 의해 자기 분야는 잘 알지만 시야가 좁아지고 경찰조직의 문제를 전체적인 입장에서 보는 넓은 통찰력을 갖기 어려우며, ⑤ 업무의 지나친 세분화는 업무 관계의 예측가능성을 저하시켜 불확실한 환경을 조성하게 된다.

② 부문화

부문화는 전문화(분업)의 결과와 크게 연관되어 있다. 분업으로 여러 전문가들(specialists)이 생겨나고, 이 전문가들은 유사한 직무에 따라 집단화하게 되는데 이와 같이 전문가집단을 만드는 것, 분화된 여러 활동을 수평적으로 조정하는 방법을

---

5) 분업의 유효성에 대해서는 스미스(Adam Smith)가 그의 『국부론』에서 잘 지적해 준 바 있다. 그는 못핀(straight pins) 제조공장의 예를 들어 한 사람이 철사를 뽑아 자르고 끝을 뾰족하게 하며 머리 부분에 납땜질을 하다보면 하루에 고작 열 개 정도밖에 만들 수 없는 것을 전문화한 결과 10명이 하루에 48,000개를 생산할 수 있었다고 소개하고 있다.

가리켜 부문화라고 한다. 그러므로 부문화는 분업으로 세분화된 활동들을 직무와 대응시키고 이를 다시 조직 전체 수준에서 그룹별로 결합시키는 과정임을 알 수 있다.

경찰사무는 각 국별·과별로 횡적으로 분담되며 이를 경찰조직의 부문화(departmentalization)라고 부른다. 일반적으로 부문화 기준으로서 ① 목적·기능, ② 과정·기술, ③ 고객·취급 대상, ④ 지역 등이 고려된다.

(2) 수직적 분화

수직적 분화는 조직구조(계층)의 깊이(depth in the structure)를 가리키는 말로서 조직 내의 계층의 수, 곧 권한 계층의 최상층에서부터 최하층에 이르는 계층의 수를 의미한다. 경찰조직은 상하 관계가 분명한 위계(hierarchy) 곧 계층으로 구성되어 있으며, 계층의 각 수준마다 지위(status), 직위(position), 그리고 역할(role) 면에서 뚜렷한 차이를 보이고 있다. 경찰조직의 명령 계통을 이루는 권한과 역할이 피라미드 계층 체계를 이루고 있는 것은 이러한 이유 때문이다. 계층마다 직무를 수행하는 개인에게 공식적인 힘을 부여하며, 이러한 위계질서를 바탕으로 경찰조직은 제도화된다.

① 계층제

원래 계층제는 집권적인 가톨릭 교권조직에서 유래된 것으로, 상·하 간의 명령복종의 관계이며, 지위와 역할이 계서화(명령 체계)된 체계라고 볼 수 있다. 이는 관료제조직을 구조적으로 형성시켜 주는 하나의 모체가 되었다(김중규, 2000: 401).

이렇게 볼 때 계층제(hierarchy)란 조직에서 직무를 권한과 책임의 정도에 따라 등급화하고 상하 조직 단위 간에 지휘와 명령 복종의 관계를 확립하는 것을 말한다. 즉, 계층제는 권한과 책임의 종적 분업 관계를 의미한다. 이러한 계층제는 조직의 정점으로부터 저변에 이르는 피라미드형 구조를 이루게 된다. 오늘날 대규모 조직은 관료제조직이며, 경찰조직을 비롯한 이러한 관료제조직은 피라미드형의 수직적인 계층제를 확립시키고 있다.

계층제의 원리는 ① 조직의 전체 활동을 통괄하는 리더십이 존재하고, ② 조직 목표의 효율적 달성을 위해 권한이 하위 계층에 위임되며, ③ 조직의 각 계층에 따라 기능이 배정됨으로써 직무가 결정되는 과정을 거치면서 적용된다.

경찰조직에서 계층제의 순기능으로 ① 명령·지시, 그리고 권한의 위임이나 의사소통의 경로가 되며, ② 조직 목표를 설정하고 업무를 분담하는 경로가 되고, ③ 경찰조직 내의 분쟁과 갈등의 해결, 그리고 조정과 내부통제의 확보 수단이 된다. 또한 ④ 경찰조직의 상위 계층의 지휘와 감독을 통해 경찰행정의 질서와 통일성을 확보할 수 있고, ⑤ 경찰행정의 능률성과 책임의 명확성을 보장하는 수단이 되며, 그리고 ⑥ 승진의 경로가 되어 사기를 십분 앙양시킬 수 있다.

경찰조직에서의 계층제의 역기능으로 ① 경찰조직의 경직화를 초래하고 동태적인 인간 관계의 형성을 저해할 수 있으며, ② 엄격한 계층구조의 심화로 인해 상하 간의 의사소통이 왜곡되기 쉽고, 부하 직원의 쇄신적이며 창의적인 활동이 어렵다. 또한 ③ 능률적인 직무 수행보다 비합리적인 인간 지배의 수단으로 인식하기 쉬우며, ④ 경찰조직이 경직됨으로 인해 경찰 구성원들의 자기실현 욕구나 성취 욕구의 추구와 잘 조화되지 않을 수 있으며, ⑤ 경찰조직에서의 계층제의 심화로 인한 조직의 경직성은 환경 변동에 신축성 있게 적응하기 어렵게 한다는 점을 들 수 있다.

② 통솔 범위

통솔 범위(span of control)[6]는 한 관리자가 효과적으로 직접 관리 내지는 지휘할 수 있는 부하의 수를 가리키는데, 이 개념은 개인이 기울일 수 있는 주의력의 범위(span of attention)에는 심리적·생리적으로 한계가 있다는 데 그 근거를 두고 있다. 통솔 범위는 계층의 수가 많아질수록 좁아지고 적어질수록 넓어지는 상호 관계를 가지고 있다.

전통적 조직이론은 통솔 범위를 좁게 보았는데 대개 한 개인이 통솔할 수 있는 적정 인원 수를 6인으로 보았다. 이에 그레이쿠너스(V. Graicunas)는 통솔자와 부하와의 관계에서 부하와의 직접 관계뿐만 아니라 부하집단과 부하 사이에 이루어지는 교차 관계도 통솔 범위에서 고려되어야 한다고 주장하고 있다.

경찰관리자의 통솔 범위를 결정하는 데 영향을 미치는 중요한 요인으로 ① 조직 방침의 명확성, ② 부하의 과업 성격, ③ 전문 스태프의 이용 가능성, ④ 부하의 능

---

6) 통솔의 범위는 관리의 폭(span of management), 관리 한계, 관리책임의 한계(span of managerial responsibility), 감독의 폭(span of supervision), 또는 통제의 범위 등 여러 가지 용어로 불리고 있다.

력, ⑤ 정보 전달 능력 및 기법, ⑥ 객관적 표준의 이용 가능성, ⑦ 지역적 위치, ⑧ 기획 조정 기능, ⑨ 환경의 안정성을 들 수 있다(신현기 · 이영남, 2003b: 91−94).

최근 관리의 폭에 대한 접근은 상황적응적으로 곧 위와 같은 여러 요소들을 고려해 조직의 실정에 따라 관리의 폭이 결정되어야 한다는 움직임과 함께 조직 내 계층이 많아지고 감독의 폭이 길어짐에 따라 야기되는 여러 가지 문제를 제거하기 위해 경찰조직이나 군대조직을 제외한 일반 조직에서는 계층 단축화의 움직임을 보이고 있다.

③ 명령통일의 원리

명령통일(unity of command)의 원리란 조직의 어떠한 구성원도 오직 한 사람의 상관으로부터 명령을 받아야 한다는 것이다. 말하자면 경찰조직의 각 계층에서 결정을 내리는 최종 권위는 명백히 한 곳에 위치하고 있어야 하고 동시에 그것이 이해되어야 한다는 것이다. 여러 상관으로부터 명령을 받는 부하는 혼란을 일으키고 비능률적이며 무책임할 수밖에 없을 것이다. 하지만 한 사람으로부터 명령을 받는 부하는 상대적으로 매우 조직적이고 능률적일 뿐만 아니라 책임감 있게 일을 수행해 나갈 수 있을 것이다. 따라서 경찰조직에서의 명령통일의 원리는 경찰조직의 존립 근거라고도 할 수 있다.

3) 공식화

공식화란 조직 내의 직무가 표준화되어 있는 정도를 가리키는 말로서 조직구성원 및 조직 관련자들이 언제 · 무엇을 · 어떻게 해야 하는가를 규정하고 명시한다. 조직은 공식화를 통해 종업원의 행동을 규제하고 표준화된 절차에 따라 목표 달성 방향으로 나아가게 한다. 공식화의 정도가 높으면 높을수록 종업원의 행동은 그만큼 더 규제된다. 관리자는 행동의 변이성을 줄이고 최소비용으로 가장 효과적인 성과를 올리기 위해 가능한 한 공식화를 채택하지만 관료주의적이고 인간성을 무시한다는 비판을 동시에 받고 있기도 하다.

공식화는 직무와 일의 흐름을 규정하는 표준화(standardization) 개념과 엄격한 규칙과 절차를 강조하는 관료제(bureaucratization)의 개념 모두를 포괄한다.

(1) 경찰조직에서의 공식화 필요

경찰조직에서 공식화가 필요한 이유는 다음과 같다.

첫째, 경찰공무원의 활동을 정형화함으로써 통제가 더욱 용이하게 한다. 즉, 경찰활동을 표준화하면 표준화된 이외의 행동, 즉 변이성(variability)은 줄어들게 된다.

둘째, 경찰활동에 대한 예측이 가능해진다. 경찰조직의 공식화 정도가 크면 클수록 경찰활동에 대한 결과의 예측가능성이 매우 높아진다.

셋째, 조정활동을 촉진시킬 수 있다. 경찰활동을 고도로 표준화할 경우 어떤 상황에서 어떤 행동을 해야 하는지를 누구나 알게 하므로 혼란을 막을 수 있다. 즉, 공식화는 언제·누가·무엇을 해야 하는 것을 가르쳐 줌으로써 역할 분담을 두고 관할구역 문제나 수사 떠넘기기 같은 혼란을 야기하지 않는다.

넷째, 경찰활동의 공식화는 경제성을 높일 수 있다. 공식화의 정도가 크면 클수록 업무는 표준화되고 자유재량은 적어진다. 일반적으로 자유재량이 높아지면 직무 수행 시에 더 많은 판단력이 요구되므로 이러한 직무수행의 고난도로 인에 인건비가 상승할 수 있고, 또한 발생 가능한 재량적 판단 과실에 대한 추가비용이 발생하게 된다. 그러나 이와 반대로 고도로 공식화된 직무를 수행할 경우, 문서화된 절차에 따라 수행함으로써 자유재량에 따른 비용이 감소한다. 조직에서 인사편람·회계편람·구매편람 등을 나누어 활용하는 것은 최소의 비용으로 최대의 효과를 올리기 위한 목적 때문이다. 공식화는 이러한 경제적 목적에 부합된다.

다섯째, 주민들에게 주는 경찰 서비스의 공평을 기하기 위해 공식화가 필요하다. 경찰조직 구성원에 따라 자의적으로 서비스의 방법과 질이 달라진다면 경찰조직에 대한 주민들의 신뢰를 기대할 수 없다. 또한 서비스 대상인 주민의 영향력에 따라 서비스의 방법이나 질이 달라진다면 경찰행정의 민주화를 위해서도 바람직하지 않다.

경찰 공식화는 경찰 직무의 행위를 표준화하고 업무를 좀 더 합리적으로 수행할 수 있도록 만들어 준다는 점에서 매우 유익하다. 조직이 공식화를 포기할 수 없는 이유도 바로 여기에 있다. 그러나 공식화가 조직 목적의 효율적 수행보다는 규칙에 집착할 경우 경찰조직 성원의 자율성과 창조성을 억압하는 요인으로 작용함으로써 부정적 결과를 초래할 수 있다는 점도 간과할 수 없는 문제점으로 지적된다.

(2) 경찰조직의 공식화 방식

공식화의 방법으로는 그 조직에 적합한 인물을 확인하고 채용하는 선발 과정, 역할 요구, 규칙 · 절차 · 방침, 훈련 그리고 조직원들로 하여금 어떤 의식을 거치도록 함으로써 조직에 대해 충성심을 입증하도록 하는 것 등을 들 수 있다. 이 방법들을 좀 더 자세히 살펴보면 다음과 같다.

① 선발(selection)

경찰공무원은 지원 · 시험 · 면접 · 신원 조회 등 일련의 공식화 또는 과정을 통해 직무 수행에 적합한 인물로 선발된다. 지원자가 조직에 적합한 인물인가, 직무를 만족스럽게 수행할 수 있는가, 조직이 바라는 성격 · 직무 습관 · 태도 등을 가지고 있는가를 고려해 선발하게 된다.

② 역할 요구(role requirement)

경찰조직 내의 모든 구성원은 자기의 역할을 수행한다. 직무분석은 경찰조직에서 수행되어야 할 직무와 그 직무 수행을 위해 필요한 조직구성원의 행동을 규정하고 있다. 분명한 것은 요구되는 역할 내용이 명확하고 치밀하게 규정될수록 공식화의 정도는 높다는 사실이다.

③ 규칙 · 절차 · 방침(rules, procedures, and polices)

규칙은 한마디로 모든 경찰조직의 모든 구성원이 해야 할 행동과 하지 말아야 할 행동을 명문화한 것이다. 절차는 과업의 달성을 위해 조직구성원들이 거쳐야 할 일련의 과정을 가리킨다. 그리고 방침, 곧 정책이란 경찰조직의 구성원이 업무를 처리하는 과정에서 내리는 의사결정에 대해 제약 조건(constraints)을 명문화한 일련의 지침이다.

규칙은 특정하게 구체적으로 요구되는 경찰공무원의 행동 양식을 밝혀주기 위해, 절차는 업무 처리 과정의 표준화를 확보하기 위해, 그리고 방침은 경찰공무원의 자유재량적 행동을 통제하기 위해 설정되고 있다. 규칙 · 절차 · 방침의 사용 정도가 클수록 공식화의 정도는 높다.

④ 훈련(training)

훈련은 경찰공무원으로 하여금 직무에 대해 더 나은 행동 또는 태도를 갖도록 하는 것을 의미한다. 이는 직장 내 훈련(on-the-job training)과 직장 외 훈련(off-the-job training)으로 나뉜다. 전자인 직장 내 훈련은 경찰 조직원들에게 더 나은 직무기술·지식·태도를 가르치기 위해 대역할당(under-study assignments)·코칭(coaching)·견습(apprenticeship) 등의 방법을 사용하며, 후자인 직장 외 훈련은 일반적으로 교실강의·영화상영·시범·모의연습·프로그램 학습 등의 방법을 사용한다. 경찰조직을 비롯한 거의 모든 조직에서 신규 직원을 위한 입직훈련(orientation program)을 통해 조직의 목적·역사·지도이념·규칙 및 직무시간·임금 등 여러 인사정책을 숙지시키며, 이어서 그들에게 구체적인 직무훈련을 시키게 된다. 이런 훈련 과정을 통해 공식화 정도가 점차 높아진다.

⑤ 의식(rituals)

의식(儀式)은 경찰 구성원으로 하여금 조직에 대해 강한 충성과 결단(commitment)을 갖도록 하는 데 가장 큰 목적이 있다. 의식은 조직에 강하고 지속적인 영향을 미치게 될 구성원들을 공식화하는 기법으로 사용된다. 조직에서 인정을 받기 위해서는 구성원의 만족할 만한 업무 성과와 조직을 위한 봉사 및 끊임없는 노력의 활동 등이 포함되는데, 이러한 인정받는 데 필요한 구성원들의 행동을 표준화(공식화)하는 데 큰 몫을 차지하기 때문이다.

4) 집권화와 분권화

조직의 기본 변수 가운데 하나인 집권화는 조직 내에서 의사결정이 어느 위치에서 이루어지는가에 초점을 맞춘 것으로 조직에 관한 주요 의사결정이 상위 계층이나 상급기관에 의해 내려질 경우 집권화(centralization)에 속하고, 하위 계층이나 하급기관에게 위임되고 분산되어 있는 경우 분권화(decentralization)에 속한다. 조직이 집권화 경향을 띠느냐 아니면 분권화 경향을 띠느냐, 또는 혼합된 경향을 띠느냐 하는 것은 조직의 성격을 이해하는 것뿐만 아니라 조직 이념 및 방향을 설정하는 데 매우 중요한 위치를 차지한다.

(1) 경찰조직의 집권화 성격

조직이 집권화와 분권화 가운데 어떤 성향을 띠느냐 하는 것을 판가름하는 기준은 권한(authority)의 집중 또는 분산 정도, 의사결정권의 소재, 그리고 사무배분 양태에 있다. 이러한 기준에서 볼 때 경찰조직의 집권화는 자유재량에 따라 선택할 수 있는 공식적 권한이 어느 한 개인이나 단위 부서 또는 권한 계층, 특히 경찰조직의 상위 계층에 집중되어 있고 하위 계층에는 직무에 대해 최소한의 발언권만이 허용되고 있는 정도를 가리킨다. 집권화는 지역적 집중이 아닌 경찰조직 내 의사결정 권한의 집중을 가리키는 것으로 이른바 관료적 조직 형태에서 두드러지게 나타난다.

경찰조직의 집권화는 범죄에 효과적으로 예방 및 대응해야 하고 국민의 생명과 재산의 안전을 도모해야 하는 업무의 성질이 경찰조직의 집권화 요인으로 볼 수 있다. 경찰조직의 집권화의 장점으로는 관리 기능과 활동의 통일성 촉진 및 통합적 조정, 업무의 신속 대처, 전문화의 촉진, 긴급사태에 신속 대처용이, 개인적 리더십 발휘용이 등을 들 수 있다. 또한 단점으로는 관료주의 및 권위주의적 성격, 조직 운영의 형식주의 및 획일주의, 상향적 의사소통의 곤란, 자발적 혁신의 곤란 등을 들 수 있다.

(2) 분권화의 성격

분권화는 집권화와는 달리 의사결정권 등 재량적 권한이 조직 전반에 걸쳐 아래 계층으로 대폭 위양해 줌으로써 부하들로 하여금 자주적으로 계획을 수립하고 결정을 내릴 수 있게 하는 관리 형태이다. 상사는 부하에게 그들이 해야 할 목표나 방침만을 지시하면 부하는 그에 관련 업무를 자주적으로 처리해 결과를 보고한다. 부하는 직무를 수행할 때 독창력을 발휘한다. 이처럼 분권화는 창의적인 경영을 하도록 한다는 점에서 오래전부터 통솔의 한 원리로 논의되어 왔다.

(3) 권위와 권력의 관계

집권화 및 분권화 개념에서 권한(authority)은 그 중심을 차지하고 있는 중요한 개념이다. 이것은 권위와 같은 의미로서 합법적 권력(power)이면서 명령 체계(chain of command), 의사결정, 조직구조의 형성, 그리고 책임과 밀접하게 연관되어 있다.

권한 또는 권위란 조직의 규범에 의해 정당성이 부여된 권력으로서 조직의 구성원에게 일반적으로 수용되는 권력을 의미한다. 즉, 권위는 상대방에게 복종을 요구할 수 있는 권한을 가지며, 공식적 역할에 결부되어 있는 제도화된 권력이다.

권력과 비교해 보면 권력은 조직생활의 현실이며 조직정치의 핵심이다. 권력은 상대방의 의사에 관계없이 어떤 행동이나 결정을 하도록 하는 잠재적 내지는 실제적 능력 또는 명령을 받아들이도록 하는 능력을 의미한다. 이러한 능력은 개인 수준이나 조직 수준에서 지식 · 정보 · 성격 · 자원 등 여러 가지 요인에 기초를 두고 있다.

5) 통 합

조직(organization)은 분화와 함께 조정 및 통합을 필요로 한다. 조직의 규모가 커지고 과업이 복잡해짐에 따라 분화가 심화된다. 분화가 심해질수록 요청되는 것이 바로 통합의 필요성이다. 분화가 심화되면 조직 전체의 이익과 발전에 역행하는 부처이기주의적인 행태와 같은 역기능이 발생할 수 있는 개연성이 높아지기 때문이다.

통합 및 조정 수단은 역사의 흐름에 따라서, 그리고 조직환경에 따라 달라져 온 것이 사실이다. 고전적 조직이론은 위계를 강조하고 현대 조직이론은 위계보다는 주어진 상황에 대한 유연성과 적응성을 강조한다. 조직환경의 변화가 이러한 흐름에 영향을 주기도 한다. 지금까지 통합 및 조정 수단으로서 제시된 것들을 살펴보면 다음과 같다.

(1) 연결조정역

연결조정역(liaison roles)은 집단 사이에 연락하고 조정하는 조직을 두어 두 집단을 신속하게 통합하는 가장 간단하고 쉬운 방법이다. 이 조정역은 조직 내의 경계를 연결시켜 주는 역할을 수행한다고 해서 내부 연결역(internal boundary spanning role)이라고 부르기도 한다. 어떤 두 부문 사이의 접촉이 증가할 경우 이들 사이의 커뮤니케이션(communication)을 다루는 전문화된 정보 연결조직을 만들고, 이 조직으로 하여금 연결 역할을 담당하도록 하는 것이 경제적이다.

(2) 애드호크라시

애드호크라시(adhocracy)란 하나의 특정 업무를 수행하기 위해 일시적으로 여러 분야의 사람들로 구성되었다가 그 업무를 완수한 뒤에 해체되고 다른 업무를 위해 또다시 재구성되는 임시방편적이며 일시적인 조직 형태이다. 애드호크라시는 조직의 신축성 · 자율성 · 적응성을 확보하기 위해 규칙과 규정이 거의 없고 표준화된 정형적 절차가 없는 평면적 조직 형태로서 주로 특정 분야의 전문적 지식과 기술을 가진 전문가로 구성되어 상호 의존적 관계를 가지는 동태적인 조직이다.

즉, 애드호크라시는 동태적이고 급변하는 환경에 조직이 전략적으로 적응할 필요가 있을 때, 위험 부담이 높을 때, 또는 기회라고 생각될 때, 비일상적이며 비정형적인 문제 해결이 필요한 상황일 때 만들어지는 조직 형태인 것이다(신현기 · 이영남, 2003b: 171). 이러한 조직의 유형으로서는 매트릭스 조직, 프로젝트 조직, 태스크 포스, 위원회 조직, 네트워크 조직 등을 들 수 있다.

경찰조직에서의 이러한 애드호크라시적인 조직은 비교적 큰 사건 · 사고를 수사하기 위한 특별수사본부나 경찰조직의 쇄신이나 조직의 발전을 위한 연구조사를 위해 1998년도의 경찰개혁위원회 같은 한시적으로 운영되는 조직이 그 예가 될 수 있다.

① 매트릭스 조직(복합조직 혹은 행렬조직)

매트릭스(matrix) 조직이란 조직의 신축성을 확보하기 위해 수직적인 기능적 조직(직능조직)에 수평적 · 횡적인 프로젝트 조직을, 또는 기능적 구조에 사업구조(project structure)를 결합시킨 혼합적이고 이원적 구조의 조직을 의미한다.

매트릭스 조직은 ① 명령 통일의 원리를 깨뜨리고 이중적인 명령 체계가 있게 되며, ② 기능적인 관리자(주로 인사)와 프로젝트 관리자(주로 사업) 간에 권한이 분담되며, ③ 환경적 압력이 있거나 부서 간의 상호 의존 관계가 존재하고 내부자원 활용에 규모의 경제가 있는 경우 적절한 조직이다(신현기 · 이영남, 2003b: 275－276).

② 프로젝트 조직

프로젝트(project) 조직은 특정 사업을 추진하거나 과제를 해결하기 위해 전문가나 관계 요원으로 구성되는 임시적이고 동태적 조직을 말하며, 단시일 내에 과업을 강력히 추진할 수 있고 문제 해결에 적합한 조직이다.

프로젝트 조직의 특징은 ① 행정계층에 구애받지 않으며 구성원이 대등한 관계에 있고 상하 구별이 없으며, ② 횡적인 협력 관계가 중요시되고, ③ 목표가 달성되거나 과제가 해결되면 해체되며, ④ 팀의 장은 업무의 조정자 내지 연락책임자에 지나지 않는다는 점이다.

③ 태스크 포스

태스크 포스(task force)는 원래 군대 용어로서 기동부대를 의미했으며, 특별한 임무를 수행하기 위해 편성되는 임시조직인 전문가조직이다. 태스크 포스는 여러 집단의 대표로 구성되며 일정 기간 동안 주어진 문제를 집중적으로 연구하고 검토해 집단 사이의 견해를 수렴함은 물론이고 특히 문제의 해결책을 지속적으로 모색한다.

태스크 포스는 프로젝트 팀과 유사하지만 ① 좀 더 대규모 공식조직이며, ② 업무 내용이 변경될 수 있고, ③ 정규 부서 소속을 일시 이탈하는 점 등에 차이가 있다. 태스크 포스는 문제 해결을 위해 대부분 90일을 넘지 않도록 함으로써 문제를 집중적으로 해결한다는 독특한 특징을 지니고 있다.

④ 위원회 조직

위원회 조직(committee organization)이란 복수의 자연인에 의해 구성되는 합의제 기관을 말한다. 넓은 의미에서 위원회는 권한과 기능이나 인적 구성에 관계없이 모든 합의제 기관을 의미하며 구성원의 의사와는 별개의 독립적 의사를 가진다. 이러한 위원회는 집행기관이나 의결기관의 성격을 띤 행정위원회에 한정되지 않고 자문기관 및 조사연구기관이나 특정 문제에 관한 심의기관 · 조정기관 · 건의기관의 성격을 가진 것을 포괄적으로 지칭한다(김규정, 1997: 377).

위원회의 특징으로는 ① 합의제, ② 계층제의 완화와 분권화, ③ 민주적 성격, ④ 행정국가의 형성과 국가 기능의 변동에 따른 시대적 · 현실적인 문제 해결의 필요성에 의해 생긴 조직 유형이라는 점이다.

⑤ 네트워크 조직

네트워크 조직(network organization)은 권한의 형식적 위계보다 계약이나 동의에 의해 행동들이 조정되는 서로 다른 조직들의 집단이다(Miles & Snow, 1991). 정보화

사회에서 네트워크 조직의 필요성은 더욱 증가하고 있다. 네트워크 조직은 고도로 분권화되어 있으며 상호 영향력과 의사소통을 극대화하는 통합된 사회 체계이다. 따라서 급변하는 조직환경에 의해 만들어지는 상황에 대해 더욱 효율적이고 적절하게 대응한다. 네트워크 조직의 기본 원리를 리프낵과 스탬프스(Lipnack & Stamps)는 공동 목적(unifying purpose), 독립적인 구성원(independent members), 자발적인 연결(voluntary links), 다수의 지도자(multiple leaders), 계층 통합(Integrated levels) 등으로 제시하고 있다(하재룡 · 김영대, 1997: 161－162).

네트워크 조직의 효용성은 기업들이 새로운 기술과 지식의 학습, 정당성의 획득, 경제적 성과의 향상, 자원 의존 관계의 관리 등에 참여하는 것을 허용하고 사회복지 편익들을 증진시키는 것이라고 한다.

4. 경찰조직의 구성 요소

기본적으로 경찰조직을 이해하는 데 필요한 조직의 구성 요소들로서 행정조직의 구조, 공식조직과 비공식조직, 계선과 막료, 위원회, 중앙과 지방과의 관계 등을 들 수 있다.

1) 행정조직의 구조

(1) 부처조직

행정조직 단위로서 중요한 것은 행정수반 바로 아래 있는 부처이다. 부처의 개념은 이를 구성하는 많은 직위 내지 조직 단위의 복합체적 정부기관을 의미한다. 부처조직(部處組織)은 각부 장관과 각 단계 조직 단위의 장을 거쳐 제1선에 이르기까지 명확한 지휘 · 감독 및 이에 대응하는 책임의 관계가 형성되는 단독제 행정기관을 말한다. 대개 행정 단위란 국(局)과 과(課), 그리고 지방기관을 말한다. 따라서 부처의 개념을 넓게 해석해 행정조직의 모든 기관을 가리킨다고 보아야 한다.

(2) 중앙행정기관

행정조직이란 국가 또는 지방공공단체 등 행정 주체가 권한을 행사해 행정 목표를 달성하고자 설치한 조직이며, 행정사무를 담당하는 각 단위기관인 행정기관으로 구성된다. 행정관청인 행정기관은 그 행정활동이 전국을 대상으로 하느냐 혹은 특정 지역을 대상으로 하느냐에 따라 중앙행정기관과 지방행정기관으로 구분할 수 있다.

중앙행정기관은 원·부·처·청·외국을 말하며, 주로 기획·조정 또는 통제적 기능에 속하는 업무와 전국적으로 통일을 요하는 집행적 업무를 수행한다. 행정사무를 제1차적으로 분담하고 관리하는 중앙행정기관을 총칭해 처리한다.

중앙행정기관의 보조기관은 차관·차장·실장·국장 또는 부장 및 과장을 말한다. 각 행정기관의 보조기관은 그 기관의 장·차관을 보좌하며 소관사무를 처리하고 소속 공무원을 지휘·감독하며, 권한의 위임을 받은 사항에 대해서는 그 범위 안에서 행정기관으로서 그 사무를 수행한다.

보좌기관은 행정기관이 그 기능을 원활하게 수행할 수 있도록 하기 위한 기관이며, 중앙행정기관의 보좌기관으로서 참모기관인 차관보와 담당관 등을 들 수 있다.

(3) 지방행정기관: 일선기관

일선기관이란 중앙행정기관이 지방에서 소관사무를 분담·처리하기 위해 하부기관으로서 설치한 행정기관을 의미한다. 이러한 일선기관은 각 중앙부처를 정점으로 하는 행정계층제에서 하급기관으로서의 성격을 띠고 있으며, 중앙행정기관(본부)의 정책이나 방침을 지역적 특성이나 실정에 맞게 집행하고 수행하기 위해 설치한 행정기관이다.

중앙행정기관이 주로 정책을 수립·조정하거나 기획과 조사 업무를 담당하는 데 비해 일선기관은 본부의 정책 및 사업계획을 집행한다.

현재 우리나라의 일선행정은 지방자치단체로서 위임행정을 수행하는 일반(보통) 지방행정기관과 특별지방행정기관에 의해 운영되고 있다.

특별지방행정기관을 둘 수 있는 곳은 세관·우체국·지방철도청을 예로 들 수 있으며, 경찰청도 여기에 속한다.

(4) 준정부조직

준정부조직이란 행정조직으로부터 어느 정도 자주성이 인정되지만 일반행정과의 관계를 전제로 하면서 행정기능을 부분적으로 담당하는 새로운 유형의 공공조직을 의미한다. 준정부조직은 본래 행정기관에 속했던 활동의 일부를 행정기관에 대한 제약과 속박에서 벗어나 공공성·공정성·중립성·효율성 등을 기하면서 자주적으로 업무를 수행하기 위한 조직이며, 순수한 공공 부문과 순수한 민간 부문을 양극으로 하는 연속선상의 중간에 위치한다.

이러한 준정부조직은 제3섹터(third sector), 준공공기관, 비영리조직(non－profit organization: NPO), 준독립비정부조직, 환경영역조직 등으로 불리기도 한다. 우리나라에서는 공단, 기금, 특수법인, 각종 연구기관, 정부출연기관, 정부보조기관 등이 이에 해당되며, 정부의 산하단체·관변단체·외곽단체로서 일컬어지기도 한다. 예컨대, 신용보증기금, 증권감독원, 산업안전공단, 한국소비자보호원, 공무원연금관리공단, 에너지관리공단 등이다.

준정부조직이 대두하게 된 요인으로서는 ① 행정기관에 의한 공공 서비스의 효율적 배분에 제약·한계가 있으며, ② 정부활동의 비효율성과 정부 개입·정부 팽창의 한계 등으로 정부활동을 보조하는 준정부조직의 활용이 필요하며, ③ 관료 세력이 영향력을 확대하고 통제할 수 있는 자원의 증대를 추구하였다는 점 등이다.

2) 공식조직과 비공식조직

(1) 개 념

공식조직(formal organization)이란 분업과 권한 및 책임의 계층제를 통해 일정한 목표를 달성하려는 조직으로서 법률, 규칙이나 직제에 의해 형성된 인위적 조직이며, 공식적으로 인간관계를 규제하는 데 중점을 두는 구조가 명확한 조직을 말한다.

이에 대해 비공식조직(informal organization)이란 구성원 상호간의 접촉이나 친근성으로 말미암아 자연발생적으로 형성되는 조직으로서, 사실상 존재하는 현실적 인간 상호 관계나 인간의 욕구를 기반으로 하며, 구조가 명확하지 않으나 공식조직에 비해 신축성을 가진 조직이다.

비공식조직은 복잡한 구성체로서 ① 파벌과 같은 자연발생적인 비공식집단, ② 비공식적인 영향력·의무·위신·권리 등을 나타내는 구조, ③ 행동을 규제하는 관습이나 규범, ④ 개인행동이나 집단행동의 기초가 되는 신념의 가치 체계, ⑤ 의사소통 체제 등과 관련된다. 이 비공식조직은 신고전적 조직이론에서 연구 대상으로 중요시하는 조직이며, 예를 들어 연구회, 동기회, 동창회, 낚시회, 향우회 등이 대표적인 경우이다.

(2) 경찰조직에서의 비공식집단의 통제

비공식집단은 공식조직의 기능을 보완하기도 하고 역작용도 한다. 이러한 집단은 인위적으로 제거할 수 없으며 또한 조직 목표와 달성에 큰 영향을 미칠 수도 있으므로 과소평가할 수도 없다. 따라서 경찰조직의 관리책임자는 이의 존재를 인정해 경찰 목표 달성에 가능한 한 순기능적으로 작용하도록 효과적인 통제와 활용 방법을 모색해야 한다.

첫째, 경찰조직 내의 비공식집단의 유형·목표·기능·행동규범과 인적 사항 등 실태를 파악해야 한다.

둘째, 경찰조직의 목표와 규범과 비공식조직의 목표 및 규범이 일치되도록 노력해야 한다.

셋째, 경찰조직 내 비공식집단 간의 갈등과 대립과 지나친 경쟁을 방지하고 상호간의 의사소통을 촉진시킨다.

넷째, 조직 내에서의 비공식집단 활동의 평가가 조직 발전에 기여할 정도로 높으면 공식적 차원에서 지지와 협조를 하게 하거나 의사결정에 참여시키도록 한다.

다섯째, 경찰조직 관리자는 비공식집단이 공식조직의 기능을 보강하기보다 지연, 혈연, 학연 등 조직 목표 달성에 오히려 역기능적 작용을 할 수 있다는 점에서 공식적인 업무 처리 과정이 객관적이고 합리적이어야 하며, 의사결정을 할 때 투명성을 높이도록 해야 한다.

3) 계선과 막료

행정기관은 그 기능의 성격에 따라 계선기관과 막료기관으로 대별할 수 있다. 즉,

조직에는 주어진 업무의 성질에 따라 조직의 목표 달성 기능을 직접적으로 수행하는 계선기관(line services)이라고 하는 중추기관과 이것을 보좌하는 기능을 수행하는 막료기관(staff services)이 있다.

경찰조직에서의 계선기관은 경찰조직 내부의 청장 이하 차장, 국장, 과장, 계장, 등 결재 계통의 경찰조직의 근간을 이루는 기관을 말하고, 참모조직에는 담당관이라고 불리는 감사관 하의 감찰담당관, 감사담당관, 외사관리관 하의 외사담당관, 정보통신관리관 하의 정보통신담당관, 교통관리관 하의 교통기획담당관, 교통안전담당관을 예로 들 수 있다.

참모조직에는 주로 정책·자문형 참모기관과 보조·관리기관형 참모기관으로 그 유형을 나누어 볼 수 있는데, 정책·자문형 참모기관은 정책자문·건의·조사·연구 등의 기능을 담당하는 좁은 의미의 참모기관을 의미하며, 전문적 지식을 가진 전문가로서 최고책임자에게 조언과 권고를 한다. 이에 대해 보조·관리기관은 현존 조직을 유지·관리·보조하는 기관으로서 계선기관에 서비스를 제공하는 기관이며, 군대의 특별참모에 해당된다. 따라서 보조·관리기관형 참모기관은 계선기관적 성격도 가지고 있으면서 계선기관을 지원한다.

이렇게 볼 때 경찰조직에서의 담당관은 보조·관리기관형으로 경찰조직의 본래적 기능을 직접 집행하지는 않으면서 각 분야별 업무를 전담해 전문성을 향상시킬 수 있도록 경찰조직의 계선기관을 지원하고 보좌함으로써 경찰조직이 추구하는 목표달성에 간접적으로 봉사·기여하도록 하고 있다.

4) 위원회제도

(1) 위원회제의 개념

위원회란 복수의 자연인에 의해 구성되는 합의제 기관을 말한다. 단독제 조직에 반대되는 개념이다. 넓은 의미에서 위원회는 권한과 기능이나 인적 구성에 관계없이 모든 합의제 기관을 의미하며 구성원의 의사와는 별개의 독립적 의사를 가진다. 이러한 위원회는 집행기관이나 의결기관의 성격을 띤 행정위원회에 한정되지 않고 자문기관 및 조사연구기관이나 특정 문제에 관한 심의기관·조정기관·건의기관의 성격을 가진 것을 포괄적으로 지칭한다(김규정, 1997: 377).

(2) 위원회제의 특징

① 합의제 조직: 위원회는 복수의 사람들이 합의에 의해 최고 결정을 내리는 합의제 조직이다.

② 계층제의 완화와 분권화: 위원회제는 계층제의 지나친 경직성의 완화를 의미한다. 오늘날 모든 국가의 행정계층제 내・외에 합의제적 기관이 증설되는 분권화 현상이 나타나고 있다. 위원회제는 이러한 분권화와 크게 관련된다.

③ 민주적 성격: 위원회제는 국민의 의견을 널리 반영하고 국정에 대한 참여 의식을 높일 수 있으며, 여러 사람이 토의를 거쳐 신중한 결정에 도달할 수 있다는 점에서 민주적 성격이 크게 지적되고 있다.

④ 행정국가의 형성과 국가 기능의 변동: 위원회제는 단순한 치안 유지 또는 분쟁 해결이라는 소극적 기능으로부터 사회복지의 증진과 같은 적극적 기능을 국가가 담당하게 된 행정국가에서 새로 대두된 규제적 기능을 어떤 형태의 국가기관에게 맡기느냐의 시대적・현실적인 문제 해결의 필요성과 밀접하게 관련되어 있다.

(3) 위원회제의 유형

① 행정위원회: 합의제 행정관청

이것은 행정관청(administrative board)으로서 성격을 가진 합의제 기관이며 그 결정은 법적 구속력을 가진다. 우리나라의 감사원, 중앙인사위원회・국민권익위원회・공정거래위원회・해난심판원・무역위원회・부패방지위원회 등은 행정위원회의 유형에 속하는 예이다.

② 독립규제위원회

독립규제위원회(independence regulatory committee)는 19세기 미국에서 산업경제의 급격한 발달로 초래된 경제적・사회적 병폐를 바로잡기 위해 널리 활용되어 왔다. 이는 일반 행정부처로부터 독립된 합의제 행정기관으로 설치되어 준입법권과 준

사법권, 그리고 행정활동의 포괄적 기능을 부여하고 있다. 우리나라에서는 규제적 기능을 완전히 수행하는 독립규제위원회 제도가 아직 발전되어 있지 않으나 선거관리위원회, 금융통화운영위원회 등을 그 예로 들 수 있다(김규정, 1997: 380).

③ 자문위원회

자문위원회(advisory committee)는 특정의 개인 또는 조직 전체에 대한 자문에 응하게 할 목적으로 설치된 참모기관의 성격을 가진 합의제 조직이며, 현재 각국에서 널리 설치되고 있다. 이러한 자문위원회는 자문적인 기능만을 수행할 뿐 그 결정을 할 때 실제적인 영향력을 제외하고는 법적 구속력을 가지지 못한다. 경찰청에 설치되었던 혁신위원회, 개혁위원회도 이러한 자문위원회의 유형에 속한다고 하겠다.

④ 조정위원회

조정위원회(coordinative committee)는 상이한 여러 의견이나 입장을 조정ㆍ통합해 합의에 도달하려는 목적으로 설치된 합의제 기관이며, 의결의 효과가 건의하는 정도의 효과밖에 없는 것도 있고, 또한 경우에 따라서는 법적 구속력을 가지는 것도 있다. 하지만 동일한 수준에 있는 상이한 정부기관 간의 업무를 조정하기 위해 설치되는 경우가 많다. 예를 들어, 한국의 중앙노동위원회와 중앙환경분쟁조정위원회는 이러한 구속력이 있는 위원회에 해당한다.

⑤ 심의ㆍ의결위원회

심의ㆍ의결위원회(deliberation and decision committee)는 합의제 행정기관으로 그 의결은 법적 구속력을 유지하나 외부에 대해 표시하거나 집행권은 인정되지 않는다. 우리나라의 경찰위원회, 방송위원회, 소청심사위원회, 교육위원회가 여기에 속한다.

5) 중앙과 지방 관계

(1) 중앙집권ㆍ지방분권과 정부 간 관계

중앙집권이란 권한ㆍ자원ㆍ정보ㆍ기술 등이 중앙정부에 집중되고 유보됨으로써 지방정부의 자주성이 제한되어 있는 경우이다. 반대로 지방분권이란 권한ㆍ자원ㆍ

정보 · 기술 등이 지방정부에 위임되고 분산되어 지방정부의 자주성이 높은 것을 말한다. 중앙집권과 지방분권을 구별하는 기준은 중앙정부의 지방정부에 대한 통제력의 범위 및 정도와 이에 대응하는 지방정부의 자주성의 범위 내지는 정도에서 찾을 수 있다. 중앙집권과 지방분권은 상대적 개념이며 양자의 관계는 권력의 구심작용과 원심작용의 대립 관계로 볼 수 있다.

오늘날 중앙과 지방과의 관계에서는 전통적인 주민자치형 국가들 중심으로 신중앙집권화의 추세가 나타나는 반면, 대륙형 단체자치형 국가들을 중심으로 중앙집권의 폐해를 미리 예방하거나 제거하고 역사적인 시행착오를 방지하기 위한 노력으로서 신지방분권화 추세가 나타나고 있다.

신중앙집권화(new centralization)란 지방자치제도를 발전시켜 온 근대 민주국가에서 사회 발전과 행정 기능의 확대와 강화에 따라 중앙정부의 권한이 현저하게 강화되는 새로운 경향을 의미한다.

신지방분권화(new decentralization)는 ① 절대적 분권이 아니라 상대적 분권이며, ② 행정적 분권이 아니라 참여적 분권이며, ③ 배타적 분권이 아니라 협조적 분권이며, ④ 소극적 분권이 아니라 적극적 분권이며, ⑤ 신중앙집권과 대립 관계에 있는 것이 아니라 상호 보완 관계에 있다.

(2) 지방자치제도

① 지방자치의 의의

지방자치의 개념에 대한 명확한 정의를 내리기 어렵지만 여러 학자가 정의해 온 지방자치 개념을 토대로 살펴보면 지방자치란 국가 내의 일정한 지역에서 그곳에 거주하고 있는 지역주민들이 자신들의 공동체 사무를 스스로 자유의사에 따라 결정하고 해결해 나가는 일련의 과정이라고 볼 수 있다. 지방자치는 국가와 지방단체와의 관계라는 측면에서 단체자치의 요소를, 지방공공단체와 주민과의 관계라는 측면에서 주민자치의 요소를 아울러 가지고 있다(한국지방자치학회, 1999: 22; 김영기, 1999: 21－22).

② 단체자치와 주민자치

대륙형인 단체자치는 법률적 의미의 자치행정이며 국가로부터 독립된 법인격을 가진 자치단체의 행정이다. 단체자치제도는 관치적 · 중앙집권적 색채가 강하고 국가 체제의 하부구조로서 획일적이며 계층적인 지방행정 단위를 설정해서 이에 한정된 지방자치를 인정하고 있다.

단체자치에서는 ① 자치권이 국가로부터 부여된 것으로 생각되며, ② 중앙정부와 지방단체와의 관계를 중요시하고, ③ 국가사무와 지방사무가 엄격히 구별되며, ④ 자치권의 범위는 포괄적 수권주의에 의해, ⑤ 주로 행정적 통제 방식이 적용된다.

이에 비해 영 · 미형인 주민자치는 정치적 의미의 자치행정이며, 주민의 자치 능력을 중요시하는 민주적 · 지방분권적인 지방제도로서 국가의 통치구조를 지방자치의 기초에 두고 있다. 주민자치는 각 주민에게 자치 능력이 있고 그 능력에 근거를 두고 지방자치가 전개되며, 지방자치가 기초적 조건이 되어 한 국가의 민주화가 달성된다는 데 그 의의가 있다.

주민자치의 성격은 ① 자치권이 자연권으로 인정되며, ② 주민 참여가 중요하고, ③ 국가사무와 지방사무의 구별이 없으며, ④ 자치권의 범위는 개별적 수권주의에 의하고, ⑤ 주로 입법적 · 사법적 중앙통제 방식을 따른다.

③ 국가경찰 제도와 자치경찰 제도

각국의 경찰체계도 경찰업무를 국가적 이익과 지방적 이익에 관한 것으로 구분해서, 그 주체가 국가냐 아니면 자치단체냐를 중심으로 국가경찰 체계와 자치경찰 체계로 양분하는 것이 통례이다. 즉, 경찰의 권한과 책임의 소재에 의한 분류로서 국가경찰이란 국가가 설치 · 유지하는 경찰 제도를 말하고, 자치경찰이란 지방자치단체가 직접 설치 · 유지하는 제도이다(강구철, 1994: 271). 그러나 이러한 경찰 제도는 궁극적으로는 그 나라의 역사적 전통이나 치안 상태 및 경찰의 발전에 따라 지속적으로 변천되어 왔다고 할 수 있다(신현기 · 이영남, 2003b: 280-283).

대체적으로 대륙법계 국가(독일 · 프랑스 · 이탈리아 · 태국 · 제2차 세계대전 당시의 일본 및 한국 등)에서는 국가경찰 제도를 가지고 있고, 영 · 미법계 국가(영국 · 미국 · 호주 · 뉴질랜드 등)에서는 자치단체에 의한 자치경찰 제도를 가지고 있다. 그러나 오늘날 각국의 경찰 제도의 추세는 국가경찰제와 자치경찰제의 요소가 서로 가미된 절충식의 조직 형태를 띠는 경우가 많다. 대부분 국가경찰의 표본이라 할 수 있는 독일에서도 자치경찰제의 요소가 가미되고 있으며, 자치경찰의 발상지인 영국에서도 수도인 런던에는 2000년 전까지 국가경찰 제도를 유지하고 있었고, 현행 일본의 경찰도 절충식 조직 형태를 취하고 있다.

제 2 절 한국 경찰조직의 구조

1. 한국 경찰조직의 개관

1) 경찰조직의 변천

한국 경찰 제도는 1894년 갑오경장을 계기로 근대 경찰의 모습을 갖추기 시작했으며, 1945년 일제로부터 해방 이후 미군정청에 의해 경찰국이 창설되면서 국립경찰조직의 발족을 보게 되었다.[7]

해방 이후 조직과 편성에서 안정을 이루지 못했던 경찰은 1946년 1월 16일 군정청 제23104호 '경무국 경무부에 관한 건'에 의해 조직 · 직능 · 정원 · 관명 등이 확립되었고, 부분적으로 조직 개편을 거듭하다가 1946년 10월 10일 경공(警公) 제888호로 경무부장, 차장 하에 5개 국(경무국, 교육국, 수사국, 통신국, 공안국)과 감찰실, 경찰전문학교를 둠으로써 미군정 시대 경찰조직 개편을 완성하였다(경찰대학, 1990: 170－180).

1948년 대한민국 정부가 수립된 뒤 경찰조직은 경무부에서 내무부 치안국으로 축소되었고, 치안국은 경무과 · 보안과 · 경제과 · 사찰과 · 수사지도과 · 감식과 · 통신과 · 여자경찰과 · 소방과 등 9개 과로 구성되었다.[8]

---

7) 우리나라 경찰은 1945년 10월 21일 미군정청 창설일을 한국 경찰의 창설일로 설정해 지금까지 경찰 출범의 기원으로 인정하고 있다.

8) 1948년 11월 4일 대통령령 제18호에 의거해 내무부직제 개편으로 인한 조직 개편이었고, 이어

1974년 12월 14일 그 해 대통령 저격 사건으로 경찰활동의 중요성을 인식해 경찰의 지위와 직권 향상이라는 취지 하에 정부조직법과 내무부직제를 개정해 내무부 소속의 치안국을 치안본부로 승격시켰다(1974년 12월 24일 법률 제2713호).

또한 경찰의 민주적인 관리·운영과 효율적인 임무 수행을 위해 법률 제4369호로 1991년 5월 10일 경찰법이 제정되고 5월 31일 공포됨으로써 경찰 창설 43년 만에 경찰조직에 관해 기본법을 제정하게 되었다. 이 경찰법에 의거해 1991년 7월 1일 경찰위원회가 내무부(현 행정안전부)에 설치되었으며, 1991년 8월 1일 중앙경찰기관으로 내무부 장관(현 행정안전부 장관) 소속 하에 경찰청을 창설해 오늘에 이르고 있다.

2) 한국 경찰 제도의 성격

한국 경찰조직의 구성은 헌법을 비롯해 정부조직법에 법적 기초를 두고 있으며, 경찰의 조직과 직무에 대해서는 경찰법에서 규정하고 있고, 구체적 직무집행권과 임용, 교육, 훈련 등에 관해서는 경찰관직무집행법과 경찰공무원법 등 개별적인 법률에 규정하고 있다.

한국 경찰 제도는 대륙법계 국가의 경찰 제도에 바탕을 두고 있으며, 경찰권을 중앙에 집중시키고 있는 국가경찰 제도를 유지하고 있다. 아울러 자치경찰 도입에 대한 지속적 논의가 진행된 결과, 2006년 7월 1일 제주특별자치도에만 우선적으로 자치경찰이 설치되었고 그 이후 정부에서도 지속적으로 전국적인 자치경찰도입을 위하여 논의하고 있다.

또한 한국 경찰조직은 일본과 같은 행정관청형 공안위원회제도나 영·미와 같은 강력한 지방자치체 경찰을 갖고 있지는 않지만 경찰의 중립성 보장과 민주성, 공정성을 확보하고, 독임제의 집권적인 의사결정의 문제를 완화하고자 행정안전부 산하에 경찰위원회를 두어 경찰행정에 관한 중요한 사항을 심의·의결하게 하고 있다(신현기·이영남, 2003b: 287).

이와 같이 경찰작용이 모두 국가집행기관에 의해 관장·시행되는 결과, 적극적인 복지행정 기능이 확대·강화되는 현대 국가에서 사회 공공의 안녕·질서의 유지라

1949년 7월 1일 대통령령 제140호에 의한 내무부 직제 개정으로 경제과가 폐지되었다.

는 경찰 본래의 기능으로서보다는 여러 가지 규제적 기능으로서의 의미를 나타내는 경우가 적지 않다.

따라서 국가경찰 제도가 경찰행정의 전국적인 통일성 유지, 정보의 집적과 교환, 강력한 집행력, 전국적인 유기적 협력 등 많은 장점에도 불구하고 지방의 특수한 치안 상황을 고려하지 못하고, 정치적 중립과 공권력 남용에 대한 주민통제가 어렵다는 점에서 자치경찰제 도입에 대한 논의가 진행되고 있다.

3) 경찰조직의 분류

(1) 경찰심의 · 의결기관

경찰심의 · 의결기관이란 경찰정책을 심의 · 의결할 때 경찰의 중립성 보장과 민주성, 공정성 확보를 위해 경찰청의 의사를 구속하는 기관을 말한다. 우리나라의 경찰심의 · 의결기관으로서는 행정안전부 산하의 경찰위원회(1991.7.23 대통령령 제13432호 경찰위원회규정 참조)가 있다.

(2) 경찰협의기관

경찰협의기관이란 다른 행정기관 간이나 자치단체별 경찰기관의 수평적인 조직체 간의 업무 협의나 조정을 위해 구성되는 기관을 말한다. 우리나라의 경찰협의기관으로서 치안행정협의회를 예를 들 수 있는데(1991.10.16 대통령령 제13490호 치안행정협의회규정 참조), 이 협의회는 지방경찰기관과 지방자치단체 간의 지방행정과 치안행정의 업무 협조와 기타 필요한 업무 사항에 대한 협의 · 조정을 위해 시 · 도지사 소속 하에 설치되어 있다.

(3) 보통경찰기관

보통경찰기관은 행정경찰작용을 주된 관장 업무로 하는 경찰기관을 말하며, 행정경찰작용이란 다른 행정작용과 직접적인 관련없이 그 자체로써 공공의 안녕과 질서유지를 위한 경찰작용을 말한다. 이는 다시 그 기능에 따라 경찰행정관청과 경찰집행기관으로 나뉜다.

① 경찰행정관청

경찰행정관청이란 경찰에 관한 국가의 의사를 결정하고 표시하는 권한을 가진 경찰행정기관을 말한다. 경찰은 국가행정작용의 일부인 까닭에 경찰권은 대통령을 수반으로 하는 정부에 속한다. 이에 따라 경찰청장은 중앙경찰행정관청으로, 지방경찰행정관청은 지방경찰청장과 경찰서장이 되며, 이들은 전국을 통해 계층적 구조를 이루고 있다.

② 경찰집행기관

경찰집행기관이란 경찰행정관청의 명을 받아 경찰에 관한 국가 의사를 사실상 집행하는 경찰기관이다. 즉, 경찰집행기관은 실력으로 일정한 경찰목적을 실현시키는 경찰기관을 뜻한다.

경찰의 작용은 법률적 행위 외에 사실적 행위인 강제작용을 포함하기 때문에, 의사결정기관인 경찰관청 외에 사실행사기관인 집행기관이 필요한 것이다. 이러한 경찰집행기관에는 그 직무의 일반성 여부에 따라 일반경찰집행기관과 특별경찰집행기관으로 구분할 수 있다.

가. 일반경찰집행기관

일반경찰집행기관은 일반경찰 업무를 집행하는 기관을 말하며, 이들 집행기관에는 경찰청과 그 직할기관, 서울특별시 · 직할시 · 도 지방경찰청과 그 직할기관, 경찰서 및 그 직할기관 등이 있다. 이러한 경찰기관은 경찰관으로 구성되며, 이들은 특정직 공무원이다.

일반경찰기관의 구성원인 경찰관의 계급에는 치안총감 · 치안정감 · 치안감 · 경무관 · 총경 · 경정 · 경감 · 경위 · 경사 · 경장 및 순경이 있다.

나. 특별경찰집행기관

특별경찰집행기관은 특별한 분야의 경찰작용에 관한 집행기관을 말하는 바, 이러한 특별경찰집행기관으로는 지방소방본부, 해양경찰청, 전투경찰대, 그리고 헌병대 등이 있다.

(4) 특별경찰기관

특별경찰기관은 협의의 행정경찰작용을 하는 기관과 비상경찰작용을 하는 기관으로 나누어 볼 수 있다.

① 협의의 행정경찰기관

협의의 행정경찰작용이란 경찰기관 외의 다른 행정부서의 행정작용과 관련되어 일어나는 공안에 대한 위해를 예방・제거하는 작용을 말하므로, 그 주된 행정작용을 관장하는 행정기관이 바로 협의의 행정경찰작용을 담당하는 경찰기관이 된다(신현기・이영남, 2003b: 321). 협의의 행정경찰기관에 속하는 중앙기관으로는 행정안전부, 보건복지부, 환경부, 문화체육관광부, 국세청, 산림청, 관세청 등이 있고, 이러한 기관들의 위해방지 활동에 따라 소방경찰, 선거경찰, 재해경찰, 위생경찰, 환경경찰, 문화경찰, 풍속경찰, 세무경찰, 산림경찰, 관세경찰 등으로 불리나 이것은 학문적 분류가 아니고 행정부서의 일반적 기능과 구별하기 위한 분류라 할 수 있다.

따라서 각부 장관은 그의 소관 업무에 관련되는 범위 내에서 협의의 행정경찰작용을 담당하는 경찰기관이 된다. 각 행정기관은 관장 업무를 처리케 하기 위해 행정경찰기관으로서 특별지방행정경찰기관(예: 세관, 지방국세청, 산림청, 농산물검사소, 검역소 등)을 설치하는 경우가 있으나, 그와 같은 특별지방경찰조직을 가지고 있지 않은 경우에는 서울특별시장・직할시장・도지사가 각부 장관의 지휘・감독을 받아 협의의 행정경찰 업무를 관장한다. 다만, 서울특별시에서는 '서울특별시 행정특례에 관한 법률'에 의해 일부 장관의 승인권 또는 집행권이 제한되므로, 국무총리의 조정을 받아야 할 경우가 있다.

② 비상경찰기관

비상경찰은 국가의 비상사태 시에 군대의 힘에 의해 치안을 확보하는 특수한 행정경찰이라고 할 수 있다. 일반적으로 사회 질서 유지는 일반경찰의 본연의 임무이므로 경찰관에 의해야 함이 원칙이나, 사태의 심각성으로 경찰관에 의함이 불가능할 때는 군(軍)의 힘에 의해 공안의 유지를 확보해야 할 문제가 생긴다.

가. 계엄사령관

'헌법' 제77조 제1항에 따라 대통령은 전시, 사변 또는 이에 준하는 국가비상 사태

시에 병력으로써 군사상의 필요 또는 공공의 안녕과 질서를 유지할 필요가 있을 경우에는 계엄을 선포할 수 있으며, 계엄 선포 시에 계엄사령관을 함께 공고한다(김남진, 2002: 30).

계엄은 경비계엄과 비상계엄으로 구분되며, 계엄사령관이 당해 지역의 경찰작용을 수행한다. 즉, 경비계엄은 전시, 사변 또는 이에 준하는 비상사태로 인해 질서가 교란된 지역에 선포되며, 이 경우 계엄사령관은 계엄지역 내의 군사에 관한 행정 업무와 사법 업무를 관장한다. 그리고 비상계엄은 전쟁 또는 전쟁에 준하는 비상사태에서 적의 포위 공격으로 사회 질서가 극도로 교란된 지역에 선포되며, 계엄사령관은 전국에 걸친 계엄의 경우는 대통령의 지휘 감독을 받고, 일부 지역에 국한된 경우는 국방부 장관의 지휘 감독을 받는다. 계엄사령관은 계엄사령부를 설치할 수 있다.

나. 위수사령관

재해 또는 비상사태 시에 일반 경찰력으로 치안의 유지를 확보할 수 없다고 인정되는 경우에, 군대의 출병에 의하여 치안을 유지할 수 있다(김남진, 2002: 31). 이 경우 위수사령관(衛戍司令官)은 치안의 유지에 대한 조치에 관해 시장, 군수 및 경찰서장과 협의해야 하고, 서울특별시장, 광역시장, 도지사의 병력 출동 요청 시 육군참모총장의 승인을 받아 출동할 수 있다. 위수사령관에 의한 병력의 출동을 '출병(出兵)'이라 하며, 출병에 따르는 위수 근무는 경비와 순찰을 주로 하고, 특정한 경우 외에는 병기를 사용할 수 없다.

2. 한국 경찰조직의 구조

1) 경찰위원회

1991년 5월 31일 제정된 경찰법 제5조에 의거해 내무부(현 행정안전부) 소속으로 경찰위원회가 1991년 7월 31일 신설되었다. 경찰위원회의 설치 목적은 경찰정책에 대한 심의·의결을 통해 경찰행정의 합리성과 공정성을 확보하고 경찰행정의 대국민 신뢰를 강화시키고자 하는 것이다. 경찰위원회는 비록 제한적인 업무에 대한 심의·의결권을 가지고 있어 그 성과에 대해서는 큰 기대를 할 수 없다 하더라도 경찰

독임제의 폐단을 완화하고, 신중한 정책결정으로 시민에 의한 경찰 통제의 기틀을 마련하였다는 점에서 큰 의의가 있다고 하겠다.

2) 중앙경찰조직

(1) 경찰청장

경찰청장은 최상급 경찰행정관청으로서 치안총감(경찰법 제11조 참조)으로 보하며, 경찰에 관한 사무를 통할하고 청무를 관장하며 소속 공무원 및 각급 경찰기관의 장을 지휘·감독한다.

경찰청장은 경찰위원회의 동의를 얻어 행정안전부 장관의 제청으로 국무총리를 거쳐 대통령이 임명한다. 경찰청장 소속 하에 대변인(홍보담당관)을 두고 있다.

(2) 차 장

차장은 경찰청장을 보좌한다. 차장은 경찰청장이 부득이한 사유로 직무를 수행할 수 없을 때 그 직무를 대행한다. 차장은 치안정감으로 보하며, 차장 하에 치안빅데이터정책담당관, 치안상황관리관, 기획조정관, 경무인사기획관, 감사관, 정보화장비정책관, 과학수사관리관을 두고 있다.

(3) 경찰청 하부조직

경찰청의 하부조직은 국(局) 및 또는 부(部) 및 과(課)로 하며, 경찰청장·차장·국장 또는 부장 밑에 정책의 기획이나 계획의 입안 및 연구조사를 통해 그를 직접 보좌하는 담당관을 둘 수 있다고 경찰법 제13조에 명시되어 있다. 생활안전국, 수사국, 사이버안전국, 교통국, 경비국, 정보국, 보안국, 외사국 등 8국을 두고 있다.

(4) 부속기관

경찰청에는 제반 업무의 관장사무를 최대한 신속하게 지원받기 위해 경찰청장의 소속 하에 경찰대학, 경찰인재개발원, 중앙경찰학교, 경찰수사연수원, 경찰병원이 부속기관으로 설치·운영되고 있다.

3) 지방경찰조직

(1) 지방경찰청장

지방경찰청장은 경찰청장의 명을 받아 소관 사무를 통할하고, 소속 공무원을 지휘·감독한다. 서울특별시·부산광역시·인천광역시·경기도남부 지방경찰청장은 치안정감으로 그 밖의 지방경찰청장은 치안감 또는 경무관으로 보한다.

(2) 지방경찰청 차장

지방경찰청장을 보조하기 위해 서울특별시·경기도남부 및 제주특별자치도의 지방경찰청에 차장 각 1인을 둔다. 서울특별시와 경기도남부 지방경찰청의 차장은 치안감으로, 그 밖의 지방경찰청 차장은 경무관으로 보한다.

(3) 직할대

지방경찰청장은 행정안전부령이 정하는 범위 내에서 차장(차장을 두지 아니하는 경우에는 지방경찰청장) 밑에 직할대를 둘 수 있다.[9] 직할대의 장은 특정한 경찰사무에 관하여 지방경찰청장 또는 지방경찰청 차장을 보좌한다.

(4) 지방경찰청 하부조직

서울지방경찰청에 경무부·생활안전부·수사부·교통지도부·경비부·정보관리부 및 보안부 등 7개 부를 두고 있고, 부산광역시·인천광역시 및 경기도남부의 지방경찰청에 제1부·제2부·제3부를 두고 있으며, 대구광역시·광주광역시·대전광역시·울산광역시·경기도북부·강원도·충청북도·충청남도·전라북도·전라남도·경상북도 및 경상남도의 지방경찰청에 제1부 및 제2부를 두고 있다.

(5) 경찰서 및 지구대 등

지방경찰청장의 소관사무를 분장하기 위해 2020년 1월 1일 기준 지방경찰청장 소속 하에 255개 경찰서를 두고, 지방경찰청장은 경찰서장의 소관사무를 분장하기 위

9) 서울지방경찰청 차장 밑에 101경비단·기동단·22경찰경호대·국회경비대·정부서울청사경비대·김포공항경찰대·경찰특공대 및 202경비대를 두고 있다.

해 행정안전부령이 정하는 바에 따라 경찰청장의 승인을 얻어 지구대 또는 파출소를 둘 수 있다. 2020년 1월 1일 현재 585개의 지구대와 1,436개의 파출소가 있다(사이버경찰청 홈페이지, 2020년 1월 1일 현재). 또한 지방경찰청장은 임시로 필요한 때에는 출장소를 둘 수 있다.

4) 국립과학수사연구원

국립과학수사연구원은 범죄 수사 증거물에 대한 과학적 감정 및 연구활동을 통해 사건을 해결하고 범인을 검거할 수 있도록 지원함으로써 국민의 기본권을 보장하고 생명과 안전을 지키고자 하는 목적에서 1955년 3월 25일 내무부(현 행정안전부) 내에 설립되었다.

국립과학수사연구원은 행정안전부 소속이나 경찰 과학수사의 중추적인 역할을 수행하고 있으며, 원주본원과 5개의 지방분원(서울특별시, 부산, 대구, 광주, 대전)과 제주출장소가 있다. 범죄사건 현장에서 채취된 증거물에 대한 법의학·법과학적 감정으로 범죄수사를 하는 곳으로서 범죄수사 및 사건사고 등에 관련된 모든 증거물에 대한 과학적 해석 및 감정과 범죄수사에 관한 법의학적·법과학적 연구 및 감정관련 교육훈련을 수행하고 있다.[10]

제 3 절 경찰조직관리

1. 경찰조직관리의 효율화

1) 경찰조직관리의 의의

경찰조직관리란 경찰조직의 목표를 효과적으로 달성하기 위해 인적·물적 자원과 정보 및 상징적 자원(조직의 권한·철학·윤리 등)을 합리적·체계적으로 조직화하

10) 국립과학수사연구원 홈페이지 참조, 2020년 1월 1일 검색.

는 일련의 활동 및 과정을 의미한다.

본래 관리의 핵심은 능률에서 출발되었지만 능률의 개념도 확대 · 해석되고 인간적 · 사회적 · 정치적 가치도 고려되면서 더욱 복잡해졌다. 따라서 오늘날 관리는 고도로 조직화된 관리사회의 병폐와 인간 소외를 극복하고 인간성을 회복하려는 주체적 · 건설적인 움직임까지 관리의 중심 과제가 되고 있다.

2) 경찰조직관리의 효율화 필요성

(1) 경찰조직환경의 급변

경찰조직환경의 급격한 변동이 가속되고 국제환경도 국경이 없는 지구촌 사회로 변모되어 가고 있으므로, 이에 대비하는 경찰조직관리의 능동적 역할이 요구된다.

(2) 경찰조직의 비대화

경찰조직은 조직 규모의 확대와 기구 분화, 치안 업무의 다양화 · 복잡화로 말미암아 대규모 조직으로서 행정상 비능률 · 비경제를 초래할 수 있어 행정관리의 합리화가 시급한 과제로 제기되고 있다.

(3) 경찰행정의 보수적 경향

경찰조직은 다른 공무원 조직과 마찬가지로 경쟁적인 민간조직과 달리 독점적 특성으로 경찰조직의 특유의 폐쇄적인 조직문화를 가지고 있으며, 또한 공무원으로서 강력한 신분보장과 폐쇄적 인사관리는 경찰행정의 체질적인 보수화 경향을 심화시켜 왔다. 경찰행정관리의 효율화란 바로 이러한 보수성을 극복하려는 것이다.

(4) 민간 부문의 관리기술 발달

민간 부문, 특히 기업은 생존 · 경쟁전략으로서 혁신적인 관리기법을 발전 · 활용하고 있으며, 그 영향이 공공 부문에 미치고 있다. 특히 공공 부문에서도 전략적 관리(strategic management) · 총체적 품질관리(TQM)[11] 등에 관심이 적지 않게 쏠리

11) 총체적 품질관리(TQM)란 고객 만족을 서비스 질의 제1차적 목표를 삼고 조직구성원의 광범위한

고 있으며, 경찰조직관리 연구에서도 이러한 요소들이 다루어지고 있다(이영남, 1994; 김현성 · 남기범, 1996).

3) 경찰행정관리 효율화의 전제 조건

경찰행정관리의 효율화 방안이 성과를 거두기 위해서는 다음과 같은 전제 조건이 충족되어야 한다.

(1) 관리자의 의식 개혁

관리철학에서 주요 관건적 역할을 담당하는 관리자는 의식 · 태도가 혁신되지 않으면 안 된다. 이를 위해 경찰관리자는 ① 권위주의적 의식구조가 민주적 의식구조로 전환되어야 하고, ② 업무에만 치중하는 사고 방식이 인간성을 존중하는 가치관에 의해 보완되어야 하며, ③ 인적 자원의 효과적 활용에 주력해야 한다.

(2) 경찰공무원의 의식 개혁

경찰은 국민을 위한 봉사자임을 자각하고 고도의 윤리관과 집단정신을 가져야 하며, 이를 위해 ① 시민 · 고객의 치안 수요에 대응하겠다는 사명감, ② 전문지식을 갖춘 직업인으로서의 의식, ③ 국민에게 겸손한 민주적 태도, ④ 경찰 조직환경의 변동에 대응하는 예민한 감각과 타성에 도전하는 용감한 자세 등을 갖추어야 한다.

(3) 국민의 이해와 지지

경찰조직관리는 조직 내부만의 문제가 아니라 치안 수요에의 대응이며, 더 나아가서 치안환경에의 적응을 의미하므로 그 효율화는 어디까지나 국민의 평가와 지지를 얻는 것이어야 하고 민주적 기반에 입각해야 한다.

참여 하에 조직의 과정과 절차를 지속적으로 개선해 장기적인 전략적 품질관리를 하기 위한 일련의 관리철학 내지 관리 원칙을 의미한다(신현기 · 이영남, 2003b: 388－392).

2. 경찰 관리계층과 관리자의 역할

1) 경찰최고관리층

경찰최고관리층은 경찰행정관리의 계층적 구조에서 최상층에 위치해 경찰행정의 주요 정책과 기본 방침을 결정하고 전체적인 조직의 대표적 기능을 수행한다. 경찰청장을 비롯해 차장, 각 국의 국장, 지방청의 청장 등이 이에 속한다. 경찰최고관리자는 새로운 정책을 구상하고 결정을 신중하고 현명하게 내릴 수 있도록 정보의 분석 · 평가, 정책 · 계획의 수립, 경찰행정의 조정 · 통제 등의 기능을 담당하는 조직의 도움을 받는다.

2) 경찰중간관리층

경찰중간관리층은 최고관리층의 바로 하위계층으로서 정책을 결정하고 전반적인 경찰조직의 운영을 담당하는 최고관리층에 비해 전문적인 지식과 기술을 통해 부문행정관리 업무를 수행한다. 경찰조직에서의 중간관리층은 중앙경찰조직의 과장 · 계장급, 그리고 지방경찰청의 부장급이나 과장급 및 일선 경찰기관의 감독자급이 이에 해당된다.

일반 국민이 경찰기관과 갖게 되는 대부분의 접촉은 최하위 업무층인 일선 직원과 중간관리층을 거치게 되며 대부분의 문제는 중간관리층에서 해결된다. 또한 중간관리층은 법령에 입각해 최종적 해결을 실현시키는 다수의 결정을 내리는 책임을 지고 있다. 따라서 경찰조직이 시민을 위해 취하는 실질적인 조치를 취하게 되는 계층은 중간관리층이라고 할 수 있다.

3) 경찰관리자의 역할과 구체적인 요건

(1) 경찰관리자의 역할

경찰관리자는 조직에서 경찰 조직 목표를 달성하기 위하여 일정한 직위에 있는 부하를 움직여 업무를 추진해 가는 사람을 말한다. 또한 관리자는 조직에서 리더십을 발휘하고 부하를 좋은 환경과 조건 하에서 직무를 수행해 나가도록 노력하며, 부하의 자질 향상과 안정을 확보해 나갈 책임이 있다.

경찰관리자가 조직에서 갖는 역할과 사명은 관리자의 개인적인 면과 조직적인 면, 사회적인 면 등 세 가지 측면이 있다. 유능한 관리자는 개인적으로나 조직적으로나 또한 사회적으로나 훌륭한 관리자가 되지 않으면 안 된다. 즉, 관리자로서 조직을 대표하고 조직에 공헌하는 존재가 되고 업무효과를 가져오도록 조직 활동을 해야 하며, 나아가서 사회적으로 공헌할 수 있는 관리자가 되어야 한다는 의미이다.

(2) 경찰관리자의 구체적 요건

경찰관리자는 그 사명이나 역할이 중요한 만큼 조직사회에서나 사회적으로 기대가 크다. 또한 경찰관리자에 대한 기대는 일정 불변한 것이 아니라 경찰환경이 변화함에 따라 변화해 가고 있고, 점차로 기대감이 커져가고 있으며, 어렵고 복잡화되어 가고 있다. 따라서 이러한 사회의 높고 복잡한 시민의 욕구 기대에 부응할 수 있는 경찰관리자는 끊임없는 자기 계발과 훌륭한 관리자 양성을 위해 조직의 관심이 필요하다고 하겠다. 경찰관리자의 구체적인 요건을 인간적 요건, 직무상 요구되는 요건, 일반 개념적 능력으로 나누어 보면 다음과 같다(경찰대학 치안연구소, 1994: 36-49).

관리자로서 필요한 인간적 요건으로는 ① 강하고, 바르며, 따뜻한 마음, ② 인간적 매력, ③ 공평·공정, ④ 타인의 의견을 받아들일 수 있는 아량, ⑤ 독단·전횡의 금지, ⑥ 파벌 조성의 금지, ⑦ 냉정·침착 등을 들 수 있다.

또한 경찰관리자로서 직무상 요구되는 요건으로서는 ① 기획력과 계획력, ② 통솔력과 지도록, ③ 실행력, ④ 협조력·섭외력, ⑤ 판단력과 결단력 등을 들 수 있다.

마지막으로 관리자로서 필요한 개념적·일반적 능력의 요건으로서는 ① 관리자의 강한 사명감, ② 왕성한 책임감, ③ 길러 나가야 할 창조력, ④ 몸에 익혀두어야 할 문제 해결 능력 등을 들 수 있다.

3. 경찰조직관리의 요소

1) 경찰 리더십

(1) 리더십의 의의

리더십(leadership)이란 조직 목표의 달성을 위해 구성원이 자발적으로 적극적인 행동을 하도록 동기를 부여해 주고 영향력을 미치며 개인과 집단의 조종을 통해 협동적 행동을 촉진·유도하고 조직 외부로부터 지원과 협조를 확보하는 쇄신적·창의적인 능력 및 기술을 의미한다. 1930년대에 인간관계론이 대두되었고, 1960년대에는 발전행정이 본격적으로 등장하게 되었다. 이것을 계기로 리더십에 대한 중요성이 한층 강조되기에 이르렀다.

리더십의 기능으로 ① 집단·조직의 목표를 설정하고 부하의 임무와 역할을 명확히 하며, ② 목표 달성을 위해 인적·물적 자원과 지위·정보·권위·상징·시간 등 정치적 자원을 효율적으로 동원한다. 이러한 자원을 동원함으로써 부하의 동기를 자극하고, 조직에 대한 충성심을 확보함으로써 능력을 최대한으로 발휘시키며 국민의 적극적인 지지와 협조를 얻을 수 있어야 한다. 또한 ③ 조직의 일체성과 통일성을 유지하고 내부 갈등을 관리해 환경에 대한 조직의 적응성을 최대한 확보하며, ④ 조직활동을 전체적으로 통합·조정하고 통제함으로써 조직 내의 협조 관계를 확립하고 효과적인 목표 달성에 기여하도록 한다.

리더십 이론들

1) 자질론

가. 리더십의 자질 내용: 충성심, 책임감, 성실성, 결백성, 전문적 능력, 용기, 적극성, 정력, 인간미, 과단성 등

나. 지도자의 퍼스낼리티와 성격적 특성을 강조

다. 자질을 천부적인 것으로 생각

라. 성과적 자질론

－몇 개의 자질의 결합에 의해 지도자의 퍼스낼리티를 특징지으려는 이론

－모든 지도자에게 통일적 단일적인 자질이 있다고 주장하지 않는다.

마. 비판: 모든 지도자에게 어떤 최소한도의 능력이 요구되지만 이러한 능력이 지도

자가 아닌 사람에게도 널리 발견되며 지도자가 동일한 기본적 자질을 가지고는 있지 않다.

2) 상황론

가. 리더십의 효률성이 지도자와 집단의 성격, 직무의 특징, 시간 · 장소 · 환경 등 상황에 따라서 달라진다.
나. 개인적 요인보다 사회적 요인 중시
다. 특정 상황에는 특정 유형의 리더십 행태가 요구된다.
라. 상황론에서도 지도자가 피지도자와 다른 자질을 갖추고 있다는 것을 부인하지는 않는다.

3) 상호작용이론(집단이론)

가. 자질론과 상황론을 종합
나. 리더십은 지도자 · 피지도자 · 상황의 3대 변수의 상호작용에 의해 형성
다. 너무 변수가 많아서 이론으로서 과학성이 부족

(2) 경찰 리더십 유형의 결정

모든 조직 · 집단이나 상황을 초월한 최적 리더십 유형은 존재하지 않는다. 리더십의 적절한 유형은 ① 조직이 놓여 있는 상황, ② 특정 국가의 정치적 · 경제적 · 사회적 · 문화적인 요인, ③ 리더의 퍼스낼리티와 피지도 집단과의 상호 관계, ④ 집단구성원의 특징 · 능력, ⑤ 조직의 목표와 활동의 성질 등 여러 복합적 요인에 의해 결정된다.

따라서 어떠한 유형의 리더십을 따를 것인가 보다 언제 · 어떤 유형의 리더십을 따를 것인가에 관심을 가져야 한다. 어디까지나 모든 상황이나 모든 집단을 초월한 이상적인 리더 유형은 존재하지 않기 때문이다.

경찰조직에서 리더십은 특수한 계급조직과 권력구조 때문에 권위적인 리더십으로 단순하게 보이는 경향이 있다. 그러나 오늘날 경찰조직 내부에는 치안환경의 급속한 변화와 경찰에 대한 국민의 다양한 욕구 때문에 권위적인 유형의 리더십보다는 오히려 민주적 리더십이 더한층 요구되고 있다.

그렇다 하더라도 범죄에 대처하고, 다양한 대규모 행사와 시위 현장에서의 경비를 책임져야 하는 경찰조직으로서는 민주형의 리더십만이 최선의 것이라고 단정할 수

없다. 따라서 경찰 리더십은 경찰조직 내의 하부조직별 특성이나 하부조직별 추구하는 가치관에 따라서 달라져야 한다.

따라서 경찰조직의 적절한 리더십 유형을 결정하는 데는 다음과 같은 점이 고려되어야 한다.

① 특정 상황에 적절한 리더십 유형은 리더·부하·상황 등의 변수와 관련되는 요인이나 또는 리더·구성원 관계, 과업구조, 지도자의 지위 권력 등 변수의 변화에 따라 결정된다.

② 적절한 리더십 유형을 선택할 수 있도록 상황을 정확하게 판단하는 것이 리더

리더십의 유형

1) 리더십의 유형들

White & Lippit	Tannenbaum & Schmidt	Likert	Fiedler의 상황적응형
① 권위형 ② 민주형 ③ 자유방임형	① 보스 중심의 권위형 ② 부하 중심적인 민주적 리더십	① 착취적 권위형 ② 온정적 권위형 ③ 협의적 민주형 ④ 참여적 민주형	인간 중심과 과업 중심적 리더십 ① 지도자와 구성원의 관계 ② 과업구조 ③ 지위 권력 등 고려

2) 화이트와 리피트(R. K. White & R. Lippit)의 리더십 유형

가. 권위형: 지도자가 모든 정책을 독단으로 결정, 집단토론이나 권한의 위임은 없다.

나. 민주형
- 지도자는 부하 직원의 의견을 토대로 정책을 결정, 설득과 토론을 중시
- 지도자와 부하 직원 간의 관계가 공개성을 띰
- 집단토론과 집단결정을 강조

다. 방임형
- 지도자가 집단구성원에게 완전한 자유를 부여
- 무정부 상태에 빠질 위험

3) 리더십 유형을 결정하는 상황적 요소

가. 조직의 목표나 기능
나. 집단구성원의 교육 수준이나 지식 수준
다. 행정의 전문화 여부
라. 환경의 확실성 여부
마. 문화적 요소

의 중요한 임무이다.

③ 리더십 유형이 적절한가 아닌가의 여부는 집단과 과업 상황의 유리성에 의해 좌우된다.

④ 이상적 지도자란 자신감・결단력・지성과 진취성 등의 자질을 가지고 부하의 인정 욕구와 존경 욕구를 충족시키면서 특정 상황에 부합되는 리더십 유형을 신축성 있게 선택할 수 있는 사람인 것이다.

2) 경찰조직의 의사소통

(1) 의사소통의 의의

의사소통(communication)이란 상징에 의해 정보・생각・감정을 전달하는 것이며, 결정의 전제가 되는 정보를 전달하는 과정을 의미한다(Simon, 1957: 154; 유종해, 1986: 341－350; 김규정, 1997: 486－497). 즉, 의사소통이란 상호 교류 과정(two－way process)으로서 전달자와 피전달자 간에 사실과 의견을 전달함으로써 인간에게 영향을 미치고 행동에 변화를 일으키는 것을 말한다. 정보의 정확한 전달과 원활한 교류를 통해 조직의 구성원은 조직 목표를 명확하게 인식하게 되고 합리적 협동행위를 할 수 있게 되며, 권한과 책임의 효율적인 배분이 가능하게 된다. 행정 체제와 의사소통 체제의 관계를 보면, 행정 체제는 정보를 투입・전환・산출하는 의사소통 체제(communication system)로서 파악될 수 있다. 행정 체제는 환경과 동태적인 상호작용을 하게 되며, 이러한 상호작용은 정보를 상호 전달・교환함으로써 행해진다.

(2) 경찰조직 의사소통의 특징

경찰행정 활동의 핵심은 경찰조직의 정책결정 과정과 정책집행 과정으로 생각할 수 있으며, 이러한 과정에 인체의 혈액처럼 에너지로서 적절한 정보를 적시에 제공하고 교류시키는 기능이 정보 전달 및 의사소통이다. 실질적으로 행정의 효율성은 경찰조직이 내부와 외부 환경으로부터 확보할 수 있는 정보의 질과 양, 그리고 합리적인 결정을 내릴 수 있도록 정보를 필요로 하는 조직의 중추부로서, 이를 신속히 전달하는 수단에 의존하고 있다.

바람직한 의사소통 체제 내지 정보 처리 체제의 특징으로 ① 경찰조직 환경으로부터 투입되는 정보를 더 많이 흡수·활용하며, ② 정보에 대한 반응을 신속히 나타낸다. 또한 ③ 효과적인 의사소통 기능을 통해 환경 변동을 유도하며, ④ 목표 달성을 위한 정보 처리 능력을 증진시킨다. ⑤ 정책에 대한 반응을 정보로서 환경으로부터 환류시켜 잘못을 시정할 수 있는 이른바 자기 수정적 기능을 가진다.

(3) 경찰 의사소통의 기능

① 경찰정책의 결정: 정책결정과 의사소통은 밀접·불가분의 관계에 있으며, 정책결정의 합리성은 정확·신속하고 우수한 질을 가진 의사소통 체제에 의해 확보된다. 결함이 없는 결정이라 할지라도 결정이 불충분하게 전달되는 경우 소기의 성과를 얻기 어렵다. 경찰행정의 활동은 의사결정의 연속적 과정이며, 정보의 계속적 전달이 없으면 불가능하고 조직활동은 정체될 수밖에 없다.

② 경찰공무원의 사기 앙양과 참여 촉진: 의사소통은 조직구성원의 심리적 욕구를 충족시키는 중요한 수단이다. 활발한 의사소통을 통해 정책·업무 절차·인사 등에 관한 정보를 제공하고 안정감·소속감·참여 의식을 느낄 수 있게 함으로써 사기를 올리게 되며, 업무 능률이 향상될 수 있다.

③ 조정의 효율화: 경찰조직 내에 활발한 의사소통이 이루어짐으로써 사업계획이나 조직 목표에 대해 경찰 구성원이 충분한 이해와 헌신적 태도를 갖게 될수록

의사소통의 원칙

1. 명료성: 명확한 언어의 선택
2. 일관성: 전후로 모순이 없어야 함
3. 적기적시성: 적당한 시기에 할 것
4. 적응성: 의사전달의 융통성·개별성·현실 합치성을 의미
5. 배포성: 피전달자가 누구인가를 확정해 전달할 것
6. 적량성: 적정량을 전달할 것
7. 통일성: 각 의사소통이 전체로서 통일된 의사의 표현이 이루어지게 할 것
8. 관심과 수용: 효과적인 의사 전달을 위해 피전달자의 수긍을 제고할 것

조정이 더욱더 효율화된다.

④ 경찰 리더십의 발휘 수단: 의사소통을 활성화시키고 효과적으로 잘 활용할 수 있느냐 없느냐의 여부는 결국 경찰 리더십의 성패를 좌우하게 된다.

3) 경찰조직의 갈등관리

(1) 갈등의 의의

조직연구에서 갈등관리의 의미와 중요성은 조직의 문제 발생과 해결, 그리고 갈등의 기능적 역할에 달려 있다. 경찰조직의 활동을 경찰 목표와 가치, 인지구조 등이 다른 다수의 경찰공무원의 협동 과정이라고 볼 때, 경찰조직에서 발생 가능한 갈등은 또한 당연한 현상이라고 볼 수 있다. 조직에서의 갈등은 행동 주체 간의 대립적인 마찰이 오히려 조직의 원동력이 될 수 있다는 점에서 갈등의 순기능적 측면에 큰 관심을 가지고 있다(김상호 · 이영남 외, 2004: 170－173).

① 갈등의 개념

일반적으로 갈등(conflict)이란 인간의 심리적 대립이나 대립적 행동을 가리키는 매우 다양성을 띤 개념이다. 조직에서의 갈등은 개인이나 집단 등 행동 주체 간에 현재적 · 잠재적으로 나타나는 동태적 과정으로서의 대립적 상호작용을 의미한다. 사이먼(H. A. Simon)은 갈등을 의사결정과 관련시켜 일반적으로 의사결정의 선택 기준이 명확하지 못해 개인이나 집단 · 조직의 대안을 선택하는 데 곤란을 겪는 상황을 의미한다고 보았다(March & Simon, 1958: 112). 따라서 경찰조직의 갈등은 경찰조직 내의 의사결정 과정에서 대안의 선택 기준이 모호해서 개인이나 조직이 대안을 선택할 때 어려운 상황에 부딪히는 것이라고 할 수 있다.

주로 경찰조직 내에서 발생 가능한 갈등은 각 국(局)이나 과(課) 등의 공식적 조직이나 경찰조직 구성원들의 비공식집단의 행동 주체 간의 대립적 행동이나 심리적 대립 의식과 각 조직 단위의 목표, 자원, 업무, 절차 등에 관한 의견 대립 등에 기인한다. 따라서 구체적인 경찰조직의 갈등 원인을 든다면 경찰조직 구성원들의 개인적인 성격, 업무 처리 방식, 지식 및 정보의 차이, 목표 · 이해관계의 상충, 문제 인지의 차이, 의사소통의 장애 · 왜곡, 역할의 모호성과 불만족 등등에서 갈등이 발생할 수 있다.

② 갈등의 특성

갈등의 특성으로서 ① 갈등이 존재한다는 것을 지각해야 하며, ② 갈등은 둘 이상의 당사자 간에 일어나며, ③ 자원(돈, 승진, 위신, 권력 등)의 희소성을 전제로 하며, ④ 한 당사자가 다른 당사자의 목표 달성을 방해(blockage) · 반대하는 것이며, ⑤ 갈등은 의도적일 수도 있고 우발적일 수도 있으며, ⑥ 갈등은 명백한 행위일 수도 있고, 잠재적 행위일 수도 있다는 점을 지적할 수 있다.

③ 갈등관의 변화

조직갈등(organizational conflict)에 대해서는 갈등이 조직 목표의 달성에 필요한 조정과 팀워크를 저해한다는 견해와 갈등이 변화를 자극하고 의사결정을 개선함으로써 조직의 효과성을 향상시킨다는 견해가 있다.

전통적 갈등관(traditional view)은 모든 갈등이 조직에 해악을 미치고 조직에 역기능을 초래해 조직의 효과성에 부정적 영향을 미친다고 보는 시각이 강하다. 이러한 입장은 갈등을 파괴 · 폭력 · 비합리와 동일시하며, 관리자는 갈등이 일어나지 않도록 하고, 만일 일어나는 경우에는 신속히 해결하도록 하는 것이 주요한 직책이라고 주장한다.

갈등의 역기능으로서는 ① 경찰조직 내에서 조정을 어렵게 하고 조직의 효과성을 저해한다. ② 갈등이 격화되면 경찰조직의 목표 달성에 대한 관심이 줄어든다. ③ 직원이나 기관 간에 적대 의식 · 반목이 격화된다. ④ 관계자의 심리적 · 신체적 안정이 동요된다는 것 등이다.

이에 반해 순기능적 갈등관은 조직이 추구하는 목적이나 가치를 지원하는 건설적인 갈등이다. 즉, 갈등은 의사결정의 질을 개선하고 창의성과 혁신을 촉진한다. 갈등은 집단구성원들로 하여금 집단에 대한 관심과 호기심을 불러일으키고 문제점이 드러나면 긴장이 해소되는 매체를 제공하기도 한다. 갈등은 현실에 끊임없이 도전함으로써 새로운 아이디어의 창안을 촉진하며 집단의 목표와 활동에 대한 재평가를 촉구하고 집단의 변화에 대한 민감성을 증대시킨다. 조직 내부의 갈등은 조직의 내적 응집성과 조직구성원의 충성심의 향상을 가져올 수 있으며, 새로운 조화와 통찰력의 향상을 볼 수도 있다. 갈등이 존재함으로써 건설적인 조직 변동이 가능하고 침체로부터 벗어나 행동력 있는 조직이 되기도 한다. 또한 갈등을 제대로 잘 관리한다면 조직의 생산성도 향상시킬 수 있다.

끝으로 상호작용적 갈등관(interactive view)은 갈등이 전혀 없는 조직은 정태적이며 무감각하고 변화의 필요에 대응하지 못한다고 보며 갈등이 새로운 착상이나 활동 방안을 탐색케 하고 조직 내의 무사안일을 극복케 하는 순기능이 있다고 주장한다. 상호작용적 갈등관은 모든 갈등이 순기능적이라고 보지는 않지만 전통적 접근 방법과는 달리 관리자의 폭넓은 역할을 인정하고 관리자의 직책은 갈등이 건전성을 띠는 환경을 조성하는 것이지만 극단적인 병리 현상을 초래하지 않도록 하는 것이라고 주장한다. 근래에 와서 갈등은 불가피할 뿐만 아니라 사회의 중요한 적극적 현상으로서 그 순기능이 높이 평가되고 있다.

(2) 갈등관리의 전략

경찰조직에서 갈등관리의 전략은 역기능적 갈등의 방지와 해소, 그리고 순기능적 갈등의 조장을 위한 방법으로 생각해 볼 수 있다. 갈등의 해소 방법에는 일반적으로 타협, 완화, 설득, 협상, 회피, 대결, 강압 등 다양한 전략이 제기되고 있다. 일반적으로 언급되고 있는 갈등 해소의 방법은 다음과 같이 다양하다.

첫째, 갈등의 원인이 되고 있는 문제의 해결 방법, 갈등 당사자들이 함께 추구해야 할 상위 목표를 제시한다.

둘째, 갈등의 원인이 되는 희소자원을 증대하는 방법과 갈등 당사자에 대한 상관의 갈등 해결을 위한 명령의 방법을 사용할 수 있다.

셋째, 갈등 당사자들이 서로 대립되는 입장을 타협에 의해 해결하려는 협상의 방식과 인사 조치 방법을 사용할 수 있다.

넷째, 조직기구의 신설 등과 같이 조직구조상의 변경으로 인해 나타나는 마찰 요인의 제거 방법과 조직구성원의 행태 변화 유도 방법 등 갈등 해소를 위해 다양한 방법들을 사용할 수 있다.

갈등 방지를 위해 경찰관리자가 유의해야 할 점은 경찰조직 구성원들에게 현실적이고 구체적인 목표를 제시하고 각자의 활동 내용이 조직 전체의 활동과 체계적으로 결합될 수 있도록 업무명세서를 작성해 활동하고 의사결정에 대한 명확한 지침을 제공해야 한다는 점이다. 또한 조직의 정책, 절차, 규칙 등을 정형화하고 결정과 집행 기능 사이에 정보교환과 동의를 확보하기 위한 조치를 강구해야 한다.

4) 경찰조직 관리상의 조정

(1) 의 의

① 개 념

조정(coordination)이란 공동 목표를 달성하기 위하여 행동의 통일을 이룩하도록 집단적 노력을 질서정연하게 배열해 가는 과정을 의미한다. 즉, 조정이란 일정한 목적을 향해 조직구성원의 활동과 기능이 조화를 이루도록 결합시키는 것이다(유종해, 1986: 384－392; 김규정, 1999: 450－454; 김상호 · 이영남 외, 2004: 173).

따라서 경찰조직 관리상의 조정은 경찰관리의 구심점적인 힘으로써 조직행동을 동시화(synchronization)시켜 분화된 여러 활동을 특정 목적의 달성을 위해 통합시키는 것이다.

② 유 형

① 자율적 조정과 감독적 조정: 조정은 행동 주체의 입장에 따라 자율적 조정과 감독적 조정으로 나뉜다. 자율적 조정은 조정의 자율적 측면으로서 조직구성원이 자기의 직무를 다른 직무의 조건에 맞추어서 수행해야 할 책임을 중시한다. 따라서 자기의 직무상 책임을 수행한다는 것은 다른 사람의 책임으로부터 영향을 받고 또한 다른 사람의 책임에 영향을 미친다는 것을 의미한다.

한편 감독적 조정이란 조정의 타율적 측면으로서 상급자가 하급자에 대해 감독작용으로서 행하는 조정이며, 감시와 통제를 전제로 하는 것이 아니라 통제적 수단에 호소하지 않기 위해 조정을 행하는 것이다.

② 실체적 조정과 절차적 조정: 실체적 조정은 각 조직 단위의 목표를 설정하고 그 목표를 달성하기 위해 각 구성원에게 직무를 배분하고 상호 관계를 명확히 하는 것이다. 이에 반해 절차적 조정은 조직 단위의 활동 내용을 조정하는 것을 의미한다.

③ 성 질

① 조정과 전문화: 조정은 전문화 · 분업화와 상반되는 관계에 있다. 전문화가 과도하면 조정이 어려워지고 조정을 어렵지 않게 하려면 전문화하는 데 제약이 따른다. 조정이든 전문화이든 그 목적은 조직 목표의 달성에 있으므로 양자의 균형 있는 관계가 바람직하다. 대규모 조직에 불가피한 세분화 · 전문화된 업무를 조직의 목표 달성에 부합되도록 하는 것이 조정이다.

② 체제 유지적 성격: 조정은 이른바 조직의 원리 중 제1원리로서 최고 규범적 성격을 띠고 있으며, 계층제 · 명령 통일이나 적정 통솔 범위는 조정을 원활하게 하는 수단이다. 따라서 조정은 하위 체제의 활동을 통합시켜 체제의 존속 · 유지를 가능케 하는 기능으로 이해할 수 있다.

③ 조정과 인간적 요인: 조정은 너무 엄격하고 광범위하게 하면 인간의 자유와 창의성을 제한하게 되므로 위압감이나 좌절을 느끼지 않고 쇄신적 활동을 할 수 있는 범위 내에서 효율적으로 이루어져야 한다. 따라서 조정은 폴렛(M. P. Follet)의 '상황의 법칙'에 따라 상황의 여건을 고려해 신축성과 다양성을 기하면서 행해져야 한다(Follet, 1941: 30−32).

(2) 경찰관리에서 조정의 중요성

경찰조직은 청장을 정점으로 하는 피라미드형의 계층제를 이루고 있으므로 종국적으로 청장의 지휘 · 감독에 의해 모든 문제가 조정되고 해결된다고 볼 수 있다.

그러나 경찰조직 내에서의 조정업무는 두 부서 이상 관련되는 업무, 사건 · 사고의 발생이 광역화되어 상호 협정이 필요한 경우, 조직 개편으로 인해 하부기관 간의 업무 배분의 문제가 발생할 경우, 경찰기획의 세부 사업을 추진할 경우, 모든 관련 부서 · 기관 간에 합리적으로 경찰활동의 통일성이 확보되지 않을 때 발생할 수 있으며, 비능률과 예산의 낭비를 가져올 수 있고, 대국민 치안 서비스에도 영향을 미쳐 경찰조직에 대한 국민 신뢰의 저하를 가져올 수도 있다.

따라서 경찰조직에서의 조정의 업무는 경찰행정이 전문화 · 복잡화함에 따라 행정의 통일성을 확보하고, 통합성을 통한 경찰조직의 유지 · 발전을 위해 조정의 능력은 조직의 리더십과 함께 관리자가 가져야 하는 가장 중요한 요건 중 하나라고 하겠다.

CHAPTER

07 경찰인사관리

제 1 절 경찰인사관리의 의의

1. 경찰인사관리의 정의

1) 경찰인사관리의 정의

인사행정(public personnel administration)이란 행정 목표를 효율적으로 달성하기 위해 정부활동에 필요한 인력을 동원하고 관리하는 과정이라고 할 수 있다. 인사행정의 이러한 개념에 근거해서 경찰인사관리를 다음과 같이 정의할 수 있다.

경찰인사관리란 유능한 인재를 경찰조직에 유치해 인간적 가치를 존중하면서 그들의 능력 발전을 계속적으로 도모하고 높은 근무 의욕을 유지시켜 경찰 개개인의 목적과 경찰조직의 목적의 균형과 조화를 실현해 조직의 활력을 최고도로 발휘시키게 하는 것이라고 할 수 있다.

2) 경찰인사관리의 변수

경찰인사관리의 3대 변수로는 임용, 능력 발전, 사기를 들 수 있다. 임용은 다시 신규임용과 내부임용으로 구분되며, 신규임용에는 채용 과정으로서 모집과 선발 과정이 있으며, 내부임용은 보직의 재배치로 승진, 승격, 강임, 배치전환인 전직(轉職),

전보(轉補), 파견근무, 전입, 겸임 등이 있다.

경찰공무원의 능력 발전으로는 교육훈련, 근무성적평정으로 크게 나눌 수 있으며, 사기 앙양으로는 동기이론(motivation theory)과 관련하여 사기(士氣), 제안제도, 보수, 신분보장 등을 들 수 있다.

2. 경찰인사관리의 성격

1) 경찰인사관리의 중요성

오늘날 경찰공무원은 국민의 생명 · 신체 및 재산의 보호자로서, 범죄를 예방 · 진압 및 수사를 담당하는 자로서, 국민의 안녕과 질서 유지자로서, 또한 다양한 치안서비스의 제공자로서 시민의 안전을 보장하는 역할을 수행하고 있다.

따라서 현대 국가의 경찰인사관리는 경찰조직의 존립 목표 및 기능을 수행할 수 있는 인적 자원을 확보, 관리할 능력을 갖추어야 한다는 점에서 그 중요성이 있다. 왜냐하면 경찰조직에서 적극적인 의욕과 동기를 가진 유능한 인적 자원의 확보는 경찰행정의 장기적인 효율성을 높이는 데 결정적으로 영향을 미치기 때문이다.

2) 전문적 기예로서 경찰인사관리

인사관리는 하나의 전문적 기예(技藝)라 할 수 있다. 종래의 공직관은 보통의 상식을 가진 사람이면 누구나 수행 가능하다고 인식했다. 그러나 현대의 인사관리자에게는 행태과학 분야의 지식과 그것을 구체적 상황에 맞게 활용할 수 있는 능력과 인사관리에 관한 연구를 통한 풍부한 지식과 경험, 광범위한 지식과 경험이 필요한 정신적 작업으로서 인사관리 능력까지 요구되고 있다.

경찰인사관리의 성격으로 전문성, 기술성, 과학성, 적극성, 다기능성을 내포하고 있기 때문에 인사관리를 전문적 기예라고 표현한다.

3) 종합과학으로서 인사관리

종합과학으로서의 인사관리는 인사관리가 하나의 체계화된 학문으로서의 위치를 확보하고 있다는 점을 의미한다. 학문적 체계란 과학을 의미하는 것으로서 경찰인사관리는 순수과학이 아닌 응용 사회과학으로서 법학, 사회학, 심리학, 인류학, 정치학, 경제학, 통계학 등의 인접 학문과 밀접한 관련을 가지고 있다.

3. 경찰인사제도의 발전

1) 경찰인사관리의 접근 방법

(1) 과학적 접근 방법

경찰인사행정의 이념을 '능률화'에 두고 직무의 전문화, 합리화, 기술적 설비 등 외재적 통제에 관심을 둔 연구 방법으로 형식적 합리화를 추구한다. 적용 제도로서 경찰공무원의 ① 공개경쟁 채용시험 제도, ② 직위분류제, ③ 합리적 보수제도, ④ 교육훈련 등이 있다.

(2) 인간관계적 접근 방법

경찰인사행정의 이념을 '민주화'에 두고 인간관계적 요소를 중시하며, 실질적 합리화를 추구한다. 적용 제도로서는 경찰공무원의 ① 신분보장의 강화, ② 복지후생제도, ③ 경찰인사행정의 분권화, ④ 적극적 경찰인사행정을 들 수 있다.

2) 경찰인사제도의 발전

(1) 엽관주의: 경찰인사관리의 정치적 시대

엽관주의(spoils system)란 정치성이나 당파성을 기준으로 하는 공직임용제도로서 집권한 정당의 추종자들을 정당활동에 대한 공헌도와 충성심의 정도에 따라 관직에 임용해야 한다는 견해이다. 미국의 제3대 대통령인 제퍼슨(Thomas Jefferson)이 도입한 제도로서 엽관주의가 정치성만을 기준으로 한다는 점에서 영국의 정실주의와 차이가 있다. 영국의 정실주의는 금력, 문벌, 학벌 등이나 정치성, 충성에 의한 임용제도이다.

엽관주의는 공직 특권화의 방지와 민주주의의 발전과 정당정치의 발달, 대통령의 지지 세력 확보, 행정의 단순성과 소극성으로 보는 공직관에 의해 대두된 공직임용제도로서 ① 정당 이념의 구현 가능, ② 관직의 특권화 방지와 평등 이념에 부합, ③ 공직 경질을 통한 관료주의화 및 공직 침체의 방지, ④ 민주통제의 강화 및 행정의 민주화 등의 장점을 들 수 있다.

엽관주의는 초월적이고 특권적인 관료기구를 국민에 의해 좌우되는 국민의 공복(公僕)으로 격하시킴으로써 민주주의 이념을 실현하는 데 크게 공헌하였고, 한때는 국민들의 지지를 받았었다. 그러나 점차 초기의 순수한 정치 이념은 사라져 버리고 공직을 가족 또는 개인의 재산으로 여기는 공직의 사유화 현상으로 19세기 중엽부터 강한 비판의 대상이 되었다. 정권이 교체될 때마다 대폭적으로 공직자가 경질되는 현상은 ① 행정의 무질서와 부패 조장, ② 책임행정의 확보 곤란, ③ 행정의 비중립성과 비능률성, ④ 관직 남설과 예산 증가, ⑤ 관료의 정당 사병화, ⑥ 신분상의 불안, ⑦ 행정의 계속성 저해 등의 많은 문제로 인해 새로운 공직임용제가 요구되었고, 그 결과 19세기 후반부터 실적제가 수립되었다.

(2) 실적주의: 경찰인사관리의 전문화 시대

실적주의(merit system)란 개인의 객관적인 능력 · 자격 · 실적에 중점을 두는 경찰임용제도로서 과학적인 인사행정이라고도 한다. 실적주의는 영국에서의 정실주의와 미국에서의 엽관주의의 병폐를 극복하기 위해 나타난 제도로서 대부분의 현대 국가에서 채택하고 있다.

실적주의의 발달 요인으로는 ① 민주주의의 발전, ② 정당의 변질, ③ 행정의 다양화 · 전문화, ④ 엽관주의의 폐해 극복을 위한 요구를 들 수 있다.

실적제 수립 과정

1) 영 국

① 1853년, 노스코트와 트레벨리언(Nothcote & Trevelyan) 보고서에 의해 인사위원회 설치

② 1855년, 제1차 추밀원령(독립된 인사위원회 설립)

③ 1870년의 제2차 추밀원령에 의해 실적주의 확립(공개시험, 재무성의 인사권 강화)

2) 미 국

① 1880년대의 공무원제도 개혁운동

② 1881년, 가필드(J. A. Garfield) 대통령 암살(엽관운동의 실패자에 의해)

③ 1883년 펜들턴법(Pendleton Act) 제정

* 주요 내용

- 독립인사위원회의 설치
- 공개경쟁시험
- 제대군인 특혜 인정
- 정치헌금, 정치활동의 금지
- 시보제도

④ 1939년 해치법(Hatch Act) → '공무원 정치활동금지법'(실적주의 강화)

⑤ 1978년의 공무원제도개혁법 - 실적제도 원칙 명문화(카터 대통령 때)

경찰인사행정에서 실적제의 내용으로 ① 개인의 능력 · 자격 · 실적 기준, ② 경찰직에의 기회 균등, ③ 정치적 중립, ④ 경찰공무원으로서 신분보장, ⑤ 책임행정 구현, ⑥ 예산 절약, ⑦ 법 앞에 평등, ⑧ 경찰행정의 과학화 · 전문화 · 능률화 · 객관화를 들 수 있다.

이러한 실적주의의 장점으로는 ① 평등 이념의 구현, ② 공익의 대변자 역할 수행, ③ 합리적 경찰인사행정, ④ 경찰행정의 전문화 · 능률화 촉진, ⑤ 예산 절약, ⑥ 경찰행정의 계속성 · 안정성 확보를 들 수 있다.

정실주의나 엽관주의의 폐해를 극복하기 위해 대두되었던 영국이나 미국의 실적주의가 그 초기에는 정부의 인사관리에서 정치적 간섭을 배제하고 행정의 중립성을 확보하는 데 중점을 둔 반(反)엽관주의였으며, 엽관주의의 폐해만 방지하겠다는 소극적 성격을 띠고 있었다.

따라서 이러한 실적주의는 사찰적 · 정태적 성격과 지나친 중립성을 강조함으로써 발전 지향적인 인사정책을 추진하지 못하였다. 실적주의가 가지고 있는 단점으로는 ① 경찰인사행정의 경직화, 소극화, ② 경찰인사행정의 집권화, ③ 경찰인사행정의 형식화, 비인간화, ④ 정당 이념의 구현 곤란, ⑤ 경찰행정에 대한 민주통제의 곤란 등을 들 수 있다. 이러한 실적주의의 단점을 극복하기 위해 적극적 인사행정이 대두되었다.

(3) 현대 경찰인사관리(적극적 인사행정)

현대 인사관리는 경찰인사행정상 실적주의의 한계를 극복하고 인간주의적 · 분권적 인사행정의 확립을 추구하기 위해 엽관주의와 실적주의의 장점을 융합해 좀 더 적극적이고 동태적인 경찰인사행정제도를 확립하고자 시도하였다.

이러한 적극적인 경찰인사행정의 내용은 ① 적극적 모집, ② 정치적 임용, ③ 재직자의 능력 발전, ④ 인사권의 분권화, ⑤ 과학적 인사행정의 지양, ⑥ 행정의 인간화, ⑦ 사기 앙양과 신분보장, ⑧ 공무원단체의 허용 등이다.

4. 경찰공무원의 분류 체계

공직의 분류는 인사행정의 편의와 능률적 수행을 위해 어떤 기준에 따라 공직을 관리하는 것이며, 구분 방법은 경력직과 특수경력직, 개방형과 폐쇄형, 직위분류제와 계급제 등이며, 이들은 필요시 상호보완적 적용을 한다.

1) 경력직과 특수경력직

경력직과 특수경력직의 분류 기준은 '실적과 자격에 의한 임용'과 '정치적 중립성'의 적용 여부에 따라 구분한 것으로, 이들은 다음과 같이 다시 분류된다.

우리나라의 공직 분류

1) 경력직

① 일반직(일반공무원법 적용) 행정일반, 기술, 연구…

② 특정직(법관, 검사, 경찰, 교원, 군인, 군무원, 안기부 직원, 외무, 소방공무원 등) → 개별법 적용

③ 기능직(1~10등급)

2) 특수경력직

① 정무직

* 선거에 의해 취임하는 공무원
* 국회 동의, 정치적 판단에 의해 되는 직 → 감사원장, 국무총리, 장차관

② 별정직

관리관급 이하 특정 업무담당 공무원, 국회 전문위원, 감사원 사무차장, 국가정보원 기획조정실장, 비서관(소관 업무의 성질상 특히 필요하다고 인정되는 경우 국장 중에 한 사람을 별정직 임용 가능)

③ 전문직(계약직)

국가와 일정 기간 채용계약 (연구, 의료, 기술 분야)

④ 고용직

2) 개방형과 폐쇄형

개방형과 폐쇄형의 분류 기준은 결원의 충원 방식에 의한다. 개방형은 외부로부터 신규채용이 자유로운 제도이며, 주로 미국에서 사용하고 있다. 이에 비해 폐쇄형에서의 신규 채용자는 최하위 계층에서 주로 이루어지고, 내부승진으로 충원되는 제도로서 프랑스를 비롯해 영국, 독일이 대표적 국가이며, 일본도 여기에 속한다고 할 수 있다. 최근의 경향은 양 제도의 단점 보완을 위해 상호 접근하는 경향이 있다.

개방형의 장점은 동시에 폐쇄형의 단점도 되고 개방형의 단점은 폐쇄형의 장점이 될 수 있는데, 구체적으로 살펴보면 다음과 같다.

개방형과 폐쇄형의 장·단점

1) 개방형의 장점(폐쇄형의 단점)

① 좀 더 우수한 인재 등용 가능
② 행정의 질적 수준의 향상
③ 관료주의의 침체화 방지
④ 관료에 대한 민중통제가 가능

2) 개방형의 단점(폐쇄형의 장점)

① 재직자의 사기 저하
② 행정 능률의 저해
③ 행정의 불안정
④ 직업공무원제의 확립 저해

3) 계급제와 직위분류제

계급제는 인간 중심적인 입장에서 개인의 자격·학력·신분 등에 따라 등급을 분류해 놓고 공직을 구분하는 방법이다. 계급제를 채택하고 있는 나라는 관료제의 전통이 강한 서구 국가들을 비롯해 이들 국가의 문화적 영향을 많이 받았거나 농업사회적 전통이 강한 나라들로서, 영국·프랑스·독일·일본 등을 들 수 있으며, 우리나라도 여기에 속한다.

계급제의 특징으로는 ① 4대 계급제가 확립(교육제도상의 계층과 밀접한 관계), ② 폐쇄형 채택, ③ 원칙적으로는 계급 간의 이동이 되지 않으며, ④ 고급공무원의 엘리트집단화 현상 등을 들 수 있다.

계급제는 ① 넓은 시야를 가진 유능한 인재(generalist)의 등용, ② 신축적인 인사배치, ③ 직업공무원제도의 발달 촉진, ④ 행정 조정의 용이, ⑤ 강한 신분보장 등의 장점이 있고, 단점으로는 ① 비합리적인 보수 체계, ② 형식주의화 경향, ③ 관료주의화 경향, ④ 상하간 의사소통의 어려움 등을 들 수 있다.

직위분류제는 직무 중심적인 입장에서 직무의 종류와 곤란도, 책임도에 따라 공직을 분류하는 방법이다. 직위분류제는 개인적인 특성이나 능력에 기준을 두지 않고, 직무 자체의 정확한 분석과 평가에 의해 작성된 객관적인 직무기술서에 의해 공직이 분류되고, 그렇게 분류된 직위에 적합한 사람을 공직에 임용하는 제도다. 직위분류제를 채택하고 있는 국가는 미국을 비롯해 캐나다, 필리핀 등이다.

직위분류제는 ① 행정의 전문화, 과학화, 객관화, ② 교육훈련과 근무성적 평정의 합리적 기준, ③ 보수 체계 결정의 합리화, ④ 권한, 책임의 명확화나 정원관리 및 사무관리에 유용하다는 점에서 그 필요성을 인정하고 있다. 직위분류제의 장·단점은 계급제의 단·장점과 같다.

4) 직업공무원제

직업공무원제(career civil service system)란 공직이 유능하고 인품 있는 젊은 남녀에게 개방되어 매력적인 것으로 여겨지며 높은 지위에 올라갈 수 있는 기회가 부여됨으로써 공직을 보람 있게 생애의 일로 여길 수 있게 하는 제반 조치가 마련된 제도를 말한다.

직업공무원제는 ① 행정의 안정성·능률성의 확보, ② 행정의 계속성 유지, ③ 행정의 통일성 확보, ④ 행정의 중립성 확보를 위해 그 필요성이 인정되고 있다. 주요 내용으로는 ① 행정의 안정성 및 정치적 중립성, ② 계급제와 폐쇄적 공직 충원, ③ 신분보장, 직업의식 및 사기 앙양, ④ 장기적 발전가능성이나 잠재력의 중시 등을 들 수 있다.

직업공무원제의 요건은 ① 실적주의의 확립, ② 공직에 대한 높은 사회적 평가, ③ 유능한 젊은 인재의 채용, ④ 보수의 적정화, ⑤ 적절한 연금 수준, ⑥ 인력 수급 계획의 수립 등을 들 수 있다.

오늘날 행정 기능이 양적으로 팽창하고 질적으로 복잡해져서 전문화·기술화됨에 따라 이러한 업무를 수행할 전문공무원이 필요하고 이것을 뒷받침하기 위해 직업공무원제가 등장하게 되었다. 그러나 직업공무원제는 ① 전문가 채용 곤란, 행정의 전문화 저해, ② 학력, 연령의 엄격한 제한으로 인한 공직에의 기회 균등의 제약, ③ 변동, 개혁에의 저항, ④ 관료주의화의 우려, ⑤ 직업 전환의 곤란, ⑥ 공직사회의 침체 등이 문제점으로 지적되고 있다.

실적주의와 직업공무원제의 관계

1) 유사점

- 신분보장
- 정치적 중립
- 능력 중심의 공직 임용

2) 차이점

구 분	실적주의	직업공무원제
채택 국가	미국 · 캐나다	영국 · 독일 · 프랑스 · 일본
사회적 배경	산업사회	농업사회
공직 분류	직위분류제, 개방형	계급제, 폐쇄형
중점	직무 중심(업적성)	사람 중심(생애성)
보수관	직무급	생활급
연령 제한	없음	연령 제한이 필수적
인사 배치	비신축적	신축적
행정가	전문행정가(specialist)	일반행정가(generalist)

실적주의와 직업공무원제

미국의 경우 1883년 펜들턴법의 제정으로 실적주의가 확립되었으나 직업공무원제의 필요성이 강조된 것은 1935년 이후부터이다(간혹 실적주의가 직업공무원제를 의미하는 것으로 오해되고 있으나 실적주의는 직업공무원제의 기반을 조성한 것에 불과하다는 점에 주의).

제 2 절 경찰공무원의 임용

1. 경찰공무원의 외부임용

경찰공무원의 외부임용은 경찰공무원의 신규채용 과정이다. 채용이란 인재를 경찰직에 유치(모집)해 그 능력과 장래의 발전가능성을 평가(시험), 임명하는 과정을 의미한다. 신규채용에는 공개경쟁채용과 특별채용이 있다.

1) 공개경쟁채용

공개경쟁채용은 자격 있는 모든 사람에게 공직에 지원할 기회를 주고 공개경쟁시험을 통해 공무원을 선발하는 방법이다. 공개경쟁채용에서 가장 중요한 것은 공개경쟁을 보장하는 일이며, 이러한 공개경쟁은 실적주의를 실현하는 방법이 된다.

공개경쟁채용의 조건은 모집의 공개, 지원 기회의 제공, 선발 기준의 현실성과 공평성, 차별 금지, 능력에 기초한 선발, 결과의 공개 등이다(Stahl, 1976: 42; 이상윤, 2002: 179). 공개채용의 일반적인 과정은 모집 → 시험 · 선발 → 임용후보자명부 작성 → 추천 → 시보 → 배치(보직)의 순이다. 경찰공무원의 공개채용에는 순경 공채(일반순경, 101경비단, 여경)와 간부후보생 채용이 있다.

(1) 경찰공무원의 적극적 모집

① 적극적 모집의 의의

급격한 사회 변화와 경찰행정 수요의 양적 · 질적인 증가 추세에 따라 경찰행정의 전문화를 위한 경찰공무원의 자질 향상 문제는 세계 각국이 공통적으로 해결해야 할 시급한 당면 과제로 부각되고 있다. 따라서 일반행정에서와 같이 경찰인사행정의 성패 여부도 모집의 효과성과 합리성에 따라 좌우되는 것이라 할 수 있으며, 처음부터 유능하고 적절한 인적 자원을 공직에 적극적으로 모집한다는 것은 경찰행정의 발전에 기본적인 구성 요소로서 경찰공무원의 전문화 또는 민주화, 나아가서 더 나은 양질의 치안 서비스를 국민에게 제공할 수 있는 기초적 여건이 마련됨을 의미한다(이영남, 1999: 181－194; 신현기 · 이영남, 2003a: 46－103).

경찰공무원의 자질 향상은 급여 및 후생, 교육훈련 등의 여러 투입 요인들에 의해 복합적으로 영향을 받지만, 경찰인사의 첫 단계인 인적 자원을 흡수하는 채용 과정에서 유능한 경찰공무원을 모집하고, 그 중에서 적절한 조건을 갖춘 적격자를 채용하지 못한다면 진정한 의미에서의 자질 향상은 기대할 수 없다. 따라서 경찰공무원의 자질 향상의 근간이 되는 채용 과정에서의 개선이 무엇보다 중요하다고 하겠다. 최근 미국에서도 경찰공무원 채용 과정이 경찰인사행정의 문제로 대두된 1970년대 이래, 법집행과 관계를 맺고 있는 많은 기관[1]이 경찰공무원의 모집과 선발 및 임용을 위한 채용절차, 그리고 실적평가에 관련된 다수의 연구계획들을 지원해 왔으며, 또 현재 지원하고 있다.

선진 각국이 경찰공무원의 자질 향상 문제의 중요성을 심각하게 인식하고 거기에 대해 적극적인 모집으로 대처하는 현실에서, 우리나라의 경찰조직도 경찰공무원의 자질 향상에서 최우선적으로 고려해야 할 사항이 우수한 경찰 인력을 유치하기 위한 적극적 모집에 있다는 사실을 간과해서는 안 될 것이다.

② 경찰공무원 모집의 영향 요인

경찰공무원의 모집에 영향을 주는 요인은 전술한 바와 같이 환경적인 요인과 모집 정책적인 요인, 경찰 채용의 구조적인 요인으로 구분할 수 있다. 따라서 이러한 세 가지 변수에 따라서 우리나라의 경찰 모집의 실태를 분석하면 다음과 같다.

(가) 환경적 요인

노동시장의 불안은 상대적으로 안정적인 공직에 더 매력을 느끼게 될 것이다. 실제적으로 1999년 간부후보생 모집에 100대 1이 넘는 지원율을 비롯해 경찰직의 각종 시험에 지원율이 급등하는 현상을 보이고 있다. 이러한 경쟁률은 2000년대 들어오면서 더욱 높아지고 있다.

경찰 모집의 높은 지원율은 노동시장의 변화뿐만 아니라 경찰직에 대한 사회적 평가가 서서히 달라지고 있음을 잘 보여준다고 하겠다. 이것은 경찰조직이 그동안 정권 수호자로서 권위적인 대국민 이미지에서 점차 민생 치안의 유지자로서, 또는 대국민 봉사자로서 자리매김하려고 나름대로 노력한 결과라고 하겠다.

각종 경찰직의 모집시험에서 높은 경쟁률을 나타내고 있는 현상이라든지, 각 대학의 경찰행정학과의 설치 붐에 따라 우수한 학생들이 대거 경찰행정학과에 지원하는 현상은 경찰직이 젊은 구직자들에게 매력적인 직업으로 받아들여지고 있는 것이라

---

1) 이러한 기관으로는 미국의 법집행기관(Law Enforcement Assistance Administration: L. E. A. A)과 국제경찰장협회(International Association of Chief of Police: I. A. C. P.) 및 경찰재단(Police Foundation) 등을 들 수 있다.

고 해석되며, 나아가 경찰에 대한 사회적인 평가가 달라지고 있음을 반증한다고 하겠다.[2)]

(나) 모집정책적 요인

모집정책적인 요인으로서 경찰공무원의 채용과 관련해서 합리적인 근거가 될 경찰인력 자원계획과 적극적인 모집활동을 위한 제도적인 장치, 경찰조직의 업무의 특수성으로 인한 급여 및 후생복지의 차별화가 중요하다.

우리나라 경찰공무원의 모집에서 적정 인력 규모의 산출 지표로 사용하고 있는 것은 '경찰관 1인당 담당인구'다. 물론 경찰관 1인당 담당인구의 세계 비교를 통해 적정 인력 규모인지 아닌지를 구분하는 것은 국가마다 상이한 치안 업무와 범죄환경으로 단순한 인구 수에 근거한 비교는 사실상 문제가 있다고 하겠다. 철저한 직무분석에 의한 인력자원계획의 부재로 인적 자원의 수요를 과학적으로 예측하는 데 실패함으로써 모집 정원의 결정이 자연감소율이나 경찰관서의 확장 계획에 따라서 임시방편적으로 이루어지고 있는 실정이다.

(다) 경찰 채용의 구조적 요인

경찰공무원의 모집에 구조적인 영향 요인으로 자격 조건, 입직 경로, 시험 등을 들 수 있다. 자격 조건을 보면, 신체적 적합성 검사로 종래에는 신장, 체중 등 신체 조건을 중요시해 선발했으나[3)] 오늘날에는 기민성 검사가 신체적 소질과 능력을 평가하는 데 유효한 변수가 되고 있다(Territo, Swanson, & Chamelin, 1977: 57-58; 이황우, 2002: 239).

입직 경로가 공채 위주냐, 아니면 특채 위주냐가 영향을 미칠 수 있으며, 경로의 복잡성 여부도 영향을 미칠 수 있다. 또한 입직시험이 일반 상식을 측정하는 데 두느냐, 아니면 경찰행정에 관한 전문적인 지식을 측정하는 데 두느냐도 영향을 미칠 수

---

2) 2013년 기준 전국에는 120여 개 이상의 대학에서 경찰행정 관련 학과가 설치・운영되고 있는데, 이러한 숫자는 향후에도 지속적으로 증가할 것으로 전망된다.

3) 과거 경찰공무원 채용의 신체 조건은 신장 167cm 이상(여경 157cm 이상), 체중 57kg 이상(여경은 47kg 이상), 흉위는 신장의 1/2 이상, 시력은 양쪽 눈이 0.8 이상(교정 시력인 자는 나안이 0.2 이상)이었는데, 2008년 7월 1일부터 신체검사 규정이 개정되어 신장과 체중 제한이 없어졌다. 변경된 경찰공무원 채용의 신체 조건은 국・공립병원 또는 종합병원에서 실시한 경찰공무원 채용 신체검사 및 약물검사 결과 건강 상태가 양호하고 사지가 완전하고, 가슴, 배, 입, 구강, 내장의 질환이 없어야 하며, 시력은 교정시력을 포함해 양쪽 눈이 0.8 이상이다.

있다.

(2) 경찰공무원의 시험

시험은 공직에서 필요로 하는 능력을 가진 사람을 분별해 내는 제도로서 시험의 목적은 응시자의 직무 수행 능력을 정확히 판단하는 것이다. 그러나 시험으로 판단하는 것은 완전한 것은 아니며, 단지 판단을 보충하는 데에 불과하다는 한계가 있다.

시험의 유형에는 형식별 분류와 목적별 분류로 구분할 수 있는데, 형식별 분류에는 ① 필기시험, ② 실기시험, ③ 면접시험이 있다. 또한 목적별 분류에는 ① 일반지능검사, ② 적성검사, ③ 업무능력검사, ④ 성격검사, ⑤ 체력검사가 있다.

우리나라 경찰공무원의 채용시험은 신체검사, 체력검사, 필기시험, 종합적성검사, 면접시험에 의한다. 다만, 시험 실시권자는 업무 내용의 특수성, 기타 사유로 필요하다고 인정하는 경우에는 그 순서를 변경할 수도 있다(경찰공무원 임용령 제36조).

(3) 임 용

임용은 공무원을 특정의 직위에 취임시키는 행위 및 결원을 보충하는 과정으로 임용의 주요 절차는 임용후보자명부에 등재→임용후보자의 추천(3배수)과 시보임용(5급: 1년, 6급 이하: 6개월)→보직배치의 과정을 거친다.

경찰공무원의 채용후보자명부는 경찰청장이 신규채용시험에 합격한 자를 성적 순위에 따라 명부에 등재한다. 다만, 채용후보자가 경찰교육기관에서 신임교육을 받은 때에는 그 교육성적의 순위에 의한다. 채용후보자명부의 유효 기간은 2년의 범위 안에서 대통령령으로 정한다. 다만, 경찰청장은 필요에 따라 1년의 범위 안에서 그 기간을 연장할 수 있다(경찰공무원법 제9조). 경정 이하의 경찰공무원을 신규채용할 때에는 1년간 시보(試補)로 임용하고, 그 기간이 만료된 다음 날에 정규 경찰공무원으로 임용한다(경찰공무원법 제10조).

2) 특별채용

실적주의 하에서 공무원의 채용은 공개경쟁채용에 의하는 것이 원칙이다. 그러나 행정 수요의 복잡성과 다양성에 따라 공개경쟁채용시험을 행하기가 부적당하다거나, 공개경쟁채용으로 확보하기 곤란한 특수 분야의 공무원에 대해서는 예외적으로 다른 특별한 방법으로 필요 인원을 확보하도록 하고 있는데, 이러한 채용 방법이 특별채용이다.

인력・예산 또는 근무지역의 특수성 등의 문제로 공개채용 절차로는 채용이 곤란한 특정 직위에 소수 인원을 채용하고자 할 때, 또는 특별한 자격이나 능력을 가지고 있는 자를 특정 직위에 임용하고자 할 때 비교적 채용 절차가 간편한 특별채용 방법을 채택하고 있다.

특별채용은 공개채용제도의 미비점을 보완하고 임용구조에 융통성을 부여하는 제도이기는 하지만, 정치적 압력이나 정실이 개입될 가능성이 높기 때문에 특별채용의 요건과 절차를 엄격히 규정할 필요가 있다.

경찰공무원의 특별채용도 다양한 분야를 대상으로 이루어지고 있는데 대표적인 분야로 경찰대학 졸업자, 경찰행정학과 졸업자, 고시 합격자, 의경 전역자, 외사 전문요원, 항공조종사, 무도요원, 해난구조 전문요원, 항공정비사, 소주정(小舟艇) 요원, 경찰특공대, 전산요원, 운전요원 등이 있다.

2. 경찰공무원의 내부임용: 인사이동

1) 인사이동의 의의

인사이동이란 경찰공무원의 현 직위에서 다른 직위로 옮겨가는 모든 유형의 직위 변동을 의미한다. 이러한 인사이동은 수직적 인사이동과 수평적 인사이동으로 구분된다.

수직적으로 이동시키는 내부임용 방법으로는 승진과 강임이 있다. 또한 수평적으로 이동시키는 것을 배치전환이라고 한다. 수평적 이동은 동일 계급 또는 동일한 직급 간의 수평적 이동이다. 이러한 수평적 이동인 배치전환에는 전보・전직・전입・

파견 · 겸임 등이 있다.

2) 경찰공무원의 승진

경찰공무원의 승진이란 하위 계급에서 상위 계급에로의 수직적인 인사이동을 말한다. 승급은 동일 계급 내에서 호봉만 상승하는 것을 의미하기 때문에 승진과는 다른 개념이다.

승진제도는 ① 경찰공무원의 사기 앙양, ② 유능한 인재의 확보, ③ 경찰공무원의 능력 발전, ④ 인적 자원의 활용이라는 점에서 그 유용성이 있다.

경찰공무원에 대한 승진은 경찰공무원 승진임용규정 제3조에서 심사승진, 시험승진, 특별승진 등 세 종류로 규정하고 있다.

(1) 시험승진

시험승진은 경찰공무원 승진임용규정 제27조(시험 실시의 원칙)에 따라서 계급별로 실시하고 있다. 다만, 경찰청장이 필요하다고 인정할 때에는 경과별 · 특수 분야별로 구분하여 실시할 수 있다.[4)]

승진시험에 응시하고자 하는 경찰공무원은 <표 7-1>과 같이 해당 계급의 연수 이상 재직하여야 한다(경찰공무원 승진임용규정 제5조). 또한 경찰공무원 교육훈련규정 제8조 제1항 및 제2항의 규정에 따라 교육을 받은 자여야 하는데 이 교육의 성적 중 만점의 6할을 넘어야 한다. 또 하나의 기준은 경찰공무원 승진임용규정 제6조(승진임용의 제한) 제1항의 규정에 따라 승진임용의 제한을 받은 적이 없는 경찰공무원이어야 한다. 시험승진도 1년에 1회 실시된다.

표 7-1 경찰공무원의 승진소요 최저 근무연수

총경	경정	경감	경위	경사	경장	순경
4년	3년	3년	2년	2년	1년	1년

4) 경과별 · 특수 분야별로 시험을 실시하는 경우 임용 후 2년 이상 5년 이하의 범위 안에서 행정안전부 장관이 정하는 기간동안 경찰청장이 지정하는 직무부서에서 근무할 것을 조건으로 할 수 있다(경찰공무원 승진임용규정 제27조 제2항).

(2) 심사승진

심사승진은 경찰공무원법 제12조(승진심사위원회)의 규정에 근거하고 있다. 이 규정에 따르면, 경찰공무원법 제11조 제2항의 규정[5]에 의한 승진심사를 하기 위해 경찰청에 중앙승진심사위원회를, 경찰청・지방경찰청・대통령령이 정하는 경찰기관에 보통승진심사위원회를 둔다. 총경 이상의 승진심사는 중앙승진심사위원회에서 행한다. 그리고 보통승진심사위원회는 경정 이하에의 승진심사를 담당한다. 총경 이하의 승진심사는 연 1회, 1월 2일부터 3월 31일 사이에 실시한다.

(3) 근속승진

근속승진은 경찰공무원법 제11조의2에서 해당 계급에서 일정 기간 재직한 자에 대해서는 경장・경사・경위・경감으로 각 근속승진 임용을 할 수 있도록 규정하고 있다. 경찰청장은 근속승진 임용 대상자의 요건을 정할 때 순경을 경장으로 근속승진 임용하고자 할 때에는 해당 계급 4년 이상 근속자로, 경장을 경사로 근속승진 임용하고자 할 때에는 해당 계급 5년 이상 근속자로, 경사를 경위로 근속승진 임용하고자 할 때에는 해당 계급 6년 6개월 이상 근속자로, 경위를 경감으로 근속승진 임용하고자 할 때에는 해당 계급 10년 이상 근속자로 한다.

(4) 특별승진

경찰공무원 특별승진에 관해서는 경찰공무원법 제14조(특별유공자 등의 특별승진) 제1항에 해당하는 자에 대해서는 경찰공무원법 제11조의 규정에도 불구하고 1계급 특별승진시킬 수 있다.[6] 다만, 경위 이하의 경찰공무원으로서 모든 경찰공무원의 귀감이 되는 공을 세우고 전사하거나 순직한 자에 대해서는 2계급을 특별승진시킬 수 있다.

---

5) 경무관 이하 계급에의 승진은 승진심사에 의한다. 다만, 경정 이하 계급에의 승진에서는 대통령령이 정하는 비율에 따라 승진시험을 병행할 수 있다고 규정하고 있다(경찰공무원법 제11조 제2항).

6) 경찰공무원법 제11조에는 "경찰공무원의 승진은 바로 하위 계급에 있는 경찰공무원 중에서 근무성적평정, 경력평정, 그 밖의 능력을 실증하여 승진임용한다. 경무관 이하 계급에의 승진은 승진심사에 의한다"라고 규정하고 있다.

즉, 국가공무원법에 대해서는 제40조의4, 제1항 제1호 내지 제4호의1에 해당하는 자, 전사하거나 순직한 자, 직무 수행 중 현저한 공적을 세운 자 등이 특별승진의 대상자들이다. 유공자 등의 특별승진에 대해서는 경찰공무원 승진임용규정 제37조에 잘 명시되어 있다.

3) 강 임

승진은 하위직에서 상위직으로 이동하는 것을 말하지만 강임(demotion)은 그 반대로 상위직에서 하위 계급의 직위로 이동하는 것을 말한다. 즉, 동일한 직렬 내에서의 하위 직급에 임용되거나, 하위 직급이 없어 다른 직렬의 하위 직급으로 임용되는 것을 말한다(이상윤, 2002: 266－267).

인사 운영의 실제를 보면 강임이 생기는 경우는 드물지만, 강임이 해당 공무원을 위해서나 조직을 위해서나 필요할 때가 있으므로 이를 제도적으로 인정하는 것이 보통이다.

강임의 요건은 직렬·정원의 변경이 있거나 예산의 감소 등으로 해당 직위가 없어지는 경우 강임에 의해 감원을 피할 수 있고, 또한 공무원 본인이 원해서 현재의 직위보다 낮은 계급에 해당하는 직위라도 자기가 원하는 직위라면 강임을 통해 그 직위로 옮길 수 있는 것이다.

4) 경찰공무원의 배치전환

(1) 의 의

배치전환(reassignment and transfer)은 승진과 같이 내부로부터의 임용 방법으로서 전보·전직·전입·파견·겸임 등이 있다. 배치전환은 공무원이 지금까지 담당하고 있던 직위와 책임 수준이 같은 직위로 이동하는 것, 즉 동일 등급 내의 인사이동을 말한다. 따라서 배치전환은 같은 등급 내의 수평적 이동이다. 따라서 승진과는 달리 보수액의 변동이 수반되지 않는다.

배치전환의 용도는 소극적인 이용과 적극적·합리적인 이용으로 구분해 볼 수 있는데, 소극적인 이용으로 ① 징계의 수단, ② 개인적 특혜의 수단, ③ 사직 강요의 수단, ④ 징계 회피의 수단, ⑤ 인(人)의 장막 형성의 의도로 사용될 수 있다.

이에 비해 적극적·합리적인 이용으로는 ① 보직에 대한 부적응의 해결, ② 인간관계의 개선, ③ 공직의 침체 방지, ④ 교육훈련 및 능력 발전의 수단, ⑤ 변동에의 대응, ⑥ 비공식집단의 폐해 제거, ⑦ 조직에의 충성심 확보, ⑧ 개인적 희망의 존중을 들 수 있다.

(2) 전 보

전보(轉補)는 경찰공무원이 동일한 직렬·직급 내에서 계급의 변동 없이 직위만 바꾸는 것을 의미하며, 전보에 따른 시험은 불필요하다. 전보는 정기적으로 실시되는데, 그 이유는 동일 직위에 장기근무로 인한 공직의 침체를 방지하기 위한 것이며, 그렇다고 지나치게 빈번한 전보는 오히려 행정의 능률을 저하시키기 때문에 적당한 기간을 설정해 정기적으로 실시한다.

(3) 전 직

전직(轉職)은 직급은 동일하나 직렬을 달리하는 직위로의 수평적 이동을 말하며, 전직제도는 인사행정이 지향하는 직무의 전문화와는 상반되는 제도이기 때문에 전직 시에는 반드시 시험을 치르게 하고(국가공무원법 제28조의3), 전직 후에도 특정 직위에 대해서는 상당 기간 동안 전직할 수 없도록 하는 비교적 엄격한 제한을 두고 있다.

전직은 공무원이 당초 채용과는 다른 능력이나 성격이 있는 경우 적합한 직무 분야로 다시 임용케 함으로써 장기적으로는 직무의 전문화를 꾀할 수 있고, 인력 운영의 신축성을 가질 수 있다는 이점이 있다.

(4) 전 입

전입(轉入)은 인사 관할을 달리하는 입법부·행정부·사법부 사이에 다른 기관 소속 공무원을 이동시켜 받아들이는 것을 말한다. 예를 들면, 사법부 소속 공무원이 경찰공무원(행정부 소속 공무원)으로 이동되는 경우이다.

전입의 경우, 전입시험을 치러야 하며(국가공무원법 제28조의2), 임용 자격 요건 및 시험 과목이 동일한 경우 시험의 일부 또는 전부를 면제할 수 있다.

(5) 파견근무

파견근무(派遣勤務)는 소속 변경 없이 임시로 다른 기관 또는 부서에서 근무하는 임시적 배치전환으로 보수도 원래의 소속 부서에서 받는다. 파견근무는 업무 수행 또는 그와 관련된 행정 지원이나 연수, 기타 능력 개발 등을 위해 공무원을 다른 기관으로 일정 기간 동안 이동시켜 근무하게 하는 제도로서 한정적이고 긴급한 인력 요구에 대응하기 위한 신축적 인사 운용제도이다.

(6) 겸 임

겸임(兼任)이란 직위 및 직무 내용이 유사해 직무 수행에 지장이 없다고 인정되는 경우에 한 사람의 공무원에게 둘 이상의 직위를 부여하는 것을 말한다.

겸임의 요건으로는 ① 임용 예정 직위에 관련되는 전문 인력의 확보가 필요한 경우, ② 각급 교육훈련기관의 교관요원 임명 등에 이용되는 경우로서 이것은 잠정적 임용 방법이다.

제 3 절 경찰공무원의 능력 발전

1. 경찰공무원의 교육훈련

1) 교육훈련의 의의

교육훈련이란 공무원의 능력을 향상시키려는 것으로 공무원의 능력 발전을 위해 직무 수행에 필요한 지식과 기술의 습득 및 가치관·태도의 발전적 변화를 기하고자 하는 인사 기능을 의미한다.

교육훈련의 필요성으로는 ① 전문화 및 기술혁신에의 적응으로 행정환경의 급속한 변동과 유동성의 변화, ② 행정 기능의 확대 · 강화 및 생산적 복지국가화의 경향, ③ 직무 수행 능력과 변화 대처 능력 습득에 대한 공무원 사회에의 적응 능력의 요청, ④ 감독자가 관리자로 승진 시에 요구되는 능력 습득과 정보화 시대의 요청에 대응하는 정보화 훈련의 확대에 대한 관심사 등과 그 밖에 특수 직책 수행에 따른 기술 능력 습득의 필요, 새로운 가치관의 확립 등을 들 수 있다(Kilpartirick et al., 1979: 254).

교육훈련은 공무원의 능력 향상을 통해 조직의 통합성과 생산성을 높이는 것으로 훈련은 조직의 발전과 조직 참여자의 발전을 함께 추구하는 활동이다. 따라서 교육훈련의 목적은 ① 공무원의 직무 수행을 개선하고 조직의 문제 해결을 통해 생산성 향상을 가져오게 하고, ② 훈련을 잘 받은 공무원은 규범과 협동, 그리고 조정의 능력을 가져와 통제와 조정의 필요성을 감소시켜 주며, ③ 공무원의 미래의 경력 발전을 위한 기회를 제공해 주고, ④ 훈련으로 일에 대한 숙달은 사고나 과오를 방지할 수 있고, 그로 인한 낭비를 줄일 수 있으며, ⑤ 조직의 안전성과 융통성을 높일 수 있다. 안전성이란 주요 직원의 상실과 소모에도 불구하고 조직의 효율성을 유지할 수 있는 능력이고, 융통성이란 단기적인 업무 변동에 적응할 수 있는 조직의 능력을 말한다. ⑥ 그 외 결함의 시정, 공무원의 경력 발전, 행정관리의 개선 및 발전, 능동적이고 적극적인 공무원의 양성, 행정개혁 촉진, 지식 · 기술의 습득과 가치관의 변혁을 가져올 수 있다.

2) 교육훈련의 종류

교육훈련은 어떤 기준을 쓰느냐에 따라 훈련의 종류는 여러 가지로 분류할 수 있다. 분류 방법의 몇 가지 사례를 보면, ① 목적별 또는 성질별로 훈련을 분류하는 방법, ② 조직의 기능별 또는 직무 분야별로 훈련을 받는 계층에 따라 분류하는 방법, ③ 기간을 중심으로 단기, 중기, 장기의 훈련을 구분하는 방법, ④ 훈련 장소를 기준으로 해서 직장 내에서의 훈련과 직장 외에서의 훈련으로 구분하는 방법 등이 있다.

표 7-2 교육훈련의 종류

종 류	대 상	중 점	적용 기법
신규채용자 훈련	신규임용자	• 조직 목적과 구조 기능 및 직무 내용 파악 • 조직에의 적응과 심리적 안정감 부여	• 현장훈련(OJT) • 강의, 회의 등
재직자 훈련	6급 이하 현 재직자	• 새로운 지식, 기술의 습득 • 변동 대응 능력 향상	• 실습 • 현장훈련(OJT)
감독자 훈련	일선 리더	• 감독자로서의 리더십 향상	• 직장 내 훈련 · 토론 • 세미나 · 강의, 사례연구, 회의, 시청각교육 등
관리자 훈련	고급관리층 또는 중간관리층	• 정책결정 능력 및 지휘 능력 향상	• 사례연구 · 회의 • 토론 · 감수성훈련
교관 훈련	교관	• 교수 기법 향상	

3) 교육훈련의 방법

교육훈련의 방법은 현장훈련과 현장 외 훈련으로 나눌 수 있으며, 현장훈련에는 순환보직, 실무수습, 임시대역 등이 있으며, 현장 외 훈련에는 강의, 토론, 사례연구, 감수성훈련, 역할연기, 모의실험, 분임연구 등이 있다.

또한 체험식 방법에는 OJT, 순환보직, 시찰, 견학이 있고, 참여식 방법에는 사례연구, 회의, 분임토의(syndicate), 감수성훈련, 대집단토의, 역할연기 등이 있다.

표 7-3 교육훈련의 방법

훈련 방법	구분	내 용
강의 (lecture)	의의	훈련 대상자를 한 곳에 모아놓고 일방적으로 정보를 전달하는 방법
	장점	비용 저렴, 조직적 · 체계적 전달 가능, 훈련 내용 조정 가능, 일시에 많은 사람 훈련 가능
	단점	피교육자의 흥미 유발 곤란, 적극적 행동 유발 곤란, 형식적, 유능한 강사 확보 곤란
직장훈련 (On the Job Training: OJT)	의의	훈련 대상자가 자기 소속기관 내에서 자기의 직무를 수행하면서 상관으로부터 지도 · 훈련을 받는 방법
	장점	실용적, 경비 절약, 원만한 인간관계 유지 가능, 업무의 공백이 없다.
	단점	상관의 시간이 많이 소요, 상관의 지도 기술이 필요, 피훈련자의 수가 많을 경우에는 비능률적

순환보직	의의	보직을 바꿔가면서 직무를 처리하도록 하는 훈련
	장점	시야와 경험 확대, 고급공무원의 훈련에 적합, generalist 양성에 적합
	단점	적응의 어려움
시찰・견학	장점	효과가 크다, 시야 확대
	단점	비용・시간 과다 소요
사례연구	의의	감독자나 관리자의 인간관계에 관한 훈련에 활용되는 방법으로 실제의 구체적 사례를 가지고 토의하는 방법
	장점	분석적 사고와 문제 해결 능력 개발, 경험 활용 가능, 자유로운 토의 가능, 독단 회피 가능
	단점	다수의 훈련 대상자의 훈련에 부적합, 자료 준비에 많은 노력 필요, 시간 소요가 많다.
분임토의(syndicate)	의의	훈련 대상자를 몇 개의 소집단으로 편성하여 각 집단별로 연구과제를 주어 훈련시키는 방법
	장점	훈련 대상자들 간에 접촉이 긴밀해지고, 관리자의 관리기술과 태도 향상에 효과적
	단점	훈련 기간이 너무 짧고, 유능한 훈련관의 확보가 곤란
대집단 토의	의의	몇 사람의 연사로 하여금 주제를 발표하게 하고 피교육자들도 이에 참여시켜 토론하도록 하는 방법
	장점	관심 유발 가능
	단점	소수만이 참여 가능
기타	회의, 독서, 통신교육, 계획학습, 모의연수(simulation), 역할연기(role playing)	

대집단토의의 종류에는 패널(panel: 동일 주제로 질문 불허), 심포지엄(symposium: 다른 주제로 질문 불허), 포럼(forum: 방청객의 질의・응답을 허용)이 있다.

교육훈련의 방법에는 그 목적, 대상, 교육시설, 재정, 시기, 피교육자의 자질, 유능한 교관의 유무 등을 고려해서 선택한다. 교육훈련의 방법을 요약하면 <표 7−3>과 같다.

4) 경찰공무원의 교육훈련

'경찰공무원법' 제17조(교육훈련)에 따라 경찰청장(치안정감)은 모든 경찰공무원에게 균등한 교육훈련의 기회가 부여되도록 교육훈련에 관한 종합적인 기획 및 조정을 해야 한다.

경찰청장은 경찰공무원의 교육훈련을 위한 교육훈련기관을 설치・운영할 수 있다. 또한 이들은 교육훈련을 위해 필요한 때에는 대통령령이 정하는 바에 의해 경찰공무원을 국내·외의 교육기관에 위탁해 일정 기간 교육훈련을 받게 할 수 있다. 그리고 동조 제2항의 규정에 의한 경찰공무원의 교육훈련기관의 설치 및 운영에 관해 필요한 사항과 제3항의 경찰공무원 복무에 관해서는 대통령령으로 정한다.

경찰공무원 교육훈련규정(대통령령) 제7조(교육훈련의 구분)에는 경찰교육의 종류로 학교교육, 위탁교육 및 직장훈련 및 기타교육훈련으로 규정되어 있다. 여기서 학교교육이란 정부가 설치해 놓은 교육훈련기관에서 실시되는 교육훈련을 의미하는데, 현재 경찰교육기관으로 경찰대학·경찰종합학교·중앙경찰학교가 있다. 이들 기관에서는 경찰공무원의 신규채용이나 재직하고 있는 경찰공무원에 대한 교육을 수행한다. 특히 학교교육은 교육훈련의 대상에 따라서 경찰공무원 교육훈련규정 제8조에서 신임교육 과정·기본교육 과정·전문교육 과정으로 구분하고 있다.

신임교육 과정이라 함은 공개경쟁이나 특별채용시험에 의해 신규 채용된 후보자를 경찰에 임용할 것을 전제로 해서 행해지는 일종의 적응 내지는 기초훈련 과정을 말한다. 주요 신임교육 과정으로 경찰대학에서 52주간 실시되고 있는 간부후보생교육과 중앙경찰학교에서 34주간 행해지고 있는 신임순경교육이 있다. 신임순경교육의 마지막 1주일은 경찰인재개발원에서 시행하고 있다.

기본교육 과정은 경정·경감·경위 및 경사(승진후보자명부에 등재된 자들 포함)들을 대상으로 경찰관리자로서 치안환경 변화에 대한 대응 능력을 높이고, 관리자로서의 실천적 관리 능력의 배양과 국제화·정보화에 대비하게 하는 것을 그 목표로 한다. 총경급 기본교육 과정으로 치안정책 과정이 있는데, 총경급 관리자들의 종합적 치안정책 개발 능력의 제고, 일선지휘관 및 참모로서의 소양과 직무관리 능력을 함양하고, 글로벌 시대에 걸맞은 국제적 안목을 배양하고 참여식 교육의 확대로 조직 내의 핵심 인력으로서의 역량 및 리더십 강화를 교육 목표로 하고 있다.

전문교육 과정은 다양한 분야의 깊이 있는 전문지식과 직무 능력을 함양하기 위한 직무교육 과정으로서 경찰대학, 경찰인재개발원, 경찰수사연수원에서 각 계급별, 각 전문 분야별로 다양하게 실시되고 있다.

경찰대학에는 2019년 현재 대학과정, 총경 및 승진후보자, 일반부처 서기관, 군 대령, 공공기관 1급 이상을 대상으로 한 치안정책과정, 변호사경채자 신임과정, 항공경

채자 신임과정 등 특채 등 경력직 특채과정, 경호처 신임직원 수탁과정 등 전문화 과정, 간부후보생 교육과정 등을 운영하고 있다.

중앙경찰학교에서는 2019년 현재 신임경찰과정으로 일반 순경(남・여)과정, 101 경비단 과정, 경찰행정학과 특채과정, 정보통신 특채과정, 경찰특공대 과정, 사이버 특채과정, 외사특채과정, 범죄분석 특채과정, 피해자심리 특채과정, 그 외 특채과정 등을 운영하고 있다.

특히 경찰수사연수원은 1984년 경찰대학에 수사간부연수소가 설치된 이래로 1999년에는 경찰수사연수소와 보안경찰연수소를 경찰수사보안연수소로 통합되었다가 2007년 경찰수사연수원으로 확대・개원해 전문수사교육기관으로서 중추적인 역할을 해오고 있다.

2019년 교육과정을 보면 5개 학과, 62개 과정, 총 152회, 연 교육인원 45,450명의 수사관을 교육하였다(경찰수사연수원 홈페이지, 2020년 1월 1일 현재). 5개 학과에는 융합수사학과에 9개 과정, 지능범죄수사학과에 18개 과정, 강력범죄수사학과에는 11개 과정, 보안사이버수사학과에는 11개과정, 과학수사학과에는 13개 과정이 개설되어 있다.

2. 경찰공무원의 근무성적평정

1) 근무성적평정의 의의

근무성적평정(performance evaluation)은 정기적으로 공직에 임하는 경찰공무원 개개인의 근무 실적, 직무 수행 능력, 그리고 근무 태도 등을 공식적이며 체계적으로 종합 평가해 승진임용・특별상여금 지급・전보 등 인사관리에 반영하고 경찰조직 전체의 능률 향상을 위하여 활용되는 인사제도이다. 근무성적평정제도가 시작될 당시에는 생산성과 능률성을 측정해 그 결과들을 인사관리의 표준화와 직무 수행의 관리에 활용해 왔으나 최근에는 공무원과 행정조직의 공공 발전에 기여하는 역할이 더 한층 강조되고 있는 실정이다(이황우, 2002: 342).

경찰공무원의 근무성적평정의 목적은 경찰행정의 능률을 최대한 끌어올리며 경찰공무원의 능력과 실적 중심의 공정하고 공평한 민주적인 인사관리의 기본 토대를 제공하자는 데 있다. 나아가서 경찰공무원의 이익과 권리도 동시에 보호하자는 데 초점이 맞추어져 있다. 종래에는 근무평정이 상급자로부터 부하에 대한 일종의 징벌적 접근 방법으로 활용되기도 했으나 현재에는 일종의 조언자나 상담자적 역할을 하는 적극적 · 임상적 방법으로 발전되는 모습을 보여주고 있기도 하는데(이황우 · 조병인 · 최응렬, 2001: 181) 이는 매우 바람직한 현상이라고 할 수 있다.

2) 근무성적평정 실시

우리나라 '경찰공무원 승진임용규정' 제7조(근무성적평정)에 따르면, 총경 이하의 경찰공무원에 대해서는 근무성적을 평정해야 하며, 그 평정의 결과는 승진 등 인사관리에 반영하여야 한다고 규정하고 있다. 근무성적은 제1 평정 요소, 제2 평정 요소에 의해 평정하는데 총경의 근무성적은 제2 평정 요소로만 평정한다.

제1 평정 요소는 경찰업무 발전에 대한 기여도, 포상 실적, 그 밖에 행정안전부령으로 정하는 평정 요소로 평정하고, 제2 평정 요소는 근무실적, 직무수행능력, 직무수행태도를 평정한다. 제2 평정 요소에 따른 근무성적 평정은 평정대상자의 계급별로 평정 결과가 수(20%), 우(40%), 양(30%), 가(10%)로 분포비율에 맞도록 하여야 한다. 구체적인 평정기준은 '경찰공무원 승진임용규정 시행규칙' 별표 1, 별표 1의2, 별지 제1호서식, 별지 제2호서식, 별지 제3호서식에 자세히 규정되어 있다.

근무성적 평정의 예외로 휴직 · 직위해제 등의 사유로 해당 연도의 평정기관에서 6개월 이상 근무하지 아니한 경찰공무원에 대해서는 근무성적을 평정하지 아니한다고 규정하고 있으며, 교육훈련 외의 사유로 국가기관, 지방자치단체 또는 인사혁신처장이 지정하는 기관에 2개월 이상 파견근무하게 된 경찰공무원에 대해서는 파견받은 기관의 의견을 고려하여 근무성적을 평정하여야 한다.

또한 평정대상자인 경찰공무원이 전보된 경우에는 그 경찰공무원의 근무성적 평정표를 전보된 기관에 이관하여야 한다. 다만, 평정기관을 달리하는 기관으로 전보된 후 2개월 이내에 정기평정을 할 때에는 전출기관에서 전출 전까지의 근무기간에 대한 근무성적을 평정하여 이관하여야 하며, 전입기관에서는 받은 평정 결과를 고려하여 평정하여야 한다.

정기평정 이후에 신규채용되거나 승진임용된 경찰공무원에 대해서는 2개월이 지난 후부터 근무성적을 평정하여야 한다(경찰공무원 승진임용규정 제8조: 근무성적평정의 예외).

3. 경찰공무원의 사기

1) 경찰 사기의 의의

사기(士氣)란 직무 수행 동기를 말하며(오석홍, 2000: 521), 조직구성원이 조직의 공동 목표 달성을 위해 자발적으로 노력하는 정신 상태로서 생산성 내지 능률성을 높이기 위한 중요한 수단이 된다. 사기는 조직의 생산성과 직접적인 관계는 없지만 생산성에 영향을 미치는 중요한 변수 중의 하나이다.

직무 수행 동기에서 동기란 행동을 야기하고 그 형태·방향·강도·지속시간 등을 결정하는 일련의 정신적인 힘을 말한다. 동기는 행동을 시작하게 하고 유지되게 하며, 행동의 강도와 양태 및 질과 방향, 그리고 행동의 중지를 결정하는 데 영향을 미치는 과정이라고도 설명할 수 있다(Pinder, 1984: 8–14; Feldman, 1996: 320).

사기의 성격은 ① 개인적·자발적 성격, ② 집단적·조직적 성격, ③ 사회적 성격, ④ 민주적 성격을 들 수 있다. 사기의 결정 요인으로는 경제적·물질적 요인으로는 보수를 들 수 있으며, 사회·심리적 요인으로는 ① 인정감·성취감, ② 성공감, ③ 안정감, ④ 귀속감·일체감, ⑤ 참여 등을 들 수 있다.

사기의 일반적인 성격에 근거한 경찰 사기를 정의해 본다면 경찰 사기는 경찰 직무의 수행 동기라고 말할 수 있으며, 경찰공무원이 경찰조직의 목표를 달성하기 위해 자발적으로 노력하고 경찰조직이 발전하는 데 헌신하고 봉사할 수 있는 긍정적이고 진취적인 사고(思考)의 정신 상태를 말한다.

2) 경찰 사기관리의 필요성

경찰 사기를 높게 유지하는 것은 경찰 개인으로서 뿐만 아니라 경찰조직 구성원에게 모두 유용한 것이다. 따라서 다음과 같은 점에서 경찰 사기의 관리가 필요하다고 하겠다.

첫째, 경찰공무원은 경찰조직이 부여하는 임무를 열성적으로 수행하려하기 때문에 조직의 생산적인 활동 수행에 긍정적으로 기여할 수 있다.

둘째, 경찰공무원은 경찰조직과 지도층에 충성심을 발휘한다.

셋째, 경찰공무원은 자신의 직무에 만족하고 창의성을 발휘한다.

넷째, 경찰공무원은 정신적 · 육체적 건강을 향상시키는 데 이바지한다.

다섯째, 경찰공무원들은 경찰조직의 규범을 자발적으로 준수한다.

여섯째, 경찰조직의 위기 극복 능력을 향상시켜 준다.

일곱째, 경찰공무원들은 경찰이라는 직업과 경찰조직을 자랑스럽게 생각하게 된다.

따라서 이러한 이유로 경찰 사기의 관리 필요성이 있으며, 경찰 사기관리의 성공 여부는 경찰조직의 원활한 운영에 중대한 영향을 미치게 되는 것이다. 즉, 경찰공무원들의 사기가 저하되면 경찰조직에 불안정을 야기할 수 있고, 경찰 구성원 간에 갈등이 생길 수 있으며, 조직과 관리 층을 불신하게 되고, 직무 수행을 소극적으로 하는가 하면, 조직규범을 위배하거나 무시하는 등 여러 가지 형태로 사기 저하 현상이 나타나게 된다.

3) 경찰 사기의 앙양 방법

머슬로(A. H. Maslow)의 기본 욕구 충족 5단계를 중심으로 경찰 사기 앙양 방법을 보면, 첫째로 생리적 욕구의 충족으로 ① 업무량과 업무의 성격과 연계된 보수 수준, ② 적당한 휴양 및 휴가제도를 들 수 있다.

둘째로 안전 욕구의 충족으로 ① 신분보장, ② 연금제도, ③ 업무환경의 안정성을 들 수 있다.

셋째로 사회적 욕구의 충족으로 ① 경찰조직 내 인간관계 개선, ② 고충처리, 상담제도, ③ 비공식 조직의 활성화, ④ 조직의 인간화를 들 수 있다.

넷째로 존경 욕구의 충족으로는 ① 참여의 확대, ② 권한위임(분권화), ③ 제안제도의 활성화, ④ 합리적 포상제도, ⑤ 적실성이 있는 교육훈련, ⑥ 합리적인 배치전환 등을 들 수 있다.

다섯째로 자아실현 욕구의 충족으로는 ① 합리적 승진 보장, ② 직무 확장, 직무 확충, ③ 경찰조직의 사회적 평가 제고를 들 수 있다.

4. 제안제도와 고충처리

1) 제안제도

제안제도(suggestion system)란 그 구성원으로 하여금 직무 개선에 관해 창의적 의견을 제안하도록 해서 그것을 심사하고 채택해 제안자에게 보상하는 제도를 의미한다.

선진국에서는 이미 1930년경에 정착된 제도로서 우리나라의 경우 1960년대에 본격 도입되어 1963년 '국가공무원법'이 개정될 때 이 제안제도를 일부에서 실시하면서 오늘에 이르렀다. '공무원제안규정' 제2조에 "공무원제안이란 국가공무원(이하 '공무원'이라 한다)이 자기 또는 다른 공무원의 업무와 관련하여 소관 중앙행정기관의 장에게 제출하는 창의적인 의견이나 고안을 말한다"고 규정하고 있다.

제안의 종류에는 ① 공모제안(중앙행정기관의 장이 과제를 지정해 공개적으로 모집하는 경우에 제출하는 제안), ② 채택제안(중앙행정기관의 장이 접수한 공무원제안 중 그 내용을 심사한 후 채택한 제안), ③ 자체우수제안(중앙행정기관의 장이 채택 제안 중 그 내용이 우수하다고 인정해 행정안전부 장관에게 추천한 제안), ④ 중앙우수제안(행정안전부 장관이 자체우수제안 중 그 내용을 심사한 후 채택한 제안)이 있다(공무원제안규정 제2조).

제출된 제안들은 얼마만큼의 창의성, 능률성 또는 경제성, 계속성, 적용 범위, 노력의 정도 등을 기준으로 심사하게 된다.

행정안전부 장관이 채택하는 제안에 대한 창안 등급에는 <표 7-4>에서 보여주듯이 금상, 은상, 동상, 장려상이 주어진다. 이에는 서훈이나 표창 및 모범공무원으로 선발되는 기회도 부여된다. 물론 창안자에 대해 인사 특전도 부여된다.

중앙우수제안의 시상 등급은 금상 · 은상 · 동상 및 장려상으로 구분하며, 서훈 또는 표창을 하거나 모범공무원으로 선발할 수 있다. 행정안전부 장관은 중앙우수제안의 제안자에게 다음과 같이 부상을 지급한다(공무원제안규정 제17조).

- 금상: 하나의 공무원제안당 500만 원 이상 800만 원 이하
- 은상: 하나의 공무원제안당 300만 원 이상 500만 원 미만
- 동상: 하나의 공무원제안당 100만 원 이상 300만 원 미만
- 장려상: 하나의 공무원제안당 50만 원 이상 100만 원 미만

그 외에 인사상 특전(동 규정 제18조)과, 상여금지급(동 규정 제19조)을 할 수 있도록 규정하고 있다.

표 7-4 제안의 채택에 따른 인사 특전부여 기준

창안 등급	인사 특전의 종류	인사 특전 대상자
금상 은상 동상	특별승진	- 5급 이하의 일반직 공무원, 외무공무원, 국가정보원 직원, 경호공무원 및 군무원 - 경위 이하의 경찰공무원 - 소방위 이하의 소방공무원 - 교육공무원
	특별승급	- 4급 이상의 호봉제 적용을 받는 국가정보원 직원, 경호공무원 호봉제 적용을 받는 외무공무원 - 경감 이상의 경찰공무원 - 소방경 이상의 소방공무원 - 특별승진을 부여하기 곤란한 교육공무원 - 군인
장려상	특별승급	- 경력직 공무원 - 특수경력직 공무원

출처: 공무원제안규정 제17조 제2항 관련 [별표 1].

2) 고충처리

고충처리(grievance)란 경찰공무원이 직무 수행과 관련해서 인사・처우 등 각종의 불이익을 받게 되는 경우 제기하는 고충을 심사하고 처리하는 일련의 과정을 의미한다.

경찰공무원의 인사 상담 및 고충을 심사하기 위해 '경찰공무원법' 제25조(고충심

사위원회)에 따라 경찰청·지방경찰청·대통령령이 정하는 경찰기관에 경찰공무원 고충심사위원회가 설치되어 있다. 위원회의 심사를 거친 재심청구와 경정 이상 경찰공무원의 인사상담 및 고충심사는 '국가공무원법'에 따라 설치된 중앙고충심사위원회에서 한다(경찰공무원법 제25조 제1항 및 제2항 참조).

대통령령으로 규정하고 있는 '공무원고충처리규정' 제3조의2(경찰공무원고충심사위원회) 제6항의 규정에 따라 경찰공무원 고충심사위원회의 회의는 위원장 과 위원장이 회의마다 지정하는 5명 이상 7명 이하의 위원으로 성별을 고려하여 구성한다. 이 경우 민간위원이 3분의 1 이상 포함되어야 한다.

경찰공무원 고충심사위원회의 위원장은 설치기관 소속 공무원 중에서 인사 또는 감사 업무를 담당하는 과장 또는 이에 상당하는 직위를 가진 사람이 된다. 경찰공무원 고충심사위원회의 공무원위원은 청구인보다 상위 계급 또는 이에 상당하는 소속 공무원 중에서 설치기관의 장이 임명한다(공무원고충처리규정 제3조의2 제3항, 제4항).경찰공무원 고충심사위원회의 민간위원은 ① 경찰공무원으로 20년 이상 근무하고 퇴직한 사람, ② 대학에서 법학·행정학·심리학·정신건강의학 또는 경찰학을 담당하는 사람으로서 조교수 이상으로 재직 중인 사람, ③ 변호사 또는 공인노무사로 5년 이상 근무한 사람으로서 설치기관의 장이 위촉한다. 이 경우 민간위원의 임기는 2년으로 하며, 한 번만 연임할 수 있다(동 규정 제3조의2 제5항).

고충심사의 절차는 고충심사위원회가 청구서를 접수한 때에는 30일 이내에 고충심사에 대한 결정을 하여야 한다. 다만, 부득이하다고 인정되는 경우에는 고충심사위원회의 의결로 30일을 연장할 수 있다(동 규정 제7조 고충심사의 절차).

5. 보수 체계와 연금

1) 경찰공무원의 보수

보수란 공무원이 공직에서의 봉사에 대해 정부가 지급하는 금전적인 보상을 말하며, 보수 체계란 보수 지급 항목의 구성을 말한다. 보수 체계의 기본 형태는 대체로 기본급을 중심으로 해서 부가적인 수당으로 구성된다.

보수를 분류하는 유형론은 다양하다. 일반적인 보수 유형 분류는 기본급의 종류와 부가급의 종류를 실질적으로 분류할 때 준거틀이 될 수 있다. 기본급은 보수 가운데서 기본적인 부분을 차지하는 것으로 공무원 보수 규정에는 기본급을 봉급이라 부르고 있다. 기본급은 그것을 결정하는 주된 기준이 무엇이냐에 따라 생활급, 연령급, 근속급, 자격급, 능력급, 직능급, 직무급, 업적급, 종합결정급으로 분류된다(신현기·이영남, 2003a: 220).

그리고 보수의 일부로 지급되는 수당은 기본급을 보완하는 부가급으로 근무 조건이나 생활 조건의 특수성이 인정되는 공무원들에게만 지급되는 것으로 직무 요인의 특이성 때문에 지급되는 직무급적 수당, 생활비를 보조하기 위한 수당으로서의 가계보전수당, 금전적 유인의 부여로 직무 능률의 향상을 도모하려고 하는 성과급적 수당, 그 외 지역수당, 조정수당, 초과근무수당 등을 들 수 있다.

경찰공무원의 보수는 대통령령으로 규정하고 있는 공무원 보수규정에 의해 이루어진다. 여기서 의미하는 공무원의 보수라 함은 봉급과 기타의 각종 수당[7]을 합산해서 계산된 전체 금액을 의미한다.

2) 경찰공무원의 연금

공무원의 연금제도는 공무원에 대한 일종의 사회보장제도로 그 범위와 내용은 나라에 따라 조금씩 상이하다. 오늘날 각국의 연금제도는 퇴직금만을 대상으로 하거나 이를 주축으로 범위를 유형화하고 있다. 퇴직연금이란 공무원이 노령, 질병, 부상, 기타 이유로 퇴직하거나 사망한 경우, 또는 유족의 생계를 돌보기 위해 연금을 지급하는 제도다. 퇴직연금의 성격에 관해서는 장기간에 걸친 성실한 근무에 대한 위로와 감사의 표시로 지급하는 공로보상설, 퇴직 후의 생활 보장을 위해 지급하는 생활보장설, 감원·퇴직·사망 등에 대한 위자료의 뜻으로 지급하는 위자료설, 보수의 일부가 적립되었다가 퇴직 이후에 지급하는 가치보수설 등이 있다.

공무원의 연금급여의 종류는 ① 퇴직급여, ② 퇴직유족급여, ③ 비공무상 장해급

7) 수당이라 함은 공무원의 직무 여건이나 생활의 여건에 따라 지급되는 일종의 부가급여를 의미한다.

여, ④ 퇴직수당 등이 있다(공무원연금법 제28조: 급여).

(1) 경찰공무원 연금제도의 실시 배경

경찰공무원에게 연금제도를 실시하는 이유로 첫째, 경찰공무원의 생활의 안정이다. 경찰공무원들이 연금을 통해 퇴직, 사망, 부상, 질병을 당한 이후에 본인이나 가족의 생활 안정이 보장된다는 안심을 할 수 있다. 둘째, 연금이 보장됨으로써 경찰공무원은 사기가 앙양되어 국가의 업무를 수행하는 데 최대한의 능률을 기할 수 있다. 또한 노년이 되었을 때 국가는 당사자들을 안심시키고 퇴직을 시킬 수 있을 것이다. 셋째, 국가는 경찰공무원으로 하여금 연금을 활용해 오랜 기간 동안 경찰직에 머무르게 하며, 경찰공무원들이 축적한 지식을 국가를 위해 아낌없이 발휘하도록 유인할 수 있다.

(2) 경찰공무원의 연금 유형

경찰공무원의 연금은 공무원연금법에 따르며, 연금의 유형은 다음과 같다.

① 퇴직급여: 공무원은 10년 이상 재직하고 퇴직해야 연금을 받을 수 있다. 퇴직급여에는 퇴직연금, 퇴직연금일시금, 퇴직연금공제일시금, 퇴직일시금이 있다.

② 퇴직유족급여: 퇴직유족연금, 퇴직유족연금부가금, 퇴직유족연금특별부가금, 퇴직유족연금일시금, 퇴직유족일시금이 있다.

③ 비공무상 장해급여: 비공무상 장해연금, 비공무상 장해일시금이 있다.

④ 퇴직수당

(3) 퇴직연금 또는 퇴직연금일시금

공무원이 10년 이상 재직하고 퇴직한 경우에는 다음 각 호의 어느 하나에 해당하는 때부터 사망할 때까지 퇴직연금을 지급한다(공무원연금법 제43조: 퇴직연금 또는 퇴직연금일시금 등).

① 65세가 되는 때

② 정년 또는 근무상한연령을 60세 미만으로 정한 경우에는 그 정년 또는 근무상한 연령이 되었을 때부터 5년이 경과한 때

③ 공무원임용관계법령 등에서 정한 계급정년이 되어 퇴직한 때부터 5년이 경과한 때
④ 직제와 정원의 개정과 폐지 또는 예산의 감소 등으로 인하여 직위가 없어지거나 정원을 초과하는 인원이 생겨 퇴직한 때부터 5년이 경과한 때
⑤ 대통령령으로 정하는 장해 상태가 된 때

퇴직연금의 금액은 재직기간 1년당(1년 미만인 경우 1개월은 12분의 1년으로 계산한다. 이하 같다) 평균기준소득월액의 1.7퍼센트로 하며, 재직기간은 36년을 초과할 수 없다.

(4) 퇴직유족연금 및 퇴직유족연금부가금 등

공무원이거나 공무원이었던 사람으로서 퇴직연금 또는 조기퇴직연금을 받을 권리가 있는 사람이 사망한 경우 퇴직유족연금을 지급한다. 10년 이상 재직한 공무원이 재직 중 사망하면 퇴직유족연금 외에 퇴직유족연금부가금을 따로 지급한다.

공무원이었던 사람이 퇴직 후 퇴직연금의 지급이 시작되기 전에 사망하거나 퇴직연금 또는 조기퇴직연금의 수급자가 연금 지급이 시작되는 달부터 3년 이내에 사망하면 퇴직유족연금 외에 퇴직유족연금특별부가금을 따로 지급한다.

10년 이상 재직한 공무원이 재직 중 사망한 경우 유족이 원할 때에는 퇴직유족연금과 퇴직유족연금부가금을 갈음하여 퇴직유족연금일시금을 지급한다(공무원연금법 제54조: 퇴직유족연금 및 퇴직유족연금부가금 등).

퇴직유족연금을 받을 권리가 있는 사람이 ① 사망한 때, ② 재혼한 때(사실상 혼인관계에 있는 경우를 포함한다), ③ 사망한 공무원이었던 사람과의 친족관계가 종료된 때, ④ 대통령령으로 정하는 정도의 장해 상태에 있지 아니한 자녀 또는 손자녀가 19세가 되었을 때, ⑤ 대통령령으로 정하는 정도의 장해 상태로 퇴직유족연금을 받고 있던 사람의 장해 상태가 해소되었을 경우 그 권리를 상실한다.

퇴직유족연금을 받을 권리가 있는 사람이 그 권리를 상실한 경우에 같은 순위자가 있을 때에는 그 같은 순위자에게 그 권리가 이전되고, 같은 순위자가 없을 때에는 다음 순위자에게 그 권리가 이전된다(공무원연금법 제57조: 퇴직유족연금의 수급권 상

실 및 이전).

(5) 비공무상 장해급여 및 퇴직수당

공무원이 공무 외의 사유로 생긴 질병 또는 부상으로 인하여 장해상태가 되어 퇴직하였을 때 또는 퇴직 후에 그 질병 또는 부상으로 인하여 장해상태가 되었을 때에는 장해등급에 따라 비공무상 장해연금 또는 장해일시금을 지급한다. 공무원이 1년 이상 재직하고 퇴직하거나 사망한 경우에는 퇴직수당을 지급한다(공무원연금법 제59조, 제62조 참조).

제 4 절 경찰공무원의 신분보장과 제약

1. 신분보장제도

1) 신분보장의 의의

공무원의 신분보장이란 공무원이 법령이 정한 사유가 발생하지 않는 한 자신의 의사에 반하는 신분상의 불이익 처분을 받지 않도록 하는 것을 말한다. 실적주의와 직업공무원제도를 근간으로 하는 현대 인사행정에서 공무원의 신분보장은 필수적이다.

우리나라 '국가공무원법' 제68조는 "공무원은 형(刑)의 선고, 징계처분 또는 이 법이 정하는 사유에 따르지 아니하고는 본인의 의사에 반하여 휴직·강임 또는 면직을 당하지 아니한다"고 규정해 신분보장의 원칙을 밝히면서도 신분보장을 받지 못하는 법적 사유가 발생할 경우 보장의 제한 가능성을 분명히 하고 있다. 따라서 경찰공무원의 신분보장도 '국가공무원법' 제68조에 근거해 보장되고, 제한을 받는다.

2) 정년제도

정년제도는 공무원이 재직 중 발전 없이 장기 근속하거나 노령이 되어 유용성이 감소된 경우 일정한 시기에 자동적으로 퇴직하게 하는 제도다. 정년제도는 공무원이 계속 근무하기를 희망하는 경우, 범법행위가 없는 한 일정 연령이나 근속 기간에 달하기 전까지는 공무원으로 계속 근무할 수 있음을 명시하는 신분보장의 일면을 포함한다(이상윤, 2002: 519).

'경찰공무원법' 제24조에는 경찰공무원의 연령정년과 계급정년에 관해 명시하고 있다. 경찰공무원의 연령정년은 60세이며, 경찰공무원이 재직 기간이나 계급 따위와 전혀 관계없이 이 연령에 도달하게 될 때까지 경찰공무원으로서의 신분을 보장받는 것을 의미한다.

이에 반해 계급정년은 계급별로 경찰공무원의 최장 재직 기간을 정해 정해진 시간 내에 상위 계급으로 승진하지 못할 경우에는 이유 여하를 불문하고 자동 퇴직하게 되는 것을 의미한다. 경찰관 계급정년은 치안감 4년, 경무관 6년, 총경 11년, 경정 14년이다.

수사・정보・외사・보안 등 특수 부문에 근무하는 경찰공무원으로서 대통령령이 정하는 바에 의해 지정을 받은 자는 총경 및 경정의 경우에는 3년의 범위 안에서 대통령령이 정하는 바에 의해 계급정년을 연장할 수 있다(경찰공무원법 제24조 제3항).

또한 경찰청장은 전시・사변 이나 그 밖에 이에 준하는 비상사태 하에서는 2년의 범위 안에서 '경찰공무원법' 제24조 제1항 제2호의 규정에 의한 계급정년을 연장할 수 있다. 이 경우 경무관 이상의 경찰공무원에 대해서는 행정안전부 장관과 국무총리를 거쳐 대통령의 승인을 받아야 하고, 총경・경정의 경찰공무원에 대해서 국무총리를 거쳐 대통령의 승인을 받아야 한다(경찰공무원법 제24조 제4항 참조).

3) 휴직제도

휴직은 일시적인 사정으로 공무원이 직무를 일정 기간 떠나 있는 것을 말한다. 휴직 중 공무원은 공무원으로서의 신분을 보유하나 직무에 종사하지 못한다. 임용권자는 특정한 사유가 있어 공무원 본인이 원할 때나, 사정에 따라서는 본인의 의사에도 불구하고 휴직을 명할 수 있다.

임용권자가 본인의 의사에도 불구하고 다음과 같은 사유가 발생할 때는 휴직을 명할 수 있다. ① 신체·정신상의 장애로 장기 요양이 필요한 때, ② 병역 복무를 마치기 위하여 징집 또는 소집된 때, ③ 천재지변이나 전시·사변, 그 밖의 사유로 생사(生死) 또는 소재(所在)가 불명확하게 된 때, ④ 그 밖에 법률의 규정에 따른 의무를 수행하기 위하여 직무를 이탈하게 된 때, ⑤ '공무원의 노동조합 설립 및 운영 등에 관한 법률' 제7조에 따라 노동조합 전임자로 종사하게 된 때 등이다(국가공무원법 제71조: 휴직 제①항).

임용권자는 공무원이 다음 같은 사유로 휴직을 원하면 휴직을 명할 수 있다. ① 국제기구, 외국 기관, 국내·외의 대학·연구기관, 다른 국가기관 또는 대통령령으로 정하는 민간기업, 그 밖의 기관에 임시로 채용될 때, ② 국외 유학을 하게 된 때, ③ 중앙인사기관의 장이 지정하는 연구기관이나 교육기관 등에서 연수하게 된 때, ④ 만 8세 이하 또는 초등학교 2학년 이하의 자녀를 양육하기 위하여 필요하거나 여성공무원이 임신 또는 출산하게 된 때, ⑤ 사고나 질병 등으로 장기간 요양이 필요한 조부모, 부모(배우자의 부모를 포함한다), 배우자, 자녀 또는 손자녀를 간호하기 위하여 필요한 때, 다만, 조부모나 손자녀의 간호를 위하여 휴직할 수 있는 경우는 본인 외에는 간호할 수 있는 사람이 없는 등 대통령령등으로 정하는 요건을 갖춘 경우로 한정한다. ⑥ 외국에서 근무·유학 또는 연수하게 되는 배우자를 동반하게 된 때, ⑦ 대통령령 등으로 정하는 기간 동안 재직한 공무원이 직무 관련 연구과제 수행 또는 자기개발을 위하여 학습·연구 등을 하게 된 때 등이다(국가공무원법 제71조: 휴직 제②항).

휴직 기간 중 그 사유가 소멸된 공무원은 30일 이내에 임용권자에게 신고해야 하며, 임용권자는 지체없이 복직을 명해야 한다. 또한 휴직 기간이 만료된 공무원이 30일 이내에 복귀신고를 하면 당연히 복직된다(국가공무원법 제73조: 휴직의 효력).

2. 면직 및 직위해제

1) 면직제도

면직은 공무원 관계의 소멸 사유가 된다. 면직에는 의원면직, 직권면직, 징계면직,

명예퇴직이 있다.

(1) 의원면직

의원면직(依願免職)이란 공무원 자신의 사의 표시에 의해 공무원 관계를 소멸시키는 행위다. 이와 같이 의원면직은 공무원 자신의 자유로운 의사에 의한 신청을 전제로 하나, 실제로는 많은 경우에 강요에 의한 사의 표시, 즉 권고사직을 강요하는 경우가 있어 의원면직은 공무원법상의 신분 보장 규정을 악용해 공무원의 신분을 박탈하는 수단으로 남용되는 경우도 있다.

(2) 직권면직

직권면직(職權免職)은 공무원이 일정한 사유에 해당되었을 경우에 본인의 의사와는 관계없이 임용권자가 그의 공무원 신분을 박탈해 공직으로부터 배제하는 제도를 말한다(국가공무원법 제70조: 직권면직).

임용권자는 공무원이 다음과 같은 사유가 발생할 때는 직권으로 면직시킬 수 있다. ① 직제와 정원의 개폐 또는 예산의 감소 등에 따라 폐직(廢職) 또는 과원(過員)이 되었을 때, ② 휴직 기간이 끝나거나 휴직 사유가 소멸된 후에도 직무에 복귀하지 아니하거나 직무를 감당할 수 없을 때, ③ 대기 명령을 받은 자가 그 기간에 능력 또는 근무성적의 향상을 기대하기 어렵다고 인정된 때, ④ 전직시험에서 세 번 이상 불합격한 자로서 직무수행 능력이 부족하다고 인정된 때, ⑤ 병역판정검사·입영 또는 소집의 명령을 받고 정당한 사유 없이 이를 기피하거나 군복무를 위하여 휴직 중에 있는 자가 군복무 중 군무(軍務)를 이탈하였을 때, ⑥ 해당 직급·직위에서 직무를 수행하는데 필요한 자격증의 효력이 없어지거나 면허가 취소되어 담당 직무를 수행할 수 없게 된 때, ⑦ 고위공무원단에 속하는 공무원이 적격심사 결과 부적격 결정을 받은 때 등이다.

직권면직도 징계위원회의 의견이나 동의를 받아 강제 퇴직시킨다는 점에서 징계처분의 하나로 볼 수 있으나, 국가공무원법상의 징계의 종류로 규정되어 있지 않다는 점이 해임 및 파면과 다르다.

(3) 징계면직

징계면직(懲戒免職)에는 파면과 해임의 두 가지 종류가 있는데, 징계위원회의 징계 절차를 거쳐야 한다. 경찰공무원의 징계에서 후술하기로 한다.

(4) 명예퇴직

명예퇴직은 20년 이상 장기근속자에 대한 명예로운 퇴직 기회 부여와 퇴직 시 금전적으로 보상을 함으로써 노고에 보답하기 위해 마련한 제도다(국가공무원법 제74조 제2항).

2) 직위해제

임용권자는 다음 어느 하나에 해당하는 자에게는 직위를 부여하지 아니할 수 있다. ① 직무수행 능력이 부족하거나 근무성적이 극히 나쁜 자, ② 파면・해임・강등 또는 정직에 해당하는 징계 의결이 요구 중인 자, ③ 형사 사건으로 기소된 자(약식명령이 청구된 자는 제외한다), ④ 고위공무원단에 속하는 일반직공무원으로서 적격심사를 요구받은 자, ⑤ 금품비위, 성범죄 등 대통령령으로 정하는 비위행위로 인하여 감사원 및 검찰・경찰 등 수사기관에서 조사나 수사 중인 자로서 비위의 정도가 중대하고 이로 인하여 정상적인 업무수행을 기대하기 현저히 어려운 자 등이다(국가공무원법 제73조의3: 직위해제).

임용권자는 '직무수행 능력이 부족하거나 근무성적이 극히 나쁜 자'로서 직위해제된 자에게 3개월의 범위에서 대기를 명한다. 임용권자 또는 임용제청권자는 대기 명령을 받은 자에게 능력 회복이나 근무성적의 향상을 위한 교육훈련 또는 특별한 연구과제의 부여 등 필요한 조치를 하여야 한다(국가공무원법 제73조의3: 직위해제 제③항, 제④항).

직위해제제도에 대한 본래 취지는 공무원이 형사사건으로 기소된 때 또는 징계의결이 요구된 때, 그 직위를 해제해 직무의 집행으로부터 일시적으로 격리함으로써 공무 집행의 공정성과 개인 사무의 해결 시간을 부여하는 데 있다. 그런데 우리나라 법제도상 직위해제는 공무원이 직무 수행 능력이 부족하거나 불량한 자 또는 공무원으로서 근무 태도가 심히 불성실한 자에게도 적용할 수 있어 그 사유가 추상적이므로 인사권자가 자의적으로 운용할 여지를 남겨 두고 있다. 이러한 사유는 또한 징계의 사유에도 해당되기 때문에 징계처분의 절차를 밟아야 하나, 징계처분보다 절차가 간편하고 인사권자의 독단적 운영이 가능한 직위해제가 남용되는 사례가 많다. 또한 3개월의 대기 기간 동안 능력 향상의 여부를 입증할 수 있는 객관적 방법도 없어 인사권자의 자의가 개입될 여지가 그만큼 크다.

3. 경찰공무원의 징계제도

징계의 종류에는 파면 · 해임 · 강등 · 정직(停職) · 감봉 · 견책(譴責)으로 구분한다(국가공무원법 제79조: 징계의 종류). 이 중 중징계는 파면, 해임, 강등 및 정직을 말하고, 경징계란 감봉 및 견책을 말한다(경찰공무원 징계령 제2조).

1) 파 면

파면은 공무원을 강제로 퇴직시키는 중징계 처분 중의 하나다. 문제된 공무원을 조직에서 배제함으로써 조직의 손실을 막으려는 처분이다. 징계에 의해 파면된 사람은 5년 동안 공무원으로 임용될 수 없으며(국가공무원법 제33조: 결격사유 제7호), 경찰공무원으로는 임용될 수 없다(경찰공무원법 제7조: 임용자격 및 결격사유 제2항 제10호).

파면 시 연금은 대통령령으로 정하는 바에 따라 퇴직급여 및 퇴직수당의 일부를 줄여 지급한다. 이 경우 퇴직급여액은 이미 낸 기여금의 총액에 '민법' 제379조에 따른 이자를 가산한 금액 이하로 줄일 수 없다(공무원연금법 제65조 제①항: 형벌 등에 따른 급여의 제한 제2호).

2) 해 임

해임은 파면보다는 가벼운 처분이나 강제퇴직시키는 것은 동일하다. 해임의 경우 3년 동안 공무원으로 임용될 수 없으며(국가공무원법 제33조: 결격사유 제8호), 경찰공무원으로는 임용될 수 없다(경찰공무원법 제7조: 임용자격 및 결격사유 제2항 제10호).

금품 및 향응 수수, 공금의 횡령 · 유용으로 인한 징계로 해임된 경우, 연금은 대통령령으로 정하는 바에 따라 퇴직급여 및 퇴직수당의 일부를 줄여 지급한다. 이 경우 퇴직급여액은 이미 낸 기여금의 총액에 '민법' 제379조에 따른 이자를 가산한 금액 이하로 줄일 수 없다(공무원연금법 제65조 제①항: 형벌 등에 따른 급여의 제한 제3호).

3) 강 등

강등은 중징계로서 1계급 아래로 직급을 내리고 3개월 간 직무에 종사하지 못하며 그 기간 중 보수의 전액을 감한다(국가공무원법 제80조 제1항).

4) 정 직

정직은 직무 수행을 일시적으로 정지시키는 중징계처분 중의 한 종류이다. 정직처분을 받은 공무원은 공무원의 신분을 보유하지만 직무에 종사하지 못한다. 정직의 기간은 1개월 이상 3개월 이하이며, 정직 기간 중에는 보수의 전액을 감한다(국가공무원법 제80조 제3항).

5) 감 봉

감봉은 직무 수행은 가능하나 1개월 이상 3개월 이하의 기간 동안 보수의 1/3을 감한다(국가공무원법 제80조 제4항).

6) 견 책

견책은 전과(前過)에 대하여 훈계하고 회개하게 한다. 공식적 징계 절차를 거쳐 전과에 대해 징계하고, 그 사실을 인사 기록에 남기는 징계처분 가운데서 가장 가벼운 처분이며, 사용 빈도가 가장 높은 징계처분의 형태이다.

CHAPTER

08 경찰재무관리

제 1 절 경찰재무관리의 기초 이론

1. 경찰재무관리의 의의

재무관리에 대한 전통적인 견해로는 재무행정의 연구 분야를 ① 예산의 편성과 심의, ② 예산의 집행, ③ 회계 기록, ④ 회계검사 등 네 가지로 분류하고, 재무행정의 중심은 이 네 가지 분야에 대한 상관관계의 유지와 그 유지를 위한 조직과 절차에 관한 연구에 있었다고 보았다(박연호, 1994: 715–716). 현대적 견해로는 재무행정의 연구 대상으로서 예산, 회계, 감사, 구매 등 네 가지 영역을 들었는데, 이들은 모두 정책 문제와 밀접한 관련성이 있다(Dimock & Dimock, 1953: 185–188).

따라서 경찰재무관리는 경찰기관이 경찰정책을 수행하는 데 필요한 자원을 합리적으로 동원·배분해 이를 효율적으로 관리·사용하는 모든 과정이라고 할 수 있다. 경찰재무관리는 국가재무관리 체계를 근간으로 하고 있으므로 국가의 재무관리기관과 그 법적 기초를 우선 살펴보고자 한다.

2. 경찰재무관리기관

1) 기획재정부

기획재정부는 경찰재무의 상급관리기관으로서 거시경제의 안정적 운용과 경제정책의 합리적 조정, 국가재원의 효율적 배분과 재정 건전성 확보, 공공기관의 혁신, 합리적 조세정책, 국제금융·대외협력 강화를 통해 대한민국 경제의 내일을 책임진다는 조직비전을 제시하고 있다. 구체적인 업무에는 ① 중·장기 경제사회 발전 방향 및 연차별 경제정책 방향의 수립과 총괄 조정, ② 전략적인 재원 배분과 배분된 예산의 성과평가, ③ 조세정책 및 제도의 기획·입안 및 총괄·조정, ④ 국고, 국유재산, 정부회계, 국가채무에 관한 정책의 수립과 관리, ⑤ 외국환 및 국제금융에 관한 정책의 총괄, ⑥ 대외 협력 및 남북 경제교류 협력 증진, ⑦ 공공기관 운영에 관한 관리·감독 등이 있다.[1)]

2) 감사원

감사원은 '헌법' 제97조와 '감사원법' 제20조의 규정에 따라 국가의 세입·세출의 결산을 검사하고, 국가기관과 법률이 정한 단체의 회계를 상시 검사·감독하여 그 집행에 적정을 기하며, 행정기관의 사무와 공무원의 직무를 감찰하여 행정운영의 개선·향상도모를 조직목표로 제시하고 있다. 감사원의 권한 또는 직무 범위는 함부로 침해되지 않도록 헌법에 그 설치 근거를 두고 있으며, 대통령 소속 기구로 되어 있으나 직무에 관하여는 독립된 지위를 가지고 있다.

감사원의 구체적인 기능은 ① 국가의 세입·세출의 결산의 확인, ② 국가 및 법률에 정한 단체의 회계검사, ③ 행정기관 및 공무원의 직무감찰, ④ 감사 결과의 처리, ⑤ 재심청구의 처리, ⑥ 심사청구의 심리 결정, ⑦ 민원사무와 188 신고 등 처리, ⑧ 의견표시[2)] 등이다.

---

1) 기획재정부(www.mosf.go.kr) 홈페이지 참조. 2020년 1월 1일자 참고.

2) 국가의 각 기관은 회계관계 법령, 감사원의 권한에 관한 법령 그리고 자체감사 업무에 관한 법령을 제정하거나 개폐하고자 할 때에는 미리 당해 법령안을 감사원에 송부하여 그 의견을 구하여야 한다. 그리고 감사원의 감사를 받는 회계사무 담당자가 그 직무를 집행함에 있어 회계관계 법

감사원은 감사원장을 포함하는 감사위원 7명으로 구성되는 감사위원회와 사무처로 조직되어 있다(감사원법 제2조: 지위, 제3조: 구성, 제16조: 직무 및 조직).

3) 조달청

조달청은 "공공행정에 필요한 자원을 투명하고 효율적으로 조달, 관리함으로써 고객에 최고 가치서비스를 제공하고, 국가예산을 절감하며, 국민경제발전에 기여한다"는 조직목표를 가지고 공공기관의 조달업무를 수행하고 지원하는 중앙행정기관이다. 따라서 주요 기능으로는 ① 국가기관, 지방자치단체, 정부투자기관 등 공공기관이 필요로 하는 각종 물품의 구매·공급 및 공사계약의 관리, ② 주요 원자재 비축사업 운영, ③ 정부물품 및 국유재산의 관리, ④ 국가종합전자조달시스템인 나라장터[3]의 운영·관리 등을 한다.

조달청은 청장과 청장 밑에 대변인이 있으며, 차장 아래 감사담당관, 융복합상품구매담당관이 있고, 그 하부조직으로는 운영지원과, 기획조정관, 조달관리국, 구매사업국, 신기술사업국, 시설사업국, 공공물자국, 조달품질원, 조달교육원과 11개 지방조달청으로 조직되어 있다.

4) 경찰청 재무담당관 및 경무담당관

경찰청의 재무관리는 재정담당관과 경무담당관에서 이루어진다.

재정담당관은 기획조정관 소속으로 ① 예산의 편성 및 조정과 결산에 관한 사항, ② 국유재산관리계획의 수립 및 집행, ③ 중기 재정계획 수립 및 재정사업 성과 분석, ④ 민간투자 시설사업 계획의 수립 및 집행에 관하여 기획조정관을 보좌한다(경찰청과 그 소속기관 직제시행규칙 제3조 제4항).

경무담당관은 경무인사기획관 소속으로 경찰재무와 관련하여 ① 예산의 집행 및

령의 해석에 의문이 있는 사항에 관하여 감사원에 의견을 구하였을 때에는 이에 대하여 해석·답변을 하고 있다: 감사원(www.bai.go.kr) 홈페이지 참조. 2020년 1월 1일자 참고.

3) 공공기관 입찰정보 통합공고 등 공공전자조달 단일창구 역할 수행하며, 5만 2천여 개 공공기관과 37만여 개 조달업체가 이용하고 있다: 조달청(www.pps.go.kr) 홈페이지 참조. 2020년 1월 1일자 참고.

회계 관리, ② 청사의 방호·유지·보수 및 청사관리업체의 지도·감독에 관하여 경무인사기획관을 보좌한다(경찰청과 그 소속기관 직제시행규칙 제3조의2 제3항).

3. 경찰재무관리의 법적 기초

1) 헌법적 규정

국가 재정에 관한 근본 법규는 어느 나라에서나 '헌법'에 의한다. 우리나라의 '헌법'에서는 납세의 의무(제38조)와 조세법정주의(제59조)를 비롯해 국무회의 심의 사항 중 예산안과 기타 재정에 관한 중요 사항(제89조 제4호), 국회의 예산안의 심의·확정권(제54조), 계속비·예비비(제55조), 추가경정예산(제56조), 지출예산 각 항의 증액과 새 비목(費目)의 설치 금지(제57조), 감사원의 예산에 의한 세입·세출에 관한 결산과 회계검사권 및 결산보고(제99조) 등을 규정하고 있다.

2) 국회법

'국회법' 제45조(예산결산특별위원회)는 ① 예산안, 기금운용계획안 및 결산(세입세출결산과 기금결산을 말한다. 이하 같다)을 심사하기 위하여 예산결산특별위원회를 둔다고 규정하고 있다. ⑤항에서 예산결산특별위원회에 대해서 특별위원회의 활동기간을 정해야 하며, 특별위원회의 활동기한 시까지 존속한다는 제44조 제2~3항을 적용하지 아니한다고 규정함으로서 국회의 연중 상시 개원 체제를 도입해 예산결산특별위원회를 상설화하고 있다. 이는 국회가 예산·결산심사를 더욱 충실히 하기 위하여 각종 정책과 관련 정보 및 자료를 연중 검토할 수 있게 함으로써 국가예산안과 결산에 대한 국회 통제 기능을 강화하였다고 할 수 있다.

3) 국가재정법

'국가재정법'은 국가의 예산·기금·결산·성과관리 및 국가채무 등 재정에 관한 사항을 정함으로써 효율적이고 성과 지향적이며 투명한 재정운용과 건전재정의 기틀을 확립하는 것을 목적으로 한다(국가재정법 제1조: 목적).

4) 경찰청예산집행심의회규칙

이 규칙은 '국가재정법' 제98조 및 같은 법 시행령 제49조의 규정에 의하여 경찰청 예산집행심의회의 설치 및 운영에 관하여 필요한 사항을 규정함으로써 경찰청 예산 편성 및 효율적 운용과 집행의 적정을 기함을 목적으로 한다(경찰청예산집행심의회 규칙 제1조: 목적).

예산집행심의회는 ① 예산편성·운용 및 회계 처리에 관한 주요 정책, 예산집행 우선순위 조정 및 결정에 관한 사항, ② 예산집행과 관련된 주요 사업계획 수립 및 변경에 관한 사항, ③ 예산회계 법령에서 본 심의회의 심의를 거치도록 한 사항, ④ 기타 위원장이 예산집행·운용과 관련해 심의가 필요하다고 인정하는 경찰청 소관 전반에 관한 사항 등을 심의한다(경찰청예산집행심의회규칙 제2조: 기능).

제 2 절 경찰예산관리의 기초

1. 경찰예산의 의의

1) 경찰예산의 개념

예산이란 '헌법'과 '국가재정법'상의 규정에 따라 편성되어 의회의 심의·의결을 거쳐 확정된 차기 회계연도 국가 재정의 일반적인 계획서를 의미한다. 예산은 국가의 재정 수요와 이에 충당할 재원을 비교해 배정한 1회계연도의 세입과 세출의 예정적 계산이다.

따라서 경찰예산은 경찰청이 다음 회계연도에 해야 할 사업과 활동을 위해 동원하는 재정적 수단과 그 결과에 대해 계수적으로 표시한 설계를 의미한다. 또한 경찰예산은 실질적으로 경찰활동 계획의 기준이 되고, 이를 실현하는 지침이 된다.

2) 경찰예산의 기능

(1) 예산의 기능

국가예산은 일반적으로 정치적 기능, 관리적 기능, 법적 기능, 경제적 기능을 한다(유훈, 1983: 82－89).

① 정치적 기능: 예산에 관해 의회는 행정부를 통제하는 기능을 하기도 하고, 정치적 단체들 간의 이익과 주장을 통합・조절하는 기능도 한다. 예산을 정치 과정의 최종의 산물이요 결정체라고도 일컫는데, 이는 예산의 정치적 기능을 설명하는 단적인 표현이라고 할 수 있다.

② 관리적 기능: 중앙예산기관은 각 부처의 예산을 검토・사정・관장・관리한다는 점에서 예산은 관리적 기능을 갖는다.

③ 법적 기능: 예산은 예산안이 의회에서 심의・확정됨으로써 집행할 수 있고, 또한 그 범위 내에서만 집행되어야 한다. 예산은 심의・확정된 범위 내에서만 지출되어야 한다는 점에서 법적 성격을 갖는다.

④ 경제적 기능: 예산은 경제 안정 기능, 경제 성장 촉진 기능, 소득재분배 기능과 자원배분 기능을 한다. 예산을 통해 국민경제의 균형을 유지하는 중요한 요소로서의 기능을 수행한다. 즉, 정부는 세입, 세출 및 공채관리 등을 적절히 이용함으로써 불경기를 극복해 경제적 안정을 기하게 된다. 또한 사회・경제적 발전을 위해 예산은 경제 성장의 주된 역할을 수행하고 있으며, 예산은 세입・세출의 양면에서 소득의 재분배 기능을 수행한다. 세입의 면에서 누진세를 적용하고, 세출의 면에서 사회보장적 지출을 행함으로써 소득을 재분배하는 기능을 수행한다.

(2) 경찰예산의 기능

경찰예산의 기능도 일반예산의 기능에 준한다고 볼 수 있다. 즉, 경찰예산은 경찰재정의 통제 기능과 법적 기능, 관리적 기능을 하며, 간접적인 경제적 기능까지도 한다고 할 수 있다. 즉, 경찰예산은 인건비 등 경상적 지출예산과 더불어 범죄 예방과 수사 활동, 질서 유지 등 경찰활동에 관한 예산으로 궁극적으로 사회 질서와 범죄로부터 안정이 없이는 경제적 안정을 이룰 수 없다는 점에서 간접적인 경제 안정 기능이 있다고 하겠다.

3) 경찰예산의 종류

(1) 일반회계예산 · 특별회계예산

① 일반회계예산: 일반회계예산이란 일반적인 국가활동에 사용되는 예산을 말하며, 조세수입을 재원으로 해서 국가의 존립과 유지 및 경제 개발을 위해 지출된다. 치안 업무는 국가의 고유 업무로서 치안의 확보 및 질서 유지는 전형적인 공공재이기 때문에 경찰 업무와 관련된 예산은 기본적으로 일반회계예산에서 다루어지는 것이 원칙이다. 따라서 우리나라의 경우 치안 및 경찰 업무와 관련된 예산의 대부분은 일반회계에서 다루고 있다.

② 특별회계예산: 특별회계예산이란 특정한 세입으로 특정한 목적에 충당하기 위한 예산을 말한다. 국가 예산이란 재정 상태를 명확히 하기 위해 단일화(통일화)되어야 하지만 예외적으로 국가가 특별히 필요한 경우에는 일반적인 세입 · 세출과 구분해서 특별회계를 설치할 수 있도록 하고 있다.[4] 경찰의 특별회계 예산으로는 책임운영기관 특별회계, 국가균형발전특별회계가 있다.

(2) 본예산 · 수정예산 · 추가경정예산

① 본예산: 본예산이란 행정부에 의해 편성되고 의회의 심의를 거쳐 최초로 확정된 예산을 말한다.

② 수정예산: 수정예산이란 예산안이 국회에 제출된 이후 예산안이 성립되기 이전에, 즉 국회에서 심의 · 확정되기 이전에 부득이한 사유로 인해 그 내용의 일부

4) 국가재정법상 특별회계를 설치할 수 있는 경우는 ① 부담금 등 기금의 재원이 목적사업과 긴밀하게 연계되어 있을 것, ② 사업의 특성으로 인하여 신축적인 사업추진이 필요할 것, ③ 중 · 장기적으로 안정적인 재원조달과 사업추진이 가능할 것, ④ 일반회계나 기존의 특별회계 · 기금보다 새로운 특별회계나 기금으로 사업을 수행하는 것이 더 효과적일 것, ⑤ 특정한 사업을 운영하거나 특정한 세입으로 특정한 세출에 충당함으로써 일반회계와 구분하여 회계처리할 필요가 있을 것의 여부를 심사하여야 한다(국가재정법 제14조: 특별회계 및 기금의 신설에 관한 심사 제2항).

를 수정해 제출하고 이를 확정시키는 예산을 말한다.

③ 추가경정예산: 추가경정예산이란 예산안이 국회를 통과해 예산이 성립된 이후 예산에 변경할 필요가 있을 때, 이를 수정·제출해 국회의 심의로 성립된 예산을 말한다(헌법 제56조). 추가경정예산이 성립되면 본예산과 추가경정예산을 통산해서 전체로서 집행한다.

(3) 잠정예산 · 가예산 · 준예산

① 잠정예산: 잠정예산이란 회계연도 개시 전까지 예산이 성립되지 않았을 때에 최초 수개월 분의 일정 금액을 국고로부터 지출하는 제도를 말하며, 영국·캐나다·일본 등지에서 사용된다. 우리나라에서는 채택 또는 사용된 적이 없다.

② 가예산: 가예산이란 회계연도 개시 이전에 부득이한 사유로 인해 예산을 의결하지 못한 때, 최초의 1개월분을 국회에서 심의·통과시켜 집행하는 예산을 말한다. 1948~1961년까지 우리나라에서 채택되었던 제도로서 정부 수립 이후 1950년대 중반기까지 네 차례 사용한 경험이 있다. 이 제도는 프랑스와 우리나라 제3·4공화국 당시 사용한 바 있다.

③ 준예산: 준예산이란 회계연도 개시 전까지 예산이 성립되지 못한 때에 전년도에 준해서 지출하는 예산을 말한다. 이 제도는 우리나라와 독일에서 사용되고 있다.[5] 준예산안으로서 집행된 예산은 당해 연도의 예산이 성립된 이후 그 예산에 의해 집행된 것으로 간주한다(이종익·강창구, 2000: 150).

4) 경찰예산 원칙

예산은 국민의 세금으로 이루어지기 때문에 그 사용 시에 엄격한 원칙의 적용이 강요되고 있다. 이 원칙들이란 예산 과정, 특히 집행 과정에서 지켜야 할 준칙들이라고 할 수 있다(Burkhead, 1955; 박영희, 1983: 101). 경찰예산 원칙도 일반예산 원칙

5) 우리나라에서 새로운 회계연도가 개시될 때까지 예산안이 의결되지 못한 때에는 국회에서 예산안이 의결될 때까지 정부는 ① 헌법이나 법률에 의하여 설치된 기관 또는 시설의 유지·운영, ② 법률상 지출 의무의 이행, ③ 이미 예산으로 승인된 사업의 계속 등의 목적을 위한 경비에 한해 전년도 예산에 준해서 집행할 수 있다(헌법 제54조 제3항).

에 준한다.

(1) 전통적 예산 원칙

전통적 원칙은 예산 사용의 통제에 역점을 준 원칙으로서 일명 '노이마르크(F. Neumark)의 원칙'이라고도 한다(박연호, 1994: 730).

① 예산 공개의 원칙: 예산의 편성과 심의 · 의결된 예산 및 결산의 결과 등은 국민에게 공개되어야 한다.

② 예산 명료의 원칙: 예산이 모든 국민이 알기 쉽게 분류 · 정리되어야 한다.

③ 예산의 사전 의결의 원칙: 예산은 집행되기 전에 의회의 심의 · 의결을 거쳐야 한다. 그러나 대부분의 국가들이 사전 의결의 원칙에 예외를 인정하고 있는데, 준예산 · 가예산 · 잠정예산 등은 이러한 예이다.

④ 예산 엄밀의 원칙: 예산과 결산은 가능한 한 항상 일치되어야 한다.

⑤ 예산 한정성의 원칙: 예산은 목적 외 사용이나 계상된 금액 이상의 지출 및 회계연도의 경과 지출 등이 있어서는 안 된다(예외: 특별회계예산, 추가경정예산 등).

⑥ 예산 단일의 원칙: 국가의 회계연도를 명확히 통합적으로 밝히고 예산의 질적 · 양적 평형을 유지하기 위하여 예산은 단일해야 한다(예외: 특별회계예산, 추가경정예산 등).

⑦ 예산 통일의 원칙: 특정한 세입과 특정한 세출이 직결되어서는 안 된다(예외: 특별회계예산, 목적세 등).

⑧ 예산 완전성의 원칙: 예산총계주의에 입각해 세입과 세출은 모두 예산에 편입해야 한다(예외: 예산순계주의).[6]

(2) 현대적 예산 원칙

예산의 현대적 원칙은 스미스(Harold D. Smith)가 제창했다고 해서 '스미스의 원칙'이라고도 한다. 현대적 예산 원칙은 행정부에 예산 집행 시, 신축성을 부여해 줌

---

6) 예산총계 규모에는 회계 간 거래나 동일 회계 내 계정 간 거래금액으로 인해 동일한 재원이 중복 계상되는 문제가 발생하는데, 여기서 중복되는 부분을 차감한 예산 순액을 예산순계라 한다.

으로써 예산 집행의 효율성을 높이는 데 목적을 둔 행정부 우위론적인 예산의 원칙이다(Smith, 1945: 90－94).

① 계획의 원칙: 행정수반의 사업계획이 예산에 반영되어야 한다.

② 책임의 원칙: 예산집행기관은 국회에서 의결된 범위 내에서 가장 경제적으로 집행할 책임이 있다. 즉, 책임의 원칙은 지출의 적법성이나 형식적 요구성보다는 효과성과 내용성을 더욱 중요시한다.

③ 보고의 원칙: 예산의 편성 · 심의 · 집행 시에는 정부 각 기관으로부터 제출된 재정보고 및 업무보고에 바탕을 두어야 한다.

④ 다원적 절차의 원칙: 장기적인 건설, 개발사업, 정부기업 등 다양한 현대 행정의 활동을 효율적으로 수행하기 위해서는 각 활동에 알맞은 절차를 가져야 한다.

⑤ 예산의 적절한 수단 구비의 원칙: 예산의 효과적인 활용을 위해 적절한 수단이 마련되어야 하는데, 가장 대표적인 예가 준비금제도이다(백완기, 1992: 544).[7]

⑥ 재량의 원칙: 입법부가 예산을 심의 · 통과시킬 때 심의는 엄격하게 하되, 항목의 수를 가능한 한 줄여서 구체적인 사항은 행정부의 재량에 맡겨야 한다.

⑦ 시기의 신축성 원칙: 예산의 집행을 어느 시기에 할 것인가 하는 것은 행정부에 맡겨야 한다.

⑧ 예산기구 간의 상호성에 관한 원칙: 중앙예산기관과 각 부처예산기구 상호간에 기능적인 관계가 활성화되어 원활한 의사소통과 협력이 잘 이루어져야 한다.

5) 경찰예산 분류

(1) 의 의

예산 분류(budget classification)란 정부의 세입과 세출을 좀 더 정확하게 파악하고, 비교를 쉽게 할 수 있도록 일정한 기준에 따라 체계적으로 배열하는 것을 말한다. 예산 분류의 기준은 유일한 최선의 기준이 존재하는 것은 아니며, 여러 가지 다양한 기준에 의해 복합적으로 분류되는 것이 일반적이다(이종익 · 강창구, 2000: 152－

7) 준비금제도는 회계연도 중에 발생할지도 모르는 비상사태에 대비해서 예산의 일정 비율을 미리 떼어 놓는 제도이다. 우리나라의 경우, 예비비제도가 여기에 속한다.

173).

경찰예산의 분류는 선량한 관리를 목적으로 하고 세출에서는 경찰 사업계속의 성질 또는 기능에 따라 효과적인 경비 지출을 하는 것을 근본 목적으로 한다. 경찰예산의 분류 또한 일반 예산 분류에 준한다.

(2) 예산 분류의 유형

① 기능별 분류

정부의 주요 기능에 따라 예산을 분류하는 것을 의미한다. 주로 세출에 관한 분류 방법으로서 행정수반의 예산정책 수립과 입법부의 예산심의를 용이하게 한다.

② 조직별 분류

예산을 편성하고 집행하는 정부의 조직 단위에 따른 분류를 의미한다. 예산이 부처별·기관별·소관별로 분류될 뿐만 아니라, 예산의 편성, 사정, 심의, 집행 및 회계검사 등도 조직 단계별로 이루어진다.

③ 품목별 분류

이는 정부가 구입하고자 하는 물품이나 용역 또는 지출의 대상이 되는 물품이나 용역을 기준으로 한 분류이다. 통제 중심의 예산제도 하에서는 위의 조직체별 분류와 함께 품목별 분류가 예산 분류 방법의 중심을 이루었다.

④ 경제 성질별 분류

이는 예산의 지출이 국민경제에 어떠한 영향력을 미치는가를 기준으로 한 분류 방법을 말한다. 이는 경제활동의 구조·수준에 영향을 미치는 정책 결정에 유용한 자료를 제공하고자 하는 데 그 목적이 있다.

⑤ 사업계획별·활동별 분류

사업계획별 분류(program classification)란 각 부처의 업무를 몇 개의 사업계획(program)으로 나누고, 그에 따라 예산을 배분하는 분류 방법을 말한다. 이는 전술한 기능별 분류와 후술하는 활동별 분류의 중간에서 교량적 역할을 하는 분류 방법으로서 각 부처 예산요구서 작성의 기본이 된다. 사업계획과 이를 수행하는 데 필요한 재정을 분석하고 사업 진도를 분석하는 데 도움을 주기도 한다.

예산의 활동별 분류(activity classification)란 사업계획별 분류를 다시 세분류한 것을 말한다. 이는 예산안의 편성, 심의, 집행 상황의 보고 및 회계 실무에 대한 보고를 용이하게 해준다.

2. 예산제도

예산제도는 역사적으로 통제 지향적인 품목별 예산제도, 관리 지향적인 성과주의 예산제도, 계획 지향적인 계획예산제도, 우선순위 지향의 영기준예산제도의 순서로 발달되어 왔다. 이들 예산제도 외에 현대의 조직관리에서 나타나는 문제들을 보완하기 위한 일몰예산과 감축관리예산, 정부자산 상태의 파악을 용이하게 해주는 자본예산이 있다. 경찰예산도 이러한 예산제도를 근간으로 편성 및 집행된다.

1) 품목별 예산

품목별 예산(Line-item Budget)은 정부가 구입하는 용역이나 물품에 치중하는 예산, 또는 지출의 대상·성질을 기준으로 해서 세출예산의 금액을 나타내는 통제 지향적 예산을 말한다. 즉, 기관별 예산, 기관의 운영과 행정작용에 소요되는 품목의 나열, 소요 경비와 그 품목별 내용을 금전적으로 표시한 것이라 할 수 있다(Burkhead, 1955: 125).

품목별 예산은 예산 집행의 회계책임을 명백히 하고 경비사용의 적정화를 가져오게 할 수 있지만, 정부가 그러한 용역이나 물품으로 무엇을 하는가 하는 활동이나 사업계획은 알 수 없다. 즉, 정부사업의 전체의 성과 파악이 곤란하고 예산집행의 신축성을 지나치게 제한하며 지출 목적도 명확히 할 수 없다.

2) 성과주의 예산제도

성과주의 예산제도(Performance Budgeting System: PBS)는 이 용어를 처음으로

사용했던 후버위원회에 의하면, 정부에 의해서 지출될 돈보다 수행될 목표에 관심을 두는 제도라고 하였다(Seckler–Hudson, 1978: 80). 즉, 성과주의 예산은 정부가 수행하는 기능·활동·사업계획을 기초로 해서 편성하는 예산을 말하는데, 그 업무량과 단위원가로 계정된 비용을 합리적으로 표시함으로써 사업의 성과를 명백히 하는 관리 지향적인 예산이다.

단위원가 × 업무량 = 예산액

여기에서 단위원가(unit cost)란 업무 측정(unit of work measurement) 또는 성과단위 하나를 산출하는 데 소요되는 경비를 말하며, 업무량이란 달성하고자 하는 업무를 업무 측정 단위로 표시한 양을 말한다.

성과주의 예산제도는 예산편성 시에 자금 배정을 합리화하고, 편성 작업의 시간을 단축할 수 있고(박순옥, 1986: 356), 국회의 예산 심의를 효율적으로 할 수 있도록 해 주며, 예산집행 시에 신축성을 확보할 수 있고, 정부가 예산을 통해 구체적으로 무엇을 하려고 하는지에 대한 정보를 국민과 국회가 용이하게 획득할 수 있다. 또한 수행하고자 하는 활동의 양과 단위당 비용이 명백히 제시되어 있으므로 예산집행에 따른 회계 책임을 명확히 할 수 있다(김영기 외, 1993: 637).

그러나 성과주의 예산제도는 예산을 결정하는 데 가장 큰 문제인 사업계획, 기능 또는 활동의 비교·측정에 관한 가치 판단의 문제를 해결하지 못함으로써(김규정, 1997: 682), 행정 분야에서 명확한 업무 측정 단위를 설정하기 힘들 뿐만 아니라 행정업무량 한 단위에 소요되는 제경비, 즉 단위원가의 산정에 어려움이 있다고 하겠다.

3) 계획예산제도

계획예산제도(Planning Programming Budgeting System: PPBS)란 장기적인 기획과 단기적인 예산편성을 실시기획(programming)을 통해 유기적으로 연결시킴으로써 예산 배분에 관한 의사결정을 합리적으로 일관성 있게 행하려는 예산제도를 말한다(McKeen & Ansher, 1965: 286–287).

장기기획(planning)이란 장기적 목표를 설정하고 이 목표를 달성하기 위한 방안을 평가 · 선택하는 단계를 말하며, 실시기획(programming)이란 장기기획에 의해 결정된 개개의 계획(plan)을 실행하기 위한 구체적인 활동을 작성하는 과정을 의미한다. 즉, 기획(planning)은 '무엇을 할 것인가'를 결정하는 것이고, 실시기획(programming)은 '어떻게 할 것인가'를 결정하는 것이다. 한편 예산편성(budgeting)이란 채택된 실시계획(program)의 초년도분을 실행하기 위해 필요한 자금을 뒷받침하는 것을 말한다(박연호, 1994: 754).

PPBS의 기본 원리로는 합목적성(legitimacy), 경제적 합리성(economic rationality), 효과성(effectiveness), 능률성(efficiency), 학문적 객관성(scientific objectivity)[8]을 들 수 있다.

PPBS는 의사결정의 일원화, 장기적 사업계획의 신뢰성, 조직체의 통합적 운용, 자원 분배의 합리화 등 장점들을 가져올 수는 있으나 권한의 집중으로 인한 지나친 중앙집권화, 계획 요소의 다양성으로 인한 정량화의 곤란, 다원적인 민주국가의 성격상 명확하고 합리적인 목표 설정이 곤란한 점들을 단점으로 들 수 있다.

4) 영기준 예산제도

영기준 예산제도(Zero Base Budgeting: ZBB)란 예산편성 시에 전 회계연도의 예산을 기준으로 하는 점증주의적인 예산편성과는 달리 근본적으로 사업을 재평가해 우선순위에 따라 예산을 편성하는 것을 말한다. 즉, 조직체의 모든 사업 · 활동에 대하여 영기준(zero base)을 적용해서 각각의 효율성과 효과성 및 중요성 등을 체계적으로 분석하고, 그에 따라 우선순위가 높은 사업 · 활동을 선택해 실행예산을 결정하는 제도이다(Pyhrr, 1977: 8).

영기준 예산제도는 조직의 모든 사업과 활동을 전면적 · 전체적으로 분석 · 평가하고, 그에 따라 수행해야 할 사업과 활동을 결정하므로 자원의 합리적 배분이 가능하다. 또한 사업 우선순위의 결정을 토대로 경제 상황에 따라 그 가치가 낮은 사업 활동을 축소하거나 폐지함으로써, 흔히 나타나기 쉬운 재정의 경직화를 방지하는 데

8) 학문적인 객관성이란 의사결정을 할 때 체제분석, 비용 · 효과분석 등에 의해 의사결정자의 주관적 편견을 없애고, 객관적 판단을 강조하는 것을 말한다.

도움을 준다.

그러나 영기준 예산제도는 관료들이 자기의 사업 · 활동에 대한 성과를 분석 · 평가하는 과정에서 위험을 느끼고, 왜곡된 자료를 제시할 우려가 있고, 시간과 노력 및 서류 작성 시에 그 부담이 과중해 일선관리자들로부터 저항이 발생하기 쉽다. 또한 사업 활동의 분석 · 평가 · 대안의 개발에 대한 고도의 전문적 지식과 기술을 요하므로 ZBB의 과정에 참여하는 관리자에 대한 교육훈련이 뒤따라야 한다는 점이 단점으로 지적된다.

5) 일몰예산과 감축관리

(1) 일몰예산

일몰예산은 일몰법(sunset legislation)에 기초를 두고 있다(Chandle & Plano, 1982: 101). 일몰법이란 입법부에서 정부의 사업계획과 행정기관을 계속 유지시킬 것인가, 아니면 사멸시킬 것인가를 결정하기 위해 장기적으로 정부의 사업계획과 행정기관을 재조사하고 검토하는 일종의 종결 제도를 말한다. 즉, 일몰법에는 자금이 배정된 사업계획과 행정기관을 다시 승인하거나 아니면 소멸하거나 둘 중의 어느 하나를 결정하도록 규정되어 있다.

현대에 와서 행정평가는 입법부 및 행정부가 공동으로 져야 할 책임이고, 이러한 책임을 일몰법이 보조 · 지원해 주고 있음은 사실이다. 그러나 일몰법은 정부의 활동 및 서비스를 억제하고 저해할 가능성이 있으며, 또한 그것은 민중을 회유하고 교묘하게 조종하는 데 사용될 위험성도 있다는 비판이 있다.

(2) 감축관리

감축관리(cut-back management)란 조세 내지 공공요금의 증가를 방지하기 위해 조직자원 및 조직 활동의 수준을 가능한 한 낮추기 위한 방향으로 조직을 변화시키는 일종의 관리전략이다(Chandle & Plano, 1982: 112). 감축관리는 세입기조(revenue bases)의 감소, 인구통계학적 패턴(demographic patterns)의 변형 및 공공 서비스에 대한 기대의 증가로 인해 나타난 행정에서 새로운 주요 방향 중의 하나이다.

즉, 오늘날의 행정에서는 무조건의 성장과 팽창 및 업적을 추구해 어떤 새로운 공공문제가 제기될 때마다 기존의 기관과 사업계획을 단순히 확대시킴으로써 예산의 증대를 가져오기보다는 기존의 것을 활용하거나 또는 최소한의 자원과 활동으로 새로운 요구를 충족시킬 수 있는 행정이 요구된다.

6) 자본예산제도

자본예산(capital budget)이란 복식예산의 일종으로서 정부 예산을 경상지출과 자본수지로 구분하고, 경상지출은 경상수입으로 충당시켜 수지의 균형을 이루고, 자본지출은 공채를 발행함으로써 충당하는 예산제도이다(유종해, 1984: 659; 박연호, 1994: 766－767).

정부가 공채를 발행해 적자재정을 편성한다 하더라도 그 수입으로 자산의 취득 등 자본적 지출에 사용하면 국가 채무의 증가는 자산의 증가에 의해 상쇄됨으로써 국가의 순자산 상태에는 변동이 없게 된다. 따라서 자본적 지출을 위한 공채 발행은 건전재정의 원칙에 위배되지 않는다고 본다.

이러한 자본예산제도는 건전재정의 전통이 강하고 균형예산을 신봉하는 국가들에서 경제적 불황에 직면했을 때에 적자재정, 즉 공채의 발행을 정당화할 수 있고 (Burkhead, 1955: 182－197; 박영희, 1990: 366－367), 이것을 재원으로 해서 유효수요를 창출하고 고용을 증대해 경기를 회복시킬 수 있었다. 또한 자본예산은 경상적 지출과 자본적 지출로 구분되어 있기 때문에 예산의 심사 · 분석이 용이하고, 이 과정에서 전문가나 납세자의 참여가 가능하며(박영희, 1990: 659), 정부의 순자산 상태의 변동과 사회자본의 축적 · 유지의 추이를 나타나는 데 사용될 수 있다.

그러나 자본예산은 정치적으로 모든 이익집단에게 조금씩이라도 다소 만족을 시키는 나누어 먹기식의 예산이 될 가능성이 있는 정치적 결탁의 가능성이 있다(조창현, 1986: 227). 또한 자본예산은 경상지출의 적자를 은폐하기 위한 수단으로 악용될 염려가 있으며, 특히 인플레이션 상황인 경우 공채 발행으로 인플레이션을 더욱 조장할 염려가 있다.

3. 경찰예산의 과정

예산은 매년 정부에 의해 편성되고 의회의 심의·의결을 거쳐 확정되어 각 관계 부서에 의해 집행되며, 감사원의 검사를 받아 그 결산이 국회에 제출되어 국회의 결산 승인이 나면 정부의 예산집행 책임이 해제되고 당해 예산의 기능은 완결된다. 이렇게 예산편성에서 그 책임 해제에 이르는 일련의 과정을 예산 과정이라고 한다(Burkhead, 1955: 83－87; 이종익·강창구, 2000: 196－197). 예산 과정은 통상 3년의 기간을 요구하는데, 예산이 집행되는 것은 1회계연도에서 끝나는 것이지만 예산집행의 전·후년에 걸쳐 예산이 편성·심의·결산되어야 하기 때문이다.

경찰예산 과정도 하나의 정부 중앙관서로서 정부 예산의 과정 속에서 함께 이루어지고 있다.

1) 예산편성

(1) 의 의

일반적으로 예산편성의 의의는 정부의 재정정책을 수립하며, 사업을 분석·조정·확정하며, 예산 관계 기관과의 정보교환을 촉진하며 세입세출의 규모를 확정하는 데 있다.

따라서 경찰 예산편성이란 다음 회계연도 또는 장래 몇 년 동안 경찰청이 수행할 치안정책이나 사업계획을 재정적 용어나 예산액을 산정하는 행위로서 경찰청장의 사업계획서의 제출로부터 예산안의 확정에 이르는 일련의 과정을 말한다.

(2) 예산편성의 과정

① 중기사업계획서 제출

경찰청장은 매년 1월 31일까지 당해 회계연도부터 5회계연도 이상의 기간 동안의 신규사업 및 기획재정부 장관이 정하는 주요 계속사업에 대한 중기사업계획서를 기획재정부 장관에게 제출해야 한다(국가재정법 제28조). 기획재정부는 이를 사업의 타당성과 연차별 예산 소요를 예비 사정해서 예산편성 작업에 활용한다.

② 예산편성지침의 통보

기획재정부 장관은 매년 3월 31일까지 국무회의의 심의를 거쳐 대통령의 승인을 얻은 다음 연도의 예산편성지침을 경찰청장에게 시달해야 한다(국가재정법 제29조 제1항). 예산편성지침에는 국가예산 운용의 기본 방향, 예산편성총칙 및 세부지침, 세입·세출 과목 해소, 공무원 급여 기준, 예산 산정의 기초가 되는 단위, 단가 및 예산편성상의 기술적인 문제 등이 포함된다.

③ 예산요구서 제출

경찰청장은 예산편성지침에 따라 매 회계연도 소관에 속하는 세입·세출예산, 계속비, 명시이월비 및 국고채무부담 행위의 요구서를 작성해 매년 5월 31일까지 기획재정부 장관에게 제출해야 한다. 이러한 예산요구서에는 대통령령이 정하는 바에 의해 예산의 편성 및 예산관리기법의 적용에 필요한 서류를 첨부해야 한다(국가재정법 제31조 제1항·제2항).

④ 예산요구서 사정 및 예산안 편성

(가) 예산요구서 사정

각 부처로부터 예산요구서가 제출되면, 기획재정부는 여러 가지 경제적 여건에 관련되는 세입·세출 요인의 분석에 의한 다음해 예산 규모의 전망과 표준사정(査定)을 고려해 사정하게 된다.

(나) 예산안 작성 및 조정

예산요구의 사정작업을 마친 후에 예산실은 먼저 예산안 시안을 작성하며, 다시 수차에 걸친 장·차관의 조정을 받아 기획재정부안을 작성한다. 그 후 정부·여당과 협의해 최종예산안을 작성한다. 경찰청에서는 이 시기에 예산에 필요한 자료와 정보를 적극적으로 제출하면서 예산 확보를 위해 총력을 기울인다.

⑤ 정부예산안 확정 및 국회 제출

종합적인 조정과 검토를 거쳐 작성된 예산안은 기본운영계획과 함께 국무회의의 심의를 거쳐 대통령의 승인을 얻음으로써 정부예산안이 확정되고, 따라서 경찰예산도 확정된다. 정부예산안은 회계연도 개시 120일 전까지 국회의 심의에 필요한 예산

심의 자료 및 부속서류를 첨부해 국회에 제출해야 한다(국가재정법 제32~34조).

정부는 경찰청의 예산을 편성함에 있어 경찰청장의 의견을 최대한 존중하여야 하며, 국가재정상황 등에 따라 조정이 필요한 때에는 경찰청장과 미리 협의하여야 한다. 정부는 위의 규정에 따른 협의에도 불구하고 독립기관의 세출예산요구액을 감액하고자 할 때에는 국무회의에서 경찰청장의 의견을 구하여야 하며, 정부가 경찰청의 세출예산요구액을 감액한 때에는 그 규모 및 이유, 감액에 대한 경찰청장의 의견을 국회에 제출하여야 한다(국가재정법 제40조: 독립기관의 예산).

2) 예산심의

(1) 의 의

정부에 의해 편성된 예산안은 국회의 심의를 거쳐 확정된다. 국회가 예산심의권을 가진다는 것은 국민의 대표기관으로서 행정부에 대해 견제와 균형의 원리에서 정부를 통제한다는 의미와 국민 주권의 원리를 실현한다는 의미이다. 따라서 예산심의는 민주국가가 민주 이념을 실현하는 중요한 과정으로 볼 수 있다.

(2) 예산심의 절차

① 대통령의 시정연설

예산안이 국회에 제출되면 본회의에 상정되어 대통령은 다음 회계연도 예산과 관련해 정부 전체의 사업계획과 기본적인 시정방침을 밝히는 시정연설을 한다. 시정연설이 끝나면 예산안은 각 상임위원회에 회부된다.

② 예비심사

각 상임위원회는 소관 부처별로 예산안을 예비심사를 하게 된다. 예비심사는 각 소관 부처의 중앙관서장, 즉 경찰청장으로부터 정책설명을 듣는 것으로부터 시작된다. 상임위원회는 예산안 심사에 앞서 이해관계자 · 전문가 등의 의견을 들을 수 있고 공청회를 열 수 있다. 정책질의 및 토론이 끝나면 부별 심사, 검토 및 계수 조정을 하게 된다. 이 단계에서는 소위원회를 구성하는 것이 일반적이다.

③ 예산결산특별위원회의 종합심사

예비심사가 끝난 예산안은 예산결산특별위원회[9]에 회부된다. 예산결산특별위원회에서는 예산안 제안설명과 전문위원의 검토보고를 듣고, 예산에 관계되는 사항뿐만 아니라 국정 전반에 걸쳐 종합정책질의를 하고 이것이 끝나면 부별 심의에 들어간다. 부별 심의는 각 분과 상임위원장으로부터 예비심사의 결과를 보고받은 다음 부처별로 질의응답을 하는 것으로 진행된다. 부별 심사가 끝나면 소위원회에서 계수조정을 하며, 이것이 끝나면 예산결산위원회 전체회의를 열어 찬반 토론을 거쳐 채택 여부를 결정한다(국회법 제84조: 예산안·결산의 회부 및 심사).

예산결산특별위원회는 예산안, 기금운용계획안 및 결산에 대하여 공청회를 개최하여야 한다(국회법 제84조의3: 예산안·기금운용계획안 및 결산에 대한 공청회). 또한 예산결산특별위원회는 예산안과 세입예산안의 부수 법률안 심사를 매년 11월 30일까지 마쳐야 한다(국회법 제85조의3: 예산안 등의 본회의 자동 부의 등 제①항).

④ 본회의 의결

예산결산특별위원회의 종합심사가 끝나면 예산안은 국회 본회의에 상정된다. 본회의에서는 예결위원장의 예결위안에 대한 보고를 받고 찬반 토론을 거쳐 예산안이 의결·확정된다. 확정된 예산안은 행정부에 이송된다.

3) 예산집행

(1) 의 의

예산의 집행이란 국가의 수입·지출을 실행·관리하는 모든 행위를 의미한다. 따라서 예산 집행은 예산에 정해진 금액을 국고에 수납하고 국고로부터 지불하는 것뿐만 아니라, 국고채무부담행위의 실행 및 지출원인행위의 실행도 포함된다.

9) 예산결산특별위원회의 위원은 50인으로 하고, 교섭단체 소속 의원 수의 비율과 상임위원회 위원 수의 비율에 의하여 각 교섭단체 대표의원의 요청으로 의장이 선임한다(국회법 제45조 제2항 참조).

(2) 예산집행에서의 재정통제

① 예산의 배정

예산의 배정이란 중앙예산기관이 경찰청장에게 일정 기간(예컨대 분기별)으로 자금을 분할해서 할당·사용할 수 있게 하는 절차를 말한다. 따라서 예산 배정은 자금할당, 자금계획 또는 예산 집행을 위한 실행계획이라고도 한다(백완기, 1992: 584).

예산이 국회에서 성립되면 경찰청장은 사업운영계획 및 이에 의한 세입·세출예산, 계속비와 국고채무부담행위를 포함한 예산배정요구서를 기획재정부 장관에게 제출해야 한다(국가재정법 제42조). 기획재정부 장관은 예산배정요구서에 따라 분기별 예산배정계획을 작성해 국무회의의 심의를 거친 후 대통령의 승인을 얻어 경찰청장에게 예산을 배정한 때에는 감사원에 통지해야 한다(국가재정법 제43조 제1항·제2항).

② 예산의 재배정

예산의 재배정이란 경찰청장이 예산배정계획에 의거해 기획재정부 장관으로부터 배정받은 예산액의 범위 내에서 산하 각 기관에 대해 월별 또는 분기별로 재배정해 주는 제도이다. 예산재배정제도의 목적은 경찰청장으로 하여금 산하 각 기관의 예산집행 상황을 감독·통제하고 재정적 한도를 엄수하게 하려는 데에 있다.

③ 지출원인행위 및 지출과 그 특례

(가) 지출원인행위 및 지출

예산이 배정되면 경찰청은 예산의 범위 내에서 계약 등 지출원인행위를 하게 된다. 모든 예산은 지출원인행위를 한 때로부터 예산을 지출할 수 있는 근거가 생기게 되는데, 경찰의 경우 경찰청장 또는 위임을 받은 자가 지출원인행위를 할 수 있다. 계약 체결 등 지출원인행위를 한 후 사업계획에 의한 공사가 사업 시행 진도에 따라 자금 배정을 받은 범위 내에서 국고를 지출하게 되는데, 이를 지출행위라고 한다(이무영, 1998: 251).

(나) 지출의 특례: 관서운영경비

지출은 그 요건 구비가 선행되어야 하나, 경리 운용상 불편이 적지 않기 때문에 특례를 인정하고 있으며, 경찰과 관련한 지출의 특례로 관서운영경비가 있다. 이는 종전의 관서일상경비와 도급경비 등을 통합한 것으로, 운영비, 특수활동비, 업무추진비, 여비, 외국에 있는 채권자가 외국에서 지급받고자 하는 경우(국고금관리법 시행령 제31~32조) 등이 포함된다.

관서운영경비는 관서운영경비 출납공무원으로 하여금 지출관으로부터 교부받아 지급하도록 하되, 관서운영경비 출납공무원은 교부된 자금의 범위 안에서 지급원인 행위를 할 수 있다. 관서운영경비 집행에서는 정부구매카드를 사용하도록 해서 집행의 투명성을 높이고 있으며, 불가피한 경우 현금 등을 지급할 수 있도록 하고 있다(국고금관리법 제24조: 관서운영경비의 지급).

④ 보고 및 내부통제

경찰청장은 지출원인행위보고서, 기타 회계에 관한 보고서 등을 월별로 기획재정부 장관에게 보고한다. 또한 경찰청장은 분기마다 사업집행보고서 및 기타 예산에 관한 보고서를 기획재정부 장관에게 제출한다.

한편 경찰청장은 효과적인 재정관리 · 재원 사용의 적법성 여부 및 집행 과정에서 보고된 자료의 신빙성을 분석 · 평가하기 위하여 필요한 사항에 관하여 강력한 내부통제를 한다.

(3) 예산집행의 신축성

① 예산의 전용

예산의 전용(轉用)이란 동일 기관 내에서 행정 과목 간, 즉 세항(細項)과 목(目) 간의 예산의 융통을 말한다. 이는 행정 과목 간의 예산의 융통이기 때문에 국회의 사전 승인 없이 기획재정부 장관의 승인만으로 가능하다(국가재정법 제46조: 예산의 전용 제①항). 그러나 각 중앙관서의 장은 당초 예산에 계상되지 아니한 사업을 추진하는 경우, 국회가 의결한 취지와 다르게 사업 예산을 집행하는 경우는 전용을 할 수 없다.

② 예산의 이용과 이체

예산의 이용(移用)이란 각 기관 간의 장(章) · 관(款) · 항(項), 즉 입법 과목 간의 예산의 융통을 말하며, 원칙적으로 금지되어 있다. 다만, 예산집행상 필요에 따라 미리 예산으로써 국회의 의결을 얻은 때에는 기획재정부 장관의 승인을 얻어 이용하거나 기획재정부 장관이 위임하는 범위 안에서 자체적으로 이용할 수 있다.

경찰청장이 예산을 이용할 때는 ㉠ 법령상 지출의무의 이행을 위한 경비 및 기관 운영을 위한 필수적 경비의 부족액이 발생하는 경우, ㉡ 환율변동 · 유가변동 등 사전에 예측하기 어려운 불가피한 사정이 발생하는 경우, ㉢ 재해대책 재원 등으로 사용할 시급한 필요가 있는 경우, ㉣ 그 밖에 대통령령으로 정하는 경우 등이다(국가재정법 제47조: 예산의 이용 · 이체 제①항).

예산의 이체(移替)란 정부조직 등에 관한 법령의 제정 · 개정 또는 폐지로 인하여 중앙관서의 직무와 권한에 변동이 있는 때에는 그 중앙관서의 장의 요구에 따라 그 예산을 상호 이용하거나 이체할 수 있다. 경찰청장은 이용 또는 이체를 한 경우에는 분기별로 분기만료일이 속하는 달의 다음 달 말일까지 그 이용 또는 이체 내역을 국회 소관 상임위원회와 예산결산특별위원회에 제출하여야 한다(국가재정법 제47조: 예산의 이용 · 이체 제②~④항).

③ 예산의 이월

예산의 이월(移越)이란 예산을 다음 회계연도로 이월해 그 회계연도의 예산으로 사용하는 것을 말한다. 예산의 이월에는 명시이월과 사고이월이 있다. 명시이월이란 연도 내에 지출하지 못할 것이 예측되는 경우에 미리 국회의 승인을 받아 다음 연도로 이월시키는 것을 말하며, 사고이월이란 연도 내에 지출하려고 했으나 불가피한 사유로 다음 회계연도로 이월시키는 것을 말한다.

매 회계연도의 세출예산은 다음 연도에 이월하여 사용할 수 없다(국가재정법 제48조: 예산의 이월 제①항). 다만, ㉠ 명시이월비, ㉡ 연도 내에 지출원인행위를 하고 불가피한 사유로 인하여 연도 내에 지출하지 못한 경비와 지출원인행위를 하지 아니한 그 부대경비, ㉢ 지출원인행위를 위하여 입찰공고를 한 경비 중 입찰공고 후 지출원인행위까지 장기간이 소요되는 경우로서 대통령령이 정하는 경비, ㉣ 공익사업의 시행에 필요한 손실보상비로서 대통령령이 정하는 경비, ㉤ 경상적 성격의 경비로서 대통령령이 정하는 경비 등에 대해서는 이월할 수 있다(국가재정법 제24조 명시이월비, 제48조 예산의 이월 제②항).

④ 계속비와 예비비

계속비란 완성에 수년도를 요하는 공사나 제조 및 연구개발사업은 그 경비의 총액과 연부액(年賦額)을 정하여 미리 국회의 의결을 얻은 범위 안에서 수년도에 걸쳐서 지출할 수 있는 예산이다. 국가가 지출할 수 있는 연한은 그 회계연도부터 5년 이내로 한다. 다만, 사업규모 및 국가재원 여건상 필요한 경우에는 예외적으로 10년 이내로 할 수 있다. 기획재정부 장관은 필요하다고 인정하는 때에는 국회의 의결을 거쳐 제2항의 지출연한을 연장할 수 있다(국가재정법 제23조 제1~3항).

예비비란 예측할 수 없는 예산 외의 지출이나 예산 초과지출에 충당하기 위한 경비를 말하며, 일반회계 예산총액의 100분의 1 이내의 금액을 예비비로 세입세출 예산에 계상할 수 있다. 다만, 예산총칙 등에 따라 미리 사용목적을 지정해 놓은 예비비는 본문의 규정에 불구하고 별도로 세입세출예산에 계상할 수 있다. 이러한 단서의 규정에도 불구하고 공무원의 보수 인상을 위한 인건비 충당을 위하여는 예비비의 사용목적을 지정할 수 없다(국가재정법 제22조 제1~2항).

4) 회계검사

회계검사란 경찰청을 포함한 행정부가 예산을 합법적으로 집행했는가를 확인 · 검증하는 행위를 말하며, 나아가서 그 결과를 보고하기 위해 회계장부 및 기타의 기록을 체계적으로 검사하는 것을 말한다. 우리나라의 회계검사기관은 행정부형으로 헌법기관인 감사원이 그 기능을 수행하고 있다.

회계검사의 목적은 ① 공금이 법률에 규정된 조건에 합치되고 법률이 정한 목적에 따라서 지출되었는가를 검토하고, ② 공금의 횡령 또는 망실을 방지하기 위하여 회계와 명세목록이 정확하게 기입되었는가를 확인하며, ③ 그러한 결과를 소정의 기관에 보고하는 데 있다.

5) 결 산

(1) 의 의

결산이란 일회계연도 중에 있었던 국가의 수입과 지출의 실적을 계수로 표시하는 행위를 말한다. 이는 정부의 사후적 재정보고이며, 예산 집행의 결과 입법부의 의도가 충실히 구현되고 재정적 한계가 지켜졌느냐 하는 것은 이 결산 과정에 의해 확인될 수 있다.

(2) 결산의 기능과 효과

① 결산의 기능

결산의 기능은 ① 정부가 예산의 범위 내에서 재정활동을 했느냐를 확인하는 기능과, ② 예산의 편성 · 심의와 재정계획의 좀 더 효율적인 운영을 위한 장래의 정보 · 자료로서의 기능을 한다.

② 결산의 효과

결산은 회계검사기관의 검사 · 확인과 국회의 심의 · 의결에 의해 확정되며, 이러한 확정을 통해 예산집행에 대한 정부의 책임이 해제된다. 결산은 예산과 같이 다음 회계연도의 세출에 관한 재정적 한계를 명시하는 것은 아니며, 정부의 위법 · 부당한 지출이 있는 경우에도 그 지출행위를 무효로 하거나 취소하는 효과를 가질 수는 없다.

이런 의미에서 결산의 의의는 법률적이라기보다는 다분히 정치적 · 역사적이다. 국회가 결산을 승인함으로써 정부의 책임이 해제되었다 할지라도 그것은 정치적 책임의 해제를 의미하는 것이며, 관계 공무원의 부당행위에 따르는 변상책임이나 형사책임까지 해제되는 것은 아니다(박연호, 1992: 748－750; 이종익 · 강창구, 2000: 292－297). 따라서 회계 관계 경찰공무원이 고의 또는 중대한 과실로 직무상 업무에 위배하여 국가에 손해를 끼친 경우에 그 손해를 배상하는 변상책임은 물론 형사책임까지도 져야 한다.

제 3 절 한국 경찰예산의 현황

1. 경찰예산의 비교

경찰예산은 국가와 국민을 위해 수행하는 여러 가지 행정 서비스 중에서 국민의 안전한 사회생활을 보장하는 치안활동의 예산이란 점에서 어느 행정 서비스의 예산보다도 중요하다고 할 수 있다. 2020년 경찰예산재정의 운용 방향은 ① 주민을 안전하게 보호하기 위한 치안역량 강화, ② 사회정의를 바로잡는 인권 중심의 법집행 활동 지원, ③ 현장에 활력을 불어넣기 위한 치안인프라 확충 및 근무여건개선 등을 제시하고 있다(이하 경찰청 정보공개: 재정현황 참조, 경찰청 홈페이지 2020.1.1).

2020년 경찰예산안 총규모는 11조 6,165억 원으로 일반회계는 전년대비 6,311억 원(5.8%) 증액된 11조 5,343억 원이며, 책임운영기관 특별회계(경찰병원)는 전년대비 17억 원(2.2%) 증액된 778억 원이다. 국가균형발전특별회계(제주자치경찰지원)는 전년대비 1억 원(2.3%) 증액된 44억 원이다. 구체적인 내용은 <표 8-1>과 같다.

표 8-1 경찰청 예산총괄표

(단위: 억 원)

구 분	2019예산		2020예산안 (B)	증감 (C=B-A)	
	본예산	추경(A)			%
합계(총지출)	10조 9,757	10조 9,837	11조 6,165	6,328	5.8
ㅇ 일반회계	10조 8,953	10조 9,032	11조 5,343	6,311	5.8
- 인건비	8조 4,521	8조 4,521	8조 8,865	4,133	4.9
- 기본 경비	4,169	4,169	4,283	114	2.7
- 사업비	2조 263	2조 343	2조 2,407	2,144	10.5
ㅇ 책임운영기관특별회계	761	761	778	17	2.2
- 인건비	423	423	424	1	0.2
- 기본 경비	42	42	44	2	4.8
- 사업비	296	296	310	14	4.7
ㅇ 국가균형발전특별회계	43	43	44	1	2.3
- 제주자치경찰인력지원	43	43	44	1	2.3

2. 경찰예산의 내용

2020년도 경찰예산재정의 운용은 전술한 세 가지 방향에 따라 구체적인 예산 프

표 8-2 프로그램별 예산규모

(단위: 억 원)

구 분	2019예산		2020예산안	증감		비 고
	본예산	추경(A)	(B)	(B-A)	%	(주요 증감사업)
합계	109,757	109,837	116,165	6,328	5.8	
범죄예방 및 사회적 약자보호	1,074	1,074	1,279	205	19.1	▪ 범죄대응역량강화 +132억 원 ▪ 여성대상범죄예방및수사 +18억 원 ▪ 범죄예방및생활질서유지 등 +55억 원
범죄수사활동	1,933	1,933	2,068	135	7.0	▪ 범죄수사역량강화 +90억 원 ▪ 과학수사역량강화 +6억 원 ▪ 현장수사활동 등 +39억 원
교통안전·소통 확보	2,897	2,897	3,296	398	13.7	▪ 교통안전활동 +46억 원 ▪ 도로교통공단출연(출연금) +284억 원 ▪ 교통과학장비관리 등 +68억 원
사회 질서 유지	2,436	2,478	2,454	△24	△1.0	▪ 의경대체지원 +170억 원 ▪ 경비경찰활동 +36억 원 ▪ 의경운영 및 관리 △201억 원 ▪ 치안정보활동 등 △29억 원
국가안보 확보	749	749	784	35	4.7	▪ 대테러상황관리 +37억 원 ▪ 외사경찰활동 +25억 원 ▪ 보안수사활동 △34억 원 ▪ 해외치안협력강화 +7억 원
전문 경찰양성	625	625	695	70	11.2	▪ 신임순경교육 +45억 원 ▪ 경찰대학운영 +30억 원 ▪ 경찰관채용교육 등 △5억 원
치안 인프라 구축	4,486	4,524	5,370	846	18.7	▪ 경찰유무선망개선 +703억 원 ▪ 장비관리유지 +71억 원 ▪ 경찰정보화기반고도화 +56억 원 ▪ R&D 등 +16억 원
경찰병원 운영	761	761	778	17	2.2	▪ 경찰병원인건비·기본경비 +2억 원 ▪ 경찰병원자산취득 +5억 원 ▪ 장례식장운영 등 +10억 원
경찰 행정지원	94,795	94,795	99,441	4,646	4.9	▪ 인건비·기본경비 +4,246억 원 ▪ 경찰복지증진 +139억 원 ▪ 경무인사지원 등 +261억 원

로그램별 예산의 규모를 살펴보면 <표 8-2>와 같다.

프로그램별 구체적인 내용을 살펴보면 범죄예방 및 사회적 약자보호에 전년대비 19.1% 증가한 1,279억 원, 범죄수사활동에 7.0% 증가한 2,068억 원, 교통안전·소통 확보에 13.7% 증가한 3,296억 원, 사회 질서 유지에 1% 감소한 2,454억 원, 국가안보확보에 4.7% 증가한 784억 원, 전문경찰양성에 11.2% 증가한 695억 원, 치안인프라 구축에 18.7% 증가한 5,370억 원, 경찰병원 운영에 2.2% 증가한 778억 원, 경찰행정지원에 4.9% 증가한 99,441억 원 등이다.

CHAPTER

09 경찰업무관리

제 1 절 경찰문서관리

1. 경찰문서관리의 의의

정보 전달과 보전을 위한 수단으로 오늘날 거의 모든 조직에서는 문서를 사용한다. 문서를 통해 의사 전달을 하며 기록하고 있다. 문서로 기록하고 검토하며 기록을 보존하는 것은 의사 전달을 명확히 하고 행정의 역사를 기록하는 의미가 있다.

문서란 문자나 기호(記號) 등으로 인간의 의사 또는 사물의 상태, 관계, 현상 등을 지면을 이용해 표시한 기록이다. 이는 문서를 협의로 파악한 것이며, 광의의 문서는 기록을 표시하는 물체를 지면에 한하지 않고 계속 보존이 가능한 모든 물체에 기록한 것도 포함한다.

문서는 ① 내용이 복잡해 말로는 다 전달하기 어려운 때, ② 사무 처리 결과의 증빙자료로서 문서가 필요한 때, ③ 사무 처리의 결과를 일정 기간 또는 상당 기간 보존할 필요가 있을 때 사용된다.

1) 공문서의 개념과 법률상 공문서 보호

공적인 목적을 위해 작성 또는 접수된 문서를 말하는 바, 사무관리규정 제3조에서는 '공문서'라 함은 행정기관 내부 또는 행정기관 상호간이나 대외적으로 공무상 작성 또는 시행된 문서와 행정기관이 접수한 모든 문서를 말한다. 공문서는 일반적인 지면은 물론 도면, 사진, 디스크, 테이프, 필름, 슬라이드, 컴퓨터 등을 이용해 작성할 수 있다.

따라서 공문서는 각급 행정기관의 공적 임무 수행을 위해서 공무원이 그 직무상 작성, 시행, 보존하는 것은 물론이고 사문서라 하더라도 행정기관에 공적 목적으로 제출되어 접수되면 사문서가 아니라 공문서이다. 일단 공문서가 되면 제출인이라 하더라도 임의로 철회, 취소, 회수해 갈 수 없다.

'형법상'의 공문서는 공문서 위조죄의 객체로서 문서가 있다. 공문서에 관해 '형법' 제225조 이하에서 '공문서 위조죄, 허위공문서 작성죄'를 규정하고 있다. 공문서 위조죄는 사문서 위조와 구별해 중벌을 과하고 있으며, 또한 공무원이 직무상 작성한 문서의 공신력은 사문서보다도 강하다.

'민사소송법'에서는 문서 작성의 주체에 따라 공문서와 사문서를 구별하고, 공문서의 경우 동법 제327조에 의해 그 방식과 취지에 따라 공무원이 직무상 작성한 것이 인정된 때 진정한 공문서로서 추정해 증거 능력을 부여하고 있다.

'형사소송법' 제315조에서는 당연히 증거 능력이 있는 서류로서 호적의 등본이나 초본, 공증증서등본, 기타 공무원 또는 외국 공무원이 직무상 증명할 수 있는 사항에 관해 작성한 문서 등은 그 증거 능력을 인정하고 있다.

2) 문서의 성립 및 효력 발생

(1) 문서의 성립

문서의 성립 요건은 다음과 같다.

첫째, 정당한 권한이 있는 공무원이 직무 범위 내에서 공무상 작성하고 최종 결재권자의 결재가 있어야 한다.

둘째, 당해 기관의 의사표시가 정확하고 명확하게 표시되어야 한다.

셋째, 내부적으로 위법·부당하거나 시행 불가능한 사항이 없어야 한다.

넷째, 일정한 절차에 따라 형식이 정리된 것이어야 한다.

(2) 문서의 효력 발생

공문서는 최종 결재권자가 결재를 해야만 행정관청으로서의 의사가 결정되어 내부적으로 성립되었다 하겠으나, 상대방 없는 내부 결재문서를 제외하고는 시행문이라는 서면을 통해 결정된 의사가 상대방에게 전달되어야만 상대에 대해 효력을 발생한다.

3) 문서관리상 유의 사항

관료제는 거의 모든 업무를 문서로 표현하고 계획하고 집행하고 기록하는 특징을 가지고 있다. 따라서 과다한 문서의 작성과 민원인에 대한 과다한 문서의 제출 요구 등으로 간단히 구두로 업무 처리를 해줄 수 있는데도 굳이 서류에 의존하므로 경찰관이나 민원인이 서류 때문에 일을 진행하지 못하는 비능률이 나타난다. 특히 동일한 기관의 내부 부서 간에 전화나 구두로 전달해도 되는데도 필요 없는 문서를 만들어 업무 처리의 지체는 물론 문서 작성의 비용을 낭비하는 경우가 적지 않다.

따라서 문서 다작으로 인한 인력과 물자의 낭비 및 민원인의 고통을 줄이는 차원에서 문서를 필요 최소한 정도로 이용하는 관리자의 자세가 요구된다. 반면에 문서 작성을 꼭 해두어야 할 사항을 고의 또는 과실로 회피하는 일이 없어야 한다.

2. 경찰문서의 접수 및 배부

1) 문서 접수의 의의

문서의 접수라 함은 문서과에서 문서처리인의 날인 및 문서접수대장에 등재함으로써 행정기관에 문서가 도달했음을 확인하는 행위를 말한다. 문서의 접수와 비슷한 개념으로 문서의 제출이 있는데, 이는 각종 신청서, 심사청구서, 불복 신청 등에 문서의 형식 요건의 구비 여부를 확인한 후에 그 내용을 검사하는 접수하기 전의 행위를 말한다. 따라서 이러한 문서가 행정기관에 제출되었다 하더라도 당연히 접수되었다고 볼 수는 없다. 즉, 문서의 제출과 접수 간에는 시간적 간격이 존재한다. 제출된 문서는 관련 기관에 접수된 시점부터 문서 도달의 효력이 있다고 본다.

2) 분류 및 배부

문서의 분류라 함은 업무의 기능에 의한 분류가 아니라, 당해 문서를 어느 과에서 처리할 것인가를 분류하는, 즉 접수문서를 처리할 부서를 지정하는 것이며 분류의 준칙은 다음과 같다. 당해 기관에 들어온 모든 문서는 문서과에서 각 문서의 처리를 할 소관별로 해야 한다. 접수할 문서가 2개 이상의 국 또는 과가 관련이 있는 문서일 때에는 그 관련성의 정도가 가장 높은 국(局) 또는 과(課)의 소관으로 분류해야 한다.

3. 경찰문서의 작성

문서를 작성하는 것을 보통 기안(起案)이라고 한다. 문서의 기안은 단순히 문서를 만드는 작업이 아니라 하나의 정책이나 계획을 수립하는 과정이다. 따라서 기안은 경찰 업무의 기획, 결정, 집행을 추진해 가는 과정이며 경찰의 의사 결정과 집행, 평가, 기록 보존과도 밀접한 관련을 갖고 있다.

문서는 다수의 조직구성원에게 복잡한 내용을 체계화하고 단순화해서 전달해야 하기 때문에 규격과 형식이 표준화되어 있다. 문서 작성은 이렇게 표준화된 문서 표현 방법을 준수해야 한다.

4. 경찰문서의 분류와 보존

1) 문서의 분류

문서 분류란 문서를 주제나 형식, 기능 기타 어떤 개념의 유사성에 따라 체계적으로 배열하고, 그 분류표에 의해 자료를 특정한 장소에 배정하는 것을 말한다. 문서의 중요도와 활용도에 따라 구분해 불필요한 서류를 폐기하고 유용한 서류는 체계적으로 정리함으로써 이를 효과적으로 이용하고자 하는 데 목적이 있다.

2) 문서의 보존

문서의 보존이란 보관 기일이 끝난 문서를 보존 기간에 따라 관리하는 것을 말한다. 보존 단계에서는 일정한 보존 기간을 문서 기능별로 정하는데 영구, 준영구, 30년, 10년, 5년, 3년, 1년의 7종으로 구분하고 있다(공공기록물 관리에 관한 법률 시행령 제26조 제1항). 보존 기간별 문서의 구분은 '공공기록물 관리에 관한 법률 시행령' [별표 1] 기록물의 보존 기간별 분류기준표에 별도로 규정하고 있다.

5. 경찰문서의 관리와 폐기

1) 문서관리의 의의

공공기관이 기록물을 생산 또는 접수한 때에는 그 기관의 전자기록생산시스템으로 생산 또는 접수 등록번호를 부여하고 이를 그 기록물에 표기하여야 하며, 중앙기록물관리기관의 장이 정하는 등록정보를 전자적으로 생산·관리하여야 한다.

다만, '행정 효율과 협업 촉진에 관한 규정' 제3조 제11호 및 제12호에 따른 업무관리시스템 또는 행정정보시스템으로 생산된 행정정보 중 기록물의 특성상 등록번호를 부여할 수 없는 경우에는 전자기록생산시스템으로 해당 기록물의 고유한 식별번호를 부여하여 등록번호로 대체할 수 있다.

공공기관은 제1항에 따른 등록정보를 임의로 수정 또는 삭제되지 아니하도록 관리하여야 한다. 등록번호는 각각 시스템 구분, 처리과 기관코드와 연도별 등록일련번호로 구성한다. 다만, 공공기관이 생산·접수하는 기록물의 등록번호 표기방식과 구성은 그 기관의 장이 정한다(공공기록물 관리에 관한 법률 시행령 제20조 제①~③항).

공공기관은 제25조에 따른[1] 기록관리기준표에 따라 처리과별·단위과제별로 해

1) 공공기관은 업무과정에 기반을 둔 기록관리기준표를 작성·운영하여야 하며, 기록관리기준표의 관리항목은 업무설명, 보존기간 및 보존기간 책정 사유, 비치기록물 해당 여부, 보존장소, 보존방법, 공개여부 및 접근권한 등의 관리기준을 포함하여야 한다. 이 경우 기록관리기준표는 기록관리시스템(법 제2조 제8호)으로 생성·관리하여야 한다(공공기록물 관리에 관한 법률 제25조 제①항).

당 기록물을 분류하여 관리하여야 한다(동법 시행령 제22조).

공공기관은 업무수행과정이 반영되도록 단위과제의 범위 안에서 1개 이상의 기록물철을 만들어 해당 기록물을 편철하여야 하며, 처리과의 장은 단위과제별 기록물철 작성기준을 정하여 기록물이 체계적으로 편철·관리되게 하여야 한다. 기록물철의 분류번호는 시스템 구분, 처리과 기관코드, 단위과제 식별번호 및 기록물철 식별번호로 구성한다. 공공기관이 제1항에 따라 기록물철을 작성한 경우에는 전자기록생산시스템으로 기록물철 분류번호를 부여하고 그 기록물철에 이를 표기하여야 하며, 중앙기록물관리기관의 장이 정하는 등록정보를 생산·관리하여야 한다. 기록물철의 분류번호는 시스템 구분, 처리과 기관코드, 단위과제 식별번호 및 기록물철 식별번호로 구성한다(동법 시행령 제23조: 편철 및 관리).

'공공기록물 관리에 관한 법률 시행규칙' 제18조에는 기록물의 공개 여부 구분 표시는 '공개, 부분공개, 비공개' 중 하나를 선택해 기입하되, 부분공개 또는 비공개의 경우에는 '부분공개( )' 또는 '비공개( )'로 표시하고 괄호 안에는 '공공기관의 정보공개에 관한 법률' 제9조 제1항 각 호의[2] 번호 중 해당규정에 의한 공개 여부 구분번호를 추가로 기입해야 한다고 규정하고 있다.

관리상 벌칙 규정으로 ① 기록물을 무단으로 파기한 자, ② 기록물을 무단으로 국외로 반출한 자는 7년 이하의 징역 또는 3천만 원 이하의 벌금에 처한다(공공기록물 관리에 관한 법률 제50조). 또한 ① 기록물을 무단으로 은닉 또는 유출한 자, ② 기

---

2) 공공기관이 보유·관리하는 정보는 공개 대상이 된다. 다만, 다음 각 호의 어느 하나에 해당하는 정보는 공개하지 아니할 수 있다.

1. 다른 법률 또는 법률에서 위임한 명령(국회규칙·대법원규칙·헌법재판소규칙·중앙선거관리위원회규칙·대통령령 및 조례로 한정한다)에 따라 비밀이나 비공개 사항으로 규정된 정보
2. 국가안전보장·국방·통일·외교관계 등에 관한 사항으로서 공개될 경우 국가의 중대한 이익을 현저히 해칠 우려가 있다고 인정되는 정보
3. 공개될 경우 국민의 생명·신체 및 재산의 보호에 현저한 지장을 초래할 우려가 있다고 인정되는 정보
4. 진행 중인 재판에 관련된 정보와 범죄의 예방, 수사, 공소의 제기 및 유지, 형의 집행, 교정(矯正), 보안처분에 관한 사항으로서 공개될 경우 그 직무수행을 현저히 곤란하게 하거나 형사피고인의 공정한 재판을 받을 권리를 침해한다고 인정할 만한 상당한 이유가 있는 정보

6. 해당 정보에 포함되어 있는 성명·주민등록번호 등 개인에 관한 사항으로서 공개될 경우 사생활의 비밀 또는 자유를 침해할 우려가 있다고 인정되는 정보. 다만, 다음 각 목에 열거한 개인에 관한 정보는 제외한다 등(공공기관의 정보공개에 관한 법률 제9조 제①항 참조).

록물을 중과실로 멸실시킨 자, ③ 기록물을 고의 또는 중과실로 일부 내용이 파악되지 못하도록 손상시킨 자, ④ 비공개 기록물에 관한 정보를 목적 외의 용도로 사용한 자는 3년 이하의 징역 또는 2천만 원 이하의 벌금에 처한다고 규정하고 있다(동법 제51조). 또한 정당한 사유 없이 조사(동법 제26조 제2항)를 거부·방해 또는 기피한 자, 업무 처리(동법 제47조) 중 알게 된 비밀을 누설한 자는 2년 이하의 징역 또는 1천만 원 이하의 벌금에 처한다(동법 제52조).

2) 문서의 폐기

문서 폐기란 사무실 및 기타 장소에 보관 또는 보존하고 있는 문서류를 일정한 기준에 따라 필요한 것과 불필요한 것을 구분해, 불필요한 문서류를 폐기하는 것을 말한다. 공공기관이 기록물을 폐기하고자 하는 때에는 대통령령이 정하는 바에 따라 미리 기록물관리 전문요원의 심사와 기록물평가심의회의 심의를 거쳐야 한다(동법 제27조 제1항).

내용이 중요해 외부에 유출되면 곤란하다고 인정되는 문서는 문서절단기 등으로 절단하거나 원형의 내용을 알 수 없도록 완전 소각시킨다. 폐기문서는 재활용을 위해 수집해 매각하되, 폐기문서 수집 및 매각 처분은 기관 단위로 하고, 매각대금은 당해 기관의 세입으로 조치한다. 이때 수집된 폐기문서가 유출되지 않도록 특별히 유의해야 한다.

제 2 절 경찰물품의 관리

1. 물품관리의 의의

물품의 관리는 경찰 업무에 필요한 물품의 취득·보관·사용 및 처분의 모든 과정을 통해 물품을 더욱 효율적이고 적정하게 관리하는 것을 의미한다. 여기서 '물품

(物品)'이라 함은 국가가 소유하는 동산과 국가가 사용하기 위해 보관하는 동산(국유재산법에 의해 관리하고 있는 국유재산에서 개별적으로 분리된 동산을 포함한다)을 말한다.[3]

따라서 경찰물품이라 함은 이 중 경찰청과 그 소속기관에서 관리하는 물품을 말한다. 물품에는 소모품과 비소모품으로 구분할 수 있는데, 소모품이란 일반적인 사용용법에 따라 사용할 경우 1년 이내에 소모되어 없어지거나 다시 사용할 수 없는 물품을 말하고, 비소모품은 일반적으로 1년 이상 사용할 수 있는 물품을 말하며, 세부기준은 조달청 물품분류고시에 명시된 물품을 말한다(경찰장비관리규칙 제2조).[4]

2. 물품의 관리

물품수요 부서의 장은 취득한 비소모품에 대해 반드시 물품관리관에게 물품등재 요청을 해야 하고, 물품 등재 절차에 따라 등재된 물품에 한해 사용해야 한다. 또한 물품관리관은 '국고금관리법' 제46조에 따른 국가재정정보시스템(이하 "국가재정정보 시스템"이라 한다)에 비소모품의 취득 및 이동 사항을 전산 입력해야 한다.

물품관리관은 보유 중인 물품 중 사용할 필요가 없거나, 업무량에 비해 과다 보유하고 있는 물품에 대해서는 소요 조회를 통하여 필요한 부서로 관리전환 등의 조치를 취해야 하며, 물품의 특성상 2인 이상이 동시 또는 공동으로 사용하는 물품에 대해서는 책임 소재를 명확하게 하기 위해 그 중 1인을 관리책임자로 지정하고 물품관리대장을 비치해 기록·관리한다.

경찰장비를 관리·운용하는 자는 선량한 관리자로서의 의무를 다해야 하며, 항상 사용 가능한 상태로 유지해야 한다. 장비의 효율적 운용을 위해 기능별 업무 수행에 필요한 필수장비를 제외하고는 집중관리를 원칙으로 한다.

---

3) 물품관리법상 제외되는 동산은 1) 현금, 2) 법령에 따라 한국은행에 기탁하여야 할 유가증권, 3) 국유재산법 제5조에 규정된 국유재산은 ① 부동산과 그 종물, ② 선박·부표·부잔교·부선거 및 항공기와 그들의 종물, ③ 정부기업 또는 정부시설에서 사용하는 중요한 기계와 기구, ④ ③의 정부기업 또는 시설의 폐지와 함께 포괄적으로 용도 폐지된 기계와 기구를 포함한다(물품관리법 제2조 제1항, 국유재산법 제5조 참조).

4) 이하 경찰물품 및 경찰장비의 관리와 운용에 대해서는 '경찰장비관리규칙' 참조.

3. 물품의 불용처분과 손 · 망실 처리

1) 물품의 불용처분

불용품이란 물품 중 사용할 필요가 없거나 사용할 수 없는 물품을 말한다. 물품관리관이 불용 결정을 할 수 있는 물품은 다음과 같다(경찰장비관리규칙 제25조: 불용품의 결정기준 제①, ②항).

① 사용할 필요가 없게 된 물품으로서 앞으로도 사용할 전망이 없는 물품

② 정수관리 물품으로 정수를 초과하였거나, 일반물품 중 적정 수요를 초과해 필요 이상 재고로 보유하고 있는 물품

③ 원장비가 사용 불가능하거나 불용된 경우로서, 이를 새로이 취득할 필요성이나 가능성이 없는 경우의 그 관련 부분품

④ 규격 또는 모형이 달라져 정비가 곤란하거나 정비하여도 본래의 목적에 사용할 수 없는 물품

⑤ 훼손 또는 마모되어 본래의 목적에 사용할 수 없게 되었거나, 수리하여 사용하는 것이 비경제적인 물품 등

각급 경찰기관별 물품관리관이 불용 결정을 승인할 수 있는 범위와 기능별 불용 결정 승인권자는 '경찰장비관리규칙' 제27조에 구체적으로 규정하고 있다. 다만, 무기 · 탄약 · 최루장비의 불용 결정 승인권은 제126조에서 정하는 바에 의한다(경찰장비관리규칙 제27조: 불용결정 승인권의 구분, 제126조: 무기탄약류 정비 및 불용처리).

물품운용 부서의 장이 물품관리관에게 작전 · 해안감시장비, 경호장비, 대테러장비, 생활안전장비, 교통장비 등의 부족 시 치안상 문제가 예상되는 장비에 대해 불용결정 승인을 요청하는 경우 경찰청 해당 국 · 과에 물품수급계획 및 대체물품 유 · 무를 검토받아야 한다.

2) 물품의 손 · 망실 처리

각급 경찰기관의 물품출납공무원과 물품운용관은 그의 관리 하에 있는 물품이 망

실 또는 훼손된 때에는 지체없이 그 사실을 물품관리관에게 보고해야 한다. 또한 손·망실 보고를 받은 물품관리관은 그 사실을 확인하고 지체없이 '망실·훼손통지서' 및 '회계 관계 직원의 회계직명 및 회계관리기간 조서'를 작성해 그 결과를 상급 경찰기관의 장을 거쳐 경찰청장에게 보고해야 한다. 보고를 받은 경찰청장은 그 사실을 감사원장 및 조달청장에게 통보해야 한다(경찰장비관리규칙 제34조: 손·망실 통보).

감사원의 판정 전이라도 각급 경찰기관의 장은 '회계 관계 직원 등의 책임에 관한 법률' 제6조 제2항의 기관별·직위별 위임 한도 범위 내에서 자체조사 결과 당해 물품을 관리·운용한 공무원이 고의 또는 중대한 과실로 법령 및 그 밖의 관계 규정을 위반해 물품을 망실 또는 훼손하거나, 물품출납공무원이 선량한 관리자의 주의 의무를 게을리해 물품을 망실 또는 훼손한 경우 변상 명령할 수 있다(경찰장비관리규칙 제35조: 변상명령).

제 3 절 경찰장비의 관리

경찰관은 시민의 생명과 재산을 보호하는 직무 수행 중 각종 위해(危害)의 제거, 범인의 체포, 범죄의 예방 등 그 직무 수행 중 필요에 따라 인명 및 신체에 위해를 가할 수 있는 경찰장비를 사용할 수 있다.

각종 경찰장비는 사용 목적과 방법이 다르고 통상적인 사용에 대한 규정과 달리 사용될 때는 타인의 생명·신체에 심각한 위해를 초래할 수 있기 때문에 그 관리에 대한 명확한 인식과 더불어 철저한 관리가 이루어져야 한다.

따라서 경찰장비에 대해서는 '경찰관직무집행법'에 근거해 '경찰장비의 사용 기준 등에 관한 규정'에서 경찰관이 직무를 수행할 때 인명 또는 신체에 위해를 가할 수 있는 경찰장비의 종류·사용기준·안전교육 및 안전검사 기준 등을 구체적으로 규정하고 있다.

1. 경찰장비의 분류

1) 경찰장비 사용

경찰관은 직무 수행 중 경찰장비를 사용할 수 있으며, 인명 또는 신체에 위해를 가할 수 있는 경찰장비에 대해서는 필요한 안전교육과 안전검사를 실시해야 하고, 경찰장비를 임의로 개조하거나 부착해 통상의 용법과 달리 사용함으로써 타인의 생명·신체에 위해를 주어서는 안 된다.

경찰관은 직무 수행 중 경찰장비를 사용할 수 있는데 경찰장비라 함은 무기, 경찰장구, 최루제 및 그 발사장치, 과학수사기구, 해안감시기구, 정보통신기기, 차량·선박·항공기 등 경찰의 직무 수행을 위한 필요한 장치와 기구를 말한다(경찰장비관리규칙 제2조 참조).

2) 경찰장비 분류

구체적인 경찰장비의 분류별 종류는 다음과 같다.

① 경찰장구: 경찰관이 휴대해 범인 검거와 범죄 진압 등 직무 수행에 사용하는 장비로서, 수갑, 포승(捕繩), 호송용 포승, 경찰봉, 호신용 경봉, 전자충격기, 방패 및 전자방패 등이 있다(동 규칙 제2절 경찰장구류, 제75조: 구분).

② 안전·보호장비: 경찰관이 직무수행 시 안전을 위해 착용 또는 휴대하는 장비로서 착용장비는 방석모, 진압복, 방독면, 호신용조끼, 방검장갑, 방탄복, 방탄헬멧 등이 있다. 휴대장비로는 개인소화기, 휴대용 소화기, 소화포, 후레쉬봉, 안전경고등, 안전매트 등이 있다(동 규칙 제3절 안전·보호장비, 제83조: 구분).

③ 기동장비: 기동장비에는 차량, 항공기, 선박, 자전거 등이 있다. 차량은 자동차와 원동기를 장치한 이륜차를 말하고, 항공기는 경찰항공대에서 관리·운용하는 헬리콥터를 말하며 그 운용에 필요한 부수장비를 포함한다. 선박은 범죄예방 업무수행을 위하여 운영되는 순찰정을 말한다(동 규칙 제4절 기동장비, 제87조: 정의).

④ 무기: 무기란 인명 또는 신체에 위해를 가할 수 있도록 제작된 권총·소총·도

검 등을 말한다(동 규칙 제5절 무기류, 제112조: 정의). 무기는 개인화기와 공용화기로 구분되며 다음과 같다(동 규칙 제5절 무기류, 제113조: 구분).

㉠ 개인화기: 권총, 소총(자동소총 및 기관단총 포함)

㉡ 공용화기: 유탄발사기, 중기관총, 박격포, 저격총, 산탄총, 로프 발사총, 다목적발사기(고폭탄을 사용하는 경우), 물발사분쇄기, 석궁 등 부대단위로 운용되는 장비

⑤ 최루제 및 그 발사장치: 최루장비란 화학적 성질에 의하여 최루·자극·연막 또는 신호 등의 효과를 일으키거나 이를 제거하는 최루작용제를 장착하여 사용하는 장비 및 작용제를 말한다. 또한 분사기는 사람의 활동을 일시적으로 곤란하게 하는 최루 또는 자극(질식) 등의 작용제를 내장된 압축가스의 힘으로 분사할 수 있는 기기를 말한다(동 규칙 제6절 최루제 및 그 발사장치, 제129조: 정의).

최루장비의 종류는 다음과 같다(동 규칙 제6절 최루제 및 그 발사장치, 제130조: 구분).

㉠ 분사기: 스프레이형·총포형·삼단봉(경봉)형·근접분사기형·배낭형·유색분사형 등

㉡ 가스발사총: 가스발사권총·고무탄 겸용가스발사권총 등

㉢ 최루탄발사기(장전탄통 포함)

㉣ 기타 최루탄류

⑥ 그 외에 국가안전과 치안질서 유지를 위한 대테러·대간첩작전, 수색·경계 등에 사용하는 작전장비(동 규칙 제136조), 위해성 요소 및 범죄혐의 등을 검색·검측·관찰하는 데 사용하는 검색·관찰장비(동 규칙 제140조), 범죄수사 및 조사를 위하여 운용하는 감정·감식장비(동 규칙 제145조), 정보통신장비(동 규칙 제152조), 기타장비로서 책임운영기관(경찰병원)의 물품관리는 '물품관리법', '의료기기법' 등의 규정을 적용한다(동 규칙 제155조).

2. 경찰장비의 규격관리 및 집중관리

1) 경찰장비의 규격관리

경찰청 및 그 산하경찰 관서에서 사용하는 물품의 규격관리에 관해 따로 법령에 규정된 것을 제외하고는 '경찰장비관리규칙' 제7장에서 정하는 바에 의하며, 경찰병원에서 사용하는 물품의 규격관리도 원칙적으로 이 규칙을 준용한다. 다만 필요한 사항이 있을 때는 경찰병원장이 별도로 지정하여 시행할 수 있다(동 규칙 제36조).

2) 경찰장비의 집중관리

물품관리관은 경찰장비 중 집중관리 하여야 할 필요성이 있는 물품은 집중관리장비로 지정하여 관리하여야 한다(동 규칙 제62조).

집중관리장비를 대여 받고자 할 경우에는 장비대여(연장)신청서를 작성하여 물품관리관에게 신청하여야 한다. 집중관리장비는 물품관리관의 승인을 받은 후에 대여하여야 한다. 다만 공휴일 또는 일과시간 종료 등으로 물품관리관의 승인을 받을 수 없을 경우에는 상황(부)실장의 승인을 받은 후 대여할 수 있다(동 규칙 제64조: 장비대여).

집중관리장비에 대하여는 정기점검과 수시점검을 실시하여야 한다. 정기점검은 매월 1회씩 정기적으로 실시하며, 수시점검은 대여장비를 회수할 때 담당자가 실시하며 장비의 이상 유무를 확인하여야 한다(동 규칙 제66조: 집중관리장비의 점검).

3. 특별관리대상 장비의 관리

1) 특별관리대상 장비관리의 의의

특별관리대상 장비라 함은 경찰관의 직무 수행 중 통상의 용법대로 사용하는 경우 사람에게 위해를 가할 수 있어 관리 및 사용상 특별한 주의가 필요한 장비를 말한다(동 규칙 제11장 특별관리대상 장비관리, 제157조: 구분).

2) 특별관리대상 장비의 분류

특별관리대상 장비는 경찰장구, 무기, 분사기 등 기타 장비로 구분할 수 있다. 경찰장구에는 수갑, 포승, 호송용 포승, 경찰봉, 호신용 경봉, 전자충격기, 진압봉, 방패 및 전자방패 등을 들 수 있다.

무기에는 권총, 소총, 기관총, 산탄총, 유탄발사기, 박격포, 3인치포, 클레이모어, 수류탄, 폭약류 및 도검 등을 들 수 있다.

분사기 등에는 근접분사기, 가스분사기, 가스발사총, 가스분사 겸용경봉, 최루탄 발사기 및 최루탄 등을 들 수 있으며, 기타 장비로 가스차, 살수차, 특수진압차, 석궁, 다목적 발사기(스펀지탄 · 고무탄 · 페인트탄 · 조명탄을 사용하는 경우) 등이 있다(동 규칙 제157조: 구분).

3) 안전교육 및 안전점검

경찰교육기관의 장은 교육생에 대해 특별관리대상 장비의 안전수칙, 사용 방법 등에 대한 교육을 '경찰장비의 안전교육 기준'에 따라 실시해야 한다. 경찰기관의 장은 그 소속 직원에 대해 특별관리대상 장비의 안전수칙, 사용 방법 및 위험 발생 시 응급 조치에 관한 교육을 별도의 교육 기준에 따라 실시해야 한다(동 규칙 제159조).

처음 도입되는 특별관리대상 장비를 지급받은 각 경찰기관의 장은 그 소속 직원에게 장비에 대한 안전교육 기준을 마련하여 실시하여야 한다.

특별관리대상 장비의 규격 심의를 요청하는 수요 부서의 장은 그 장비의 '안전검사 기준'을 마련해 규격서(안)에 첨부해야 한다. 특별관리대상 장비의 규격 심의를 요청받은 규격심의위원회는 안전검사 기준의 적정 여부를 검토해야 한다(동 규칙 제160조).

제 4 절 경찰보안의 관리

1. 경찰보안의 개념

1) 경찰보안의 개념

경찰보안은 경제적 빈곤에도 불구하고 북한의 변함없는 대남 적화전략, 자유민주주의를 부정하고 사회주의를 지향하며 김일성 주체사상을 추종하는 국가안보 위해세력의 잔존, 불특정 다수를 노리는 현대 테러리즘, 국가의 기간전산망을 공격하는 사이버 테러, 경제안보를 위해 첨단기술의 유출 방지 등 국가 핵심 기술 보호를 위한 산업보안까지 망라해 국가의 그 어떤 위해 세력에도 대응해야 한다는 점에서 그 개념과 범위가 확대되고 있다.

그러나 아직 경찰보안에 관한 개념 정립이 정확하게 확립되어 있지 않고 있는데, 그것은 '보안', '안보', '공안' 등이 유사한 개념으로 혼용되고 있으며, 사용기관과 상황에 따라 사전적인 개념과는 달리 그 의미가 특수하게 사용되고 있기 때문이다. 즉, 사전적 의미로 보안은 '사회의 안녕, 질서를 보전함'이고, 안보는 '안전보장의 준말로서 외부로부터의 침략에 대해 국가의 안전을 보장하는 일'이며 공안은 '공공의 안녕과 질서 유지'이다. 이들 용어의 전반적인 의미가 경찰의 기본적인 역할을 의미하거나 관련이 있다고 할 수 있으나 보안 유지라고 할 때는 기밀의 유지라는 말과 더 가깝게 사용되고 있으며, 안보정책이라고 할 때는 국방정책이라는 말고 더 가까우며, 공안이라고 할 경우는 사회주의 이념이나 북한의 대남전략과 관련한 제반 활동과 밀접히 연관이 된다.

경찰보안을 크게 세 가지로 구분해 볼 수 있다. 첫째, 기능적인 차원의 개념이다. 보안이 '사회의 안녕과 질서를 보전함'이라고 볼 때, 경찰보안은 경찰이 행하는 본질적인 기능과 같다고 할 수 있다. 이러한 의미에서 경찰의 분류상 보안경찰을 행정경찰로서 협의의 행정경찰과 구분해 보통경찰기관의 소관 사무로서 교통, 정보, 보안, 외사, 방범 등을 의미하는 것과 같은 이치이다. 즉, 보안경찰은 헌법에 명시된 '자유

민주적 기본 질서'를 보호하는 것으로서 기본적인 인권의 존중, 의회제도, 복수정당 제도, 사유재산과 시장경제를 기본으로 한 경제 질서 등 우리의 내부 체제를 파괴, 변혁시키는 세력으로부터 보호하기 위해 국내·외적 위험 요소들, 즉 군사적 위협, 테러 위협, 경제적 위협, 생태적 위협(임준태, 2006: 146－148)과 사회적 안정의 위협에 대응한 공공의 안녕과 질서를 유지하기 위한 경찰작용이라고 하겠다.

둘째, 조직 업무 배분 차원의 개념이다. 즉, 보안경찰은 경찰조직에서의 보안국, 보안부, 보안과에 분장된 소관 업무의 성격에 기인한 개념으로서 국가 안전 보장을 위태롭게 하는 간첩 활동 및 여러 반국가 활동 세력에 대비한 안보의 위해(危害) 취약점에 관한 첩보 수집, 분석, 판단과 보안사범 수사 및 국가 안전 보장의 침해 요인을 사전에 제거하고 사회의 기본적 질서 유지를 통한 개인 및 사회 안정을 도모하는 경찰활동이다. 과거 대공과(對共課)의 역할과 기능이 안보 상황의 시대적 변화를 거쳐 '보안'으로 관련 부서 명칭이 변경되어 주 업무의 내용이 다소 확장은 되었지만 여전히 우리는 분단국가로서 북한 체제의 적대적 동향, 공산주의 이데올로기, 국가적 법익, 국가안보 유지 측면에서 그 직무의 중심이 되고 있다.

구체적인 소관 업무는 '경찰청과 그 소속기관 등 직제' 제15조에 제시하고 있는데 ① 보안경찰 업무에 관한 기획 및 교육, ② 보안관찰에 관한 업무지도, ③ 북한 이탈 주민관리 및 경호안전 대책 업무, ④ 간첩 등 보안사범에 대한 수사의 지도·조정, ⑤ 보안 관련 정보의 수집 및 분석, ⑥ 남북 교류와 관련되는 보안경찰 업무, ⑦ 간첩 등 중요 방첩수사에 관한 업무, ⑧ 중요 좌익사범의 수사에 관한 업무 등이다.

셋째, 경찰보안은 경찰행정의 관리 운용적인 차원의 개념이다. 즉, 보안 업무 수행 시 필요한 관리운영 규칙들에 관한 것으로 '국가정보원법' 제3조 제1항 제2호 "국가기밀에 속하는 문서·자재·시설 및 지역에 대한 보안 업무" 규정을 근거로 '보안업무규정'에서 보안 업무 관리에 대해 구체적으로 규정하고 있다. 또한 이러한 규정에 근거해 경찰조직에서도 훈령으로서 '보안업무규정 시행세부규칙'을 통해 경찰보안관리를 하고 있다.

경찰은 국민의 생명·신체 및 재산의 보호와 범죄의 예방·진압 및 수사, 치안정보의 수집, 교통의 단속 기타 공공의 안녕과 질서 유지를 그 임무로 한다는 점에서 보안경찰은 이 세 차원의 개념을 모두 포함하고 있다고 하겠다. 그러나 대개 기능적이고 조직적인 차원의 개념은 경찰학에서 다루고 관리 운용적인 차원의 개념은 경찰행정학의 범주에서 다루는 것이 학문 범주의 구분을 명확하게 한다는 점에서 이 장에서 다루는 경찰보안은 관리 · 운용적 차원의 개념을 준용하며, 관련 규정에 근거해 경찰보안관리 내용을 설명하고자 한다.

2) 경찰보안관리의 법적 근거

국민의 생명 · 신체 및 재산의 보호와 범죄의 예방 · 진압 및 수사, 치안정보의 수집, 교통의 단속 기타 공공의 안녕과 질서 유지는 국민의 기본권을 보장한 '헌법'에 근거하며, 이러한 임무를 구체적으로 규정하고 있는 '경찰법' 제3조와 '경찰관직무집행법' 제2조가 경찰 목적상 보안관리 활동의 법적 토대가 될 수 있다.

또한 보안관리 활동의 법적 근거는 '국가정보원법'과 '정보 및 보안업무 기획 · 조정규정', '보안업무규정'을 들 수 있으며, 경찰보안관리의 구체적인 지침으로서 '보안업무규정 세부시행규칙'이 있다.

국가 안전 보장에 관련되는 인원 · 문서 · 자재 · 시설 및 지역을 관리하는 자와 관계 기관의 장은 이에 대한 보안책임을 진다(보안업무규정 제3조).

2. 경찰보안관리의 기초

1) 비밀 보호

(1) 비밀의 구분

비밀이라 함은 그 내용이 누설되는 경우 국가 안전 보장에 유해로운 결과를 초래할 우려가 있는 국가 기밀로서 '보안업무규정' 제4조의 비밀로 분류된 것을 말한다. 비밀은 그 중요성과 가치의 정도에 따라 Ⅰ급 비밀, Ⅱ급 비밀 및 Ⅲ급 비밀로 구분한다.

① Ⅰ급 비밀: 누설될 경우 대한민국과 외교 관계가 단절되고 전쟁을 일으키며, 국가의 방위 계획 · 정보활동 및 국가방위에 반드시 필요한 과학과 기술의 개발을 위태롭게 하는 등의 우려가 있는 비밀

② Ⅱ급 비밀: 누설될 경우 국가안전보장에 막대한 지장을 가져올 우려가 있는 비밀

③ Ⅲ급 비밀: 누설될 경우 국가안전보장에 손해를 끼칠 우려가 있는 비밀

(2) 비밀취급 인가권자와 비밀취급의 인가

① Ⅰ급 비밀 취급 인가권자: 대통령, 국무총리, 감사원장, 국가인권위원회 위원장, 각 부·처의 장, 국무조정실장, 방송통신위원회 위원장, 공정거래위원회 위원장, 금융위원회 위원장, 국민권익위원회 위원장 및 원자력안전위원회 위원장, 대통령 비서실장, 국가안보실장, 대통령경호처장, 국가정보원장, 검찰총장, 합동참모의장, 각군 참모총장, 지상작전사령관 및 육군제2작전사령관, 국방부장관이 지정하는 각군 부대장(보안업무규정 제9조: 비밀취급 인가권자 제①항).

② Ⅰ·Ⅱ급 비밀 소통용 암호자재 취급 인가권자: Ⅰ급 비밀 취급 인가권자, 중앙행정기관인 청의 장, 지방자치단체의 장, 특별시·광역시·도 및 특별자치시·특별자치도의 교육감, 이들 네 그룹의 사람이 지정한 기관의 장(보안업무규정 제9조: 비밀취급 인가권자 제②항).

비밀취급 인가권자는 비밀을 취급하거나 비밀에 접근할 사람에게 해당 등급의 비밀취급을 인가하고, 필요한 경우에는 인가 등급을 변경한다. 또한 비밀취급 인가는 인가 대상자의 직책에 따라 필요한 최소한의 인원으로 제한하여야 한다.

비밀취급 인가를 받은 사람이 ㉠ 고의 또는 중대한 과실로 보안사고를 저질렀거나 이 영을 위반하여 보안업무에 지장을 주는 경우, ㉡ 비밀취급이 불필요하게 되었을 경우 등에는 그 인가를 해제하여야 한다(보안업무규정 제10조: 비밀취급의 인가 및 인가해제).

2) 신원조사

(1) 신원조사의 대상

국가정보원장은 국가보안을 위해 국가에 대한 충성심·성실성 및 신뢰성을 조사하기 위하여 신원조사를 한다. 신원조사의 대상이 되는 자는 ㉠ 공무원 임용 예정자,

㉡ 비밀취급 인가 예정자, ㉢ 해외여행을 위하여 여권이나 선원수첩 등 신분증서 또는 사증(査證) 등을 발급받으려는 사람(입국하는 교포를 포함한다), ㉣ 국가보안시설·보호장비를 관리하는 기관 등의 장(해당 국가보안시설 등의 관리 업무를 수행하는 소속 직원을 포함), ㉤ 임직원을 임명할 때 정부의 승인이나 동의가 필요한 공공기관의 임직원, ㉥ 그 밖에 다른 법령에서 정하는 사람이나 각급기관의 장이 국가보안상 필요하다고 인정하는 사람 등이다(보안업무규정 제33조: 신원조사 제①, ③항).

(2) 조사 결과의 처리

국가정보원장은 신원조사 결과 국가안전보장에 해를 끼칠 정보가 있음이 확인된 사람에 대해서는 관계 기관의 장에게 그 사실을 통보하여야 한다. 또한 통보를 받은 관계 기관의 장은 신원조사 결과에 따라 필요한 보안대책을 마련하여야 한다(보안업무규정 제34조: 조사결과의 처리).

(3) 권한의 위탁

국가정보원장은 신원조사와 관련한 권한의 일부를 국방부장관과 경찰청장에게 위탁할 수 있다. 다만, 국방부 장관에 대한 위탁은 군인·군무원, '방위사업법'에 따른 방위산업체 및 연구기관의 종사자와 그 밖에 군사보안에 관련된 인원의 신원조사로 한정한다(보안업무규정 제45조: 권한의 위탁).

3) 보안조사

(1) 보안측정 및 대상

국가정보원장은 국가보안에 관련된 시설·암호자재 또는 지역을 파괴, 기능 마비 또는 비밀 누설로부터 보호하기 위해 보안측정을 실시한다. 보안측정은 국가보안시설과 보호장비를 대상으로 한다(보안업무규정 제35~36조).

(2) 보안사고 조사와 감사

국가정보원장은 비밀의 누설 또는 분실과 국가보안시설·보호장비의 파괴, 보호구역에 대한 불법침입 등 보안사고의 재발 방지를 위하여 보안사고 조사를 한다(보안업무규정 제38조: 보안사고 조사). 또한 중앙행정기관의 장은 이 규정에 정한 인원・문서・자재・시설・지역 및 장비 등의 보안관리상태와 그 적정 여부를 조사하기 위하여 보안감사를 한다(보안업무규정 제39조: 보안감사).

(3) 조사 및 감사 결과의 처리

국가정보원장은 보안측정 및 보안사고 조사의 결과를 해당 기관의 장에게 통보한다. 또한 중앙행정기관의 장은 보안감사 및 정보통신보안감사의 결과를 국가정보원장에게 통보한다. 조사결과를 통보받은 기관의 장은 조사결과와 관련하여 필요한 조치를 하여야 한다(보안업무규정 제42조: 조사 및 감사 결과의 처리).

CHAPTER

10 경찰책임과 통제

제 1 절 경찰책임

1. 경찰책임의 의의

경찰 업무를 담당하고 있는 경찰공무원들은 경찰 업무에 관하여 전문성을 지니게 되며, 업무 수행과 관련해서 일정한 권한을 향유하게 된다. 경찰공무원들의 권한 행사는 국민의 권리와 이익에 영향을 줄 뿐만 아니라 국민생활의 질까지도 변동시킬 수가 있다. 따라서 경찰공무원들의 권한 행사는 책임이 수반되지 않으면 권력의 남용과 오용을 가져올 수 있다는 논거는 동서양을 불문하고 모든 국가에 적용될 수 있다.

경찰책임에 관한 문제는 민주주의의 정치적 여건이나 이데올로기, 사회적 · 경제적 조건에 따라서 행정책임의 내용이 변화하게 되고, 이러한 행정책임의 변화에 따라 경찰책임에서 강조하는 초점도 변화하게 된다.

1) 현대 국가의 행정책임의 중요성 대두

(1) 구미 국가들의 행정책임 문제 대두

서구의 근대 국가들은 산업혁명 이후 19세기 후반과 20세기 초에 이르러 자본주의가 고도로 성숙되었고, 급격한 산업화와 도시화의 현상을 경험하게 되었다. 이러한 현상과 더불어 빈부 간의 격차, 노사 간의 갈등, 비자발적인 실업이 속출하는 등 여러 가지 심각한 사회문제가 나타나게 되었다.

이러한 상황에 처하게 된 근대 국가의 정부들은 종래의 자유방임주의 사상에 연유하는 보안국가적이고 소극적인 기능의 수행에서 탈피하여, 적극적으로 국민생활에 관여하여 좀 더 유효한 해결책을 모색하지 않을 수 없게 되었다.

따라서 노사 간의 갈등 조정이나 실업의 구제, 사회적 · 경제적 안정을 위한 사회보장정책 등 국민의 복지 실현을 위한 여러 가지 정책을 입안하고 집행을 모색하게 됨으로써, 새로이 제기하게 된 사회 · 경제문제의 해결에 행정의 역할은 급속히 확대되었다.

이러한 행정 역할의 급속한 변화로 세계 대공황의 발원지인 미국은 실업을 타개하고 국민들에게 경제적으로 유효 수요를 창출해 주기 위해 댐 공사와 같은 대규모 공사를 추진하는 뉴딜정책으로 많은 사업이 정부 주관 하에 실시하였다. 사업에 관련된 위임입법들의 증가로 행정인들의 재량의 범위가 확대되었으며, 행정인들이 권한을 행사할 때도 남용 및 무책임한 행위의 가능성이 더욱 커지게 됨으로써, 행정에서의 국민에 대한 책임의 문제가 강조되고 관심의 초점이 되었다.

제2차 세계대전 이후 영국이나 프랑스 등지에서도 1930년대의 미국의 뉴딜(New Deal) 정책과 유사한 경제계획들을 추진하였으며, 또한 전후 신생국들의 대부분의 경우도 사회와 경제를 근대화시키기 위한 야심적인 계획을 시도해 왔고, 발전을 위하여 정부 권력을 사용해 왔음은 잘 알려진 사실이다.

그런데 직업인으로서 행정인의 경우, 국민에 의해 선출되는 과정을 거치지 않았으므로 주권자인 국민에 대한 의무와 대표성(representativeness)이 문제시되었고, 행정에 대한 민주적 통제가 강조되었다. 이와 같은 행정적 상황 하에서 행정책임에 대한 논의가 1940년 초 파이너(Herman Finer)와 프리드리히(Carl J. Friedrich)에 의해 더욱 구체적으로 전개되었는데, 파이너는 입법 · 사법 · 행정 등에서 외부적 책임통제를 강조하는 전통적 접근 방법이었으며, 프리드리히는 행정인의 내적 책임감의 촉진을 강조하는 심리적 접근 방법이었다(Miewaid, 1978: 237). 이 두 학자들의 행정책임에 관한 논쟁 이후 많은 학자들이 행정책임에 대해 관심을 갖고 연구해 오고 있다.

(2) 우리나라에서 행정책임의 중요성 대두

우리나라의 경우 정부 수립 이후, 특히 1950년대 6·25동란과 전후 복구사업을 계기로 행정의 업무와 조직이 확대·강화되었으며, 1960년대 초부터는 행정부가 각종 장기경제개발계획을 수립하고 추진하는 데 주도적인 역할을 담당하면서 행정 기능은 더욱 확대되어 왔고, 대(對)입법부 관계에서도 계속 우월적인 지위를 견지해 왔다.

특히 최근에 이르러 더욱 현저해진 각 산업의 고도화 현상과 급격한 도시화 과정에서 속출되고 있는 무수한 문제들, 예컨대 환경·수질·대기 등 각종 오염 문제를 비롯해 주택·교육·실업·범죄·상하수도·통신 및 노사 간의 갈등, 수출 증대 문제 등 행정이 신속하게 해결해야 할 많은 문제가 빈번히 제기되고 있는 것이다.

또한 위임입법의 형식으로 행정부는 많은 입법 사항을 위임받고 있으며, 또한 행정부는 그들 특유의 전문적 지식과 기술이나 정보를 바탕으로 입법 과정에 실질적으로 관여함으로써 많은 수의 입법 제안을 하고 있다. 또한 행정인들의 주요 정책에 대한 발언권 및 정책 결정 기능이 확충됨으로써 불가피하게 가치판단이 개입되어 행정의 재량권과 자주권이 크게 확장되었다.

또한 행정은 오늘날 여러 가지 행정규제를 통해 국민 개인의 권익 문제에까지도 관여하게 되고, 행정과 전혀 무관한 영역은 거의 없을 정도가 되었다. 따라서 국민 개인은 행정집단에 의해 그들의 자유가 제한되는 경우가 빈번해졌고, 행정에 의존하는 사항이 더욱 많아지게 됨으로써 산업화된 서구의 국가들과 같은 현상을 보이고 있다.

행정의 권력이 강화되고 권력이 집중되면 될수록 권력 남용의 가능성은 더욱 커지며, 그 결과 행정활동으로 인한 국민의 권익 침해의 가능성도 더욱 높아지게 된다.

따라서 여기에 행정은 과연 누구를 위한 것인가 하는 물음과 관련해서 책임의 문제가 제기되고 아울러 책임 있는 행정의 실현이란 어떠한 것이며, 그러한 행정을 보장하는 방법은 무엇인가 하는 문제 등이 오늘날 행정에서 중요시되고 큰 관심의 초점이 되지 않을 수 없게 되었다.

2) 경찰책임의 개념

경찰책임이란 경찰조직에서 어떠한 직위를 점하고 있는 경찰공무원들이 맡은 바 역할 또는 직무를 수행하는 데 일정한 행위규범에 따라 행동해야 할 의무 내지는 임무라고 할 수 있고, 또한 의무를 전제로 한 행위에 대해 평가를 받아야 할 상태에 있음을 의미한다. 일반적으로 책임이란 일정한 사무(혹은 일)와 그것을 수행하는 인간, 즉 행위자 사이에 발생하는 것을 말하는데, 그것이 경찰행정과 결부되었을 때 그것을 경찰책임이라고 하겠다.

경찰책임의 개념은 다양한 행정책임의 개념에서 그 의미를 찾아볼 수 있다. 프레스터스(Robert Presthus)의 개념을 원용한다면 경찰책임을 경찰공무원이나 경찰조직이 윤리적 · 기술적 · 법률적 기준에 따라 행동해야 하는 의무라고 하고 있으며(Presthus, 1975: 441), 피프너(J. M. Pfiffner)의 개념을 원용한다면(Pfiffner & Presthus, 1967: 538; 유종해, 1995: 149) 경찰책임이란 경찰기관이 외부기관이나 어떤 행동 기준에 대하여 의무를 지는 것이라고 정의할 수 있다.

휘세난드(Paul M. Whisenand)는 경찰관리 직원의 15가지 책임으로 가치(values), 윤리(ethics), 비전(vision), 의사소통(communication), 시간관리(time management), 팀 리더십(team leadership), 동기부여(motivation), 권한위임(empowerment), 팀 훈련(team training), 체력(vitality), 조직력(organizing), 집행력(performance), 갈등관리(conflict), 지역사회경찰이나 문제 지향적인 치안(community-oriented and problem-oriented policing), 예측력(anticipation) 등을 들고 있다. 휘세난드는 경찰책임을 윤리적이고 법률적인 소극적인 범위를 넘어 포괄적인 업무집행력에서 책임성을 확보해야 한다고 보고 있다(Whisenand, 2004: 33-35).

3) 경찰책임의 특질

이상에서 살펴본 경찰책임의 정의는 경찰공무원 또는 경찰조직이 일정한 행동 기준에 따라 행동할 의무를 전제로 해서 그 행동 결과에 대하여 평가를 받는 것을 의미한다. 따라서 경찰책임은 다음과 같은 성질을 지니고 있다.

첫째, 경찰책임은 경찰행정상의 의무를 전제로 발생한다.

둘째, 경찰책임은 일정한 재량이 있는 경우에만 발생한다.

셋째, 경찰책임은 개인적 요구보다 공익적 요구에 충실해야 하며, 자기가 정하지 않은 어떤 기준에 따라야 한다.

넷째, 경찰책임은 주로 경찰공무원의 행동의 결과에 대하여 이루어진다.

다섯째, 경찰책임의 보장을 위해 경찰통제가 사용된다.

2. 경찰책임의 유형

1) 책임 유형에 관한 학자들의 견해

경찰책임은 행정책임의 분류의 기준을 원용한다면 여러 가지로 구분이 가능하다. 경찰책임의 개념은 주관적 · 객관적 측면의 해석을 중심으로 발달되어 왔으며, 책임을 보는 측면과 분류 기준에 따라서 그 형태가 매우 다양하게 나타난다. 여러 학자의 견해를 중심으로 살펴보면 다음과 같다.

길버트(C. E. Gilbert)는 책임을 통제 수단이라는 관점에서 다음의 네 가지 유형으로 분류하고 있다(Gilbert, 1989: 382－383).

첫째로 책임은 통제 수단에 법적인 뒷받침이 있는가 없는가에 따라서 공식적 책임과 비공식적 책임으로 나누고, 둘째로 통제가 행해지는 것이 행정부의 내부에서 오는가 외부에서 오는가를 기준으로 해서 외재적(external) 책임과 내재적(internal) 책임이 있다.

이와 같은 두 가지 분류 기준을 전제로 해서 각 책임 유형의 결합 관계를 살펴보면 첫째로 외재적 · 공식적 책임은 입법부에 의한 통제나 사법부에 의한 통제와의 관계에 상응하는 것이고, 둘째로 외재적 · 비공식적 책임은 국민에 의한 통제나 매스컴의 보도, 이익집단에 의한 통제 및 시민 참여 등의 영향력에 상응하는 책임이다. 셋째로 내재적 · 공식적 책임은 상급기관에 의한 훈령 · 직무명령 등의 지휘 · 감독 및 관리통제, 행정감찰에 의한 통제에 상응하는 책임이다. 넷째로 내재적 · 비공식적 책임은 행정인의 자율적인 책임으로 성질상 내재적인 자기규율에 의하게 된다.

호지킨슨(Christopher Hodgkinson)은 책임이란 항상 무엇에 대한 것과 누구에게 대한 것이냐 하는 문제이며, 좀 더 구체적으로 누군가는 어떠한 사람, 즉 자신이 될 수도 있으며, 어떠한 것이란 내적 · 현상학적 사항(an internal phenomenological event)이 될 수도 있다고 하면서, 책임을 법적 책임과 도덕적 책임으로 구별하는 것이 필요하다고 하였다(Hodgkinson, 1978: 176).

파이너(Herman Finer)는 관료의 책임은 어떤 종류의 통제, 즉 입법 · 사법 · 행정 등의 외부적인 힘에 의한 통제를 강조하는 전통적 접근 방법의 입장이다. 그는 외부 기관으로부터의 통제가 약화되면 권력을 남용하게 되는 데 민주국가에서 정치를 담당하는 정치인들이나 행정인들의 책임을 확보하기 위하여서는 다음의 세 가지 기본 원칙이 필요하다고 하였다.

첫째, 정치인들이나 행정인들은 국민이 무엇을 필요로 하는가 하는 것을 정해서는 아니 되고, 국민들에 의해 나타난 욕구를 위해 업무를 수행해야 한다. 둘째, 국민들의 욕구는 그것을 나타낼 수 있는 기관이 필요한데 선출된 기관들이 대표적이다. 셋째, 국민 또는 국민들이 선출한 기관들은 정부나 정치인들에 대해 그들이 무엇을 바라고 있는가를 알리고, 또한 정부나 정치인들이 추구하는 바에 대해 영향력을 행사할 수 있어야 한다는 것이다.

프리드리히(Carl J. Friedrich)는 행정인의 책임을 정치적 책임(political responsibility)과 기능적 책임(functional responsibility)으로 나누고, 정치적 책임은 민주적인 정치 과정에 대한 책임을 의미하며, 기능적 책임은 전문가단체의 직업상의 논리 규율에 입각한 책임을 의미한다고 언급하였다(Friedrich, 1966: 221－246).

그는 관료들의 도의적 책임을 중시하는데 재량권을 가지고 있는 행정인들이 책임 있게 행동하도록 하게 하는 일은 쉬운 일이 아니며, 행정인들로 하여금 책임 있게 행동 하게 하기 위해서는 어떠한 제도적인 장치보다도 사실상의 심리적인 요소가 더 중요하다고 하였다. 즉, 책임 있는 행위는 행정인 개인의 자신의 마음속에 있는 책임감의 촉진을 통해 가능하다고 하는 심리적 접근 방법의 입장으로 볼 수 있다고 하겠다.

2) 경찰책임의 유형

학자들의 책임 유형의 다양한 주장에서도 알 수 있듯이 책임에 관해 어떠한 요소를 강조하느냐의 문제와 실제의 관행에서 어떠한 용어와 개념을 사용하여 왔느냐, 또는 책임의 어떠한 범주를 나타낼 것인가에 따라서 경찰책임의 형태는 매우 다양한 유형으로 분류될 수 있다고 하겠다.

(1) 경찰책임 유형의 일반적 구분

① 도의적 책임과 법적 책임

경찰행정에서의 책임은 먼저 도의적 책임과 법적 책임으로 구분할 수 있다. 보통 영어의 responsibility는 도의적 · 포괄적 책임을, accountability는 법적 · 공식적 책임을 각각 의미한다고 볼 수 있다.

② 합법적 책임과 재량적 책임

합법적 책임은 경찰활동이 법규에 위배되지 않도록 하는 책임이며, 재량적 책임은 경찰활동이 공익에 위배되지 않도록 하는 책임을 말한다.

③ 내재적 책임과 외재적 책임

내재적 책임이란 외부적인 힘이 아닌 경찰관료 자신의 마음속에 있는 기준에 의한 책임을 말한다. 내재적인 책임에는 전문지식이나 기술이 판단 기준이 되는 직업적 · 관료적 · 기능적 책임과 경찰관료의 양심이나 사회화 과정, 직업윤리 등 내적 충동이 판단 기준이 되는 주관적 · 자율적 · 재량적 · 심리적 책임이 있다.

외재적 책임이란 '외부적인 힘'인 법률 · 입법부 · 사법부 또는 국민 등에 의한 통제에 의해 확보되는 책임을 말한다. 외재적인 책임에는 공식적인 법규가 판단 기준이 되는 객관적 · 공식적 · 강제적 책임인 합법적 책임(accountability), 계층구조에 대한 계층적 책임, 국회나 사법부에 대한 책임, 국민의 여망이나 요구, 국민 정서나 민중 감정에 부응해야 할 정치적 · 정책적 · 민주적 · 도의적 · 윤리적 책임인 국민에 대한 응답적 책임이 있다.

④ 객관적 책임과 주관적 책임

객관적 책임(objective responsibility)은 경찰관료에게 외부로부터 부과된 의무나 기준에 의한 책임으로서 합법적 책임(accountability)이나 응답적 책임(answerability)이 이에 해당된다. 객관적인 책임에는 공식적 · 법률적 책임인 합법적인 책임, 상급자와 부하에 대한 계층구조적 책임, 정책을 입안하고 법과 행정명령을 집행할 의무인 정책에 대한 책임, 국민에 대한 응답적·임무적 책임이 여기에 해당된다.

주관적 책임(subjective responsibility)은 경찰관료의 책임에 관해 스스로 갖는 느낌이나 신념으로서 위의 객관적 책임이 경찰관료로서의 역할에 대해 제기되는 법적·조직적·사회적 요구에 근거를 두고 있다면, 주관적 책임은 경찰 스스로의 충성심, 양심, 일체감, 내적 충동, 행정윤리, 사회화 과정 등 경찰관료들의 내면적·정신적 욕구에 근거를 두는 책임으로서 내재적 책임과 관련된다.

⑤ 정치적 책임과 직업적 책임

정치적 책임은 경찰조직 또는 경찰공무원이 국민의 의사에 대응했는가 하는 책임이며, 직업적 책임은 경찰관료가 전문직업인으로서 주어진 직책을 경찰윤리에 따라서 수행했는가 하는 책임이다.

(2) 경찰책임의 순환구조에 따른 유형

경찰책임은 주인인 국민(위임자)과 대리인인 경찰관료(수임자) 간의 위임 관계에서 발생하는 네 가지 책임의 국면으로 구분하고 책임의 국면들은 위임으로부터 재위임 내지 해임에 이르는 순환 사이클을 형성한다고 본다(足立忠夫, 1976: 227-237).

첫 번째 국면은 위임자에 대한 수임자의 임무적 책임으로 주인인 국민으로부터 대리인인 경찰관료에게 사무위임을 함에 따라 책임이 발생하게 된다. 즉, 국민의 수임자나 공복(公僕)으로서 발생하는 책임으로 경찰조직의 편성은 우선 직제 법령에 의해 소관 사무의 분장을 정하는 직무의 체계를 구성하고, 각 직위(position)에 이를 담당할 구체적인 경찰공무원을 선임함으로써 사무위임을 마치게 된다. 여기에서 선임된 자의 입장에서 또는 수임자의 입장에서 위임자로부터 명령받은 직무를 충실히 수행해야 할 책임이 있다.

두 번째 국면은 응답적 책임으로 주인(위임자)이 대리인(수임자)인 경찰관료에 대해 그 직무를 수행할 때 준거해야 할 행위준칙(명령, 지시 등)을 정해 전달하고, 수임자인 경찰관료는 이들 행위준칙을 준수하고 명령에 복종할 책임으로 이러한 경우의 책임을 복종책임이라고도 한다.

이는 국민의 여망이나 민의에 부응해야 할 책임으로 정치적 · 도의적 · 윤리적 · 외재적 책임을 말하며, 국민(주인)의 치안에 관한 의사나 여망이 판단 기준이 되는 책임이다.

세 번째 국면은 변명적 책임으로 주인(위임자)은 대리인(수임자)인 경찰관료로 부터 직무 수행 상황에 관한 보고를 요구하거나 질의를 하게 되고 수임자의 행위를 점검 · 평가하게 되는 경우, 수임자인 경찰관료는 이에 대해 명령자가 내린 행위준칙에 비추어 변명하거나 답변을 해야 할 책임을 말한다. 이와 같이 문책자에 대한 답변자의 책임을 답변책임이라고도 한다.

네 번째 국면은 수난적 책임으로 답변책임 또는 변명적 책임의 경우 위임자가 수임자의 변명을 납득하지 않고 그를 제재하게 된다면, 여기에서 수임자가 이 제재를 감수하게 되는 책임을 말한다. 이러한 경우 수임자의 수난적 책임을 수재책임(受載責任)이라고도 한다.

(3) 경찰행위의 전개 과정상의 책임유형

경찰공무원의 경찰행위가 연속적인 과정으로 전개되는 경우에 책임의 초점을 어디에 두느냐를 기준으로 해서 첫째로 행위의 원인이 되는 인식 내지 인지 및 동기책임, 둘째로 과정책임, 셋째로 결과책임으로 경찰책임의 유형을 나누어 볼 수 있다.

첫째로 인식 또는 인지책임이란 경찰관료가 담당하고 있는 역할 의무에 대해 올바르게 인식하고 있느냐 하는 문제와 관련된 책임이고, 동기책임은 경찰행위의 동기에 대한 평가로서 이는 결과책임과 비교해 논의될 수 있다. 즉, 경찰행위의 동기 문제는 경찰행위의 외부적인 객관적 결과와 구별하여 책임의 평가에서 고려하지 않으면 아니 될 것이다.

경찰행위의 동기와 결과 사이에 경찰관료의 귀책 사유에 기인되지 않는 제3의 요인으로 인해 동기와 결과가 다른 경우, 예컨대 ① 동기는 좋았는데 결과가 나쁜 경우, ② 동기는 나빴는데 결과가 좋은 경우, ③ 동기도 결과도 다 좋지 않은 경우, ④ 동기와 결과가 모두 좋은 경우로 나누어 책임을 평가하는 것이 경찰관료의 좀 더 적극적이고 능동적인 주관적 책임을 강조하는 입장에서 바람직하다고 하겠다.

둘째로 과정책임은 경찰관료가 역할을 실현하는 과정에서 경찰조직의 규범상 당연히 요청되는 객관적인 절차 또는 과정을 밟아 경제적이고도 능률적으로 업무 수행을 해야 할 책임을 말하며, 여기에서는 특히 경찰관료의 행태에 관한 문제도 평가 대상이 된다.

셋째로 결과책임은 어느 한 경찰관료에게 기대되는 역할을 얼마나 실현했는가 하는 행위의 객관적 결과에 대하여 책임평가의 초점을 두는 경우이다.

이상에서 경찰책임의 개념의 의미와 여러 가지 유형들에 관하여 살펴보았는데 사실상 경찰책임은 내용이 다양하고 포괄적인 가치 함축적인 개념으로써, 경찰책임의 개념은 경찰공무원 및 경찰조직에 대해 책임을 묻는 동기 및 필요성이나 책임 개념 속에 함축하고 있는 특성을 통해 그 의미와 형태를 파악하는 것이 바람직하다고 하겠다.

3. 경찰책임의 기준

경찰책임의 기준은 크게 두 가지로 나누어 볼 수 있다. 그 하나는 경찰활동에 관해 법령에 명문의 규정이 있을 때와 다른 하나는 그러한 규정이 없는 경우이다.

1) 명문 규정이 있을 때

구체적으로 경찰활동과 행위에 대해 법령에 명문으로 규정되어 있을 경우에는 무엇보다 그 규정을 행동의 기준으로 삼아야 한다. 그런데 경찰활동을 법령에 따라 행할 때에는 항상 그 개개의 절차 규정이 의도하는 법령의 목적을 인식하고 그 목적에 맞도록 법령의 규정들을 해석·적용해야 한다. 따라서 명문 규정이 있을 경우의 경찰책임은 법령의 목적을 실현하였느냐 그렇지 못하였느냐 하는 것을 책임의 기준으로 삼을 수 있다.

2) 명문 규정이 없을 때

법령에 각종 경찰활동에 관해 명문 규정이 없는 경우에는 경찰공무원은 각자의 재량으로 행동할 수밖에 없다. 따라서 경찰활동과 경찰행정을 위해 구체적인 명문 규정이 없을 경우에 여러 가지 견해가 있으나 일반적으로 다음과 같은 기준을 들 수 있다.

(1) 경찰 이념

경찰책임을 물을 수 있는 기준이 명확하게 설정되지 않았을 때에 여기에 제일 먼저 대치할 수 있는 것은 민주성 · 효과성 · 능률성 · 중립성 등의 경찰 이념이다. 경찰 이념 중에서도 무엇을 먼저 내세워야 할 것이냐는 시대적인 이념 패러다임과 관련이 있으나 경찰 업무의 특수성과 연계해서 고려해야 한다.

(2) 공 익

공익은 경찰권의 사용에서 언제나 경찰책임의 중요한 기준이 된다. 그러나 공익 개념이 대단히 모호하기 때문에 대체로 경찰관료들의 주관적인 판단이 개입되기 쉽고, 공공의 안녕과 치안을 확보한다는 명분으로 권력 남용을 가져올 수 있는 개연성이 높다고 하겠다.

(3) 경찰윤리

경찰책임에 관한 명문의 기준이 없을 경우에는 경찰조직이 가지고 있는 윤리적 기준에 따라야 한다. 경찰윤리는 경찰공무원의 부정을 판단하는 기준으로도 중요하게 작용한다.

(4) 국민의 여망

치안행정의 궁극적 목적이 국민 전체에 봉사하는 것이므로 경찰행정의 기준이 없는 경우에는 국민의 여망을 감안할 필요가 있다. 국민의 여망은 언제나 치안행정의 중요한 기준이 될 수 있다.

제 2 절 경찰통제

1. 경찰통제의 의의

1) 경찰통제의 개념

경찰통제란 경찰책임을 확보하기 위하여 설정된 경찰정책의 목표 또는 기준에 따라 성과를 측정하고 이에 맞출 수 있도록 시정하는 노력으로 경찰 목표나 계획을 바람직한 방향으로 좀 더 효과적으로 달성하도록 하는 중요한 경찰관리 기능의 하나로 볼 수 있으며, 경찰책임을 전제로 한다. 따라서 경찰통제는 경찰공무원 개인 또는 경찰 체제의 일탈에 대한 감시와 처벌을 통해 원래의 경찰목표를 달성하려는 활동들도 당연히 이에 포함된다고 하겠다.

경찰통제는 경찰책임과 표리 관계에 있으며, 경찰행정의 신뢰성 확립과 직접적으로 연관되어 있다. 이는 경찰행정 과정의 마지막 단계에 해당하며, 이 결과가 다시 경찰정책에 환류 되어 새로운 투입 요소로 작용하게 된다.

경찰통제는 그 통제의 기능을 적극적으로 보느냐 또는 소극적으로 보느냐에 따라서 통제라는 개념의 의미는 달라질 수도 있으며, 사후적(事後的) 통제뿐만 아니라 광의의 사전적(事前的) 통제를 포함한 계획 · 조정 · 감독 등을 포괄하는 측면에서도 통제의 의의가 파악될 수 있다.

또한 경찰통제는 경찰조직 체제 내부에서의 조직의 목표를 달성하기 위하여 경찰관리층이 행하는 전문적 · 기능적 성격을 지니는 관리통제냐, 또는 경찰행정이 국민의 기대와 요구에 부응해야 할 책임을 확보하는 데 목적이 있는 민주적 · 정치적 통제의 성격이냐에 따라서 경찰통제의 개념 정의는 달라질 수 있다.

그러나 경찰통제란 경찰행정이 국민에 대한 책임 이행을 보장하는 것을 그 궁극적 목적으로 해야 한다는 것을 감안할 때, 경찰통제는 단순한 조직관리상의 합리적인 통제 이상의 의미를 지닌다.

따라서 경찰통제란 경찰책임을 전제로 경찰행정의 목표 달성을 위하여 미리 설정

통제의 다양한 이론적 측면

① 체제론적 입장: 체제에 대한 요구와 체제의 산출 간의 괴리에서 생겨나는 교정적 피드백의 문제로 봄
② 정치이론 입장: 권한의 위임에 따른 책임의 확보 문제로 봄
③ 과정론적 입장: 통제의 수행 과정인 기준과 성과 간의 편차 시정에 초점
④ 행태론적 입장: 통제는 사후 교정적인 입장과 함께 바람직하지 못한 행동의 사전 예방적 차원에서 논의가 이루어져야 한다는 점, 위임자와 대리 인간의 정보 불균형 때문에 생겨나는 피통제자의 기회주의적 행태를 줄이기 위한 유인구조를 고안하는 데 역점을 두고 있음

한 계획과 기준에 일치되도록 보장하는 기능이나 또는 행위 및 실적이 계획이나 기준과 차이가 났을 때, 그 원인 규명과 아울러 시정 조치를 취하는 모든 관리적 · 징벌적인 측면이다. 이외에도 '책임 있는 경찰행정'의 합리적 추진의 적극적인 면을 동시에 내포하게 되는 것으로 이해할 수 있으며, '책임 있는 경찰행정'의 동기가 되는 모든 요소들의 합(合)이라 할 수 있는 보상과 징벌(reward and punishment) 체제의 활용이 경찰통제의 중요한 문제로 대두되었다.

2) 경찰통제의 중요성

오늘날 경찰은 시민생활의 안전에 불가결한 존재다. 특히 도로교통법 등 수많은 법령을 통해 경찰이 담당하는 업무나 권한이 다양하고 광범위하기 때문에 경찰의 직무에 관한 활동에 대해 경찰 비위행위의 영향은 광범위하게 나타날 개연성이 있다. 또한 이러한 경찰의 불완전한 기능과 부패는 시민생활에 중대한 위협이 될 수도 있다는 점에서 매우 중요한 문제라고 할 수 있다.

일반적으로 경찰행정의 역할이나 목표에 대한 인지능력이나 경찰 목표를 달성하고 자기의 역할을 실현하는 능력, 또는 국민에 대한 책임의식이 경찰 개개인에 따라 차이가 있게 마련이다. 따라서 경찰행정을 담당하는 경찰공무원에게는 위법한 경찰처분이나 적법하고도 타당한 절차의 위반, 비윤리적인 행위 내지는 부정부패 등 권력 남용의 가능성이 항상 있게 마련이다.

따라서 '책임 있는 경찰행정'의 실현에 요구되는 경찰공무원의 능력이나 기타의 조건에서의 동일하지 않다는 현실적 상황과 경찰 직무의 집행에서 권력 남용의 가능성은 우리에게 경찰공무원의 자율적 · 능동적인 책임의 이행에만 의존할 수 없게 하며, '책임 있는 경찰행정'을 확실히 하기 위한 '통제'가 불가피하고도 중요하다고 하겠다.

그러므로 경찰권의 남용을 방지하고 국민에게 책임을 지는 치안행정을 확보하는 일은 대단히 중요한 문제로 인식되고 있으며, 따라서 이러한 경찰책임을 보장하기 위해서는 효율적인 경찰통제가 요청된다.

경찰통제에 대해서는 대체로 크게 두 가지로 나누어 살펴볼 수 있다. 하나는 관료제의 본질적 속성에 근거해 내부적 요인으로서의 역기능을 통제한다는 측면이고, 다른 하나는 관료제가 지닌 본질적 속성의 평가 내지 규명보다는 외부적 요인과 연루되어 경찰조직의 정책 수립이나 집행 과정에서 나타나는 문제점을 통제해야 한다는 측면이 그것이다. 즉, 전자는 경찰의 개인적 · 미시적 차원에 입각한 윤리규범에 초점을 두는 반면에, 후자는 정치적 · 거시적인 측면에 초점을 두는 통제 수단과 관련된다.

경찰책임의 문제가 중요시되고 경찰책임을 확보하기 위한 하나의 방법으로서의 경찰통제가 불가피하고도 중요한 것으로 인식되는 구체적인 요인을 살펴보면 다음과 같다.

(1) 경찰권의 남용

경찰은 사회 공공의 안녕과 질서를 유지하기 위하여 국민에게 명령 · 강제하여 그 자연적 자유를 제한할 수 있는 일반통치권에 근거한 권력적 작용을 한다. 이러한 경찰의 권력적 작용은 경찰권의 남용을 가져올 수 있는 개연성이 높으며, 적절한 경찰통제가 수반되지 않는 경찰의 권력적 작용은 시민의 자유와 권리를 위협할 수 있는 인권 보장에 위험 요소를 내포하게 되며, 부정부패를 조장하는 요인도 된다.

따라서 경찰조직 자체의 부패를 방지하고 조직 건강을 유지하기 위하여 경찰행정의 자율적인 내부통제 뿐만 아니라 적절한 민주적 통제가 요청되며, 이를 방지하기 위한 유효한 수단을 강구할 필요성이 있다.

특히 경찰권 행사 중에서 수사 절차는 암흑의 골짜기로 비유되는데, 이는 수사의 밀행성(密行性)으로 인해 위법한 수사가 자행될 위험성이 높으며, 경찰의 통제는 피의자의 인권이나 진실의 추구라고 하는 형사사법제도 및 시민의 권리 옹호에 관한 관점으로부터도 매우 중요한 의의 및 그 필요성을 가지고 있다.

(2) 치안행정의 민주성 저해

치안 업무는 경찰기관에 의해 수행되는 독점적인 성격을 가지고 있다. 일반 국민들은 특정한 경찰행정 업무 분야에 대해 문외한인 경우가 보통이며, 복잡한 경찰 관련 법체계를 이해하고 있거나 숙지하고 있지 못한 경우가 대부분이다.

그러므로 일반 국민은 치안행정 분야에 숙련된 경찰의 전문적인 결정에 그대로 따를 수밖에 없게 된다. 더욱이 광범한 권력을 지니고 있는 경찰관료 조직의 특성상 상급기관이나 상급자에 대하여 책임의식을 느낄 뿐, 국민에 대해서는 직접적인 책임의식을 갖지 않을 우려가 있다.

따라서 경찰통제는 이러한 경찰행정의 전문성으로 인한 민주성이 손상되는 것을 방지하고 치안행정의 능률과 민주성을 확보하는 데 매우 중요하며, 그 필요성이 있다고 하겠다.

(3) 경찰 권한의 확대

경찰관련 법들은 일반적이며 추상적인 기준만을 설정하는 경우가 많고 세부적이고도 구체적인 사항에 대해서는 대통령령이나 훈령 등으로 규정하기는 하나 그 적용상의 한계로 경찰 재량의 범위가 상당히 넓다.

이러한 현상은 치안 분야의 전문화·기술화에서 그 원인을 찾아볼 수 있으나, 다른 한편으로는 치안행정이 변동 상황을 미리 충분히 예측하고 어떠한 기준을 설정해 완벽하게 규제한다는 것은 매우 곤란한 일이며, 어떤 예상하지 못한 상황 변동에 신축성 있게, 구체적으로 타당성 있게 대응하도록 하기 위하여 일정한 범위 내에서 경찰재량권을 인정하지 않을 수 없는 이유에 기인하는 것이다.

문제는 경찰재량권의 확대로 인해 재량권의 남용 가능성이 높아지고 적절하지 못한 치안행정으로 인한 비능률적인 국가 예산의 낭비나 오용의 문제가 있으며, 국민에 대한 무책임 내지는 반책임적 행위의 우려도 크다는 것 또한 사실이다. 따라서 합법성에 기초한 법치주의의 확립이 무엇보다 우선되어야 한다.

(4) 권력 수단 및 비밀정보의 독점

경찰기관은 법령에 의해 치안행정의 실효를 거두기 위하여 합법적으로 강제권을 부여받고 있으며, 필요할 경우 강제권을 발동할 수도 있다. 또한 경찰은 쉽게 접근할 수 없는 중요 정보를 독점하면서, 때로는 그러한 강제 권력 수단이나 비밀정보를 경찰기관 및 경찰의 자기합리화를 위해 동원하거나 또는 의도적으로 왜곡하여 사용하는 경우가 있다.

또한 때에 따라서는 전체의 비밀정보나 자료 중에서 특히 경찰의 업적을 과시할 수 있는 내용이나 또는 장래에 경찰의 활동에 적극적인 협력을 가져올 수 있는 내용만을 외부에 공개하는 경우도 적지 않다는 것이다. 따라서 경찰정보의 공개를 위해 경찰통제가 필요하다 할 것이다.

(5) 경찰의 정치적 중립 저해

경찰공무원의 정치적 중립은 '헌법' 제7조 제2항에 의해 보장된다. 공무원은 특정 정당이나 특수 계층의 이익을 위해 활동할 수 없으며, 업무 수행 시에 불편부당 · 공정 중립을 지켜야 한다.

그러나 우리 경찰은 정치적 중립을 지키지 못해 국민들로부터 신뢰를 잃었던 역사가 있었기 때문에 국민 전체에 대한 봉사자로 공정 중립을 지켜 나가게 하는 데 경찰통제가 필요하다고 하겠다.

2. 경찰통제의 과정과 기준

1) 경찰통제의 과정

경찰통제의 구체적 과정을 보면 첫째, 목표와 기준을 설정해야 한다. 경찰조직의 목표는 대체적으로 추상적이며, 그 직무의 특성상 구체적인 분명한 계획을 갖고 있지 않은 경우가 많다. 그러나 효율적인 경찰통제가 이루어지기 위해서는 분명한 조직 목표와 기준을 설정해야 한다. 특히 경찰 업무의 지침이나 집행 요령을 구체적으로 규정한 경찰업무편람은 경찰재량의 축소를 가져오게 되고, 경찰통제의 부분적인 기준으로서 사용할 수 있다.

둘째, 업무성과 측정 및 기준과의 비교 평가다. 치안 부문의 경우 금전적 가치나 성과측정의 기준에 대해 계량화하기 어려운 요소가 많아 사실상 성과측정이 쉽지 않다. 여기에서는 기본적으로 민간기업 부문과는 다른 생산성 개념이 도입될 필요가 있다. 즉, 치안정책에 미치는 영향을 고려한 연관성 분석으로 업무 성과 측정의 기준을 마련하는 것이 필요하다.

셋째, 비교·평가된 내용은 환류 과정을 통해 경찰정책에 투입시킴으로써 시정·개선하는 과정이다. 물론 경찰관료제의 보수 성향으로 변화에 저항하는 경우가 많으나 혁신은 이제 시대적인 과제가 된 만큼 경찰통제의 궁극적인 목적인 경찰 목표의 달성과 혁신을 위한 시정·개선을 가져올 수 있도록 해야 한다.

2) 경찰통제의 기준

경찰통제를 논할 때에는 무엇을 기준으로 통제해야 할 것인가가 매우 중요한 논점이다. 일반적으로 민주정부에서 따라야 할 통제 기준은 두 가지이다. ① 시민의 자유와 권리를 보존하는 것, ② 치안행정의 목적 또는 집합적 경찰 목표에 봉사하는 것이다.

따라서 바람직한 경찰통제를 위해서는 자유 대 평등(liberty vs equality) 이념 간의 갈등 해결을 위한 합의 형성과 조화가 필요하다. 경찰들에게 구체적인 행동규범에 따르도록 요구하는 이유는 공익에 반대되는 행동을 하지 못하게 하거나 시민의 권리를 침해하지 않도록 하기 위한 것이다.

물론 시대가 변화함에 따라 경찰통제의 기준도 조금씩 변화하고 있으나 경찰 직무의 특수성으로 경찰통제가 인권을 권력으로부터 보호하기 위해 여전히 엄격한 합법성이 존중되고 있으며, 여기에 민주성·효과성·공정성 등이 시대적인 요청으로 중시되고 있다. 지나치게 합법성에 기초한 통제 방식은 극도의 형식주의를 초래할 수도 있기 때문에 현대에는 다양한 경찰통제의 기준이 적용될 필요가 있다고 하겠다.

3. 경찰통제의 유형

행정통제의 유형은 통제의 활동 대상 및 통제 초점이나 또는 행정책임의 형태에 대응해서 매우 다양하게 분류될 수 있다. 여기서는 경찰 제도의 유형에 따른 민주적 통제와 사법적 통제, 통제 시점을 기준으로 한 사전통제와 사후통제, 통제가 조직의 내부 또는 외부에서 행해지느냐에 따른 내부통제와 외부통제에 대해 살펴본다.

1) 민주적 통제와 사법적 통제

(1) 민주적 통제

영・미법계 국가에서는 경찰위원회나 경찰책임자의 선거, 자치경찰 제도의 시행 등을 통해 시민이 직・간접으로 통제하는 시스템을 구축하고 있다. 우리나라도 경찰위원회제도를 시행하고 있으나 그 역할은 기대에 미치지 못한다고 하겠다.

(2) 사법적 통제

대륙법계 국가에서는 행정소송이나 국가배상제도 등을 통한 사법심사제도를 통해 통제하고 있다. 특히 초기의 행정소송에 대한 열거주의에서 개괄주의로 전환함으로써 행정에 대한 법원의 통제를 확대하고 있다. 오늘날에는 양 제도(민주적・사법적 통제)를 모두 받아들이는 절충형을 취하는 경향이 있다.

2) 사전통제와 사후통제

(1) 사전통제

첫째, 국민의 자유와 권리를 침해하기 전에 참여를 통해 통제를 인정하는 것으로 국회의 입법권・예산심의권・행정절차법 등이 있다.

둘째, 행정절차법은 청문제도를 두어 행정청이 불이익처분 등을 행할 경우 상대방에 대해 청문 등의 절차에 참여하게 해서 자기에게 이익이 되는 의견의 진술이나 자료 등을 제출할 기회를 부여하고 있으며, 입법예고제, 행정예고제 등을 통해 이해관계인의 참여를 인정하고 있다.

셋째, 법원의 영장실질심사제도는 수사기관의 자의적인 체포 또는 구금을 방지할 수 있는 제도로서, 법원은 영장 청구 시에 범죄의 혐의가 충분하며 또 영장 발부의 필요성이 있는가의 여부를 신중하게 검토해서 '영장주의'를 활성화함으로써 불법적인 임의동행 · 체포 · 구금을 억제하는 기능을 하고 있다.

(2) 사후통제

① 법원을 통한 구제 인정

국민이 자기의 권리나 이익을 침해받은 후에 법원 등을 통해 구제를 인정하는 것으로, 행정부 내의 징계책임, 상급기관의 하급기관에 대한 감독권, 행정심판권이 있다. 또한 구속적부심사제도, 준항고제도 등과 같은 수사 절차상의 각종 권리 보장을 실효 있게 하기 위해 위법 수사에 대한 구체적인 규정을 두고 있다.

② 국회를 통한 구제 인정

입법부를 통해 구제를 인정하는 것으로는 예산결산권 · 국정감사권 · 조사권 등의 통제가 있다.

3) 내부통제와 외부통제

행정통제는 그 주체와 영향력 행사 방향에 따라 외부통제와 내부통제로 나눌 수 있다. 행정통제의 경우 외부통제는 국회나 사법부와 같은 행정구조 외부의 사람이나 기관에 의한 통제이고, 내부통제는 행정조직 구성원에 의한 통제이다. 비교적 행정이 단순했던 입법국가 시대에는 외부통제에 중점을 두었지만, 행정이 전문성과 복잡성을 띠게 된 현대 행정국가 시대에는 외부통제보다 내부통제가 점차 강조되고 있다.

그러나 현실적으로 양자의 구분이 엄격하지는 않다. 우리의 경우는 민주화의 진행 정도가 어느 정도는 진행되었으나 내부통제 자체가 아직 내실화되지 않은 실정이므로 외부통제가 더욱 강조되어야 한다. 그러나 무엇보다도 공무원의 윤리에 의한 자기통제가 가장 바람직하다고 하겠다.

경찰통제는 경찰조직 내의 통제를 내부적 통제로 그 밖의 통제는 외부적 통제로 본다. 따라서 경찰통제와 행정통제와의 다른 점은 행정부에 의한 통제를 행정통제에서는 내부통제이나 경찰통제에서는 외부통제로 본다는 점이다.

(1) 내부적 통제

① 감사관제도

감사관은 경찰차장을 보좌하며, ① 경찰청과 그 소속기관 및 산하단체에 대한 감사, ② 다른 기관에 의한 경찰청과 그 소속기관 및 산하단체에 대한 감사 결과의 처리, ③ 사정 업무, ④ 경찰기관 공무원(의무경찰을 포함한다)에 대한 진정 및 비위사항의 조사·처리, ⑤ 민원업무의 운영 및 지도, ⑥ 경찰 직무수행 과정상의 인권 보호 및 개선에 관한 사항, ⑦ 경찰 수사 과정상의 범죄피해자 보호 및 지원에 관한 사항, ⑧ 기타 청장이 감사에 관하여 지시한 사항의 처리 등을 주 업무로 한다. 감사관은 고위공무원단에 속하는 일반직 공무원 또는 경무관으로 보한다(경찰청과 그 소속기관 직제 제6조).

② 청문감사관제도

청문감사관 제도는 수사·교통·방범 등 일체의 사건·사고 및 민원처리 과정에서 경찰관의 불친절이나 부당한 업무 처리 및 억울한 점이나 의문이 있는 민원을 처리하기 위해 1999년 6월 도입한 제도로서, 주민을 봉사의 대상으로 인식함으로써 치안 서비스의 질적 향상을 기하고 경찰관에 의한 인권 침해의 우려 요소를 사전에 제거함으로써 인권 경찰을 구현하려는 데 설치 목적이 있다.

경찰청에는 경무관을 감사관(감사관 밑에 각각 총경으로 감찰담당관 및 감사담당관을 둔다)으로, 지방청에는 총경 또는 경정을 청문감사담당관으로 임명해, 감사, 사정 업무, 경찰공무원에 대한 진정 및 비위 사항의 조사·처리 등의 업무를 수행하면서 내부적 통제를 하고 있다.

③ 경찰청 시민감찰위원회

경찰청에서는 2012년 8월 경찰 부패 척결을 위해 내부 비리를 심의하는 '시민감찰위원회'를 발족했다. 공정하고 투명한 감찰활동을 위해 위원회의 위원은 감사 업무에 학식과 경험이 풍부한 외부 전문가들로 위원장 1명을 포함하여 7명 이상 13명 이하의 비상임위원으로 구성되며 위원의 임기는 2년이다. 시민감찰위원회는 ① 주요 비리사건의 처리 및 그 후속 조치에 관한 사항, ② '부정청탁 및 금품 등 수수의 금지에 관함 법률 시행령' 제39조 제1항 각 호에서 규정한 사항, ③ 그 밖의 청장이 필요하다고 인정하는 비위사건이나 감찰 업무에 관한 사항 등을 심의하며, 그 결과를 경찰청장 또는 지방경찰청장에게 제시하고 필요한 조치를 권고할 수 있다.

여기서 '주요 비위사건'이라 함은 ① 사회적 이목을 끄는 비위사건 중 청장이나 위원장이 심의 대상으로 회부한 비위사건, ② 경찰청은 경정이상, 지방청은 경감이 심의대상 비위(직무관련 금품·향응수수, 공금횡령·유용, 정보유출, 가혹행위 등)를 범한 사건 등이다(경찰청 감찰위원회 운영규칙 제3~4조).

④ 행정심판의 재결권

행정청의 처분 또는 부작위에 대해서는 해당 행정청의 직근 상급행정기관이 재결청이 된다. 예를 들어 '집회 및 시위에 관한 법률'에 의거, 경찰서장이 행한 집회의 금지 통고 등에 대해서는 지방경찰청장에게 이의 신청을 할 수 있다. 상급기관은 하급기관의 불법행위뿐만 아니라 부당행위에 대해서도 통제할 수 있다.

⑤ 훈령권·직무명령권

상급기관은 하급기관에 대해 지시권이나 감독권 등의 훈령권을 행사함으로써 하급기관의 위법이나 재량권 행사의 오류를 시정하는 등 통제를 할 수 있다. 또한 상급자는 하급 경찰공무원에 대해 직무명령을 통해 그 행위를 통제하기도 한다.

(2) 외부적 통제

① 경찰위원회

행정안전부 장관 소속 하에 설치된 경찰위원회는 경찰활동의 민주성과 정치적 중립성을 보장하기 위해 치안정책에 관해 심의·의결하는 기관이다. 다만, 행정안전부 장관은 경찰위원회의 의결에 대해 재의 요구를 할 수 있으므로 실질적인 기능의 발휘에 대해서 의문이 있기도 하다.

② 국회에 의한 통제

국회는 입법권, 예산심의권·의결권, 국정감사·조사권 등으로 경찰에 대해 통제할 수 있다.

③ 법원에 의한 통제

위법한 행정행위에 대해 행정소송이나, 공무원 개인에게 형사상이나 민사상의 책임을 물을 수 있다.

④ 행정부에 의한 통제

대통령에 의한 통제, 행정안전부 장관에 의한 통제, 감사원에 의한 통제, 국무총리 소속 하의 국민고충처리위원회에 의한 통제, 정보·보안 업무와 관련된 국가정보원의 통제, 대간첩작전과 관련된 국방부의 통제, 수사와 관련된 검찰의 통제, 독립기관인 국가인권위원회에 의한 통제를 들 수 있다.

⑤ 민중통제

민주주의 국가에서의 국민은 주권자로서 헌법에 의해 규정된 특정한 권한을 행사하는 역할을 하며, 국민은 기본권의 주체로서, 그리고 통치의 대상으로서의 지위를 지닌다. 즉, 민주국가 체제 하에서의 국민은 정통성의 기반으로서 직·간접으로 행정을 통제하는 것이다(안해균, 1984: 142).

국민에 의한 경찰통제인 민중통제는 경찰에 대한 공식적 외부통제인 전통적인 입법통제·사법통제가 각기 한계를 지니게 됨에 따라 이와는 별도로 선거, 정당, 이익집단, 여론, 언론, 일반 시민단체, 주민 참여 및 지식인 등이 경찰통제에 가담함으로써 경찰행정의 공익성과 공정성에 대한 책임을 확보하기 위한 통제 방식으로 오늘날 매우 중시되고 있다.

PART 4

경찰행정의 혁신과 비전

CHAPTER

11 경찰행정의 혁신

제 1 절 경찰혁신의 의의

1. 경찰혁신의 개념

경찰행정의 혁신은 경찰행정을 더 낫게 만드는 활동으로서 경찰행정을 연구하는 모든 활동의 궁극적인 목표는 경찰행정의 혁신에 있다고 할 것이다. 경찰행정을 관찰하고 기술하고 분석해 장점과 단점을 밝히고 설명하는 것은 결국 경찰행정을 혁신하는 처방을 얻으려는 것이다. 따라서 혁신의 문제는 시대가 요구하는 혁신의 처방과 실현을 통해 경찰행정의 진정한 목표의 달성을 지속적으로 추구해 나가는 것이라고 할 수 있다.

21세기는 변화와 혁신 없이는 생존과 번영이 어려운 속도와 경쟁의 시대이다. 아날로그에서 디지털 시대로, 권위주의에서 수평적 네트워크로 행정환경이 변화되었고, 산업사회에서 지식정보화 사회로, 폐쇄경제에서 글로벌 개방경제로 패러다임이 변화되었다.

이러한 시대적 상황 변화에 따라 경찰행정관리에도 패러다임의 변화가 요구되고 있다. 치안 서비스 전략은 과거의 공급자와 제공자 중심에서 수요자 중심으로, 서비스 생산력 중심에서 고객 만족 중심으로, 양(量) 중심에서 질(質) 중심으로, 기능조직 중심에서 절차조직 중심으로, 보호 · 통제의 시대에서 무한경쟁 시대 등으로 변화하고 있으며, 이에 부합되는 새로운 경찰관리 이념과 실천전략을 수립하는 것이 시대적으로 중요한 경찰혁신 과제로 등장하게 되었다.

혁신(innovation)이란 사전적 의미로 기존에 이용되거나 활용되지 않았던 새로운 것의 도입을 의미하며,[1] 개혁(reform)은 바람직한 변화를 의미한다. 혁신은 학자들마다 다양하게 정의하고 있는데 단순한 새로움을 넘어 조직에 의한 산출의 서비스, 양 또는 질의 수준에서 지속적인 개선으로 이어지는 정책 또는 관리실무(management practice)상의 변화로 정의할 수 있어(이종수, 2006: 7),[2] 개혁보다는 다소 확장된 개념으로 본다.[3]

이러한 점에서 경찰행정의 혁신은 경찰행정의 바람직한 변화이면서 그 변화는 계획적이고 동태적이며 상호 연관적 특성을 지니는 변동이어야 한다. 즉, 경찰행정의 혁신이란 경찰행정의 목적을 달성하기 위해 치안정책의 개발과 지속적인 경찰행정관리의 합리화를 통해 발전 지향적인 치안 서비스를 창출하기 위한 전반적인 경찰활동을 의미한다고 할 수 있다.

2. 경찰혁신의 배경

경쟁하는 환경 속에 존재하는 기업 부문에서 혁신은 일종의 생활화되어 있는 생존전략이라 할 수 있다. 이는 혁신을 통해 끊임없이 변화하지 않고는 어떤 기업도 시장

1) 혁신이 강조하는 새로움(newness)의 범위와 내용은 학자들에 따라 달리 개념을 정의하는 경우가 있으나 혁신 개념을 완전히 새로운 것의 개발만을 의미하는 것이 아니라 다른 지역이나 다른 조직 혹은 중앙정부에서 시행하고 있거나 이미 시행한 기존 사례나 기법일지라도 해당 조직이 새롭게 도입하는 것은 혁신으로 취급하는 관점을 채택한다. 그리고 새로움의 범위에서도 독창적이고 파격적이며 근본적인 변형만을 혁신으로 보기보다는 조직의 운영상 비교적 의미 있는 변화도 혁신의 범위에 포함할 것이다(이승종 · 김혜정, 2006: 102).

2) '혁신(innovation)'이란 새로운 아이디어나 서비스, 방법, 제품, 기계, 이념, 또는 정책 등을 의미하는 것으로 정의되거나 그러한 것을 도입해 성과를 개선하는 것을 의미하기도 한다. 따라서 혁신이란 조직이 환경과의 상호작용 속에서 자신의 학습 능력을 높이며, 환경 대처 역량과 미래 창조 역량을 배양할 수 있도록 현존의 체제를 변화시키기 위해 새로운 기술과 방법을 도입하며 기존의 가치와 문화를 새로운 가치와 문화로 변화시키는 활동 또는 과정이다(천대윤, 1998: 149; Rogers, 2003).

3) 여기서는 두 개념이 다소 구별되는 개념이지만 많은 경우 혼용되어 쓴다는 점에서 개혁의 이론적 관점을 원용하기로 한다. 또한 경찰행정의 혁신에 경찰행정을 넓은 의미의 경찰관리로 보아 경찰혁신과 동일한 의미로 사용하였다.

에서 생존할 수 없기 때문이다. 따라서 혁신은 새로운 이념이나 기술의 등장, 사회 및 국제적인 환경 변화, 정치적 변혁 및 비능률의 제거를 위해 추진된다고 하겠다(이종수 외, 2005: 670－671).

현재 경찰혁신의 배경으로는 이러한 기업환경의 변화에 맞추어 정부관리에서도 신공공관리적 관점에 의해 투입, 과정, 산출의 효율성을 강조하는 시장형 정부 거버넌스의 패러다임을 들 수 있다. 즉, 정부는 성과평가 시스템, 정책품질관리 등 성과 중심의 행정을 강조하고, 정부 업무의 프로세스에 대한 투입 측면의 효율화를 달성하기 위해 디지털 예산회계 등 재정의 효율화를 추진하고 있다.

국민을 바라보는 시각도 달라져 서비스의 단순한 전달에서 고객 만족 차원으로 인식이 전환되면서 국민은 통치의 대상이 아니라 고객으로 인식이 바뀌고 있으며, 더 나아가서 국가의 경영과 성과에 함께 책임을 지는 파트너로서의 인식이 대두되고 있다. 또한 기존의 행정가치 외에 정직성, 투명성, 신뢰성, 협치(協治) 등 새로이 부각되고 있는 공공가치의 추구도 그 하나라고 할 수 있을 것이다. 따라서 오늘날 정부혁신을 위해 설정된 시대적인 정책 목표와 수단이 ① 저비용 정부, ② 고품질 서비스 정부, ③ 전문성을 갖춘 정부, ④ 디지털 정부, ⑤ 규제 효율화를 지향하는 정부, ⑥ 정직하고 투명한 정부와 같은 정책 목표들을 추진하고 있다(Kamarck, 2003).

경찰조직 또한 치안 서비스의 질을 높이기 위해 시대별로 지속적으로 혁신을 추진해 오고 있는데, 현재의 경찰혁신의 배경은 바로 이러한 정부혁신의 큰 틀 속에서 경찰혁신의 방향과 성격이 정해지며 그 맥을 같이하고 있다고 하겠다.

3. 경찰혁신의 대상

무엇을 혁신할 것인가? 경찰혁신의 대상은 무엇인가? 어느 학자는 혁신을 수용하는 개인 또는 집단에 의해 새로운 것이라고 인지된 것으로, 하드웨어적 혁신과 소프트웨어적 혁신으로 그 대상을 구분한다. 즉, 하드웨어적 혁신의 예에는 기계, 컴퓨터 하드웨어 등이 포함될 수 있다. 소프트웨어적 혁신의 예에는 이념, 정치철학, 정책, 종교 이념 등이 포함될 수 있다(Rogers, 2003; 천대윤, 2006).

이에 따라 경찰혁신의 대상을 경찰공무원, 경찰관리상의 절차, 경찰 제도 개혁, 치안정책 산출을 들고자 한다. 경찰혁신의 대상은 우선적으로 경찰공무원이다. 경찰공무원은 혁신을 추진하는 주체이지만 또한 혁신의 대상이 되기도 한다. 새로운 것을 받아들이고 변화시킬 수 있는 경찰공무원의 사고 방식, 행동양식, 경찰문화는 혁신 역량에 영향을 미치는 기본적인 요소로서 혁신의 우선 대상이 된다.

또한 경찰관리의 차원에서 경찰행정의 절차적 혁신을 들 수 있다. 치안 서비스를 전달하는 전달 체계, 행정의 절차, 과정, 관행 등에서 구태적이거나 비합리적인 면이 그 대상이 될 수 있다. 또한 구조개혁과 같은 제도개혁을 들 수 있다. 경찰조직, 경찰인사, 재정 및 업무관리 등에서 국민들의 치안 서비스 욕구에 맞게 조직적 대응이 필요한 부분이 그 대상이 될 수 있으며, 혁신을 추진하는 경찰공무원들의 사기가 높다면 혁신 역량은 그만큼 높고 혁신의 성과도 클 것이라는 가정에서 본다면 내부 조직인의 사기와 복지 또한 중요한 혁신 과제가 된다.

마지막으로 질 높은 치안 서비스를 창출하기 위해 치안정책과 그 정책의 하위 산물인 치안 서비스가 국민의 치안 서비스 만족도를 향상시킬 수 있는 창조적이고 인간적인 과정으로서 지속적인 혁신의 대상이 된다.

제 2 절 경찰혁신의 성공전략

1. 경찰혁신의 속성

1) 목표지향성 · 행동지향성

경찰혁신은 의식적으로 설정한 목표를 추구하는 것이다. 목표의 추구는 의식적이고 계획적이며, 유도적 성격을 가진다. 또한 목표는 미래의 어느 시점까지 현재보다 나은 바람직한 상태로 변화시키는 것이니 만큼 동태적이고 행동 지향적이라고 할 수 있다. 이러한 점에서 우리는 혁신의 과정과 전략 및 방법에 관심을 갖게 된다.

2) 계속성 · 개방성

경찰혁신은 어느 한 시대적인 현상이 아닌 계속적인 과정이다. 여러 가지 상황적인 변수에 의해 혁신의 필요성은 지속적으로 제기된다. 즉, 정치 · 경제 · 사회 환경의 변화, 지도자의 리더십, 또는 행정관리의 불완전성, 새로운 가치 및 이념, 기술의 등장으로 인해 혁신의 필요성이 지속적으로 제기되며 이에 경찰조직은 전반적이고 장기적인 경찰혁신 사업을 대개 누진적으로 추진한다. 또한 경찰혁신은 성공 여부의 불확실성과 위험 속에서 시행착오를 겪으며 개혁의 과정을 순환적으로 되풀이해 지속적인 노력을 기울여야 한다.

경찰혁신은 개방 체제적인 접근을 해야 한다. 경찰혁신은 체제 내적 요인은 물론 혁신의 문제를 둘러싸고 있는 조직 외부의 요인들과 상호 연결되어 있다. 즉, 치안서비스는 국민들에게 향해 있으며, 경찰혁신의 성공여부는 국민의 안전과 직결된다는 점에서 혁신과정에 다양하고 다차원적인 요인들과 영향 관계를 맺고 있는 것이다.

3) 혁신에 대한 저항

경찰혁신은 경찰행정을 인위적이고 계획적으로 변화시키는 것으로서 개혁 주도자들에 의해 전략적으로 추진된다. 이러한 의도적인 변화를 유도하는 혁신은 불가피하게 기존 관행과 이해관계를 유지하려는 현상유지 세력의 저항을 수반한다. 혁신 저항 세력에 대한 원인과 양태를 진단하고 합리적으로 대처하지 않으면 혁신의 성공을 보장하지 못하게 된다.

2. 경찰혁신의 접근 방법과 과정

경찰혁신의 접근 방법은 행정개혁론의 관점과 접근 방법에 기초해 살펴보고자 한다(오석홍, 2005: 932－934). 경찰혁신의 접근 방법은 혁신의 필요성을 인지하고 혁신 분야를 선정하고 어떻게 전개해 나가느냐에 대한 방법으로 산출 중심적 접근 방법, 구조적 접근 방법, 과정적 접근 방법, 행태적 접근 방법, 문화론적 접근 방법, 통합적 접근 방법 등 여섯 가지로 범주화해 볼 수 있다.

1) 경찰혁신의 접근 방법

(1) 산출 중심적 접근 방법

산출 중심적 접근 방법(output−oriented approach)은 치안 서비스 산출을 위한 치안정책 목표와 내용 및 소요 자원에 초점을 두어 경찰활동의 목표를 개선하고 치안 서비스의 양과 질을 개선하려는 접근 방법이다. 각종의 치안정책의 분석과 평가, 생산성 측정, 직무검사와 경찰책임 평가 등은 산출 중심적 접근 방법의 주요 도구들이다.

(2) 구조적 접근 방법

구조적 접근 방법(structural approach)은 원칙적으로 경찰행정 체제의 구조설계를 개선함으로써 경찰개혁의 목표를 달성하려는 접근 방법이다. 구조적 접근 방법이 관심을 갖는 문제의 예로 경찰조직 규모의 축소 또는 확대, 자치경찰 제도의 도입, 통솔 범위의 재조정, 권한 및 업무 배분의 수정, 명령 계통의 수정 등을 들 수 있다.

(3) 과정적 접근 방법

과정적 접근 방법(procedural approach)은 경찰행정 체제의 과정 또는 일의 흐름을 개선하려는 접근 방법이다. 경찰행정 과정에서 사용하는 기술의 개선까지를 포괄하기 때문에 과정적·기술적 접근 방법이라고 부를 수도 있다. 이 접근 방법의 혁신 대상은 경찰정책의 결정·의사소통·경찰통제 등의 과정과 기타 경찰 업무의 절차, 경찰 업무에 결부된 기술이다.

(4) 행태적 접근 방법

행태적 접근 방법(behavioral approach)은 인간 중심의 인간관계론적 접근 방법이다. 행태적 접근 방법은 인간 행태의 변혁이 조직구조의 변화를 초래하고 새로운 관리기법을 적용 가능하게 한다는 데 근거를 두고 있다. 즉, 행태적 접근 방법은 경찰혁신의 초점을 경찰공무원에 둔다. 따라서 경찰공무원을 경찰조직의 중요 의사결정에 참여시킴으로써 구성원으로 하여금 경찰 목표를 더욱 절실히 이해하게 하며,

감수성훈련, 태도조사 등 여러 가지 조직 발전 기법과 목표관리를 활용함으로써 경찰공무원들의 자율적인 행태 변화를 유도하고 그 결과로 경찰개혁을 도모하려는 접근 방법이다(이종수 외, 2012: 672).

(5) 문화론적 접근 방법

문화론적 접근 방법(cultural approach)은 경찰의 조직문화를 개혁함으로써 경찰행정 체제의 좀 더 근본적인 장기적인 개혁을 성취하려는 접근 방법이다. 문화개혁은 의식적·계획적인 개입에 의해 바람직한 경찰문화의 변동을 달성하려는 것이다. 많은 사람이 경찰 체제의 근본적이고 심층적인 혁신과 혁신의 성공적인 정착에 관심을 갖게 되면서부터 문화론적 접근 방법이 각광을 받게 되었다.

(6) 통합적 접근 방법

통합적 접근 방법(integrated approach)은 개방 체제 관념에 입각해 경찰혁신 대상의 구성 요소들을 좀 더 포괄적으로 관찰하고 여러 가지 분화된 접근 방법을 통합해 해결 방안을 탐색하려는 것이다. 현대의 행정개혁 연구자들은 통합적 접근 방법의 모형을 개발하려고 노력한다. 그러나 통합적 접근 방법은 개혁 추진자들의 실천적 작업에 많은 부담을 주어 이 방법의 사용빈도가 낮은 편이다.

2) 경찰혁신의 과정

경찰혁신은 관념적으로 구별할 수 있는 일련의 단계들을 내포하는 행동 과정을 통해 이루어진다. 경찰혁신 과정에 내포된 단계들과 그들 사이의 연관적 작용 관계를 보편적으로 규정할 수는 없다. 다만, 경찰혁신은 다양한 상황의 산물이므로 혁신이 이루어지는 상황과 접근 방법에 따라 개혁 과정의 구체적인 단계와 행동 수단들은 서로 달라질 수 있다. 혁신 과정의 기본적인 활동 단계들에 대해는 다양한 의견이 있으나 기본적으로 인지 단계, 입안 단계, 시행 단계, 평가 단계로 구분하고자 한다.[4]

---

4) 행정개혁의 기본적인 과정의 단계를 원용하여 경찰행정의 혁신 단계로 사용했다(오석홍, 2005: 936-939).

(1) 인지 단계

인지 단계는 실적이 기대 수준에 미치지 못해 개혁이 필요하다는 것에 합의를 형성하는 단계이다. 인지 단계의 중요 과제는 ① 실적이 기대 수준 이하라는 것을 지각하는 것, ② 관련자들의 지각 차이를 조정해 합의를 이루는 것, 그리고 ③ 지각되고 합의된 차질의 문제를 개혁이 필요한 문제로 확인하는 것이다.

경찰행정은 조직의 현상유지적 성향 때문에 행정이 침체되고 쇠락하는 것을 막으려면 혁신 필요의 인지를 촉진하기 위해 의식적인 노력을 해야 한다. 그러한 노력의 일환으로 경찰관리자들에게 혁신의 역할을 공식적으로 부여하는 것(혁신기획단), 연구개발의 인지를 촉진하는 것, 정기적인 조직진단을 실시하는 것, 제안제도·고충처리제도를 설치·운영하는 것 등 혁신필요의 인지기능을 제도화하기도 한다.

(2) 입안 단계

입안 단계에서는 기준과 실적 사이의 괴리를 해소할 수 있는 대안을 탐색해 채택한다. 즉, 혁신의 목표 체계와 혁신의 실천내용 및 전략을 결정해 혁신 실행의 계획을 수립한다. 입안 단계에서는 미래에 대한 행동계획이기 때문에 미래의 불확실성을 극복하고 혁신에 수반되는 위험을 최소화하기 위해 노력해야 한다. 경찰공무원의 혁신 수용에 관한 문제는 혁신의 목표와 내용을 결정할 때부터 고려해야 한다. 혁신의 입안 단계에서는 혁신 추구의 동기유발, 장애제거, 그리고 혁신의 시행과 정착화에 방해가 될 저항의 극복 등에 관한 전략과 방법을 결정해 두어야 한다.

(3) 시행 단계

시행 단계에서는 입안된 혁신사업을 실천에 옮기고 혁신을 정착시킨다. 입안된 혁신사업을 현실화하는 단계에서는 먼저 혁신 실현의 행동 주체를 선정 또는 조직하고 필요한 지지와 인적·물적 자원을 동원해야 한다. 또한 혁신으로 영향을 받게 될 사람들의 태도를 혁신에 유리하게 형성하고 혁신에 대한 저항을 극복하는 것도 시행 단계의 중요한 과제이다. 시행단계에서 봉착하게 되는 장애, 저항, 혁신 추진자의 역량부족 등 제약 요인들을 극복해야 한다. 그러한 제약 요인들은 혁신의 모든 과정에 걸쳐 문제가 되는 것이지만 시행 단계에서는 그 영향이 더욱 직접적이고 강력한 것일 수 있다.

(4) 평가 단계

평가 단계에서는 경찰혁신의 진행 상황과 성과 등을 분석 · 평가하여 그 결과를 혁신 과정의 적절한 단계에 환류시키거나 새로운 혁신 과정을 촉발하는 정보를 제공한다. 평가 작업은 혁신이 당초의 처방대로 실현되었는가를 확인해 보는 목적도 지닌 것이지만 평가의 궁극적인 목적은 평가의 결과를 환류시킴으로써 경찰혁신 활동을 촉진 또는 개선하려는 것이다.

제 3 절 경찰혁신의 성공전략

1. 경찰혁신의 장애 요인

경찰혁신의 장애란 성공적인 혁신의 결과를 가져오지 못한다는 뜻이다. 장애의 요인으로 혁신 과정의 인지, 입안, 집행, 평가 단계별 이행이 적절하게 이루어지지 않는 것을 포함한다. 혁신의 불이행과 그릇된 이행뿐만 아니라 부작용을 수반하는 과잉적 이행까지도 장애 요인에 포함된다.

혁신의 주요 장애 요인으로 경찰혁신의 정책결정적 결함, 혁신 여건의 미성숙, 혁신에 대한 저항, 개혁 추진자의 역량 부족 등을 들 수 있는데, 실제로 이들 요인은 상호작용적이며 부분적으로 중첩적인 관계에 있다.

1) 혁신의 정책결정적 결함

혁신정책을 결정하는 과정은 혁신의 목표 상태 설정에, 그리고 나아가 혁신의 성공 여부에 직접적인 영향을 미친다. 정책결정 과정의 결함으로 인해 경찰행정 체제의 생존과 발전을 현실적으로 제약하는 요인들을 적절히 고려하지 못한 채 개혁 목표를 설정하면 계획 수립과 계획집행의 괴리로 인해 혁신이 성공하지 못할 개연성이 높다.

첫째, 혁신정책 결정 과정의 문제로서 ① 경찰관료가 아닌 정부관료제에 의한 혁신 주도(예: 자치경찰제 도입), ② 집권화의 폐단(인간주의적 · 고객중심주의적 봉사 곤란), ③ 형식주의와 비밀주의(저항으로 혁신 상황 악화), ④ 참여자들의 이기주의와 낮은 신망, 능력 부족 등을 들 수 있다.

둘째, 혁신정책 자체의 문제로서 ① 기대에 미치지 못하는 혁신안, ② 불필요한 혁신안, ③ 경솔한 혁신안, ④ 실천가능성 없는 혁신안, ⑤ 과시주의적 혁신안, ⑥ 편파적 혁신안, ⑦ 모호한 혁신안 등을 들 수 있다.

2) 혁신 여건의 미성숙

혁신을 추진하기 위하여 내 · 외적인 환경은 물론 인적, 물적, 기술적 요인들이 뒷받침되어야 한다. 이러한 요인들이 부족하거나 미성숙 상태에 있으면 혁신의 장애를 가져올 수 있다. ① 사회적으로 격동과 혼란의 존재, ② 경제적 · 인적 · 기술 및 정보에 대한 자원 부족, ③ 법령 · 관행의 제약, ④ 과다한 개혁 수요로 인해 개혁 추진체제에 과부하, ⑤ 기존 상태에 투입된 매몰비용, ⑥ 외적 통제의 결함, ⑦ 정부관료제의 보수성, ⑧ 혁신 관련자들 사이의 의사 전달의 장애 등을 들 수 있다.

3) 혁신에 대한 저항

경찰혁신은 인위적으로 어떤 현상을 타파하고 새로운 상태를 조성하려고 하는 것이므로 그 과정에 많은 저항이 수반되며, 때로는 강력한 저항으로 인해 혁신이 좌절되는 경우도 있다. 혁신에 대한 저항의 원인으로는 ① 혁신으로 인한 기득권의 침해, ② 관료조직의 특성인 현상 유지적 · 보수적인 경향으로 변화하지 않으려는 타성에 인한 저항, ③ 구성원의 신분에 대한 불안감을 주는 혁신 내용의 불확실성, ④ 혁신으로 영향을 받는 고객집단의 저항 등을 들 수 있다.

4) 혁신 추진자의 역량 부족

경찰혁신을 이끌어갈 추진자의 역량 부족이 혁신의 성공에 장애 요인이 될 수 있다. 혁신 추진자들의 혁신 과제에 관한 전문지식과 혁신을 추진해 나갈 수 있는 능력, 혁신에 대한 확고한 의지, 성실성과 정직성을 포괄하는 윤리적으로 조직의 높은 신망은 갖는 등의 혁신 추진자의 역량은 혁신을 성공적으로 이끌어 가는 데 기본적인 요소이다. 이러한 혁신 추진자에 대한 역량이 부족하다면 혁신의 가장 큰 장애가 될 수 있다. 또한 혁신 추진자들이 혁신의 대상이거나 혁신 대상의 이익을 대변하는 자라면 더욱 혁신을 어렵게 할 것이다.

2. 경찰혁신의 성공전략

1) 혁신 방향의 정립

국민의 생명과 재산을 보호하고, 범죄의 예방과 공공의 안녕과 질서를 유지하는 경찰의 주요 업무가 국민들과 가장 가까이 있다는 점에서 국민의 치안만족도를 높여 나가는 방향으로 지속적인 경찰혁신이 이루어져야 한다. 이러한 혁신 방향의 대전제를 가지고 혁신의 구체적인 방향을 제시하면 다음과 같다.

첫째, 국민을 위한 경찰혁신이 되어야 한다.

국민을 위한 경찰혁신을 추구해 나가려면 경찰행정은 치안 수요에 대한 민감성을 높이고 국민이 고객이라는 점에서 고객의 선택과 선호를 존중하도록 해야 한다. 이를 위해서는 고객에 대한 의존도를 높이는 방안, 고객에 대한 봉사를 직접적으로 촉진할 유인을 도입하는 방안, 고객 입증 책임주의를 행정기관 입증책임주의로 전환하는 방안, 약자의 편에 서서 책임지고 능동적으로 임무를 수행할 수 있게 하는 방안 등을 발전시켜 나가야 할 것이다.

둘째, 민주화 · 인간화를 위한 경찰혁신이 되어야 한다.

경찰혁신은 민주주의의 발전과 경찰행정의 인간화 방향으로 추진되어야 한다. 참여적 민주주주의의 발전은 자치경찰적인 치안 서비스를 요구한다. 또한 경찰행정 체제의 민주적인 대내적 관리 능력을 향상시키고 국민 중심적 치안 서비스를 가능하게 해야 한다. 경찰민주화를 위해서는 공개와 참여를 촉진하고 시민통제 등 민주적 통제를 강화해야 한다.

또한 경찰혁신은 인간주의에 바탕을 두어야 한다. 경찰혁신은 조직구성원의 인간적 존엄성을 옹호하고 창의성을 개발하는 역할을 맡아야 하며, 개인의 가치와 창의력을 경찰혁신의 원동력으로 삼아야 한다.

셋째, 성과주의를 지향하는 경찰혁신이 되어야 한다.

경찰혁신은 경찰행정 체제 전반의 성과주의를 강화하는 방향으로 추진되어야 한다. 경찰행정 활동은 산출과 성과를 중요시하는 관리 체제로 발전시켜야 하며, 경찰업무의 질을 높일 수 있도록 성과 기준의 적용을 강화해야 한다.

넷째, 깨끗한 경찰을 지향하는 경찰혁신이 되어야 한다.

경찰 업무 자체가 부정부패에 관련될 개연성이 높은 만큼 경찰공무원들의 윤리성을 제고하는 방향으로 경찰혁신이 추진되어야 한다. 경찰혁신은 깨끗한 경찰상 내지는 조직 이미지를 창출할 수 있는 방향으로 지속적으로 전개해 나가야 한다. 부패 없는 경찰행정을 실현하는 것은 경찰행정의 정당성과 신뢰성을 확립하고 경찰행정 발전을 추구하는 데 가장 기초적인 필요조건이다.

다섯째, 경찰행정에 기술성을 제고하는 경찰혁신이 되어야 한다.

경찰 서비스를 좀 더 효과적으로 전달하기 위해서는 경찰장비의 개발과 성능을 향상시키는 기술력을 높이는 방향으로 경찰혁신이 추진되어야 한다. 과학적인 경찰행정, 즉 수사, 교통, 정보, 보안 등에 객관성을 높이고 가치중립적인 성과를 담보하기 위해서는 장비 및 업무의 기술적인 측면의 혁신이 무엇보다 중요하다.

여섯째, 지방화에 대응하는 경찰혁신이 되어야 한다.

높아지는 치안 서비스에 대한 주민의 욕구에 대하여 신속히 대응하고 반응할 수 있는 방향으로 경찰혁신이 추진되어야 한다. 이러한 점에서 경찰 서비스의 지방화는 경찰행정의 인간화, 고객중심주의, 맞춤형 치안 서비스, 인간적 정보화, 참여적 문제해결 등의 요청에 부응하는 것이다. 국가경찰 제도의 많은 장점에도 불구하고 자치경찰제가 끊임없이 제기되고 있는 근본적인 이유라고 할 수 있다.

일곱째, 세계화에 대응하는 경찰혁신이 되어야 한다.

세계가 하나의 지구촌이라고 할 수 있는 국제환경은 테러나 마약 등 국제범죄가 급속히 증가하게 했고, 이에 효과적으로 대처할 수 있는 방향으로 경찰혁신은 추진되어야 한다. 국제 범죄에 공동 대처할 수 있는 국제적 치안 협력 관계를 넓혀야 하고, 세계화에 대응할 수 있는 경찰행정 관리의 능력을 높여 나가는 것이 중요하다고 하겠다.

2) 경찰혁신의 성공전략

경찰혁신의 성공전략은 경찰혁신의 장애 요인을 제거해 혁신에 대한 성공률을 높여 나가는 것이 가장 합리적이라고 할 수 있다. 그러나 혁신의 장애 요인은 매우 다양하고 복잡하기 때문에 여기서는 위에서 언급한 네 가지 장애 요인을 중심으로 혁신의 성공전략을 제시해 보고자 한다.

첫째, 혁신정책의 결함을 최소화해야 한다. 혁신정책의 과정에서 나타날 수 있는 장애 요인들을 검토하고 장애 요인을 제거하기 위한 노력을 경주해야 한다. 그러기 위해서는 정책결정 과정의 투명성과 공개성을 높이고, 거버넌스적인 광범한 참여를 통해 의견 수렴을 하고 졸속적인 정책결정이 되지 않도록 노력해야 할 것이다.

구체적인 방법으로는 경찰혁신에 대한 관념적 명료화를 통해 구성원에게 분명한 의사 전달이 되도록 해야 하고, 혁신의 여러 요인들의 상호연관성을 감안한 접근 방법의 조화를 이루어 나가야 할 것이며, 정책 자체가 과시적이거나, 낭비적이거나, 전시적인 형식주의를 배제하고 무결점적인 정책을 지향하도록 해야 할 것이다.

둘째, 혁신 여건의 미성숙 요인을 제거하고 혁신 여건을 높여 나가야 한다. 경찰혁신을 이끌어갈 추진 체제의 역량이 탁월해야 혁신을 성공시킬 수 있다. 혁신 추진 체제는 정치적 · 행정적 리더십의 지속적인 관심과 지지를 받아야 하며, 협동성을 획기적으로 증진시켜야 한다. 또한 혁신을 추진하기 위해 대내 · 외적인 환경이 성숙되도록 자원 동원 능력을 향상시켜야 할 것이다.

셋째, 혁신에 대한 저항을 미리 예측해 최소화하도록 극복 대책을 세워야 한다. 혁신 추진자의 조정 능력은 높이고 혁신에 저항을 느끼는 사람들에게 심리적 지원을 통해 자발적 협력과 개혁의 수용을 유도하는 저항 극복의 고급의 전략을 구사해야 한다. 혁신 과정에서의 공개와 참여는 심각한 저항을 극복하는 데 필요한 전제 조건이라 할 수 있다.

넷째, 혁신 추진자의 역량을 높여야 한다. 혁신 과제에 관한 전문지식과 혁신을 추진해 나갈 수 있는 능력, 혁신에 대한 확고한 의지, 성실성과 정직성을 포괄하는 윤리적으로 조직의 높은 신망이 있는 혁신 추진자를 우선적으로 임명하는 것이 중요하다. 또한 혁신 추진자들의 역량 강화를 위하여 혁신 추진 체제의 과부하 상태를 개선하고 혁신 대상에 영향을 받지 않도록 하는 제반 조치가 필요하다.

CHAPTER

12 경찰 거버넌스

제 1 절 경찰 거버넌스의 의의

1. 경찰 거버넌스의 필요성

1990년대 이후 국가 경영의 틀이 무기력화되는 정부실패로 접어들면서 거버넌스(governance)[1)]에 관한 이론적 실천적 대안에 대하여 관심이 높아져 왔다. 즉, 국가와 시장 모두가 다양하고 복잡한 정치 · 경제 · 사회적 문제를 다루는 데 실패함으로써, 그 대안으로 거버넌스가 시장과 국가의 중간에 해당하는 제3의 길을 선택해 시장실패와 국가실패 모두를 극복하는 새로운 방식으로 인식되고 있다(Jessop, 2000). 거버넌스가 국정 운영의 패러다임화하는 추세에 따라 우리 정부에서도 다양한 분야에서 이에 대한 관심을 가지고 도입을 추진하거나 존재 자체로만 의의가 있던 민관 협력 조직들에 실질적인 역할을 부여하는 움직임을 보이고 있다.

국정 운영 방식에 대한 이러한 변화는 경찰 부문도 예외가 될 수 없다. 우리 경찰은 해방 이후 줄곧 남북 대치 상황이라는 특수한 여건으로 인해 국가경찰 체제를 유지해[2)] 오고 있어 주민 중심의 참여적 경찰조직 운영에 한계를 가지고 있다는 점에서

1) 거버넌스(governance)는 학자에 따라 협치(協治), 공치(共治), 국정관리, 국가경영 등으로 해석되고 있으나 용어 사용의 혼란을 막기 위해 여기서는 거버넌스로 사용하기로 한다.
2) 제주도에는 2006년 7월 1일부터 제주특별자치도가 출범하면서 자치경찰이 제도화되어 활동하고 있기는 하나 전국적인 경찰 체제는 여전히 국가경찰 체제를 유지하고 있다는 점을 의미한다.

자치경찰 체제로의 개혁이 지속적으로 논의되고 있다.

사실 자치경찰 체제로의 개혁이 성공적으로 이루어진다고 하더라도 급속한 치안 환경의 변화에 따른 주민 참여의 시대적인 요구 등을 비롯한 국가경찰 체제의 단점을 완전히 보완하는 것을 담보로 할 수 없다는 점과, 그동안 지역사회 경찰활동이 경찰조직의 치안활동의 참여적 패러다임으로 자리 잡아가고 있으나 경찰조직 중심의 지역사회 경찰활동이 그 역할 면에서 한계와 모순의 발생가능성이 있을 수 있다는 점(양문승, 2005: 109-110)과, 전통적으로 인식되어 온 범죄의 예방과 통제의 경찰기능에서 다양한 경비 수요에 따른 민간경비의 역할이 점차 증가하는 상황이라는 점에서(최선우, 2002: 13), 경찰조직의 운영에서도 새로운 방식의 도입이 필요하다고 할 것이다.

2. 경찰 거버넌스의 개념

1) 경찰 거버넌스의 개념

전통적인 행정 개념과 달리 거버넌스는 1970년대에 새로운 관리 체제의 필요성의 대두로 태동하게 되었고, 1980년대의 국제사회의 관심 증대와 국가 차원의 사회 통합의 필요성을 배경으로 발전하게 되었다. 1990년대에 와서는 이에 대한 논의가 발전·심화되면서 선진국은 물론 후진 국가들에게도 국제기구의 권고 하에 이론적으로나 정책적인 차원에서 본격적으로 전개되었다.[3]

처음 거버넌스의 개념이 생겨났을 때에는 지역사회의 문제를 효과적으로 해결하기 위한 메커니즘이었으나, 지난 수십 년 동안, 거버넌스의 모형은 점점 중앙정부 차원으로 적용되었고, 이는 또한 초국가적인 문제들, 글로벌 거버넌스 수준으로 확장되었다.

거버넌스는 많은 분야에서 분석 수준과 단위, 대상, 이슈, 주체 및 내용 등에 따라 다양하게 사용된다.[4] 아직까지 거버넌스의 개념 정의와 차원성에 대한 합의가 결여

3) 거버넌스의 개념과 특성, 거버넌스 이론의 분석모형은 거버넌스에 대한 이해를 돕기 위해 발표한 본 연구자의 연구자료를 원용했다(이영남, 2007: 6).

4) 분석 수준과 차원에 따라 국가 간 협력과 관련된 국제적 거버넌스(global governance), 인접 국

되어 있어 그 개념 정의가 다양하나, 크게 협의적 개념과 광의적 개념으로 구분해 정의할 수 있다(배득종 외, 2006: 330－331).

첫째, 협의의 거버넌스는 오래전부터 국가나 시장 메커니즘과는 달리 존재해 왔던 조정 양식의 원형으로 파악해, 시민사회 중심적인 접근을 하고 있다. 이러한 협의적 정의에서는 거버넌스를 복합조직 또는 네트워크로 부르면서 공식적인 권위가 없어도 다양한 행위자들의 자율적 상호 의존성에 기반을 둔 협력하는 제도 또는 조정 형태를 의미한다. 이러한 기반에서 거버넌스는 사회적 인공지능 체제나 자생적 네트워크를 구축할 수 있다고 본다(Kooiman & Van Vliet, 1993: 64).

둘째, 광의의 거버넌스는 정부 중심의 공공조직과 민간조직의 경계가 무너지면서 나타난 새로운 상호 협력적 조정 양식을 의미한다. 이는 협의적 개념에서 포함되지 않던 국가와 시장을 시민사회와의 파트너십을 통한 새로운 협력형태를 의미하며, 그 내용과 성격에 따라 최소국가론, 좋은 거버넌스, 그리고 신공공관리론 등을 포함한다(Rhodes, 2000).

경찰 거버넌스는 협의의 거버넌스의 개념에 기초해 경찰 서비스를 전달하는 주체로서 경찰조직의 공식적 권위에 기반을 두면서 치안 문제라는 공유된 목표에 근거해 치안과 관련된 비공식적 및 비정부적인 조직과 공동으로 치안 서비스를 창출하려는 제반 활동을 의미한다고 하겠다. 이 개념은 경찰조직이 치안 서비스 생산에서 거버넌스 개념을 도입하는 과정적인 면에서 점진적인 시간적 차원을 반영한 개념으로서 시대가 변하면 경찰 거버넌스의 개념과 범위도 달라질 수 있다.

2) 경찰 거버넌스의 특성

거버넌스는 다양한 특성을 갖고 있는데, 예를 들면, 참여, 책임성, 투명성, 대응성,

가 간 지역공동체를 중심으로 한 지역적 거버넌스(regional governance), 국가 내부의 국정 운영과 관련된 국가적 거버넌스(national governance), 시민 참여와 지역 발전과 관련된 지방 거버넌스(local governance) 등으로, 대상과 이슈에 따라 그린 거버넌스(green governance), 테크노 거버넌스(techno governance), 인터넷 거버넌스(internet governance), 디지털 거버넌스(digital governance), 사이버 거버넌스(syber governance), NGO 거버넌스(NGO governance) 등으로 주체에 따라 국가 중심 거버넌스, 시장 중심 거버넌스, 시민 중심 거버넌스 등으로, 내용에 따라 기업적 거버넌스(corporate governance), 좋은 거버넌스(good governance), 네트워크 거버넌스(network governance)로 구분하기도 한다.

효율성과 효과성, 의견 일치 정향, 공평성과 포괄성, 반응성, 법에 의한 집행 등이 이에 포함될 수 있다. 이러한 거버넌스의 특성은 부패를 최소화해 주고 사회에서 소외되기 쉬운 소수집단의 의견이 의사 결정에 포함되는 것을 보장해 준다(문신용, 2006: 15–18). 거버넌스의 특성을 간략히 설명하면 다음과 같다(Sardi & Mikota, 2002).

① 참여(participation): 참여는 직접적인 참여와 법률에 기반을 둔 중개적인 기관, 대표들을 통한 간접적인 방식도 가능하다.

② 투명성(transparency): 결정된 정책들과 집행 시에 적절한 규칙과 규정에 따라서 행해져야 한다는 것을 의미한다. 또한 충분한 정보의 제공과 자유스러운 이용이 보장되어야 하며, 정보 접근은 쉽게 이해할 수 있는 형식과 미디어를 통해 이루어져야 한다.

③ 효율성과 효과성(efficiency and effectiveness): 올바른 거버넌스는 "절차와 조직이 사회의 욕구에 충족되는 결과를 사용 가능한 자원으로 최고의 결과를 생산한다"라는 것을 의미한다.

④ 반응성(responsiveness): 올바른 거버넌스는 조직과 절차가 모든 결정자들에게 합리적인 시간 범위 안에서 이루어져야 한다는 것을 요구한다.

⑤ 책임성(accountability): 책임성은 올바른 거버넌스의 중요한 사항이다. 정부조직뿐만 아니라 민간 영역, 시민사회 조직은 시민들과 이해관계자에게도 반드시 책임을 다해야 한다. 일반적으로 하나의 조직과 기관은 그들의 결정과 실행으로 영향을 받게 될 집단에 책임을 져야 한다.

⑥ 의견 일치 정향(consensus–oriented): 올바른 거버넌스는 사회 안에 서로 다른 이해관계의 중재가 필요하고, 전체 사회에 가장 큰 이익을 가져다 줄 수 있는 방법이 무엇이며, 어떻게 합의가 이루어질 수 있는지에 대한 고려가 요구된다.

⑦ 공평성과 포괄성(equity and inclusiveness): 사회의 복지는 모든 구성원이 소외감 없이 공평하게 배분되어야 하며, 특히 사회적 약자들에게 향상될 수 있는 기회를 주고, 복지 수준을 유지해 줄 수 있어야 한다.

⑧ 법에 의한 집행(rule of law): 올바른 거버넌스는 공정한 법적 테두리 안에서 인권의 보장과 법률의 공정한 집행을 위해 독립적인 사법부와 공정한 법을 집행하고 부패하지 않은 경찰권이 확보되어야 한다.

제 2 절 거버넌스 이론의 분석모형

거버넌스의 이론모형에 대해 로드스(R. A. W. Rhodes)는 최소국가론, 기업적 거버넌스, 신공공관리론, 좋은 거버넌스, 사회적 인공지능 체제, 자기 조직적 네트워크 등 여섯 가지로 구분하고 있으며, 오스본과 게블러(D. Osborne & T. Gaebler)는 기업가적 정부 거버넌스로, 피터스(B. G. Peters)는 시장모형, 참여모형, 신축모형 및 탈규제모형 등 네 가지로 유형화하고 있다.

이와 같이 거버넌스의 이론은 접근 시각에 따라 다양하지만 활동 주체가 무엇인가에 따라 국가 중심적 가버넌스, 시장 중심적 거버넌스, 시민사회 중심적 거버넌스로 구분할 수 있다(배득종 외, 2006: 334−344).

1. 거버넌스의 활동 주체

능동적 사회를 구축하는 데에는 국가와 시장의 역할만으로는 한계가 있다. 좋은 거버넌스(good governance)에는 국가(state), 시민사회(civil society), 그리고 민간부문(private sector)의 세 개념이 병렬적으로 중첩하여 있다. 이들 세 주체는 인간개발을 지탱해 나가는 중요한 요소들이다(김용철 외, 2006: 16−19).

1) 국가와 정부

국가는 인간 발전을 위해 기여할 만한 정치적 및 법적 환경을 조성하면서 정의, 형평성 및 평화의 기초를 제공해 주는 공공 부문의 활동 영역이며, 정부의 행정 서비스 공급 주체이기도 하다. 전통적으로 관료제 조직으로 구성되어 공급자 중심의 조직구조를 형성해 왔으나, 오늘날의 정부는 이제 서비스의 주체로 바뀌어 가고 있다.

2) 민간 부문과 시장

민간 부문은 정부의 활동인 공공 부문을 제외한 영역으로서 경제활동과 집단활동을 통해 사적 욕구를 충족시켜 주는 시장(市場) 활동 영역이다. 일반적으로 자유 시장경쟁 체제에서 민간 부문은 자본주의 논리 위에서 직접적인 생산과 소득을 통해 인간자원 개발에 기여한다. 그뿐만 아니라 민간 이양, 민영화, 관민 파트너십 등을 통해 정부와의 공동 및 협조 체제 하에서 자신들의 영역을 구축·확대해 나간다.

3) 시민사회와 시민

시민사회는 현대 국가와 자본주의 경제의 국면에서 사회적 자율성에 대한 가치와 관심을 대표해 주는 사회·정치적 조직을 구성한다. 이러한 자율성을 기반으로, 시민사회는 국가 권력에 의해 완전히 지배당하지 않고 자본주의 체계에 단순히 반응하지 않는 독자적인 사회적 영역으로서 공동체, 운동, 조직 등의 중간집단들(intermediate associations)로 구성된다.

특히, 시민사회는 의미와 가치, 그리고 규범이 만들어지는 공간으로서 전략적 사고가 지배하는 시장과 국가의 영역에 대해 규범적 우월성을 갖는다. 시민사회는 폐쇄적인 관료적 명령이나 사적 이익을 추구하는 시장 영역과 구분되는 공공 영역(public sphere)으로서, 그곳에서 민주적 토론과 의사 결정이 이루어진다. 결국 시민사회의 성숙으로 공공 서비스 관리와 정책 결정 과정에서 시민의 참여 기회가 높아지게 된다.

2. 거버넌스의 모형

1) 국가 중심적 거버넌스

국가 중심적 거버넌스는 기본적으로 국가가 시장과 시민사회를 주도적으로 관리하는 입장을 지닌다. 전통적인 국가 중심적인 통치에 비해서는 국가가 시장이나 시민사회와의 관계에서 더 민주적이고 더 경쟁적인 성격을 지닌다. 통치 방식 면에서도 수평적 네트워크나 파트너십을 강조하고, 새로운 통치 형태로서 기업가 정신을 도입해 기업가적 정부를 만들거나 민간 부문에서 개발된 효율적인 관리기법들을 도입해 정부조직의 유연화를 추구한다.

국가 중심적 거버넌스의 이론모형으로는 신공공관리론, 기업가적 정부(Osborne & Gaebler, 1992), 좋은 거버넌스(Rhodes, 1996), 신축적 정부모형(Peters, 1988), 탈규제적 정부모형이 여기에 속한다.

2) 시장 중심적 거버넌스

세계화와 더불어 세계 자본주의 체제의 구조화와 질적인 심화 현상이 전 세계적으로 나타나면서 시장 중심적 거버넌스 경향이 신자유주의의 강화와 함께 나타나고 있다. 지배 원리는 경쟁 원리와 고객주의를 근간으로 하는 시장주의를 지향한다.

시장 중심적 거버넌스의 이론모형으로는 정부 관료제의 비효율성과 시장의 효율성을 전제로 하고 관료제의 독점을 문제의 핵심으로 강조하는 시장적 정부모형과 국가의 공공개입의 범위와 형태를 최소화하는 방향으로 재정의하고 공공 서비스의 공급에서 축소된 부분을 시장과 준시장의 활용으로 보완하고자 하는 최소국가론이 여기에 속한다.

3) 시민사회 중심적 거버넌스

기존의 간접 민주주의의 체제 하에서 정당과 국회를 통한 다양한 이익의 통합과 조정이 효과적으로 이루어지지 못한다는 대의민주주의의 한계를 보완하기 위해 등장한 것이 시민사회 중심적 거버넌스이다. 간접민주주의 체제, 즉 대리인 체제의 실패를 극복하는 과정에서 시민사회의 역할이 증대하고 그 대표적인 제도인 NGO의 중요성이 부각되었다.

시민사회 중심적 거버넌스의 지배 원리는 참여주의와 공동체주의이다. 참여주의는 내부적으로 분권화를 가져오게 하며, 외부적으로는 정책 결정이나 집행 과정에 정책 대상 집단이나 시민들을 참여시켜 바람직한 결과를 도출한다는 것이다. 공동체주의는 응집성 있는 공동체를 다시 구축하고 공동 문제를 구성원들이 직접 참여해 해결하는 것을 말한다. 즉, 공적 문제를 스스로 해결하게 되면, 관료조직이 그만큼 감소되고, 정치나 관료조직에 의한 부패를 감시할 수 있다는 것이다. 나아가 사회적 약자들이 따뜻한 인정을 느끼며 살아갈 수 있도록 남을 돕는 사회로 인간 소외 문제를 해결할 수 있다는 것이다.

제 3 절 한국적 경찰 거버넌스의 정립

1. 한국적 경찰 거버넌스의 이해

우리는 대개 경찰 제도의 발전 유형을 영미식 자치경찰 제도와 대륙계 국가경찰 제도로 구분한다. 영미식이 개인의 생명과 재산 보호 등 사회의 안녕 유지에 경찰 기능을 국한하는 형태라면, 대륙식은 국가 시책의 추진까지도 경찰활동에 포함시키는 광의의 접근을 하고 있다는 특징을 갖는다.

과거의 경찰국가적 경찰 개념은 국민복지 문제까지 내무행정에 포함시켰는 바, 실제로 대륙계 경찰 영역은 폭이 매우 넓은 것이 사실이며, 이 때문에 각종 제도적 보완 장치를 활용해 경찰권의 남용을 방지하려고 노력해 왔다. 한마디로 합법성과 능률성을 강조하는 것이 대륙법계 경찰 제도라면, 영·미법계에서는 민주성이나 자율성을 좀 더 중시하는 제도라고 이해할 수 있다. 근본적으로 국가경찰 제도와 자치경찰 제도를 분류하는 근간이 여기서 나오고 있다.

자치경찰이든 국가경찰이든 간에 양 제도 모두 장·단점을 가지고 있고, 어떤 국가도 순수한 형태의 일개 모형만 고집하지 않는 것이 현실이고 보면 오늘날에 와서는 양대 모형의 장점들을 통합한 새로운 절충모형들이 제시되고 있다.

사회 안전을 책임지는 경찰의 역할과 구조를 어떻게 설정할 것인가 하는 것은 국가 운영 철학에 바탕을 둔 제도 선택의 문제라고 할 수 있다. 이때 중요한 것은 어떤 운영 제도를 선택하건 자유민주주의 국가 이념에 따라 민주경찰로서 시민의 절대적인 지지를 받아 업무를 수행할 수 있는 제도라야 가장 바람직하다는 사실이다(심익섭, 2004).

결국 경찰혁신이건 경찰 제도 개혁이건 간에 근본적으로 왜 변화되어야 하는가에 대한 철학이 전제되어야 한다. 철학이 전제된 경찰조직의 개혁은 개혁원칙론에 입각하여 접근하는 것이 가장 타당하다고 할 수 있다. 그러면 경찰 제도 개혁의 원칙이란 무엇을 말하는 것인가? 개혁이란 첫째로 현재 사용하고 있는 제도가 어떤 문제점을 내포하고 있고, 그 문제는 사회적으로 시민의 안전과 안녕에 손상을 미칠 수 있을 때이며, 둘째로 현재는 문제가 없다 하더라도 앞으로 수년 내에 사회 환경의 변화에 따라 발생될 수 있는 문제가 예견될 때이며, 셋째로 현재의 경찰 제도가 현재나 가까운 미래에 어떤 문제도 발생할 가능성이 없다 하더라도 개혁으로 인해 신제도가 가져다 줄 이념적 공감대가 넓고, 국민 편익을 더 증대시켜 줄 수 있다는 분석이 가능할 때 변화를 추진할 수 있을 것이다(이영남, 2005b: 35－37).

경찰 제도의 혁신을 위해 70년 이상 시행해 온 국가경찰 제도를 개혁해야 할 시점에 와 있다는 사실은 누구도 부인할 수 없는 시대적 요구 사항이다. 다만, 지금 현재의 국가경찰 제도 하에 경찰조직 운영를 어떻게, 어떤 방향으로, 어느 정도의 수준에서 변화할 것인가에 대해 결정을 해야 하는 문제가 중요하다. 결국 이것은 한국적 경찰 거버넌스 모형의 시발점이 어디서 시작되어야 할 것인가를 의미한다.

지방분권화와 지방자치 경향에 편승해 졸속으로 교육 자치를 제도화하는 바람에 지금까지도 계속 혼란과 갈등을 보이는 것에서 보듯이, 무조건 바꾸는 것이 아니라 분명한 이념적·현실적 공감대 속에서 경찰혁신이 제도화되어야 한다는 것이다.

즉, 자치경찰 제도를 예를 들면, 지방자치의 완성이라든지, 선진국이나 다른 나라에서 효과적으로 시행되고 있기 때문이라든지, 대통령의 공약이니까 도입해야 한다는 논리나, 단순한 반자치적 명분이나, 견고한 국가경찰의 저항을 깨기가 어렵다는 현실론 때문에 적당히 현 시스템을 그대로 유지한 채 지방경찰을 추가로 어느 한 나라의 제도를 모방하는 식은 한국적 자치경찰 제도 확립에는 도움이 되지 않는다고 하겠다.

따라서 한국적 경찰 거버넌스의 확립은 첫째로 우리나라의 치안상 전통과 문화의 속성을 이해하는 데서부터 출발해야 한다. 유럽은 유럽의 문화와 전통 속에서 그들만의 치안 시스템을 개발·발전시켰고, 영미는 영미의 전통과 문화 속에서 영미식 치안 시스템을 개발·발전시켜 왔기 때문이다.

둘째로 경찰 거버넌스 모형과 관련해서는 한국적 현실을 감안할 때 경찰의 민주성과 합법성, 봉사성과 능률성, 전문성 등을 동시에 지향할 수 있는 모델이 되어야 한다. 즉, 민주성의 제고란 단지 정치적으로 다수결로 선출하는 것과, 거기에 참여하는 제도만으로 민주성이 확보되었다고 보지는 않는다. 조직의 대내적인 면에서 합리적 운용과 대외적인 민주성이 동시에 확보될 때만이 가능하기 때문이다.

셋째로 치안정책이나 치안활동 등 경찰사무를 집행할 때 어느 정도 주민 참여가 보장되느냐의 문제이다. 적어도 한국적 경찰 거버넌스 모형에서는 치안정책의 입안과 수행 과정, 통제 과정 및 책임 확보의 모든 과정에 참여하는 방향으로 나아가야 할 것이다.

넷째로 한국적 경찰 거버넌스의 운영은 중앙 및 지방정부와 경찰조직과 시민의 역할 분담의 총체적인 합은 국가 전체적인 치안 역량을 강화시키는 방향으로 나가야 한다는 점이다.

다섯째로 한국적 경찰 거버넌스는 전술한 바와 같은 경찰 제도의 혁신의 원칙에 의거하여 확립되어야 한다. 따라서 거버넌스적인 운영에서 참여를 통해 보전하고 육성할 것을 찾아 더욱 발전시켜 나가고, 문제점으로 지적되거나 드러난 것은 원인을 찾고 그 원인에 대하여 새롭게 혁신해 나가는 방향이 되어야 할 것이다.

2. 경찰 거버넌스 도입의 준거

경찰 체제가 국가경찰 체제를 유지하든 아니면 자치경찰 체제로 전환이 되든 상관없이 치안 서비스의 고객만족 시스템을 구축하여야 하는 경찰혁신의 시대적 요구와 변화는 경찰 거버넌스 도입을 필요로 한다는 것이다. 경찰 거버넌스 도입의 준거란 저자가 경찰조직의 운영에 새로운 전환점이 필요하다는 근거로서 제시하는 기준을 말한다. 우선적인 도입 준거로서는 국가경찰 체제의 단점과 자치경찰제에의 단점을 보완하는 것에서 시작될 수 있다. 또한 오늘날 경찰활동에서 세계적으로 주목받고 있는 지역사회경찰 제도 또한 많은 장점에도 불구하고 보완점이 있을 수 있다는 점과 민간 경비의 활성화에 따른 경찰의 전통적인 경비 업무의 변화, 거버넌스적 국가 운영이 패러다임화되어 있다는 점에서도 그 준거를 찾을 수 있다(이영남, 2007: 175−181).

1) 국가경찰 제도의 단점 보완

국가경찰 체제는 경찰권이 국가의 중앙정부에 귀속되어 있고, 따라서 국가가 경찰의 주체로서 조직·인사·운영 등에 책임과 권한을 가지고 있다. 일반적으로 국가경찰 제도의 장점으로(신현기·이영남, 2003b: 281-282), ① 경찰은 그 성질상 사회적인 위험을 제거하기 위한 실력 행사로 이해되는 만큼, 강력하고 광범위한 집행력을 가지게 된다. 또한 ② 조직이 전국적이고 통일성을 가진 조직 체제를 유지하고 있기 때문에 광역적인 범죄의 수사에 유리하고, ③ 경찰교육·훈련 등에 필요한 특수시설의 설치 및 활용이 용이하다. ④ 인사행정상 적재적소의 배치와 유능한 경찰관의 승진에 융통성이 있으며, ⑤ 지방정치가의 인사 및 운용에 대한 간섭을 배제할 수 있게 되어, ⑥ 경찰의 기강이 유지되고, 내부 질서가 확립되어 일관된 정책을 수행할 수가 있게 된다.

국가경찰 제도의 이러한 장점에도 불구하고 국가경찰 제도는 많은 단점 또한 가지고 있다. 즉, ① 주민 참여와 시민의 자발적 협조가 취약하며, ② 정권 담당자 및 다른 행정부처의 정치적 의도에 개입될 여지가 많다. 또한 ③ 경찰의 관료화가 조장되어 직무집행 시에 국민에게 위압감을 줄 수 있으며, ④ 경찰조직의 비대화로 인한 비효율성과 획일적 업무수행으로 인한 지역적 특수성에 대한 대응이 결여될 수 있다. ⑤ 경찰관이 지방자치단체 소속 공무원이 아니므로 그 지방의 주민에 대하여 공복(公僕)으로서 책임감이 적을 수 있으며, 불친절한 대응을 할 수도 있다.

우리나라는 현재로서 여러 가지 여건상 국가경찰 체제를 유지한다 하더라도 국정운영에서 국민 참여가 활성화되고 있으며, 참여형 국정 운영의 방향으로 패러다임화되어 가고 있는 현실을 감안한다면 국가경찰 제도의 이러한 단점들을 최대한 개선하는 방향으로 경찰조직의 운영을 개선해 나가야 할 것이다.

2) 자치경찰제의 단점 보완

지방자치경찰 제도란 지방분권의 정치사상에 따라 지방자치단체에 자치권을 인정해 경찰의 설치·운영의 책임을 자치단체에 위임하는 제도이다. 그러므로 경찰의 주체가 국가가 아닌 지방자치단체가 되는 것으로 그 기능은 경찰의 기본업무를 중심으로 하는 소극 행정의 수행을 원칙으로 하고 있다(신현기 · 이영남, 2003b: 283－284).

자치경찰제의 일반적인 장점으로는 ① 각 지역마다 경제 및 문화적 특색이 있고, 범죄 및 교통 등 치안 상황도 다를 수 있기 때문에 지방의 특수성이 반영된 치안 활동을 할 수 있다는 점을 들 수 있다. 또한 ② 경찰관이 지방자치단체 소속의 공무원이므로 치안 유지에 대한 책임감이 강하고, 그 지방에서 생활하기 때문에 공복으로서 주민에 대해 친절하며 무책임한 행동이 적을 수 있다. ③ 지역 상황에 맞는 인선을 할 수 있으며 같은 지역에 오래 근무할 수 있어 그 지역의 특수한 상황에 대처할 수 있는 능력이 향상되고 이는 업무의 효과로 이어질 수 있다는 점이다.

그러나 이러한 장점에도 불구하고 자치경찰 제도는 몇 가지 단점을 가지고 있다. 우선적으로 ① 자치단체별 경찰기관 간의 상호 응원이 곤란하며, ② 재정 능력이 자치단체별로 다르기 때문에 경찰 예산의 확보의 문제로 경찰 집행 시에 지역마다 경찰 서비스의 질이 달라질 수 있다. 또한 ③ 최근 교통기관의 발달로 범죄는 광역화되고 있는데, 이에 따른 즉응적인 범죄 수사가 곤란하고, 관할 지역에 한정된 자치경찰은 경찰 기능 발휘 상 때로는 치명적인 결함이 되기도 한다. ④ 지방정치가의 간섭이 필연적으로 발생할 개연성이 높으며, ⑤ 선거에 의해 지방자치단체의 수뇌부가 경질되면 경찰간부의 이동이 뒤따르게 되어 장기근무가 곤란하며, 또한 ⑥ 자치행정이 부패하면 경찰의 부패뿐만 아니라 오히려 악정을 초래할 수도 있게 된다. ⑦ 자치단체가 작고 조직 인원이 적은 경우에는 인사가 고정되어 유능한 인재도 승진할 기회를 얻기가 곤란하며, ⑧ 적재적소에 인력을 배치하기가 어렵다. 또한 ⑨ 교육훈련을 위한 교육시설도 개별 자치단체별로 만들기 어렵고, ⑩ 형사와 같은 특수훈련과 경험이 필요한 전문가를 확보하기 곤란하다.

따라서 자치경찰 제도의 도입을 경찰권의 지방정부 이전이 지방자치의 완성도를 높인다는 점에 주안점을 두지 말고 자치경찰제를 실시해야 하는 진정한 의미에서 자치경찰의 도입이 논의되어야 할 것이다. 또한 자치경찰제를 실시한다 하더라도 진정한 의미에서의 주민 참여를 담보할 수 없으며, 이에 대한 자치경찰제의 단점을 최소화시킬 수 있는 제도적 · 운영적 혁신 방법이 필요하다 할 것이다.

3) 지역사회 경찰 제도의 보완

지역사회 경찰활동은 시민에게나 경찰에게 이익을 가져다 줄 수 있는 많은 장점을 가지고 있다(최선우 옮김, 2001: 142−154). 즉, 지역사회 경찰활동이 시민에게 가져다 줄 수 있는 이익들로서는 ① 향상된 범죄 예방, ② 경찰권 행사에 대한 시민 감시의 증대, ③ 지역사회에 대한 시민 책임의 증대, ④ 다양한 입직 경로와 기준을 들 수 있다.

또한 지역사회 경찰활동이 경찰에게 가져다 줄 수 있는 이익으로 ① 성공적인 경찰활동은 시민의 지지를 받는 정치적 이익을 얻을 수 있다. 또한 ② 경찰과 지역사회의 협력을 유도함으로써 시민의 지원을 받을 수 있으며, ③ 지역사회 경찰활동은 법과 힘의 적절한 행사에서 경찰과 시민 간의 합의를 도출하기 위한 수단이 된다. ④ 지역사회 경찰활동은 경찰활동을 환영하는 지역사회의 지원자들의 능동적인 접촉을 증대시켜 주기 때문에 경찰 사기를 증대시켜 줄 수 있다.

지역사회 경찰활동은 세계적으로 관심이 집중되는 새로운 전문적 법집행 철학이라 할 수 있다. 경찰조직의 변화가 이루어지고 있는 곳에서는 지역사회 경찰활동은 일종의 표어가 되고 있다. 그러나 경찰들은 지역사회 경찰활동이라는 것의 핵심적 사상이 범죄 예방, 관심, 협력 등과 같이 이미 오래전부터 실시되어 온 전혀 새로운 것이 아니라는 비판도 있다. 지역사회 경찰활동의 원리상 모호함과 모순으로 매닝(Peter Manning)은 다음 몇 가지를 지적하고 있다(양문승, 2005: 118−119).

첫째, 지역사회 경찰활동의 수사(修辭)는 지역사회 경찰활동이 고객 중심이라고 주장하고 있다. 그러나 경찰의 역할에 대한 완전한 정의로서 이것은 불가능하다.

둘째, 지역사회 경찰활동은 지역과의 '공동 생산'을 약속하지만 경찰은 여러 가지 면에서 모든 경찰 병력 배치 결정, 임무, 전술과 전략 등 지역사회에 전달되는 '서비스'의 종류에 대해 실질적으로 일방적 통제를 결정해 버린다.

셋째, 지역사회 통합을 강조하면서도 지역사회 경찰활동은 무질서한 거리 단속, 귀찮게 하는 젊은이들, 마약 단속, 그리고 무질서를 줄이기 위한 다른 '예방' 활동들을 합리화하는 데 사용되어 왔다.

넷째, '이웃'과 '지역사회'는 경찰의 관할구역 또는 임의적으로 정한 정치적인 경계선과 일치하는 것으로 정의된 것이지 자연적이고 사회적인 지역으로 정의된 것이 아니기 때문에 지역사회 경찰활동의 이념적 목표 달성이 근본적으로 힘들다.

다섯째, 지역사회 경찰활동은 일반적으로 경찰관서의 최우선 순위 정책으로 상징화된다. 그러나 경찰관들은 막상 이에 대한 특별한 훈련, 보상, 수입 또는 승진의 기회를 받지 못한다.

여섯째, 지역사회 경찰활동 중심적인 경찰관서에 있는 지역사회 경찰관들 또는 모든 경찰관은 문제 해결과 지역사회와 함께 일하는 데 일부 시간을 보낸다. 그러나 그들은 일정한 룰(rule)에 의한다기보다는 단순히 무전이 이끄는 대로 경찰활동을 수행해 나갈 뿐이다. 따라서 지역사회 경찰활동의 높은 철학적인 장점을 살리면서 이러한 문제점들을 보완할 수 있는 새로운 경찰활동의 모형이 필요하다고 하겠다.

4) 민간경비의 활성화

범죄 예방에 관련된 여러 조치 중에서, 특히 사회 전체 차원의 범죄 예방 및 통제, 그리고 질서 유지라는 치안행정 서비스의 제공은 경찰기관의 주요 업무 영역이다. 하지만 사회의 각 부문들이 급속하게 변화하고 복잡해지는 오늘날 범죄 예방과 대처 분야는 더 이상 정부만의 고유 기능으로 받아들여지지 않고 있다. 이미 미국에서는 공권력을 행사하는 경찰과 함께 19세기 중엽부터 민간 경비회사로 하여금 범죄 예방 업무에서 일정한 역할을 담당하도록 함으로써 부족한 정부기관의 치안행정 능력을 보완하고 효율적으로 범죄를 예방하는 데 활용하고 있다.

한국도 사회의 발전이 가속화되고 다양화됨에 따라 민간 경비산업에 대한 국민과 정부의 인식이 달라지기 시작해 현재는 전국 5,428여 개의 경비업체에 156,066명 이상의 경비원이 종사할 정도로 양적인 성장을 이루고 있다.[5] 또한 질적인 면에서도 과거 사람 위주의 단순경비에서 첨단장비 및 기술을 활용하는 기계경비 분야로 급속

---

5) 한국의 민간경비업은 1960년대 초 미8군부대의 경비를 담당하면서 태동해 경비업법이 제정된 1976년부터 본격적으로 자리 잡기 시작했다. 법이 제정될 당시 불과 10개 밖에 되지 않았던 경비업체가 1986년 아시안게임과 1988년 서울올림픽 등의 각종 국제행사를 치르면서 급성장했다. 2017년 12월 현재, 경비업체 수는 5,428개이며, 경비 인원은 전체 156,066명에 달한다(경찰청 통계자료실, 2017년 12월 기준).

하게 발전하고 있으며, 앞으로도 급증하는 치안 수요에 따라 이러한 성장 추세는 계속될 것으로 전망되고 있으며, 다양한 분야의 경비 영역 확대를 통해 민간경비의 새로운 장이 열릴 것으로 예상된다.

이러한 민간경비의 발전이 전통적으로 인식되어 온 범죄의 예방과 통제의 기능을 경찰기관만이 수행한다는 관념을 변화시키고 있다. 따라서 급격한 사회 변동과 함께 다양한 경비 수요에 따른 경찰과 민간경비의 역할 분담이 효율적으로 이루어져야 한다는 점에서 거버넌스적인 접근이 필요하다고 하겠다.

5) 국가 운영의 패러다임 변화

한국은 역사적으로 오랜 세월 권위주의적 집권국가의 틀을 견지해 왔고, 특히 1960년대 이후 약 반 세기 동안 '억압적 발전주의 국가' 아래에서 급속한 경제 성장을 이룩했다. 그러나 우리나라에서도 국정 운영에서 다양한 신자유주의적 개혁이 추구되면서 "강한 국가로부터 강한 사회로", "경쟁과 공존을 위한 세계화", "국정관리 능력(거버넌스)"이 우선시되는 사회가 되었다(배득종 외, 2006: 334-360).

첫째, 강한 국가로부터 강한 사회의 패러다임의 변화이다. 1987년 6월 항쟁 이후 민주화의 파고가 높아졌고, 1990년 이후 세계화라는 도도한 시대적 흐름에 직면하고 있으나 아직도 '강한 국가, 약한 사회'의 모습이다. 물론 분단 극복과 민족 통일이라는 역사적 과제를 안고 있는 우리로서는 강한 국가의 틀에서 벗어나기 힘든다는 것도 이해가 되는 측면이다. 다만, 지속적 민주화를 통해 '강한 사회'를 구축해 민주적 국정 운영을 도모해 나가야 한다는 점이다.

둘째, 경쟁과 공존을 위한 세계화로의 패러다임의 변화이다. 세계화 시대에 우리가 취해야 할 수 있는 길은 일단 '경쟁국가' 모형이라고 생각한다. 국가는 부가가치가 높은 국민 생산의 전략적 부문을 집중적으로 지원할 필요가 있다. 정보통신, 유전자공학 등 첨단 지식기반 산업에 대한 집중적 연구개발 투자와 인프라 구축, 그리고 교육, 훈련 등 인적 자원에 대한 지속적 투자가 필요하다.

셋째, 국정관리 능력을 위한 패러다임의 변화이다. 국정관리 능력은 국제적 차원, 정부 간 차원, 그리고 사회적 차원에서 고르게 발전되지 않으면 안 된다. 무릇 21세기 국가는 다양한 국제기구 및 조직들과 긴밀한 관계를 맺으면서 세계사적 변화와 도전에 공동으로 대응해 나가야 한다. 또한 세계화의 심화와 더불어 중앙정부의 많은 기능들이 축소되거나 지방정부 또는 하위기관으로 위임되고 있는 추세에 중앙과 지방 간의 국정관리 능력의 향상 문제가 주요한 현안이며, 국가는 사회집단들 간의 갈등을 어떻게 조정하느냐가 개혁 성공의 관건이 된다. 여기서 중요한 것이 국가의 조정 역할이며, 시민사회로부터의 신뢰를 확보해 나가는 사회적 국정관리 능력이 필요하다.

따라서 경찰조직의 운용 또한 이러한 국정관리의 패러다임의 하위 체제로서 변화에 능동적으로 대처하지 않으면 안 된다는 점에서 국가 운영의 패러다임의 변화는 새로운 경찰 거버넌스의 도입에 그 준거가 될 수 있을 것이다.

3. 경찰 거버넌스의 모형

1) 경찰 거버넌스의 참여 주체

경찰 거버넌스를 민·경 간 치안 활동의 교환 내지 통합 과정으로 이해할 때, 이를 역설적으로 보면 경찰과 주민(민간단체)과의 관계상 어떤 결함을 전제로 하고 있음을 알 수 있다. 즉, 기존의 치안 활동에서 나타나는 어떤 문제가 존재하고 이를 극복하기 위한 새로운 치안 활동 방식의 도입이 필요하다는 것을 의미한다. 이제까지 국가경찰 체제로서 치안 문제를 독점적으로 다루어 왔는데, 이는 범죄환경, 교통환경, 경호경비 환경 등을 비롯한 경찰조직 환경이 급변하는 상황에서 복잡하고 민감한 치안 문제들을 해결하는 데 미흡함을 인정하고, 그 대안으로서 정부 및 경찰조직, 민간경비에 관한 시장, 시민사회가 상호의존적으로 협력하며 활동해 나가는 경찰 거버넌스가 될 수 있을 것이다.

(1) 정부와 경찰조직

여기서 정부는 중앙과 지방정부 모두를 말한다. 중앙정부는 경찰조직을 통해 치안 정책을 입안하고 수행하는 데 중앙정부는 국가경찰 체제를 유지하고 있는 만큼 치안에 대해 최종적인 책임이 있는 곳이며, 지방정부 또한 현재 중앙에 의해 치안의 문제가 다루어지고 있다고는 하나 치안의 문제는 지방의 고유 업무라는 점에서 영향을 받지 않을 수 없다.

경찰조직의 치안의 업무는 정부의 각 부처별 소관 업무와 매우 연관성이 높다. 경찰의 대테러 업무를 예를 든다면 주무 부처가 국가정보원이며, 국방부, 해양경찰청 및 해외에 활동하는 많은 부처들과도 관련성이 있다. 즉, 외교부, 고용노동부, 과학기술정보통신부, 법무부, 국토교통부, 지방정부 등등과 관련이 있을 수 있다.

따라서 중요한 업무별로 시뮬레이션화하여 거버넌스적인 접근이 필요한 부분에 대한 공식화 작업을 해두어야 한다. 즉, 사건 발생 전에는 정기적으로, 사건 발생 전후에는 비정기적으로 관련 부처와 네트워크화하여 협력하도록 하는 시스템을 만들어 활용해야 할 것이다.

(2) 경찰조직과 민간기업

현대 사회에서의 경찰의 방범 능력은 격변하는 사회환경과 무질서의 흐름에 의해 지속적으로 증가하고 있는 범죄 발생 건수에 비해 이에 대처하는 경찰관 수와 예산은 범죄를 예방하고 억제하기에 충분한 수준에 이르지 못하고 있다. 따라서 국가 차원의 법집행기관이 경찰기관만으로는 효율적인 범죄 예방에 한계가 있다는 것을 인식하고 민간경비 분야의 막대한 인적·물적 자원을 어떻게 효과적으로 잘 이용하느냐 하는 것이 중요한 문제로 대두되기 시작했다.

따라서 앞으로 민간경비는 민간 차원의 범죄 예방 조직으로서 경찰력의 한계로 야기되는 국민 생활의 안전 문제를 해결하고, 도시화와 산업화에 따른 사회 각 계층의 다양한 경비 수요를 충족시켜 주는 방향으로(이윤근, 2001), 민간 경비회사로 하여금 범죄 예방 업무에서 일정한 역할을 담당하도록 함으로써 부족한 정부기관의 치안행정 능력을 보완하고 상호 협력하여 효율적으로 범죄를 예방하는 데 활용되어야 할 것이다.

또한 오늘날 민간기업의 산업기술 보호는 기업의 생존은 물론 국가의 존망과도 관련이 있다. 또한 한국의 국제적인 경제 위상의 상승으로 인해 기업 테러에 노출되고 한국 기업들은 국제 테러범들의 표적이 되고 있다. 따라서 경찰조직은 산업기술 및 기업 테러로부터 기업을 보호하기 위해 민간기업과의 정보교류 등 협조와 협력 관계를 가지고 있어야 한다.

(3) 경찰조직과 시민사회

공공행정은 시민 참여를 전제로 할 때, 그 본질적 의미가 살아난다. 그것은 공공행정이 시민을 위한 행정이기 때문이다. 집단의 정치·행정 활동이 그 성과를 거두려면 많은 사람의 참여에 의한 동의가 없이는 불가능하다. 그럼에도 불구하고 현실적인 정치·행정에서는 '참여의 부재 시대'라고 말한다. 시민사회가 성장하고 시민 의식이 성숙될 경우 시민과 국가, 지방정부 간에 적절한 권력 배분에 기초한 역할 분담이 중요해지면서 공공 영역은 물론 민간 영역에까지 시민 참여 영역이 확장되고 있다.

경찰활동은 시민의 안녕과 질서 유지의 치안 목적의 달성이라고 할 때, 그 주체도 시민이라는 것은 의심할 여지가 없다. 경찰활동은 모든 시민에게 영향을 줄 뿐 아니라 모든 시민이 어떠한 형태로든지 경찰과 관계를 맺고 있으며, 치안행정의 목적을 달성하는 데 중요한 역할을 하고 있다.

치안행정에서의 시민 참여는 민주주의의 기본 원리를 확립하는 데 있다. 주권자로서 시민의 당연한 권리에 부응하는 것이며 동시에 시민을 위한 목적 가치에 기여하기 위한 것이다. 또한 치안행정에의 적극적인 참여는 지역 치안에 대한 참여자들의 주인 의식 및 정체성을 확립하는 데 있으며, 경찰활동에 대하여 요구와 지지 혹은 반대를 표시해 치안정책의 합리성을 높일 수 있다.

또한 치안행정에서의 시민 참여는 경찰권 행사에서 재량권 남용, 부정과 부패 등에 대한 경찰책임과 통제를 확보하는 데 필요하며, 이러한 모든 과정을 통해 능동적인 시민사회 확립을 위해서도 시민 참여가 필요하다고 하겠다.

치안행정에서 시민 참여의 방법으로는 직접참여(공식 참여)와 간접참여(비공식 참여)로 구분해 볼 수 있다. 직접참여로서 제도적 및 공식적인 시민 참여의 일반적 유형으로는 선거, 정부의 정책 및 사업설명회, 공청회, 주민투표, 주민발안, 주민소환, 주민감사청구제, 시민옴부즈맨 제도, 주민예산참여제 등 다양한 형태로 이루어지고 있다.

① 공식적인 참여 방안

이러한 일반적인 공식적 시민 참여 방법에 근거해 치안행정에 참여할 수 있는 방법으로 다음을 들 수 있다.

첫째, 치안정책 결정 과정 및 치안정책설명회의 참여를 들 수 있다. 중요한 치안정책을 결정하거나, 특히 주민의 협조가 필수적인 분야의 치안정책의 결정 과정 및 정책설명회에 치안 전문가로서, 또는 그 치안정책과 관련된 시민단체나 해당 지역 주민의 입장으로서 참여할 수 있다.

둘째, 치안공청회의 참여를 들 수 있다. 경찰 제도 개혁을 위한 공식적인 시민 의사의 수렴 방법으로 공청회를 개최할 수 있는데, 시민들은 다양한 입장에서 공청회에 참여해 찬성과 반대 의사를 그 사유와 함께 분명히 함으로써 합리적인 제도 개선의 방향을 제시할 수 있다.

셋째, 주민감사청구제를 통한 참여를 들 수 있다. 주민감사청구제는 지방자치단체에 대한 감사를 효율화하기 위한 방안으로 지방자치단체에서 처리한 사무에 대해 주민이 정부 주무부 장관이나 단체장에게 감사를 청구할 수 있는 제도이다.[6] 이러한 주민감사청구 제도를 치안행정에도 이용해 치안행정에 대한 주민의 자율적인 참여와 경찰통제 시스템에 대한 다양화를 통한 열린 감사, 민생치안과 관련해서 발생한 주민 불편 및 불만 사항 해소와 경찰 비리 시정 및 청렴한 공직 풍토를 조성하는 데 기여할 수 있다. 구체적인 방안으로 시민옴부즈맨제나 명예감사관제를 도입할 수 있을 것이다.

넷째, 치안 활동에의 참여를 들 수 있다. 각종 청소년 선도 프로그램, 자율방범 활동 등의 자원봉사 프로그램 등에 참여할 수 있다.

다섯째, 각종 치안 관련 위원회에 위원으로 참여할 수 있으며, 치안정책의 개발 및 연구하는 연구자로서 참여할 수 있다.

② 비공식적 참여 방안

비공식적인 시민 참여는 시민과 조직 또는 그 대표자들이 개별적 · 집단적 · 공식

6) 우리나라는 1999년 지방자치법 개정으로 통해 명문화하고 있는데, 현행 규정에는 해당 지방자치단체의 20세 이상 주민 총수의 1/50 범위 내에서 조례로 규정하고 있다.

적으로 제도화되지 않은 다양한 수단을 동원하여 정치·행정 과정에 참여하는 방식을 말한다(김용철 외, 2006: 38). 따라서 여기에는 각종 이익집단, 사회봉사단체, 기타 민간 부문의 조직과 집단을 대표하는 방식 등 다양한 형태가 있다.

치안행정에 비공식적인 참여 방법으로 주로 NGO와 e-거버넌스를 통한 참여를 들 수 있다. 우선적으로 NGO(Non Governmental Organization)는 비정부조직으로서 정부의 공공 활동에 대한 합법적인 비판, 감시 기능을 통해 정치·행정 과정에서 책임성을 확보하기 위한 통제 기능을 수행하며, 그 조직은 시민사회의 자발적 결사체라는 점에서 시민 참여의 중요한 수단으로 기능한다.

시민단체들은 치안행정에서 경찰조직의 권력 남용 및 권력 사용 견제, 부정부패의 감시 및 고발, 치안정책에 대한 유지 및 변화에 대한 비판·추종에 대한 견제 기능을 한다. 그 수단으로서 캠페인, 항의 집회, 공청회, 토론회, 성명서 발표, 고발, 입법청원, 감시단 파견, 시민 및 회원 교육, 출판 및 홍보 등을 사용한다. 이 밖에 치안정책의 유지 및 변화에 대한 간접적 지지 및 치안 서비스의 생산 및 전달 등 협력 기능도 한다.

다음으로 e-거버넌스를 통한 참여로 이는 정보통신 기술의 발달로 인터넷이 급속하게 확산되면서 '정보 폭발'이라는 말이 등장할 정도로 빠른 속도로 정부와 시민사회 간 관계에 획기적인 변화가 나타나고 있다. e-거버넌스의 발전은 시민들의 직·간접적인 치안행정에의 참여를 더욱 확산시켰고, 이해 당사자들 간의 협력과 파트너십의 중요성을 확립시켰다.

(4) 민간경비 분야에서의 시민 참여

민간경비가 대단히 활성화되어 있는 것은 사실이지만 아직까지 특수기관이나 일부 계층에만 국한되어 서비스하는 것도 사실이다. 따라서 고객 입장에서는 당연히 상품이라는 개념에서 보면 고객의 참여가 필수적이나 일반 시민 입장에서의 방범이나 치안 수요에 대해 민간경비와 상호 협력하는 것이 쉽지 않은 일이다. 따라서 시민자율방범단체의 해당 지역 민간경비의 활동 현황 파악 및 이들과의 지속적인 정보교환, 그리고 범죄 대응 등에서 상호 협력 관계를 구축하는 것이 필요하다.

2) 경찰 거버넌스의 모형

경찰 거버넌스는 경찰활동과 관련된 기관(시민 및 시민단체 포함)들의 공동 협력 체계의 구축으로 이해할 수 있다. 이렇게 볼 때, 경찰활동에 관련 기관이란 우선적으로 국가 및 경찰조직, 시민 및 시민단체, 치안 관련 사업체인 민간경비회사(민간경비협회 및 회사) 및 민간기업이며, 이들 세 주체는 관련자 및 관련 기관별로 업무 기능과 역할 분담을 통해 협력 체계를 구성해야 한다.

경찰 거버넌스의 모형으로는 앞장에서 설명한 세 가지 접근법, 즉 국가 중심적 거버넌스, 시장 중심적 거버넌스, 그리고 시민사회 중심적 거버넌스를 원용해 국가, 시민사회, 민간기업과의 관계 모형을 보면 [그림 12−1] 및 [그림 12−2]와 같이 제시할 수 있다.

그림 12−1 독립형 경찰 거버넌스의 모형

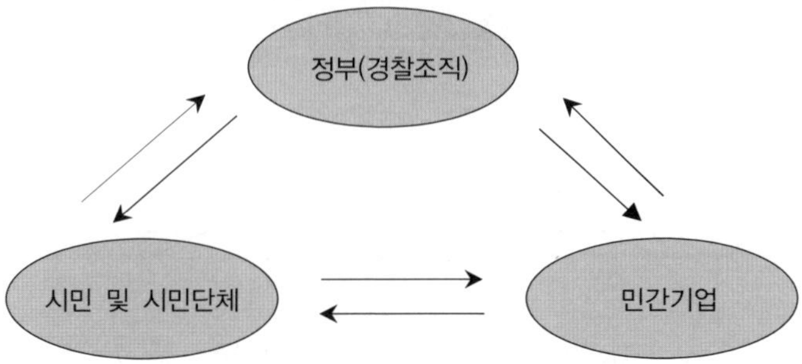

출처: 김석준 외(2000, 2002)에서 수정 및 재구성.

[그림 12−1]은 정부(경찰조직), 시민사회 및 민간기업이 독립적인 지위에서 서로 다른 원리에 따라 운영되는 체제이다. 국가는 관리주의와 관료주의에 따라 활동하고 시장은 자본주의 시장주의와 경쟁 원리 및 고객주의에 따라 움직이며, 시민사회는 참여주의와 공동체주의를 지향하면서 민주주의를 기반으로 작동하게 된다. 이 경우는 한 주체가 나머지를 통치하는 관계에 있게 되면서 그들 간에는 갈등과 대결 상황이 빈번하게 전개된다.

국가 중심적 경찰 거버넌스는 국가(경찰조직), 시민 및 시민사회, 민간기업 관계 속에서 경찰조직의 기본적인 조직 운영 논리를 어떻게 시장 원리나 시민사회의 원리에 맞추어 조정하느냐에 관심을 두고 있다.

오랜 정부의 관료주의는 시장 자본주의에 영향을 주고, 이것이 시민사회의 민주주의에 영향을 주면서 삼자 간의 결합체를 형성하게 되었지만, 경찰 거버넌스에서는 우선적으로 시장보다는 시민 및 시민단체에 영향을 주고, 민간경비에는 영향력을 주도적으로 행사는 하지만 활성화를 위한 어떤 지원이나 지지를 하고 있지 않다는 점에서 다르다고 할 수 있다.

주로 대륙법계 국가경찰 제도를 가진 국가들이 여기에 속하며, 우리나라도 이러한 국가 중심적 경찰 거버넌스에 속한다고 할 수 있다. 따라서 우리의 경찰조직의 거버넌스는 현재 독립형 가운데 국가 중심 이론모형에 해당하지만 이것을 극복하는 조화로운 모형의 도출이 필요하다고 하겠다.

그림 12-2 네트워크 경찰 거버넌스 모형

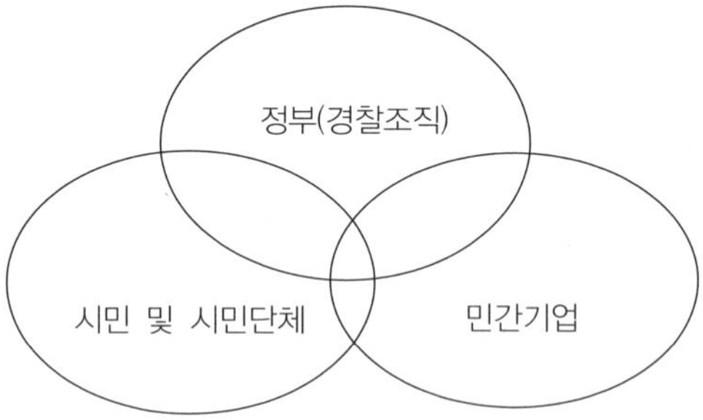

출처: 김석준 외(2000)에서 수정 및 재구성.

[그림 12-2]의 네트워크 경찰 거버넌스 모형은 국가, 시민사회 및 민간기업이 각각의 작동 원리를 기반으로 하지만 상호간 변화하는 새로운 질서에 공동으로 능동적으로 대응하기 위한 제도적 장치를 구축한다(김석준, 2000). 네트워크형은 독립형과 달리 개별 주체들이 자율성을 유지하면서도 제도적으로 상호 공동 목표와 기본 가치를 공유하면서 하나의 실체로 존재할 수 있는 방식으로 연결된 관리 체계를 형성하

는 것이다. 따라서 이 형에 소속된 행위 주체들은 어느 하나가 다른 주체들을 배타적으로 통치하고 통치하는 대신 상호 존중의 파트너십을 통해 하나로 묶여지게 된다.

대륙형의 역사적 배경을 가진 우리의 경찰조직은 시민사회 중심이나 시장 중심의 모형의 전환 과정에서 자칫 관료들의 저항과 취약한 시민사회, 낮은 수준의 시장 기능 등으로 인해 혼란과 막대한 비용이 들 수 있다. 따라서 한국의 세계화 및 정보화 수준으로 볼 때 영미형의 이질적인 거버넌스 모형을 택하는 대신 중간형으로 네트워크형의 경찰 거버넌스 모형을 선택하는 것이 바람직하다고 하겠다.

따라서 국가 중심적 거버넌스의 강한 국가에서 시민 중심의 강한 사회로의 전환을 위한 시민 중심적 경찰 거버넌스의 중간 단계인 네트워크형 경찰 거버넌스를 근거로 한 경찰 거버넌스의 체계를 구성해 보면 [그림 12-3]과 같다.

그림 12-3 경찰 거버넌스의 협력 체계

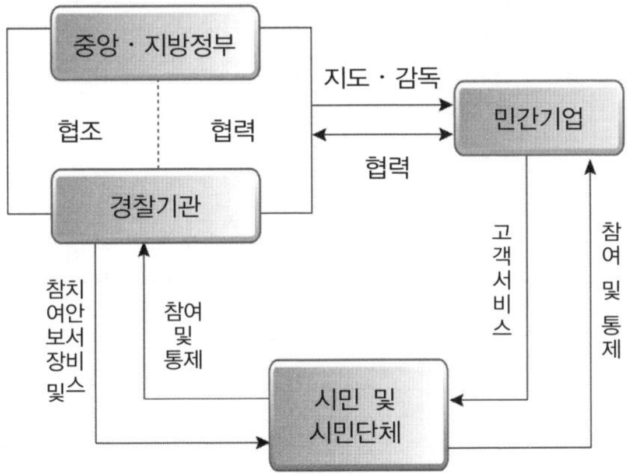

[그림 12-3]에서 보면, 경찰기관은 중앙정부의 치안 운영의 큰 틀 안에서 치안과 관련된 정부부처들과 협조와 협력을 하면서 치안정책의 결정 및 치안 활동에 시민의 참여를 보장하면서, 실질적으로 치안 서비스를 시민에게 준다. 또한 민간경비 분야에 대해 지도와 감독을 통해 통제하며, 민간기업에 대해 범죄정보나 기술 및 교육 부문에서는 상호 협력을 할 수 있다. 시민 및 시민단체는 정부 및 경찰기관들의 치안정

책의 결정 및 평가 과정과 치안 활동에 참여할 수 있으며, 각종 발생할 수 있는 경찰 관련 비리, 범죄 등을 통제한다. 또한 민간경비 분야에는 고객으로서 권리를 행사할 수 있고, 통제할 수 있다. 민간경비는 아직까지 경찰이나 시민만큼 동등한 협력이나 참여 대상이 되지 않는다고 여겨지나 경찰기관과 협력하고 철저한 고객 서비스를 통해 시민과 협력을 할 수 있다.

CHAPTER

13 경찰행정의 비전

제1절 경찰행정의 비전

1. 혁신과 비전

비전(vision)의 사전적 의미로 장래에 대한 구상, 또는 이상으로서 그리는 구상이나 미래상이라고 할 때, 경찰의 미래상을 경찰 비전이라고 할 수 있다. 경찰혁신의 단계와 영역은 ① 거시적 경찰 발전 비전의 모색, ② 비전 구현을 위한 정책 기조의 변혁, ③ 비전 구현을 위한 전략적 수단으로서 구체적 정책 과제의 모색, ④ 경찰환경과의 관계 재설정, ⑤ 내부 관리 시스템의 혁신 등으로 나누어 설명할 수 있다(이종수, 2006: 9−17). 이렇게 경찰혁신의 추진에서 경찰조직의 비전이 무엇이냐가 가장 중요한 혁신의 방향이 된다고 하겠다.

따라서 경찰혁신이 성공적으로 추진되기 위해서는 무엇보다 강력한 비전의 창출이 필요하다. 코터(P. J. Kotter)가 지적하듯이 혁신 노력이 실패하는 가장 중요한 요인 가운데 하나는 명확한 비전이 없기 때문이다(Kotter, 1995: 59−65). 워싱턴(Washington)과 그의 동료들도 혁신의 주요 구성 요건으로 ① 비전(vision), ② 리더십(leadership), ③ 전략계획(change plan), ④ 정치계획(political plan), ⑤ 강렬한 혁신열망(burning platform)의 다섯 가지를 제시한 바, 그 다섯 가지 요인 모두가 비전과 밀접하게 연관되어 있다(이종수, 2006: 14).

리더십의 가장 중요한 기능이 비전으로 제시되고, 조직활동의 초점을 비전에 맞추며, 비전 구현을 행동으로 이끌어내는 일이라는 측면에서 리더의 활동은 '비전'과 직접적으로 연관되어 있다고 할 수 있다. 또한 전략계획 수립에서는 기본적으로 비전, 즉 바람직한 미래 상태에 관한 그림이 필요하다는 측면에서, 그리고 정치계획에서는 혁신 추진을 위한 지지 세력의 결집을 위하여 강력한 비전이 필요하다는 측면에서 이 모든 구성 요소가 비전과 밀접하게 연관되어 있다고 하겠다.

2. 경찰 비전의 속성

너트와 배코프(P. C. Nutt & R. W. Backoff, 1997)는 비전이 실현가능성(possibility), 소망성(desirability), 작동성(actionability), 그리고 명료성(be articulatable) 등 네 가지 속성을 포함해야 한다고 하였다(Nutt & Backoff 1997: 308-328).

첫째, 비전은 실현가능성을 지녀야 한다. 따라서 경찰 비전은 사람들이 달성 가능하다고 생각하는 미래의 치안 상태를 제시해야 한다.

둘째, 비전은 소망성을 지녀야 한다. 즉, 경찰 구성원들이 현재 상태에서 목표 상태로 나아가기를 원하는 소망성을 담고 있어야 한다. 여기서 경찰혁신의 정서적 부분이 아주 긴요하다. 사람들은 종종 비전에 대해 이야기는 하나 이루고자 하는 열정이 담겨 있지 않은 경우가 많다. 이루고자 하는 열정이 담겨지지 않을 경우 경찰혁신의 성공은 불가능하다고 하겠다.

셋째, 비전은 작동성을 지녀야 한다. 비전은 조직이 이루고자 하는 단순한 희망 목록이 아니다. 비전은 중요한 몇몇 사항에 초점을 맞추어 조직이 비전을 어떻게 달성해야 하는지에 대한 통찰력을 제공해야 한다.

넷째, 비전은 명료성을 지녀야 한다. 비전의 길이가 한 단락을 넘으면 비전으로서 힘을 잃게 된다.

3. 경찰혁신의 비전

비전은 경찰조직이 변화해 나가야 할 방향을 명확하게 제시한 것이다. 명확하고 뚜렷한 비전을 설정하는 것은 경찰조직이 혁신의 추진 기간 및 추진 후에 어떻게 변화하게 되는지, 경찰 구성원들이 왜 혁신을 추구해야 하는지, 우려되는 점은 무엇이며, 그리고 그것을 어떻게 다루어야 할 것인지 등에 대한 지침이 된다.

경찰 목표와 전략을 담은 비전은 경찰 구성원들의 정서와 에너지를 강력하게 촉발시키는 형상(imagery)의 기능을 수행한다. 비전은 경찰혁신의 에너지를 집중시키고 지속시키는 역할을 하며, 성공적 혁신을 위해서는 열정을 불러일으키고 생생하게 소통되어야 한다.

제 2 절 우리나라 경찰 비전의 방향

1. 경찰 비전과 목표 설정의 방향

경찰혁신은 정부혁신의 하위 개념으로 시대별로 정부혁신의 관점에 영향을 받게 마련이다. 그러나 정부혁신의 관점을 지나치게 의식해 혁신을 추진한다면 경찰혁신의 계속성을 유지하지 못하게 될 수 있다. 경찰조직의 장기적인 발전 방안을 큰 틀을 중심으로 수립하고, 그 틀 속에서 세부적인 목표들을 해당 정부의 혁신의 방향에 맞추어 점진적으로 조정해 나간다면 혁신의 지속성과 누적적 성과를 가져올 수 있게 될 것이다.

2. 혁신 과제의 적절성

혁신 과제의 적절성이라면 양적 · 질적 측면에서 볼 수 있다. 백화점식 혁신 과제들의 나열은 혁신의 피로감을 높여 주게 되며, 결국 혁신 성과에서 전시적인 효과만 거두게 될 수 있다. 조직의 혁신수용 능력을 감안해 혁신을 추진해야 혁신에 대한 저항을 줄이고, 혁신에 대한 냉소주의도 줄일 수 있을 것이다.

3. 실질적인 혁신평가

혁신평가는 혁신의 결과 치안 서비스에 대한 국민만족도가 어느 정도인가? 혁신추진자나 혁신 업무 수행자들의 혁신 결과에 대한 만족도가 어느 정도인가를 제대로 평가해야 한다. 이러한 점에서 국민과 괴리된 평가는 자칫 평가 결과의 신뢰성을 떨어뜨리는 결과를 가져올 수 있다. 따라서 치안 서비스에 대한 평가 시스템과 혁신 업무 수행자의 개별적인 혁신 성과평가 시스템을 개발해 종합적이고 실제적인 평가가 될 수 있도록 해야 할 것이다.

참고 문헌

[국내 문헌]

강신택(1995). 『사회과학연구의 논리』(개정판). 서울: 박영사.

______(2012). 『행정사상과 연구의 논리』. 서울: 조명출판사.

경찰대학(1990). 『한국경찰사』.

______(2004a). 『경찰학개론』.

______(2004b). 『경찰경무론』.

경찰대학 치안연구소(1994). 『경찰관리』.

경찰청(2007). 경찰혁신위원회 회의자료.

______(2018a). 『2017년 경찰백서』.

______(2018b). 『2017년 경찰통계연보』.

국민권익위원회(2018). 2018년도 공공기관 청렴도 측정 결과.

김규정(1997). 『행정학원론』. 서울: 법문사.

김남진(2002). 『경찰행정법』. 서울: 경세원.

김상호 · 이영남 외(2004). 『경찰학개론』. 서울: 법문사.

김석준(2000). 『뉴 거버넌스이론과 사이버 거버넌스』. 이화여자대학교 뉴거버넌스 교육연구단.

김석준 외(2000). 『뉴 거버넌스 연구』. 서울: 대영문화사.

______(2002). 『거버넌스의 이해』. 서울: 대영문화사.

김신복(1999). 『발전기획론』. 서울: 박영사.

김영기(1999). 『지방자치행정론』. 서울: 대영문화사.

김영기 외(1993). 『행정학개론』. 서울: 법문사.

김용철 외(2006). 『지방정부와 혁신정책』. 서울: 대영문화사.

김정렬(2000). 정부의 미래와 거버넌스: 신공공관리와 정책네트워크. 『한국행정학보』, 34(1).

김중규(2000). 『밀레니엄 행정학』. 서울: 성지각.

김현성(1998). 통일과도기 치안수요 예측과 경찰대응 방안 연구. 치안연구소 연구보고서.

김현성 · 남기범(1996). 고객만족경영이론의 경찰에의 도입 방안. 치안연구소 연구보고서.

문신용(2006). e－거버넌스의 활성화를 위한 과제와 발전 방향: 시민참여를 중심으로. 한국행정연구원.

박연호(1994).『행정학신론』. 서울: 박영사.

박영희(1983, 1990).『재무행정론』. 서울: 다산출판사.

박중훈(2004).『공직사회 전반에서의 부패실태 및 추이분석』, 04－05. 한국행정연구원.

배귀희(2006).『21C 새로운 거버넌스를 위한 리더십연구』. 한국행정연구원.

배득종 외(2006).『행정학 헤드스타트』. 서울: 박영사.

백완기(1978). 한국 행정학의 학문성 정립문제: 과학주의의 입장에서.『한국정치학회보』, 12. 한국정치학회.

______(1992).『행정학』. 서울: 박영사.

신현기 · 이영남(2003a).『경찰인사관리론』. 서울: 법문사.

______(2003b).『경찰조직관리론』. 서울: 법문사.

심익섭(2004). 경찰지방자치 도입 방향. 143차 정책&지식포럼 토론 논문. 서울대학교 행정대학원 한국정책지식센터.

안해균(1984). 행정통제의 이론과 실제(I).『행정논총』, 22(1). 서울대학교 행정대학원.

양문승(2005). 지역사회 경찰활동과 시민사회 중심적 거버넌스.『행정논집』, 제3집. 동국대학교 행정대학원.

오석홍(2000).『인사행정론』. 서울: 박영사.

______(2005).『행정학』. 서울: 박영사.

유종해(1984).『현대행정학』. 서울: 박영사.

유 훈(1983).『재무행정론』. 서울: 법문사.

이동기(2000). 혁신 확산의 영향 요인에 관한 분석.『한국행정학회보』, 34(3).

이무영(1998).『경찰학개론』. 용인: 경찰대학.

이상윤(2002).『공무원인사제도론』. 서울: 대왕사.

이승종 · 김혜정(2006). 지역시민사회의 역량과 지방정부의 정책혁신.『한국행정학보』, 40(4).

이영남(1994). 전략 개념에 의한 경찰 체제의 연구.『한국공안행정학회보』, 3.

______(1999). 한국의 경찰인력 모집에 관한 연구.『사회과학논총』, 4. 관동대 사회과학연구소.

______(2004). 자치경찰제 도입 방안의 분석과 방향.『한국경찰연구』, 겨울호.

______(2005). 바람직한 한국적 자치경찰제도의 방향.『한국경찰연구』, 겨울호.

______(2006a). 여자경찰공무원의 출산 및 육아지원정책에 관한 연구. 행정자치부. 정부혁신의 논리와 과제점검을 위한 주요 이슈와 발전방향 공동과제.

______(2006b). 자치경찰시대를 대비한 경찰공무원 선발시험관리의 공정성과 신뢰성 확보방안.『한국경찰발전연구』, 5(1).

______(2007a). 참여형 치안거버넌스의 모형에 관한 연구.『경찰학논총』, 2(1), 원광대학교 경찰학연구소.

______(2007b). 바람직한 경찰공무원 채용시험의 개선방안. 『한국경찰연구』, 6(2).
______(2008). 제주자치경찰제도의 정착화 방안. 『한국경찰연구』, 7(2).
______(2009). 노사분규시 외국의 경찰력 투입기준에 관한 연구. 『치안논총』, 25. 치안정책 연구소.
______(2011). 통일경찰을 위한 단계적 조직설계와 추진체계에 관한 연구. 『한국경찰연구』, 10(4).
______(2012a). 자율방범대 조직 및 운영의 지원 강화방안 연구. 『경찰학논총』, 7(2). 원광대학교 경찰학연구소.
______(2012b). 한국의 자치경찰제도의 정립방향. 『한국경찰연구』, 12(2).
______(2013). 한국의 관광경찰제도의 발전방향』. 한국경찰연구, 12(4).
______(2014). 한국의 관광경찰 활성화에 관한 연구. 『경찰학논총』, 19(3). 원광대학교 경찰학연구소.
______(2015). 민간경비원의 내부마케팅 구성요인이 고객지향성에 미치는 영향. 『한국경찰연구』, 14(4).
______(2016). 통합형 자치경찰제도 도입에 관한 연구. 『한국경찰연구』, 15(4).
______(2017). 한국의 관광경찰 발전요인에 관한 연구. 『한국경찰연구』, 16(4).
______(2018). 권력기관 개편안에 따른 자치경찰제도의 실시방향. 『한국경찰연구』, 17(3).
______(2019). 한국 고령범죄의 추이에 관한 연구. 『경찰학논총』, 14(4). 원광대학교 경찰학연구소.
이윤근(2001). 『민간경비원론』. 서울: 엑스퍼트.
이종수(2006). 『정부혁신의 미래 비전』, 06-38. 한국행정연구원.
이종수 외(2012). 『새행정학』. 서울: 대영문화사.
이종익 · 강창구(2000). 『재무행정론』. 서울: 박영사.
이창원 외(1997). 『새조직론』. 서울: 대영문화사.
이황우(2002). 『경찰행정학』(제3판). 서울: 법문사.
이황우 · 조병인 · 최응렬(2001). 『경찰학개론』. 한국형사정책연구원.
이황우 · 주성진(2009). 한국 경찰예산의 문제점과 개선 방안. 『한국공안행정학회보』, 35.
임준태(2006). 『범죄예방론』. 서울: 대영문화사.
전용린 · 박영대(2002). 『경찰경무론』. 용인: 경찰대학.
정정길(1989). 『정책결정론』. 서울: 대명출판사.
조강원(2003). 문제해결 방안으로서 자치경찰제도와 국가경찰체제 내 개선 방안. 『경찰학연구』, 5. 용인: 경찰대학.
조철옥(2003). 『경찰행정론』. 서울: 대영문화사.
천대윤(1998). 『서바이벌 경영혁신』. 서울: 문원.
______(2006). 변화혁신의 확산 요인. 2006 행정학회 추계학술회의 발표 논문.
최선우(2002). 『치안서비스 공동생산론』. 서울: 대왕사.
최선우 옮김(2001). 『지역사회 경찰활동』. 서울: 집문당.

최승범(2004). 혁신변화관리. 『행정포커스』, 7(10).
하재룡 · 김영대(1997). 인터넷 전자상거래의 정책적 이슈. 한국정책학회 하계학술대회 PRO-CEDING.
한국지방자치학회(1999). 『한국지방자치론』. 서울: 삼영사.
행정안전부(2018). 『2019 행정안전통계연보』.
행정자치부(2001). 『전자정부법의 이해와 해설』.

[국외 문헌]

Anderson, J. E.(1984). *Public Policy Making*(3rd ed.). N.Y.: Holt, Rinehart and Winston.
Bennis, Warren(1987). Organization of the Future. in D. L. Yarwood(ed.). *Public Administration: Politics and People*. New York: Longman.
Bermon, Jay Stuaert(1987). *Police Administration and Progressive Reform*. N.Y.: Greenwood Press.
Blau, Peter M. & W. Scott(1962). *Fornal Organizations: A Comparative Approach*. San Francisco, CA.: Chandler Publishing Company.
Burkhead, Jesse(1955). *Government Budgeting*. N.Y.: John Wiley and Sons.
Carter, David L.(1999). *The Police and Community*. N.J.: Prentice–Hall.
Chandler, Ralph C. & Jack C. Plano(1982). *The Public Administration Dictionary*. N.Y.: John Wiley & Sons.
Cohen, Jean L. & Andrew Arato(1992). *Civil Society and Political Theory*. Mass: MIT Press.
Cordner, Gary W., Kathryn E. Scarborough, & Robert Sheehan(2004). *Police Administration*(5th ed.). Ohio: Anderson Pub.
Dimock, M .E. & G. O. Dimock(1953). *Public Administration*. N.Y.: Rinehart.
Dror, Yehezkel(1971). *Ventures in Policy Science: Concepts and Applications*. N.Y.: American Elsevier Publishing Company.
Dye, Thomas R.(1978). *Understanding Public Policy*. N.J.: Englewood Cliffs.
Etzioni, Amitai(1961). *A Comporative Study of Complex Organization*. N.Y.: The Free Press.
Feldman, Robert S.(1996). *Understanding Psychology*. McGraw–Hill.
Fredrich, Carl Joachim(1966). Public Policy and The Nature of Administrative Responsiblity. Peter Woll(ed.). *Public Administration and Policy*. N.Y.: Harper & Row Publishers.
Friedman, Robert R.(1992). *Community Police*. N.Y.: St, Martin's Press.
Galloway, George B. & Associates(1941). *Planning for America*. N.Y.: Henry Holt and Co.
Georgopoulos, B. S. & A. S. Tannenbaum(1957). A Study of Organizational Effectiveness. *American Sociological Review*, Vol.22.

Gilbert, C. E.(1989). "The Framework of Administrative Responsibility. *Journal of Politics*, 21. *August*.

Heidenheimer, Arnold J.(1989). *Political Corruption*. N.Y.: Holt, Reinhart and Winston.

Isaak, Alan C.(1981). *Scope and Methods of Political Science: An Introduction to the Methodology of Polcal Inquiry*. Homewood Ill.: The Dorsey Press.

Jessop, B.(2000). Governance Failure. in G. Stocker(ed.). *The New Politics of British Local Governance*. N.Y.: Macmillan.

Kamarck, Elaine C.(2003). *Government Innovation around the World, Ash Institute for Democratic Governance and Innovation*. John F. Kennedy School of Government, Harvard University.

Kilpartirick, F. P. et al.(1979). *The Image of the Federal Service*. Washington D.C.: The Brooklngs Institution.

Kimbery, John R.(1979). Issues in the Creation of Organizations: Initiation, Innovation and Institutionalization. *Academy of Management Journal*, Vol.22.

Kleinig, John & Yurong Zahang(1996). *The Ethics of Policing*. Cambridge Univ. Press.

Kooiman, J. & M. Van Vliet(1993). Governance and Public Management. in K. A. Fliassen & J. Kooiman(eds.). *Managing Public Organization*. London: Sage Publisher.

Kotter, P. John(1995). Leading Change: Why Transformation Efforts Fail. *Harvard Business Review*, March－April.

March, James G. & Herbert A. Simon(1958). *Organizations*. N.Y.: Wiley.

March, James G. & J. Olsen(1995). *Democratic Governance*. N.Y.: Free Press.

McKeen, R. N. & M. Ansher(1965). Limitation, Risks, and Problems. in D. Novic(ed.). *Program Budgeting: Program Analysis and Federal Budget*. Cambridge, Mass.: Harvard University Press.

Miewaid, Robert D.(1978). *Public Administration: A Critical Perspective*. N.Y.: McGraw－Hill.

Miles, Roymond & Charles C. Snow(1991). Causes of Failure in Network Organization. *California Management Review*.

Mueller, Dennis C.(1989). *Public Choice*. Cambridge University Press.

Nutt, P. C. & R. W. Backoff(1997). Crafting a Vision. *Journal of Management Inquiry*, 6(4).

OECD(1995). *Governance in Transition: Public Management Reforms in OECD Countries*.

Osborne, David & Ted Gaebler(1992). *Reinventing Government*. Plume/Penguin.

Ostrom, Elinor(1992). Institutions and Common－Pool Resources. *Journal of Theoretical Politics*, 4(3).

Ostrom, Elinor, R. Gardner, & J. M. Walker(1994). *Rules, Games, and Common－Pool Resources*. Ann Arbor: University of Michigan Press.

Ostrom, Vincent & Elinor Ostrom(1989). Public Choice: A Different Approach to the Study of Public Administration. *Public Administration Review*, 31(2).

Parsons, Talcott(1960). *Structure and Process in Modern Societies*. Glencoe, Ill: Free Press.

Pierre, John(1999). Model of Urban Governance: the Institutional Dimension of Urban Politics. *Urban Affairs Review*, 34(3).

Pinder, Craig C.(1984). *Work Motivation: Theory, Issues, and Applications*. Scott, Foresman and Co.

Pyhr, Oeter A.(1977). The Zero-base Approach to Government Budgeting. *Public Administration Riviews*, 37(1). January/Feburary.

Rhodes, R. A. W.(2000). Governance and Public Administration. John Pierre(ed.). *Debating Governance*. London: Oxford University Press.

Robbins, Stephen P.(1983). *Organization Theory*. Englewood Cliffs, N.J.: Prentice Hall.

Rogers, Everett M.(2003) *Diffusion of Innovations*(5th ed.). N.Y.: Free Press.

Rosenau, J.(1992). Citizenship in a Changing Global Order. in J. N. Rosenau & E. O. Czempeil. *Governance without Government: Order and Change in World Politics*. Cambridge University Press.

Sardi, X. C. & K. Mikota(2002). Overview on e-governance. Prepared in the Framework of the ICT Cross-Cutting Project for United Nations Educational, Scientific and Cultural Organization.

Seckler-Hudson, Catheryn(1978). Performance Budgeting in Government. Hyde & Sharfritz(ed.). *Government Budgeting*. Ork Park, Ill: Moore Publishing.

Simon, Herbert A.(1957). *Administration Behavior*. N.Y.: Macmillan.

Skolnick, Jerome E., & David H. Bayley(1988). *Community Policing*. Washington D.C.: U.S. Department of Justice.

Swanson, Charles R., Leonard Territo, & Robert W. Taylor(2001). *Police Administration*. N.J.: Prentice-Hall, Upper Sddle River.

Territo, Leonard, C. R. Swanson & Neil C. Chamelin(1977). *The Police Personnel Selection Process*. Indianapolis: Bobbs-Merrill Education Publishing.

Whisenand, Paul M.(2004). *Supervising Police Personnel: The Fisteen Responsibilities, Upper Saddle River*. N.J.: Pearson-Prentice Hall.

Wilson, O. W. & R. C. McLaren(1977). *Police Administration*(4th ed.). N.Y.: McGraw-Hill.

足立忠夫 (1976). 責任論と行政學. 辻淸明(編). 『行政學講座』(1). 東京: 東京大學出版會.

찾아보기

ㄱ

ㄴ

ㄷ

ㄹ

ㅁ

ㅇ

ㅈ

ㅊ

이영남(李榮南, Young-Nam Lee)

학력 및 경력

명지대학교 대학원(Ph.D./행정학박사)
경찰청 경찰개혁위원회, 경찰청 혁신위원회 위원 역임
Michigan State University, School of Criminal Justice 객원교수(2003)
대통령자문위원회(지속발전가능위원회 갈등특위 지역대표) 위원 역임
대통령자문 민주평화통일자문위원회(14기, 15기) 위원 역임
한국경찰연구학회 회장 역임, 한국경찰연구학회 편집위원장 역임
한국자치경찰학회 회장 역임
국방부 평가위원 역임
국무조정실 정부업무평가 국정과제 평가위원 역임
관동대 경찰법정대 학장 역임

[현 재]
한국경찰연구학회, 한국자치경찰학회, 한국테러학회 고문
국방부 대테러 전문협상팀 자문위원
경찰청 치안정책고객평가단 평가위원
서울시 자치경찰자문단 자문위원
강릉시 주요업무 평가위원회 위원, 규제개혁심의위원회 위원, 다문화가족 지원협의회 위원
가톨릭 관동대학교 경찰행정학과 교수

저서 및 논문

저서: 경찰조직관리론(2인 공저), 경찰인사관리론(2인 공저), 비교경찰제도론(9인 공저), 경찰학 개론(9인 공저), 경찰행정학(9인 공저), 경찰행정학, 경찰학개론Ⅰ, 경찰학개론Ⅱ

논문: Analysis and counter-policies on the elderly criminal in Korea(*International Journal of Comparative and Applied Criminal Justice*, Vol.21, No.1(1997, Spring), Department of Administration of Justice, Wichita State).

North Korean Police System(공동 발표, Vincent J. Hoffman, Michigan State University), The American Society of Criminology 55th Annual Meeting(2003).

경찰공무원의 충원구조에 관한 연구
통일시대의 경찰통합에 관한 연구
자치경찰제 도입 방안의 분석과 방향
바람직한 한국적 자치경찰제도의 방향
자치경찰시대를 대비한 경찰공무원 선발시험관리의 공정성과 신뢰성 확보 방안
바람직한 경찰공무원 채용시험의 개선 방안 외 다수

제3판
경찰행정학

펴낸날 제1판 제1쇄 2008년 3월 5일
제2판 제1쇄 2014년 3월 5일
제3판 제1쇄 2020년 2월 25일
지은이 이영남
펴낸이 임춘환
펴낸곳 도서출판 대영문화사
주소 (본사) 사무실: 경기도 고양시 일산서구 주화로 70
우신프라자 307호 (㊄ 10387)
(본사) 물류센터: 경기도 고양시 일산서구 덕산로
107번길 68-50 (㊄ 10205)
등록 1975년 12월 26일 제3-16호
전화 (031) 913-3062, (031) 914-3884~5
팩스 (031) 913-3839
홈페이지 http://www.dymbook.co.kr

ISBN 978-89-7644-760-9

값 25,000원